BASIC

SIXTH EDITION

CONVERSATIONAL FRENCH

Julian Harris / André Lévêque
UNIVERSITY OF WISCONSIN

HOLT, RINEHART AND WINSTON   *New York, Toronto, London*

Illustration Credits: see p. lix

Library of Congress Cataloging in Publication Data

Harris, Julian Earle, 1896–
   Basic conversational French.

   First published in 1946 under title: Conversational
French for beginners.
   Includes index.
   1. French language—Grammar—1950–   I. Lévêque,
André, 1904–   joint author.   II. Title.
PC2112.H33   1978   448'.3'421   77-12964
ISBN 0-03-022735-6

Basic Conversational French, Sixth Edition
by Julian Harris, André Lévêque
Copyright © 1978, 1973, 1968, 1962, 1958, 1953 by Holt, Rinehart and Winston
All Rights Reserved
Printed in the United States of America
   9 0 1   032 9 8 7 6 5 4 3

Table of Contents

Introduction

Although our ideas about teaching foreign languages are fairly well known, we would like first to state, once again, the assumptions upon which our method is based, and to discuss them briefly.

1. Learning a language means *learning to use it*.

2. The principal device for learning a language is to *practice using* it.

3. It follows that the main thrust of a first year French course should be on practice in using the language.

4. In learning French, the most efficient learning unit is the phrase rather than the word. When students learn words in meaningful phrases, they learn simultaneously their meaning, their gender, the way they are pronounced, and how they are used in authentic patterns of the language. This is clearly natural, sensible, and efficient. It can even be delightful. On the other hand, it is inefficient for students to learn first the meaning and gender of words, then how they are pronounced, and finally to try to figure out, on the basis of the rules of French syntax, how to put words together in correct French sentences.

Whether it is a question of teaching grammar, pronunciation, intonation, vocabulary, idioms, listening comprehension, speaking, reading or writing, we regard the phrase as the basic learning unit. Of course, it is frequently necessary to work on a single word or even on a single sound; but after working, say, on the uvular *r* or the French *u* (as in *"bonjour"* or *"une lettre"*), students will produce the sound more accurately and remember it better if they repeat once more the French phrase in which it occurs.

5. The strategic moment for getting students to take the plunge and actually begin to understand and use French phrases is the very first day — before they realize what a feat they are accomplishing. They can take this fantastic step very easily if we start with phrases they *can* understand and use in French, in dialogs that seem natural, and in situations with which they are perfectly familiar. The students will not only be making a good start in understanding and speaking a few simple phrases, but also they will be beginning to develop a sense of French grammar and sentence structure. The first day is probably the most important day of the year. When the

students say "*Au revoir*" to the instructor as they leave the classroom, many of them are already eager to learn French.

6. For literate adults and adolescents, a systematic study of grammar is invaluable — provided that it is accompanied by adequate practice. If principles of grammar are properly assimilated, they help students learn to use correctly and with confidence an ever-increasing number of authentic patterns of the language. Moreover, students are used to generalizations and they like to see how a given expression fits into the general picture. It is important to remember, however, that massive doses of grammar without adequate practice will make students painfully self-conscious about avoiding mistakes, and inhibit rather than strengthen their ability to use the language.

Vocabulary building. Words can be learned most efficiently by using them in meaningful phrases within a known context. But as the number of words that can be introduced in the dialogs is limited, we use phrases that have been learned in dialogs as a basis for substitution exercises in which new words are substituted for known words. The context can often make their meaning perfectly clear without preliminary study or explanation. For example, once students can understand and say: "*Je vais à la gare,*" they can understand and say : "*Je vais à l'aéroport, au cinéma, au stade, à la pharmacie,*" etc. with minimal prompting by the instructor.

The lay-out of the book. This book is arranged so that the students always proceed from the known to the unknown and from the concrete to the abstract. The dialogs are constructed in such a way that the students can understand the meaning of individual phrases easily and quickly, so that they can use French phrases intelligently from the beginning, and so that they will associate French phrases with other phrases of the dialog rather than associating French words with English words. For example, before they come to the first grammar unit, they have four conversation units with exercises that give them practice in answering and asking questions in authentic French, in thinking in French about a few very simple matters, and in reacting in French to a few directions in French.

The exercises of the first dialogs are simply a series of activities that teach students to understand and use the phrases of the dialogs correctly, intelligently, and with increasing confidence. The first grammar unit then presents systematically what the students have already noticed or at least *sensed* about the forms and use of definite and indefinite articles. It is based entirely on examples that have appeared in the preceding dialogs.

The English version of the dialogs. Each dialog is accompanied by a correct English version, because this is by far the easiest and quickest way for students to find out just what the French phrases mean. If the English version were printed on another page or in an appendix, many students would waste time transcribing it between the lines of the French text. If no English version were available, either the students would have to make a translation, or else the instructor would have to do it for them — either of which would take up valuable time that could be more appropriately used for learning to understand and use French phrases. But with a correct English version in plain view, students will not imagine that the object of the lesson is for them to translate the dialog into English; and the instructor can devote the entire class hour to the business of helping students learn to understand and use the French phrases of the dialog *in French*. And finally, if books are firmly closed during the *exercices pratiques*, it actually becomes possible to "banish English from the classroom" at least a part of the time.

Grammar. Although we have tried to avoid over-emphasis on grammar, we are convinced that the elements of grammar should be presented with the greatest possible clarity; if students are not given proper explanations, they will make rules for themselves — phony rules, of course, since they are certainly not in a position to make tenable generalizations about French usage. We have made it a point to explain without over-simplification whatever we *do* present, particularly emphasizing points of syntax in which French is different from English — points that have been stumbling blocks for generation after generation of young Americans.

Each grammar unit throughout the book is preceded by one or more dialogs in which students practice using a few new forms and constructions orally and aurally before they consider them from the point of view of grammar. Thus, instead of trying to learn the subtleties, say, of the use of the partitive by poring over abstract explanations, the students first learn to use a few concrete examples in easily remembered contexts, and, a few days later, come fore-armed to the abstract explanation of the use of *du, de la, des,* and *pas de.* New vocabulary items are introduced in the dialogs so that the grammar lessons can be devoted exclusively to giving students a clear understanding of the principles of grammar and to doing exercises in which the principles are applied. While some of the grammar units look long, it is surprising how quickly abstract principles of grammar can be grasped and assimilated when students are thoroughly familiar with actual phrases that exemplify the principles. For example, most of the students know, before the lesson on the partitive, that you say: *"Voulez-vous du café?", "Nous n'avons pas de café", "Nous n'aimons pas le café".* Consequently the lesson explains what the students already need and want to know — which is very different from explaining subtle principles that the students may never need to know and that they surely do not *want* to know for the time being.

Timing. We recommend that all exercises be done at a fairly rapid tempo and, usually, with books closed. In the first place, if students utter a phrase quickly, it is much easier for them to overcome the habit of pronouncing vowels as if they were diphthongs and over-emphasizing initial consonants.

Moreover, a class in which one student is allowed to ponder endlessly over a response that is obvious to other students becomes very tiresome. And, alas, if students are given time to break up each utterance into words, to translate each word into English, to decide the proper response, and to translate this response into French, some of them will do so.

The exercises in which students merely repeat phrases present no difficulty in timing — since the instructor determines the rhythm. This exercise should set the pace for responses in subsequent exercises so that the answers to questions (*Répondez en français*) should be almost in the same rhythm. It should take only a *little more time* for students to respond to the command (*Dites-moi* or *Demandez-moi*) than it does to repeat a phrase. But this type of exercise calls for a little dramatization — at least until the students get the hang of it. At first it is necessary to reiterate the rubric for each question and to give a sample response. For example, we say "*Demandez* (point to the student) *à Monsieur Hughes* (point to an imaginary Mr. Hughes) *comment il va.*" Then we ask (looking at the imaginary Mr. Hughes) "*Comment allez-vous, monsieur?*" *Then* we repeat the command *without gestures: "Demandez à Monsieur Hughes comment il va."* By this time the students catch on and are ready to do the exercise. This may seem terribly roundabout at first because it is so much easier just to have the students repeat phrases. But the idea is not to get students to repeat phrases as many times as possible but to get them to understand and use phrases intelligently, correctly, and with assurance. By understanding the "new word" *il va* in this context without having it explained, the students begin to develop the ability to sense what words *must* mean. This kind of exercise calls their imagination into play, makes them swim beyond their depth for a moment, and helps to wean them from a sort of literal-mindedness that often besets the path of beginning foreign language students.

Substitution exercises. These exercises should be done with verve. Their purpose is to give students practice in understanding, using and varying authentic patterns of the language. At first glance, some of the exercises may look too easy for serious students. But, as we have said before, one learns a language by using it. We have made it a point to construct exercises that students can do correctly without worrying about *how* to do them. And by doing simple substitution exercises, students are actually repeating over and over a pattern that they must retain while concentrating upon understanding and repeating a variation of one element of the pattern. This helps drive the pattern home far better than mere repetition. Of course, listening and repeating is indispensable at first, for that is all a student *can* do at first. But *at first* does not mean the first few months, weeks, or days, but the *first few minutes of the first class.* As soon as a student can understand and repeat a phrase correctly, he must move onto the next stage of learning, and use the phrase correctly in response to a question or a command. The third stage of mastery of a pattern is the point at which the student can recall and use it without outside stimulus. The fourth stage is the point at which the student can recall the basic pattern and use it with variations without outside stimulus.

We have constructed a great number of exercises that will give students practice in varying the subject of a sentence, or the verb, or the object, or the adjective modifiers, or the adverbial modifiers, and so on. At first they are so simple that beginners can do them quickly, correctly, and with confidence. After a few days, the exercises become more subtle, but throughout the book we have tried to construct exercises in such a way that students can scarcely avoid making correct responses. In reality, hearing and understanding in French what they are supposed to do is perhaps quite as instructive as giving the correct response. The experience of hearing a phrase and retaining it long enough to answer it is a necessary step towards remembering it for twenty-four hours or six weeks. In spite of the old saw, we find that instead of learning by making mistakes, beginning language students learn most efficiently by doing easy exercises correctly.

Writing in French. We recommend that students begin to practice writing in French before the end of the first week. On the day they take up Conversation 2 we ask them to write a brief *Dictée* from Conversation 1. Thereafter, for each new dialog, the students are expected to learn to write the phrases of the preceding one. In this way, they learn that the art of spelling is merely a means of recording a language (rather than the language itself).

Quizzes. We find that a short weekly or at least a fortnightly quiz is an invaluable teaching device. From day to day, students should be encouraged to use the language orally as much as possible, and without worrying too much about mistakes; but it is necessary to keep a very careful check on the progress each student makes, and to keep each student informed as to the result of his work. The first quiz will necessarily consist only of a *Dictée,* a few questions asked orally in French that are to be answered in French, questions the students must ask, and a question to test their ability to use the prepositions *à* and *de* with the definite article. All the material in the first quizzes will be taken from the dialogs. As the first semester progresses, and as the exercises become more and more varied, any of the types of questions found in the exercises can be used. For variety, true-false statements may be included, but it is very difficult to construct such questions that are not trite. The *Dictée* may occasionally be replaced by a simple anecdote that the students retell in their own words though, again, it is not always easy to find anecdotes that are simple enough to be comprehensible and at the same time capable of interesting the students. After a few grammar units have been studied, questions calling for a thorough mastery of points of grammar can be included, and if a supplementary reader is being used, passages from it can be included as a basis for questions in French to be answered in French.

Reading in French. Before we have the students read the first *Lecture* (based on Conversations 1–5), we explain to them that reading is, essentially, understanding what is written or printed, and that reading the sketches in this book is little more than understanding the written form of a few phrases — slightly rearranged, of course — that they have been understanding and using orally. To introduce a reading exercise, we read a paragraph aloud while the students listen and read it silently. In a reading lesson, the books are always open. We have tried to combine text, subject matter, and illustrations in such a way that the students can have the salutary experience of reading in French something that they can actually understand *in French*. The purpose of reading aloud to them and with them is (1) to show them how to read by thought groups instead of word by word or syllable by syllable, (2) to show them from the beginning that they *can* read for meaning without constantly resorting to the vocabulary, and (3) to give them the pleasure(!) of hearing, seeing, and understanding French.

We try to give students the experience of reading in French with understanding *and pleasure,* in the hope that they will not form the habit of trying to find a supposed English equivalent of every word in a passage before they attempt to understand what it is all about. If they are left to their own devices, however, they will go to any amount of trouble to avoid thinking — underlining "new" words, looking up the same words time after time, writing them down, memorizing English equivalents, and "overlearning" them. Meanwhile, instead of learning to read in French, they are building the habit of trying to "get by" without learning to read!

We recommend that after about three weeks, students be given short reading assignments once a week in a French reader, brief periods of practice in sight reading, and, eventually, a little outside reading. Our text, *Basic French Reader, 3rd edition* (published by Holt, Rinehart and Winston) has been especially adapted to this method. It goes without saying that students who ask and answer questions in French in connection with the dialogs, *lectures,* and grammar units, can do the same in connection with easy texts of a French reader. Such exercises need not be used to the exclusion of brief translation exercises, but whenever one can be sure the students understand a passage in French, we think it is much more instructive to ask them questions on it in French than to have them translate it into English.

We find that questionnaires such as those we have provided help students reach the point where they can understand the text in French without translating it into English. When students cannot grasp the meaning of a question — and this will frequently happen, of course — there are several ways of helping them understand it: (1) Let them *read* the question. (2) Have them repeat the question in French before trying to answer it. (3) Answer the question in French and then ask the students to answer it. (4) Explain what the question means. (5) Tell them precisely where the answer may be found in the book. Only after a great deal of practice in listening to questions and finding the answers in the book can students be expected to prepare a reading lesson well enough to answer questions in French without referring to the book.

This may seem like a lot of trouble. And it certainly takes more effort (on the part of the instructor), at least at first, than it does to have students look up words, write them between the lines (or elsewhere) and "translate". But it is worth the trouble, because students learn to read a printed text more rapidly if the emphasis is always upon understanding *meaning* instead of on learning words. Translating a word or phrase here and there can frequently give a clue to the meaning of a passge in the foreign language, but it is all but impossible to make a decent translation of a paragraph if you do not really know precisely what it means.

How we go about it. We have been asked so often for a description of the way we teach the dialogs and grammar lessons, that although it may seem almost supererogatory, we have decided to explain here precisely how we proceed. We realize that there are many others ways of going about it and that some of them may be better than ours. We also realize that excellent results can be had by strictly following the exercises as they are printed in the book. But here is the way we do it. (Cf. *Teacher's Manual* for our *Basic Conversational French, 6th edition.*)

At the first meeting of the class, we give the students a mimeographed schedule of assignments and quizzes for the semester. (We give 30-minute quizzes every two weeks and we cover 38 units in the first semester — that is, not quite three units per week, on the average, for sixteen weeks.) We explain very briefly the basic assumptions of the method and the procedures that are to be used, insisting especially on the importance (1) of listening with all possible attention to the way the instructor and the voices on the tapes utter each phrase, (2) of trying to understand the meaning of each French phrase each time it is repeated, and (3) of trying to reproduce each phrase precisely as the instructor and the voices on the tapes utter it — with proper intonation and, when appropriate, with gestures. We explain that the difficult part of French pronunciation is not *producing* the sounds but *hearing* them. We point out also that a foreign language must be learned bit by bit and that trying to learn two weeks' work on the night before quizzes — as students do in certain courses — simply will not work.

After this brief introduction (five minutes at most), we explain that the first dialog takes place between John Hughes, a young American chemical engineer who is living in Paris, and the concierge, or caretaker-superintendent, of the apartment house in which he lives. Then we say, "The concierge says to John, Good morning, Sir, *Bonjour, monsieur. Bonjour, monsieur. Bonjour, monsieur.* Please listen with all possible concentration. Notice that the greeting contains four short, equally-stressed syllables. *Bonjour, monsieur.* Now repeat after me: *Bon-jour mon-sieur.*" It takes a great many repetitions and much listening to get the students to utter this phrase correctly. In fact, this may be the most difficult and important step in their entire language-learning career! But the best time to teach French pronunciation is before students build up bad habits of pronunciation and phony notions about French accent. If they start off saying something like: bong-zhoor', mon-shoor', instead of really learning how to say it, they will find it vastly more difficult to learn to say it correctly later on.

After they can say *Bonjour, monsieur* in four short, equally-stressed syllables and without adding an *r* to *monsieur*, we introduce John's answer *Bonjour, madame*. While it takes six or seven minutes to teach them to say *Bonjour, monsieur*, it then takes only a minute or two to get them to say *Bonjour, madame* correctly — again in four short, equally-stressed syllables. But the accent-less rhythm of French phrases must be carefully practiced day after day so that the students will not slip into the habit of uttering French phrases with American rhythms. Detailed suggestions for this sort of practice will be found in the special section on "How to Get a Good French Accent" (page 384).

When the first two lines are more or less mastered, we say to the class: "*Dites-moi bonjour*" with an appropriate gesture at the word *moi*. Some of the students will understand at once and say "*Bonjour, monsieur*." We then repeat "*Dites-moi bonjour*" and all the students respond. In teaching the first class, we say "Repeat after me" a few times in English, but thereafter we give the direction in French. Translation or explanation of *Répétez* or *Répétez après moi* after the first day is quite unnecessary.

As soon as they can respond easily to *Dites-moi bonjour*, we point to an imaginary John Hughes and say "*Dites bonjour à monsieur Hughes, Dites bonjour à la concierge*," and so on. We do this at a fairly quick tempo so the students will develop the habit of grasping meaning immediately.

After the initial greeting is more or less mastered, the next two lines are taken up in the same way. We say "The concierge says, Are you Mr. Hughes, *Êtes-vous monsieur Hughes?*" and so on. But instead of seven or eight minutes, the second two lines can be introduced in three or four. As soon as they can say *Êtes-vous monsieur Hughes?* we say "*Demandez-moi si je suis monsieur Hughes*," as above, and then, "*Demandez à ce monsieur* (point to an imaginary person) *s'il est monsieur Hughes*."

Each pair of lines takes less time than the preceding pair. After each pair of lines, we return to the beginning of the dialog and have the students say as much of it as they can — prompting whenever it is necessary. We work through the entire dialog in this way, but at an increasing tempo. This takes about 25–30 minutes.

We then use ten to twelve minutes in a variety of ways. Sometimes we have the students repeat the phrases of the dialog while looking at the French text, or again we tell them to look at the English — for the first two or three weeks. We are not sure that there is any difference in the result, but we think it is a good idea to have the students see the French as soon as they have learned how it sounds so that they will begin to grasp the relationship between spelling and pronunciation. We find, moreover, that even when we tell them not to look at the French, many of the students do so anyway; and if they have no copy of the material used, they will write down in a phony phonetic spelling what they think they hear. This is infinitely worse than French orthography! Besides, there are always a certain number of visually-minded students who find it very upsetting to be told not to look at the French text. In any case, if students are constantly working with the tapes — listening, responding, recording, comparing their pronunciation with that of French voices — conventional French spelling will not be such a handicap as it was in the days when students were supposed to figure out from a lot of rules (and exceptions) about silent letters, how each word *would be* pronounced. Sometimes (but not the first day) we have students run through a dialog while looking at the IPA transcription so that they will know how to consult a transcription whenever they wish to do so. Usually, we do as many of the exercises as we can, but whatever else we do the first day, (1) we always make it a point to work seriously on the French uvular **r** and the French **u** (see pp. 390–391), (2) we always say something in French to each student: *"Bonjour, mademoiselle," "Comment-allez-vous?" "Voici une lettre pour vous,"* etc. and (3) we always have the students run through the dialog of tomorrow's lesson two or three times so that they will have a fair idea of how the phrases sound before they try to work on them at home or in the lab.

Finally, we devote the last ten minutes or so of the hour to running rapidly through the dialog in a variety of ways: the teacher says the lines of the concierge, and the students those of John. Then we reverse the roles. Next, one half of the class says the lines of the concierge and the others those of John. Then two of the more dynamic students run through the dialog alone.

As we remarked above, we are not at all sure that this way of doing it produces any better results in the long run than following the lesson precisely as it stands in the book; but we feel that the class may possibly get off to a faster start if the students are constantly being told (forced) to listen, to repeat, to answer, to ask, and so on. This change of pace is one way of getting them to practice a great deal without lapsing at any time into the stultifying business of absent-minded parroting. (We have never approved the practice of 50-minute periods of "mimicry-memorizing".)

As for the grammar units, we run through the explanation of one paragraph, have the students repeat the examples carefully and do the exercises based on that paragraph at once. Then we take up the rest of the lesson paragraph by paragraph.

In addition to the work in class, we recommend that students work on the exercises three or four hours a week in small sections with skilled teaching assistants or with tapes under the guidance of an experienced laboratory assistant. We believe it is better to begin to work on a dialog in class than to have students study it ahead of time. When they study a dialog *before* the class, they are sure to make all sorts of mistakes in pronunciation; but after a dialog has been thoroughly worked over in class, serious study at home or in the laboratory will greatly strengthen the correct impressions that have been planted.

About the sixth edition. This edition differs from the fifth primarily as follows:

1. All the dialogs have been slightly shortened, and there are two new ones.

2. Practically all the dialogs now have at least one female speaker.

3. There are short *Exercices de mise en train* (warm up) in conversation units #2 to #19. This little exercise, which is done by the entire class, puts all the students to work at the beginning of the hour, reinforces previous learning, and helps them realize that they are already beginning to learn French!

4. All conversation units now have an exercise made up exclusively of personalized questions.

5. The number of mini-dialogs has been greatly increased.

6. Many of the exercises have been shortened.

7. There are some forty brief cultural notes to the dialogs that will throw additional light on the French way of life.

8. There is a new *lecture* on the metric system.

Acknowledgements. So many colleagues, both at Wisconsin and in other institutions, have contributed to the improvement of successive editions of our books that it would be impossible to mention them all by name. We are none the less grateful to them all: to those who have graciously told us of their favorite teaching devices, to those who have tried out new exercises for us, to those who have sent us desiderata for new editions, and to those who have simply written heart-warming letters to express approval of our efforts. The success of our books is due in no small part to their interest, help, and encouragement. We would like particularly to thank Karl Bottke, who was kind enough to read proof on the pronunciation exercises and on the IPA transcription, and Mlle Simone Oudot, who read the dialogs with care and gave us valuable suggestions for the present revision.

The University of Wisconsin   J. H.
Madison, Wisconsin   A. L.

Getting acquainted

As John Hughes, a young American chemist, leaves his apartment on the Avenue de l'Observatoire in Paris, he speaks to the concierge of the building.

LA CONCIERGE° ¹Bonjour, monsieur.°

THE CONCIERGE *Good morning, sir.*

JEAN HUGHES ²Bonjour, madame.

JOHN HUGHES *Good morning, (madam).*

LA CONCIERGE ³Êtes-vous M. Hughes?

THE CONCIERGE *Are you Mr. Hughes?*

JEAN HUGHES ⁴Oui, madame. Je suis Jean Hughes.

JOHN HUGHES *Yes, (madam) I am John Hughes.*

LA CONCIERGE ⁵Comment allez-vous, monsieur?

THE CONCIERGE *How are you, sir?*

JEAN HUGHES ⁶Bien, merci. ⁷Et vous-même?

JOHN HUGHES *Well, thank you. And you (yourself)?*

LA CONCIERGE ⁸Pas mal, merci.

THE CONCIERGE *Not bad (thank you).*

JEAN HUGHES ⁹Parlez-vous anglais?

JOHN HUGHES *Do you speak English?*

LA CONCIERGE¹⁰ Non, je ne parle pas anglais. ¹¹Mais vous parlez français, n'est-ce pas?

THE CONCIERGE *No, I don't speak English. But you speak French, don't you?*

JEAN HUGHES ¹²Oui, madame, je parle un peu français.

JOHN HUGHES *Yes, (madam) I speak French a little.*

LA CONCIERGE ¹³Voici une lettre pour vous.

THE CONCIERGE *Here is a letter for you.*

JEAN HUGHES ¹⁴Merci beaucoup.° ¹⁵Au revoir, madame.

JOHN HUGHES *Thank you very much. Good-bye, (madam).*

LA CONCIERGE ¹⁶Au revoir, monsieur.

THE CONCIERGE *Good-bye, sir.*

CULTURAL NOTES ◆

La concierge *is roughly the equivalent of a manager/superintendent of an apartment building. She is a sort of French "institution." After a certain hour at night, the building is locked and anyone who wishes to come in—including residents of the building—must identify himself (herself) to the* concierge *before he (she) is admitted. Thus, she is aware of all the comings and goings. Although she sometimes seems bossy, she is usually very helpful.*

*French titles of civility (*Monsieur, Madame, Mademoiselle*) are much more commonly used than their English equivalents (*Sir, Madam, Miss*).*

It is not necessary to say anything in response to Merci, *but French people sometimes say:* De rien *or* Il n'y a pas de quoi—*which correspond roughly to You are welcome, Welcome, Think nothing of it, etc.* Bonjour *is a polite greeting. It corresponds to Good morning, Good afternoon, Hello, Hi.*

I Exercices de rythme*

A. Quatre syllabes

Repeat in four short,
equally stressed syllables:

1. Bonjour monsieur.
2. Bonjour madamé.
3. Merci monsieur.
4. Merci madamé.
5. Merci beaucoup.
6. Au révoir monsieur.
7. Au révoir madamé.

B. Cinq syllabes

Repeat in five short, equally stressed syllables:

(1)
1. Bonjour madémoisellé.
2. Merci madémoisellé.
3. Au révoir madémoisellé.
4. Jé parlé un peu français.
5. Jé parlé un peu anglais.

(2)
1. Êtés-vous monsieur Hughés?
2. Comment allez-vous?
3. Parlez-vous français?
4. Parlez-vous anglais?

C. Six syllabes

Repeat in six short, equally stressed syllables:

1. Merci beaucoup monsieur.
2. Merci beaucoup madamé.
3. Je né parlè pas français.

4. Je né parle pas anglais.
5. Mais vous parlez français.
6. Mais vous parlez anglais.

* In order to make the rhythm exercises perfectly clear, silent e's are printed é and commas are omitted. For additional pronunciation exercises, see pp. 389–390.

D. Sept syllabes

Repeat in seven short, equally stressed syllables:

1. Vous parlez français n'est-c¢ pas?
2. Vous parlez anglais n'est-c¢ pas?
3. J¢ parl¢ un peu français monsieur.
4. J¢ parl¢ un peu français madam¢.
5. J¢ parl¢ un peu anglais monsieur.
6. Voici un¢ lettre pour vous.

E. Huit syllabes

Repeat in eight short, equally stressed syllables:

1. Je n¢ parle pas français monsieur.
2. Je n¢ parle pas français madam¢.
3. Je n¢ parle pas anglais monsieur.
4. Je n¢ parle pas anglais madam¢.

II *Dites en français* (Say in French):

1. Dites-moi bonjour. [Bonjour, monsieur. Bonjour, madame. Bonjour, mademoiselle.]
2. Dites-moi au revoir. [Au revoir, monsieur. Au revoir, madame. Au revoir, mademoiselle.]
3. Dites-moi merci. [Merci, monsieur. Merci, madame. Merci, mademoiselle.]
4. Dites-moi merci beaucoup. [Merci beaucoup, monsieur, madame, mademoiselle.]

III *Demandez en français* (Ask in French):

1. Demandez-moi si je suis M. Hughes. [Êtes-vous Monsieur Hughes?]
2. Demandez-moi comment je vais. [Comment allez-vous, monsieur, madame, mademoiselle?]
3. Demandez-moi si je parle anglais. [Parlez-vous anglais, monsieur, madame, mademoiselle?]
4. Demandez-moi si je **parle** français.

6

IV *Donnez une réponse convenable à chacune des expressions suivantes* (Give a suitable response to each of the following expressions):

1. Bonjour, monsieur.
2. Bonjour, mademoiselle.
3. Comment allez-vous?
4. Vous parlez français, n'est-ce pas? [Oui, je parle un peu français.]
5. Voici une lettre pour vous.
6. Au revoir, mademoiselle.

V Mini-dialogues entre deux étudiant(e)s

Le professeur demande à deux étudiant(e)s (A et B) de poser des questions et d'y répondre (The instructor asks two students [A and B] to ask questions and to answer them).

1. **A.** Dites bonjour à un(e) autre étudiant(e). [Bonjour, M., Mme, Mlle.]
   B. Répondez, s'il vous plaît. [Bonjour, M., Mme, Mlle.]
   A. Dites au revoir à l'autre étudiant(e). [Au revoir, M., Mme, Mlle.]
   B. Répondez, s'il vous plaît. [Au revoir, M., Mme, Mlle.]

2. **A.** Demandez à l'autre étudiant(e) s'il (si elle) parle anglais. [Parlez-vous anglais?]
   B. Répondez, s'il vous plaît. [Oui, je parle anglais.]
   A. Demandez comment il (elle) va. [Comment allez-vous?]
   B. Répondez, s'il vous plaît. [Pas mal, merci.]
   A. Dites au revoir à l'autre étudiant(e). [Au revoir.]
   B. Répondez, s'il vous plaît. [Au revoir.]

CONVERSATION 2

Asking directions

John Hughes is spending a few days visiting some of the interesting places in the Île-de-France (the region around Paris). He has just arrived at Chantilly where he plans to see the château,° museum, racetrack, etc. He asks for information first in the railroad station and then on the street.

À la gare

JEAN ¹Pardon, madame. Où est le château, s'il vous plaît?

UNE EMPLOYÉE ²Tout droit, monsieur.

JEAN ³Et le musée?

L'EMPLOYÉE ⁴Le musée est dans le château.

JEAN ⁵Y a-t-il un restaurant près du château?

L'EMPLOYÉE ⁶Oui, monsieur. Il y a un bon restaurant en face du château.

JEAN ⁷Merci beaucoup.

Dans la rue

JEAN (*À un passant*) ⁸Pardon, monsieur. Où est le bureau de poste?

LE PASSANT ⁹La poste° est sur la place, là-bas, à gauche.

JEAN ¹⁰Y a-t-il un bureau de tabac° près d'ici?

LE PASSANT ¹¹Mais oui, monsieur. Il y a un bureau de tabac là-bas, à droite.

JEAN ¹²Merci beaucoup.

At the station

JOHN *Pardon me, madam. Please tell me where the château is.*

AN EMPLOYEE *Straight ahead, sir.*

JOHN *And the museum?*

THE EMPLOYEE *The museum is in the château.*

JOHN *Is there a restaurant near the château?*

THE EMPLOYEE *Yes, sir. There is a good restaurant across from the château.*

JOHN *Thank you very much.*

On the Street

JOHN (*To a passer-by*) *Pardon me, sir. Where is the post office?*

THE PASSER-BY *The post office is on the square, over there, to the left.*

JOHN *Is there a tobacco shop near here?*

THE PASSER-BY *Oh, yes, sir. There is a tobacco shop over there on the right.*

JOHN *Thank you very much.*

8

Le Château de Chantilly

CULTURAL NOTES ◆

*The **Château de Chantilly** is about twenty-five miles north of Paris. In the 17th century, the rich and powerful **Prince de Condé** lived there and had a magnificent court that almost rivaled the court of Louis XIV at Versailles. The chateau was destroyed during the French Revolution and was rebuilt in the 19th century. It has a very valuable collection of manuscripts, miniatures, and other works of art.*

***La poste** and **le bureau de poste** are used interchangeably. The French ministry of **Postes, Télégraphes et Téléphones** (usually called the **PTT**) runs the postal and telegraphic services very efficiently, but the telephone service leaves much to be desired. In recent years the ministry of the PTT has been renamed the ministry of **Postes et Télécommunications** (**P et T**) though most people still refer to the **PTT**.*

*A **bureau de tabac** is a tobacco shop in which one can buy tobacco products, stationery and newspapers. Some French tobacco shops also have a bar and serve as cafés.*

I Exercice de mise en train (Warm-up exercise)

Répondez tous ensemble (Answer all together):

1. Dites-moi bonjour.   **2.** Dites bonjour à un voisin *or* à une voisine (*Say hello to a neighbor—masculine or feminine*).   **3.** Demandez-moi comment je vais.   **4.** Parlez-vous un peu français? [Oui, je parle un peu français.] **5.** Parlez-vous anglais? **6.** Demandez-moi si je parle français.   **7.** Voici une lettre pour vous.   **8.** Au revoir.

II Exercices de rythme*

Repeat after me:

A. **Quatre syllabes**

    1. Où est le château?*
    2. Où est le musée?
    3. Où est la gare?

* For additional pronunciation exercises, see pp. 392–393.

B. **Cinq syllabes**

    1. Où est l¢ bureau d¢ poste?
    2. Où est l¢ restaurant?

C. **Six syllabes**

    1. Où est l¢ bureau d¢ tabac?
    2. Y a-t-il un restaurant . . . ?
    3. Il y a un restaurant . . .

D. **Sept syllabes**

    1. Où est l¢ château, s'il vous plaît?
    2. Où est l¢ musée, s'il vous plaît?

III   Substitutions (Vocabulary drill)

Répétez les phrases suivantes, en substituant les mots indiqués (Repeat the following sentences, making the suggested substitutions):

1. **Où est le château?**
   le musée / le bureau de tabac / le bureau de poste / le restaurant
2. **Le château** est près d'ici.
   Le musée / Le bureau de tabac / La poste / Le restaurant
3. Le musée est **près d'ici.**
   là-bas, à droite / là-bas, à gauche / sur la place / près du château
4. Il y a un restaurant **près du château.**
   près de la gare / près d'ici / sur la place / dans le château
5. Y a-t-il un restaurant **près d'ici?**
   près de la gare / près du château / dans le château / sur la place

IV   *Comptez en français de un à dix* (Count in French from 1 to 10):

1. un (1), deux (2), trois (3), quatre (4), cinq (5).
2. six (6), sept (7), huit (8), neuf (9), dix (10).
3. un franc, deux francs, trois francs.
4. quatre francs, cinq francs, six francs.
5. sept francs, huit francs, neuf francs, dix francs.
6. un étudiant, deux étudiants, trois étudiants.

7. quatre étudiants, cinq étudiants, six étudiants.

8. sept étudiants, huit étudiants, neuf étudiants, dix étudiants.

V *Répondez en français, d'après le texte* (. . . according to the text):

1. Où est le château, s'il vous plaît? **2.** Et le musée? **3.** Où est la poste?
4. Y a-t-il un restaurant près du château? **5.** Où est le bureau de poste?
6. Y a-t-il un bureau de tabac près d'ici?

VI *Demandez-moi:*

EX. —Demandez-moi où est le château.
   —Où est le château, s'il vous plaît?

1. Demandez-moi où est la gare. **2.** Demandez à un(e) autre étudiant(e)
où est la gare. **3.** Demandez-moi s'il y a un restaurant près d'ici.
4. Demandez à un(e) autre étudiant(e) s'il y a un restaurant près d'ici.

VII   Mini-dialogues

Le professeur demande à deux étudiant(e)s (A et B) de poser des questions et d'y répondre.

1. **A.** Demandez à un(e) autre étudiant(e) s'il (si elle) parle français.
    B. Répondez que vous parlez un peu français.
    A. Demandez où est le château.
    B. Répondez que le château est sur la place.
    A. Dites merci à l'autre étudiant(e).

2. **A.** Demandez à un(e) autre étudiant(e) s'il y a un restaurant près d'ici.
    B. Répondez qu'il y a un restaurant en face du château.
    A. Demandez où est le musée.
    B. Répondez que le musée est dans le château.

3. **A.** Demandez à un(e) autre étudiant(e) s'il y a un bureau de tabac près d'ici.
    B. Répondez qu'il y a un bureau de tabac sur la place.
    A. Demandez où est le bureau de poste.
    B. Répondez que la poste est sur la place, là-bas, à gauche.

VIII   Dictée d'après la Conversation 1, p. 3

Getting a hotel

John is looking for a hotel and asks a policeman for directions.

Dans la rue

JEAN [1]Pardon, où est l'hôtel du Cheval blanc?°

UN AGENT DE POLICE [2]Sur la place, monsieur.

JEAN [3]Est-ce que c'est loin d'ici?

L'AGENT [4]Non, ce n'est pas loin d'ici.

JEAN [5]C'est un bon hôtel?

L'AGENT [6]Oui, monsieur, c'est un très bon hôtel.

JEAN [7]Est-ce que la cuisine est bonne?

L'AGENT [8]Certainement, monsieur. La cuisine est excellente.

JEAN [9]Merci beaucoup.

À l'hôtel du Cheval blanc

JEAN [10]Quel est le prix de la pension?

L'HÔTELIÈRE [11]Soixante-dix francs par jour, monsieur, [12] avec le petit déjeuner, le déjeuner et le dîner—[13]et la chambre, bien entendu.

On the street

JOHN *Pardon me, where is the White Horse Hotel?*

A POLICEMAN *On the square, sir.*

JOHN *Is it far from here?*

THE POLICEMAN *No, it isn't far (from here).*

JOHN *Is it a good hotel?*

THE POLICEMAN *Yes, sir, it is a very good hotel.*

JOHN *Is the food (cuisine) good?*

THE POLICEMAN *Certainly, sir. The food is excellent.*

JOHN *Thank you very much.*

At the White Horse Hotel

JOHN *What is the price of room and board?*

THE HOTEL MANAGER (f.) *Seventy francs per day sir, with breakfast, lunch and dinner—and the room, of course.*

CULTURAL NOTE ◆

Although there are hotels called White Horse in many French towns, they are not a chain of hotels. There are also hotels of the Gold Lion, of the Golden Pheasant, of the Shield of France, and so on, many of which date from the Middle Ages. The name White Horse Hotel perhaps comes from the fact that many travelers used to travel on horseback and had to stop at hotels that could take care of their horses. The hotel owners naturally chose names that would be attractive to travelers.

I Exercice de mise en train

Répondez tous ensemble:

1. Dites-moi bonjour.   2. Demandez-moi comment je vais.   3. Demandez-moi où est le château.   4. Demandez-moi s'il y a un restaurant près du château.
5. Dites-moi qu'il y a un bon restaurant près du château.   6. Dites-moi "Tout droit."   7. Dites-moi «Là-bas, à gauche.»   8. Dites-moi «Là-bas, à droite.»

II Substitutions (Vocabulary drill)

Répétez les phrases suivantes, en substituant les mots indiqués:

1. Jean est à **Chantilly.**
   à la gare / au château / dans la rue / sur la place / au restaurant
2. Est-ce que l'hôtel est **près d'ici?**
   près du château / près de la gare / loin de la gare / loin d'ici
3. **L'hôtel du Cheval blanc** n'est pas loin d'ici.
   Le musée / La poste / L'aéroport / Le stade
4. Il y a un hôtel **en face de l'église** (*opposite the church*).
   en face de la poste / près de la poste / en face du château/ à l'aéroport
5. Quel est le prix **de la pension?**
   du petit déjeuner / du déjeuner / du dîner / des repas (*meals*)

III *Comptez en français de onze à vingt:*

1. onze (11), douze (12), treize (13).
2. quatorze (14), quinze (15), seize (16).
3. dix-sept (17), dix-huit (18), dix-neuf (19), vingt (20).
4. onze étudiants, douze étudiants, treize étudiants, quatorze étudiants, quinze étudiants, seize étudiants, dix-sept étudiants, dix-huit étudiants, dix-neuf étudiants, vingt étudiants.
5. Dites en français: 1 franc, 11 francs; 2 francs, 12 francs; 3 francs, 13 francs; 4 francs, 14 francs; 5 francs, 15 francs; 6 francs, 16 francs; 7 francs, 17 francs; 8 francs, 18 francs; 9 francs, 19 francs; 10 francs, 20 francs.

IV *Mettez les phrases suivantes à la forme interrogative en plaçant **Est-ce qu'(e)** devant chacune d'elles* (Put the following sentences in the interrogative form by placing *est-ce qu'(e)* in front of each of them):

EX.　—Il y a un bon hôtel près d'ici.
　　—Est-ce qu'il y a un bon hôtel près d'ici?

1. L'hôtel du Cheval blanc est près d'ici.　**2.** L'hôtel du Cheval blanc est loin d'ici.　**3.** Il y a un bon restaurant près d'ici.　**4.** Il y a un restaurant en face de l'église.　**5.** Il y a un bon restaurant sur la place.　**6.** Il y a un bureau de tabac en face de la gare.　**7.** Il y a un restaurant dans la gare.　**8.** La cuisine de l'hôtel du Cheval blanc est bonne.

V　*Répondez en français d'après le texte* (. . . according to the text):

1. Où est l'hôtel du Cheval blanc?　**2.** Est-ce que c'est loin d'ici?
3. Est-ce que c'est un bon hôtel?　**4.** Est-ce que la cuisine est bonne?
5. Quel est le prix de la pension?

VI　Mini-dialogues

Le professeur demande à deux étudiant(e)s (A et B) de poser des questions et d'y répondre.

1.　**A.** Demandez à un(e) autre étudiant(e) où est l'hôtel du Cheval blanc.
　B. Répondez qu'il est sur la place.
　A. Demandez si c'est un bon hôtel.
　B. Répondez que c'est un très bon hôtel.
　A. Demandez si c'est loin d'ici.
　B. Répondez que c'est près d'ici.

2.　**A.** Demandez à un(e) autre étudiant(e) le prix de la pension.
　B. Répondez: Soixante-dix francs par jour.
　A. Demandez si la cuisine est bonne.
　B. Répondez que la cuisine est excellente.

VII　Dictée d'après la Conversation 2, p. 8

Catching a train

John wants to have lunch before returning to Paris. He finds that he has plenty of time.

À l'hôtel

L'HÔTELIÈRE [1]Comment ça va,° monsieur?

JEAN [2]Ça va bien, merci. [3]Quelle heure est-il?

L'HÔTELIÈRE [4]Il est onze heures.

JEAN [5]Est-ce que le déjeuner est prêt?

L'HÔTELIÈRE [6]Non, monsieur, pas encore. [7]À quelle heure voulez-vous déjeuner?

JEAN [8]À onze heures et demie.

L'HÔTELIÈRE [9]À quelle heure allez-vous à la gare?

JEAN [10]Je vais à la gare à midi. [11]Le train pour Paris arrive à midi et quart, n'est-ce pas?

L'HÔTELIÈRE [12]Non, monsieur. Il arrive à deux heures moins le quart.

JEAN [13]Ah bon, alors je vais déjeuner à midi, comme d'habitude. [14]Est-ce que le bureau de poste est ouvert cet après-midi?

L'HÔTELIÈRE [15]Certainement, monsieur. Jusqu'à sept heures du soir.

At the hotel

THE HOTEL MANAGER *How are you, sir?*

JOHN *Fine, thanks. What time is it?*

THE HOTEL MANAGER *It is eleven o'clock.*

JOHN *Is lunch ready?*

THE HOTEL MANAGER *No, sir, not yet. At what time do you want to have lunch?*

JOHN *At half past eleven.*

THE HOTEL MANAGER *At what time are you going to the station?*

JOHN *I am going to the station at noon. The train for Paris arrives at a quarter past twelve, doesn't it?*

THE HOTEL MANAGER *No, sir. It comes at a quarter of two.*

JOHN *Oh, good, then I am going to have lunch at noon, as usual. Is the post office open this afternoon?*

THE HOTEL MANAGER *Certainly, sir. Until seven o'clock in the evening.*

CULTURAL NOTE ◆

The French are generally more reserved when meeting foreigners than we are. While we do not hesitate to invite comparative strangers to our homes, the French tend to keep their distance. Note, however, that French people usually shake hands with friends and acquaintances whenever they meet—even if they see each other every day or so. **Comment ça va** *is less formal than* **Comment-allez vous?**

Exercice de mise en train

Répondez tous ensemble:

1. Demandez-moi comment je vais.   2. Dites-moi que vous allez très bien.
3. Demandez-moi si je parle français.   4. Dites-moi que vous parlez un
peu français.   5. Demandez-moi si l'hôtel du Cheval blanc est sur la place.
6. Demandez-moi s'il y a un bon restaurant près d'ici.   7. Dites-moi que
l'hôtel du Cheval blanc est près du château.   8. Dites-moi que la cuisine
est excellente.

II Substitutions (Vocabulary drill)

Répétez les phrases suivantes en substituant les mots indiqués:

1. À quelle heure allez-vous **à la gare?**
   à l'hôtel / au restaurant / au musée / à la poste
2. Je vais à la gare **à midi.**
   à six heures / à dix heures et quart / à cinq heures et demie/ à midi moins le quart
3. Il est ouvert jusqu'à **sept heures du soir.**
   huit heures / neuf heures / dix heures / onze heures
4. Je vais au musée **ce matin.**
   cet après-midi / ce soir / à midi et demi / à neuf heures
5. Je vais déjeuner **à midi,** comme d'habitude.
   à midi moins le quart / à midi et quart / à midi et demi / à une heure moins le quart
6. Jean dit à l'hôtelière: «Ça va bien.»
   «**Très bien**» / «**Assez bien**» / «**Pas mal**» / «**Comme ci comme ça**» *(so so)*
   very good   *not bad*

III Exercices d'application

A. *Mettez les phrases suivantes à la forme interrogative en plaçant* **Est-ce
qu(e)** *devant chacune d'elles:*

1. Le déjeuner est prêt.   2. Le bureau de poste est ouvert cet après-midi.
3. Le dîner est prêt.   4. Le musée est dans le château.   5. Il y a un
restaurant près du château.   6. Il y a un bureau de tabac en face du château.
7. Il y a un train pour Paris cet après-midi.   8. Il y a un bon restaurant sur
la place.   9. Le train pour Paris arrive à midi et quart.   10. Il y a un bureau
de tabac sur la place.

B. *Mettez les phrases suivantes à la forme négative:*

EX. —Je parle français.
     —**Je ne parle pas français.**

1. Je suis Jean Hughes.   2. Je parle anglais.   3. Je vais à la gare.   4. Je vais déjeuner à onze heures et demie.   5. C'est loin d'ici.   6. C'est un bon hôtel.   7. Le déjeuner est prêt.   8. Le dîner est prêt.   9. Le bureau de poste est ouvert.   10. Il est ouvert à huit heures.

IV   *Répondez en français d'après le texte:*

1. Comment ça va?   2. Quelle heure est-il?   3. Est-ce que le déjeuner est prêt?   4. À quelle heure voulez-vous déjeuner?   5. À quelle heure allez-vous à la gare?   6. Le train pour Paris arrive à midi et quart, n'est-ce pas?   7. Est-ce que le bureau de poste est ouvert cet après-midi?   8. Est-il ouvert à midi?   9. Est-ce qu'il est ouvert à six heures du soir?

V   *Répondez en français aux questions personnelles suivantes:*

1. À quelle heure allez-vous déjeuner?   2. À quelle heure allez-vous dîner?   3. Où allez-vous déjeuner?   4. Où allez-vous dîner?   5. À quelle heure déjeunez-vous d'habitude?   6.   À quelle heure dînez-vous d'habitude?   7. À quelle heure allez-vous d'habitude au labo?   8. À quelle heure allez-vous d'habitude au cinéma?

VI   Mini-dialogues

1.   A. Demandez à un(e) autre étudiant(e) comment ça va.
   B. Répondez que ça va bien.
   A. Demandez s'il (si elle) parle français.
   B. Répondez que vous parlez un peu français.
   A. Demandez si le bureau de poste est ouvert cet après-midi.
   B. Répondez qu'il est ouvert de huit heures du matin à sept heures du soir.
   A. Remerciez l'autre étudiant(e).

2.   A. Demandez à un(e) autre étudiant(e) quelle heure il est.
   B. Répondez qu'il est onze heures et demie.
   A. Demandez si le déjeuner est prêt.
   B. Répondez que le déjeuner n'est pas encore prêt.
   A. Demandez à quelle heure arrive le train pour Paris.
   B. Répondez qu'il arrive à deux heures moins le quart.
   A. Remerciez l'autre étudiant(e).

VII   Dictée d'après la Conversation 3, p. 14

Articles and prepositions de *and* à

1 *Masculine and feminine gender*

In French, nouns fall into two classes, or, as they are traditionally (and somewhat misleadingly) called, *genders:* masculine and feminine. Those with which **le** or **un** is used are masculine, and those with which **la** or **une** is used are feminine. In English grammar the question of gender is a very simple matter, but it is very complicated in French, because the form of the article, adjective, pronoun, and sometimes even the verb you use, must conform to the gender of the noun to which they refer.

The way to master this all-pervasive problem in French is to practice using each noun with the proper form of an article or adjective. For example, you have already learned to say correctly and with confidence «**Où est le musée?**» and «**Où est la gare?**» Now, although you did not consciously learn that **musée** is masculine and **gare** is feminine, you will always know that one says **le musée** and **la gare**—which is all you need to know in order to use the two words correctly. If anyone (or you, yourself) should happen to say **la musée**(!), or **le gare**(!), your ear would tell you immediately that it is wrong. The exercises in this book will give you systematic practice in hearing and using nouns with the proper form of articles, adjectives, etc. in meaningful contexts. You will find that the meaning of phrases, their sound, their intonation, their rhythm, their context—everything will help you recall all the parts of the phrases, including the form of articles and adjectives. In this way the complicated problem of gender will practically take care of itself.

There is no dependable rule of thumb for figuring out the gender of nouns in French. It is true that the gender of those that refer to persons usually corresponds to their sex, but the vast majority (those that refer to things, places, activities, abstractions, materials, measurements, etc.) have nothing whatever to do with sex.

2 Indefinite article un, une (a, an)

The masculine form **un** is used with masculine singular nouns; the feminine form **une**, with feminine singular nouns:

MASCULINE		FEMININE	
un château	*a* chateau	**une** lettre	*a* letter
un musée	*a* museum	**une** rue	*a* street
un restaurant	*a* restaurant	**une** place	*a* public square
un employé	*an* employee	**une** employée	*an* employee
un hôtel	*a* hotel	**une** gare	*a* railroad station
un aéroport	*an* airport	**une** hôtelière	*a* hotel manager

3 Definite article le, la, l', les (the)

A. **le**

The form **le** (masculine singular) is used before nouns or adjectives that are masculine and singular if they begin with a consonant other than a mute **h***:

le bureau de tabac	*the* tobacco shop
le déjeuner	lunch, or *the* lunch
le restaurant	*the* restaurant
le bon restaurant	*the* good restaurant
le bon hôtel	*the* good hotel
le petit hôtel	*the* little hotel

B. **la**

The form **la** (feminine singular) is used before nouns or adjectives that are feminine and singular if they begin with a consonant other than a mute **h**:

---

* Although all **h**'s are silent in everyday conversation, they fall into two groups traditionally known as mute **h**'s and aspirate **h**'s:

Before a word beginning with a mute **h**, linking and elision take place precisely as if the word began with a vowel. Ex.: **l'hôtel, les hôtels**.

Before a word beginning with an aspirate **h**, linking and elision do not take place. Ex.: **Le /héros** (*the hero*), **les /héros**.

In the vocabulary of this book, and in most dictionaries, words beginning with an aspirate **h** are marked with an asterisk.

For a discussion of linking, see p. 393–394.

la gare	*the* railroad station
la rue	*the* street
la poste	*the* post office
la cuisine	*the* cooking
la bonne cuisine	good cooking
la chambre	*the* room
la pension	room and board

C. l'

The form **l'** (masculine or feminine singular) is used before nouns or adjectives of either gender if they begin with a vowel or mute **h:**

l'agent de police *m.*	*the* policeman
l'hôtel	*the* hotel
l'autre hôtel	*the* other hotel
l'église *f.*	*the* church
l'hôtelière	*the* hotel manager
l'employée	*the* employee
l'aéroport	*the* airport

Explanations of the form **l'** usually indicate that the vowel of **le** or **la** is elided or that elision takes place. However, do not infer that this is an operation *you* are supposed to perform: as the elision took place centuries ago, there is no point in imagining a vowel and then eliding it! Just say, think, and write **l'hôtel** and be done with it.

D. les

The form **les** is used before any plural noun or adjective:

les restaurants	*the* restaurants
les autres restaurants	*the* other restaurants
les églises	*the* churches
les hôtels	*the* hotels
les bons restaurants	*the* good restaurants
les autres hôtels	*the* other hotels

(1) note that the s of **les** is linked (and pronounced **z**) if the noun or adjective which follows begins with a vowel or mute **h.**
(2) In writing, the plural of most French nouns is formed by adding "s" to the singular. This "s" is of course not pronounced—except in linking.
   In speaking, the plural of most nouns is distinguished from the singular by the article used: **le restaurant—les restaurants, la gare—les gares.**

4 Preposition **de** (of, from)

de + le = du
de + la = de la

A. **du**

When the preposition **de** is used with a noun before which the definite article **le** would normally stand, you say <u>**du**</u> — never *de le.*

le déjeuner	le prix **du** déjeuner	the price *of* lunch
le château	près **du** château	near *the* chateau
le musée	loin **du** musée	far *from the* museum

B. **de la**

When the preposition **de** is used with a noun before which the definite article **la** would normally stand, you say <u>**de la**</u> —just as you would expect.

la pension	le prix **de la** pension	the price *of* room and board
la chambre	le prix **de la** chambre	the price *of the* room
la gare	près **de la** gare	near *the* station
la place	loin **de la** place	far *from the* square

C. **de l'**

When the preposition **de** is used with a noun before which the definite article **l'** would normally stand, you say <u>**de l'**</u> — as you would expect.

l'hôtel	la cuisine **de l'**hôtel	*the* hotel's cooking
l'église	près **de l'**église	near *the* church
l'autre hôtel	en face **de l'**autre hôtel	across *from the* other hotel

D. **des**

When the preposition **de** is used with a noun before which the definite article **les** would normally stand, you say **des** —never *de les.*

les repas	le prix **des** repas	the price *of* meals
les chambres	le prix **des** chambres	the price *of* rooms
les hôtels	la cuisine **des** hôtels	*the* hotels' cooking

5 Preposition **à** (to, at, in)

à + le = au

A. **au**

When the preposition **à** is used with a noun before which the definite article **le** would normally stand, you say **au** — never *à le.*

le château	Je vais **au** château	I am going *to the* chateau.
le restaurant	Je vais **au** restaurant.	I am going *to the* restaurant.
le musée	Je vais **au** musée.	I am going *to the* museum.

B.   à la

When the preposition à is used with a noun before which the definite article
la would normally stand, you say **à la** — as you would expect.

la gare	Je vais **à la** gare.	I am going *to the* station.
la poste	Je vais **à la** poste.	I am going *to the* post office.
la concierge	Je parle **à la** concierge.	I speak *to the* concierge.

C.   à l'

When the preposition à is used with a noun before which the definite article
l' would normally stand, you say **à l'** — as you would expect.

l'hôtel	Je vais **à l'**hôtel.	I am going *to the* hotel.
l'agent de police	Je parle **à l'**agent de police.	I speak *to the* policeman.
l'employée	Je parle **à l'**employée.	I speak *to the* employee.

D.   aux

When the preposition à is used with a noun before which the definite article
les would normally stand, you say **aux** — never *à les*.

les bons restaurants	Je vais **aux** bons restaurants.	I go *to the* good restaurants.
les employés	Je parle **aux** employés.	I speak *to the* employees.
les étudiants	Je parle **aux** étudiants.	I speak *to the* students.

6   Use of the definite article

The definite article is used much more commonly in French than in English.
Specific cases of its use or omission will be studied later. But meanwhile,
note that in French you say:

Quel est le prix **de la** pension?	What is the price *of* room and board?
Quel est le prix **des** repas?	What is the price *of* meals?
Je vais **à l'**église.	I am going *to* church.
Le déjeuner et **le** dîner.	Lunch and dinner.

26

I Substitutions (Vocabulary drill)

Répétez les phrases suivantes en substituant les mots indiqués:

1. Jean est **à l'hôtel du Cheval blanc.**
   à la gare / au musée / au restaurant / à l'aéroport
2. Le restaurant est **près du musée.**
   près de la place / près de l'hôtel du Cheval blanc / près de la gare / près du château
3. Je vais **au bureau de tabac.**
   à la poste / au château / à l'église / à l'aéroport
4. Je parle **à la concierge.**
   à l'employé / à l'hôtelière / au passant / aux étudiants

II Exercices d'application

A. *Répétez en remplaçant l'article défini (**le, la, l'**) par l'article indéfini*
(**un, une**):

EX. —le restaurant
     —un restaurant

1. le bureau de tabac, le musée, le déjeuner. *un bureau de tabac, un musée*
2. la gare, la place, la rue. *une gare, une place. un rue*
3. l'hôtel, l'agent de police, l'église.

B. *Répétez en remplaçant l'article défini (**le, la, l'**) par **au, à la,** ou **à l'**:*

EX. —le déjeuner *le + de = la*
     —au déjeuner

1. le bureau de poste, le dîner, le passant.
2. la gare, la rue, la place.
3. l'hôtelier, l'employée, l'étudiant.

C. *Répétez en remplaçant l'article défini (**le, la, l'**) par **du, de la, de l'**:*

EX. —le déjeuner
     —du déjeuner

1. le bureau de poste, le dîner, le passant.
2. la gare, la rue, la place.
3. l'hôtelier, l'employée, l'étudiant.

D. *Donnez le pluriel des mots suivants:*

1. le dîner, le repas, le train.
2. la gare, la rue, la place.
3. l'employé, l'hôtelière, l'église.
4. l'autre hôtel, l'autre aéroport, l'autre train.
5. le bon dîner, le bon restaurant, le petit restaurant.

E. *Répétez et remplacez l'article défini (les) par* **aux:**

EX.   —les employés
      —**aux employés**

1. les restaurants, les bons restaurants, les repas.
2. les étudiants, les étudiantes (*f.*), les autres étudiants.

III   *Complétez les phrases suivantes, en employant les mots indiqués:*

1. Je vais (à) . . .

EX.   —(le) restaurant
      —**Je vais au restaurant.**

(le) musée / (le) château / (le) petit hôtel / (le) bureau de poste

2. Je parle (à) . . .

EX.   —(les) passants
      —**Je parle aux passants.**

(les) étudiants / (les) agents de police / (les) employés
(la) concierge / (l')étudiante / (l')hôtelière

3. L'autre hôtel est près (de) . . .

EX.   —(le) château
      —**L'autre hôtel est près du château.**

(le) musée / (le) bureau de poste / (le) bureau de tabac
(la) gare / (la) place / (la) rue de la Paix
(l')église / (l')autre gare / (l')autre place

IV *Demandez en français à quelqu'un:*

1. s'il y a un restaurant près d'ici.   2. si c'est un bon restaurant.   3. si la cuisine est bonne.   4. si l'hôtel du Cheval blanc est un bon hôtel.   5. si c'est loin d'ici.   6. le prix de la pension.

V *Répondez en français:*

1. À quelle heure allez-vous à la gare? 2. À quelle heure allez-vous au musée?   3. À quelle heure allez-vous à l'hôtel?   4. Où allez-vous déjeuner? 5. Où allez-vous dîner?   6. Y a-t-il un restaurant près du château? 7. Y a-t-il un bon restaurant près de l'église?   8. Y a-t-il un bon hôtel près de la gare?   9. Quel est le prix de la pension?

VI **Mini-dialogues**

1. **A.** Demandez à un autre étudiant (à une autre étudiante) comment ça va.
    B. Répondez que ça va bien.
    A. Demandez-lui à quelle heure il (elle) va à la gare.
    B. Répondez que vous allez à la gare à midi.

2. **A.** Demandez à un autre étudiant (à une autre étudiante) où est le musée.
    B. Répondez que le musée est dans le château.
    A. Demandez s'il y a un bon restaurant près de la gare.
    B. Répondez qu'il y a un bon restaurant en face de la gare.

3. **A.** Demandez à un autre étudiant (à une autre étudiante) le prix de la pension.
    B. Répondez: Soixante-dix francs par jour.
    A. Demandez si le déjeuner est prêt.
    B. Répondez: Pas encore.

CONVERSATION 5

À la préfecture de police

John gets his worker's identification card.°

L'EMPLOYÉE ¹Comment vous appelez-vous, monsieur?

THE EMPLOYEE *What is your name, sir?*

JEAN ²Je m'appelle Jean Hughes.

JOHN *My name is John Hughes.*

L'EMPLOYÉE ³Quelle est votre nationalité?

THE EMPLOYEE *What is your nationality?*

JEAN ⁴Je suis Américain.

JOHN *I am an American.*

L'EMPLOYÉE ⁵Où êtes-vous né?

THE EMPLOYEE *Where were you born?*

JEAN ⁶Je suis né à Philadelphie, aux États-Unis.

JOHN *I was born in Philadelphia, in the United States.*

L'EMPLOYÉE ⁷Quel âge avez-vous?

THE EMPLOYEE *How old are you?*

JEAN ⁸J'ai vingt et un ans.

JOHN *I am twenty-one.*

L'EMPLOYÉE ⁹Quelle est votre profession?

THE EMPLOYEE *What is your profession?*

JEAN ¹⁰Je suis ingénieur-chimiste.

JOHN *I am a chemical engineer.*

L'EMPLOYÉE ¹¹Où demeurez-vous?

THE EMPLOYEE *Where do you live?*

JEAN ¹²Je demeure à Paris.

JOHN *I live in Paris.*

L'EMPLOYÉE ¹³Quelle est votre adresse à Paris?

THE EMPLOYEE *What is your Paris address?*

JEAN ¹⁴Quinze, avenue de l'Observatoire.

JOHN *Fifteen Observatory Avenue.*

L'EMPLOYÉE ¹⁵Où habitent vos parents?

THE EMPLOYEE *Where do your parents live?*

JEAN ¹⁶Mon père habite à Philadelphie. ¹⁷Je n'ai plus ma mère.

JOHN *My father lives in Philadelphia. My mother is no longer alive.*

L'EMPLOYÉE ¹⁸Vous avez des parents en France?

THE EMPLOYEE *Have you any relatives in France?*

JEAN ¹⁹Non, je n'ai pas de parents en France.

JOHN *No, I haven't any relatives in France.*

L'EMPLOYÉE ²⁰Voilà votre carte de travail.

THE EMPLOYEE *Here is your worker's identification card.*

JEAN ²¹Merci, mademoiselle.

JOHN *Thank you.*

CULTURAL NOTE

In France everyone, whether a French citizen, an immigrant or a tourist, must have a **carte d'identité** *with him/her at all times. Any foreigner who plans to stay in France more than three months must get a* **carte de séjour.** *For those who are employed, a* **carte de travail** *is necessary. One must always carry the carte d'identité because the police can check identity at any time.*

Exercice de mise en train

Répondez tous ensemble:

1. Demandez-moi comment ça va.   **2.** Dites que ça va bien.   **3.** Demandez-
moi si le déjeuner est prêt.   **4.** Répondez négativement. [«Pas encore. »
or «Pas encore, monsieur.»]   **5.** Demandez-moi à quelle heure je veux
déjeuner.   **6.** Répondez: «À onze heures et demie. »   **7.** Demandez-moi à
quelle heure je vais à la gare.   **8.** Dites que vous allez à la gare à midi.

II   Substitutions (Vocabulaire)

Répétez les phrases suivantes, en substituant les mots indiqués:

1. Quelle est **votre nationalité?**
   votre profession / **votre adresse** / **la nationalité de Jean** / **la profession de Jean** /
   l'adresse de Jean
2. J'ai **vingt et un** ans.
   dix-huit / **dix-sept** / **dix-neuf** / **vingt-cinq**
3. Je n'ai pas encore **vingt** ans.
   vingt et un / **vingt-deux** / **vingt-trois** / **dix-huit**
4. Je suis **ingénieur-chimiste.**
   étudiant / **étudiante** / **architecte** / **chauffeur de taxi**
5. Vous avez des parents en **en France?**
   à Paris / **à Philadelphie** / **en Amérique** / **aux États-Unis**
6. **Mon père** habite à Philadelphie.
   Mon frère (*brother*) / **Ma soeur** (*sister*) / **Mon oncle** (*uncle*) / **Ma tante** (*aunt*)

III   Nombres

A.   *Répétez en français les nombres suivants:*

vingt et un (21), vingt-deux (22), vingt-trois (23); vingt-quatre (24),
vingt-cinq (25), vingt-six (26); vingt-sept (27), vingt-huit (28), vingt-neuf (29)
trente (30).

B.   *Comptez par cinq* (by fives) *de cinq à trente.*

C.   *Comptez par trois de trois à trente.*

D. *Dites en français:*

1, 11, 21; 2, 12, 22; 3, 13, 23; 4, 14, 24.

IV *Demandez à un autre étudiant (à une autre étudiante):*

1. comment il (elle) s'appelle.   **2.** où il (elle) est né (née).   **3.** quel âge il (elle) a.   **4.** où il (elle) demeure.   **5.** quelle est son (*his or her*) adresse.
6. quelle est sa (*his or her*) nationalité.   **7.** quelle est sa profession.
8. s'il (si elle) a des parents en France.   **9.** s'il (si elle) a des frères.   **10.** s'il (si elle) a des sœurs.   **11.** s'il (si elle) a des oncles.   **12.** s'il (si elle) a des tantes.   **13.** où habitent ses (*his or her*) parents.   **14.** si ses parents demeurent près d'ici.

V *Répondez en français à chacune des questions suivantes, d'après le texte:*

1. Comment vous appelez-vous?   **2.** Quelle est votre nationalité?   **3.** Où êtes-vous né?   **4.** Quel âge avez-vous?   **5.** Quelle est votre profession?
6. Où demeurez-vous?   **7.** Quelle est votre adresse?   **8.** Où habitent vos parents?   **9.** Avez-vous des parents in France?

VI *Répondez en français à chacune des questions personnelles suivantes:*

1. Comment vous appelez-vous?   **2.** Quelle est votre nationalité?   **3.** Où êtes-vous né(e)?   **4.** Quel âge avez-vous?   **5.** Quelle est votre profession? (étudiant, étudiante).   **6.** Où demeurez-vous?   **7.** Quelle est votre adresse?
8. Où habitent vos parents?   **9.** Avez-vous des parents en France?

VII **Mini-dialogues**

1. **A.** Demandez à un autre étudiant (à une autre étudiante) comment il s'appelle.
   B. Répondez que vous vous appelez Jean (Jeanne) Hughes.
   A. Demandez où il (elle) demeure.
   B. Répondez que vous demeurez à Paris.

A. Demandez s'il (si elle) a des parents en France.

B. Répondez négativement.

2. **A.** Demandez à un autre étudiant (à une autre étudiante) quelle est son adresse.

B. Répondez: Quinze, avenue de l'Observatoire.

A. Demandez où il (elle) est né(e).

B. Répondez que vous êtes né(e) à Philadelphie.

A. Demandez où habitent ses parents.

B. Répondez qu'ils habitent à Philadelphie.

A. Demandez quelle est sa profession.

B. Répondez que vous êtes étudiant(e).

VIII   Dictée d'après la Conversation 4, p. 18

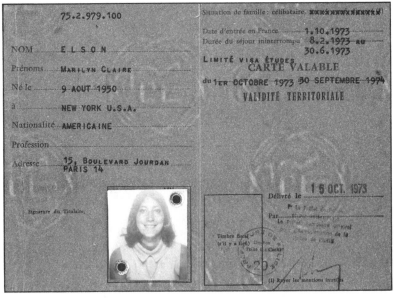

MINISTÈRE DE L'INTÉRIEUR

PRÉFECTURE DE POLICE

RÉCÉPISSÉ DE DÉCLARATION
DE PERTE OU DE VOL DE PIÈCES D'IDENTITÉ

SERVICE	☐ PERTE ☒ VOL (1)
COMMISSARIAT DE POLICE PARC-MONTSOURIS ET PETIT MONTROUGE 8 bis, Rue Sarrette 75014 PARIS - Tél. : 588-14-29	DÉSIGNATION DES DOCUMENTS 1 *permis de Conduire américain* 1 *Carte d'étudiante américaine* 1 *Carte assurance médicale américaine* 1 *Carte de Crédit américaine*
(CACHET) DATE 24. 12. 73	

DÉCLARATION REÇUE CE JOUR DE :

Imp. S T 3605 5-70

NOM	ELSON
NOM DE JEUNE FILLE	
PRÉNOMS	*Marilyn Claire*
DATE DE NAISSANCE	9. 8. 1950
LIEU DE NAISSANCE	NEW YORK (USA)
ADRESSE	*Cité Universitaire. 15 Bvd Jourdan Paris 14e*

L'article 154 du Code Pénal punit d'un emprisonnement de trois mois à deux ans et d'une amende de 500 F à 5.000 F quiconque se sera fait délivrer indûment ou aura tenté de se faire délivrer indûment... un récépissé... soit en faisant de fausses déclarations, soit en prenant un faux nom ou une fausse qualité, soit en fournissant de faux renseignements. Les mêmes peines seront appliquées à celui qui aura fait usage d'un tel document.

DÉCLARANT	SIGNATURE *Marilyn C. Elson*	RÉDACTEUR	NOM ___ GRADE P.J. SIGNATURE

N.B. - *En cas de vol ou de perte de pièces administratives ou d'identité la présente attestation ne peut être utilisée qu'en vue de la délivrance de duplicata et ne saurait remplacer la pièce elle-même.*

(1) Cocher la case correspondante.

Arrivée à Paris

Jean Hughes, jeune ingénieur-chimiste américain, arrive à
Paris pour travailler dans les laboratoires d'une compagnie américaine établie en France. Il va en taxi au numéro quinze, avenue
de l'Observatoire, fait la connaissance de la concierge et s'installe
dans sa nouvelle chambre. Il passe les premiers jours à voir les
endroits célèbres de la capitale: l'île de la Cité, la place de la
Concorde, les Champs-Élysées, Montmartre, etc. Tout est nouveau pour lui, et les premiers jours dans un pays étranger sont
toujours difficiles, même s'ils sont très intéressants.

Habiter un pays où tout le monde parle français, même les
enfants qui ne vont pas encore à l'école, est pour Jean une expérience nouvelle. Il comprend assez bien ce qu'on lui dit. Mais les
gens qui lui parlent essayent de se rendre aussi compréhensibles
que possible. Il remarque qu'ils parlent un peu plus lentement
que d'habitude, qu'ils essayent d'employer des mots que tout le
monde peut comprendre. Il ne comprend pas toujours, mais au
moins il peut d'habitude deviner ce qu'on lui dit. Il observe aussi
qu'un certain nombre de jeunes gens lui parlent anglais, mais que
beaucoup de «personnes d'un certain âge», comme on dit en français, parlent français—exclusivement.

Un jour qu'il visite Notre-Dame, Jean va à la préfecture de
police, voisine de la cathédrale, se procurer la carte de travail
obligatoire pour les étrangers qui habitent en France. L'employée
lui demande son âge, sa profession, son adresse à Paris, le nom
et l'adresse de ses parents. Avec sa carte de travail dans sa poche,
Jean a la satisfaction d'être en règle avec la police française.

Au cours de sa première visite au laboratoire, Jean fait la connaissance d'un jeune chimiste français, Roger Duplessis. Les
deux jeunes chimistes sont bientôt de bons amis. Un jour, Roger
invite Jean à aller avec lui à Chantilly voir les célèbres courses de

L'île de la Cité

Montmartre

chevaux. Un autobus conduit les deux jeunes gens à la gare du Nord. Une heure plus tard, le train arrive à Chantilly.

      Le château est situé près d'une rivière et le champ de courses est près du château. «C'est un endroit magnifique pour des courses de chevaux, pense Jean. Le beau château, les jardins, les chevaux, tout donne l'impression d'une autre époque et d'un autre monde». Jean remarque dans l'assistance des femmes très chics, qui attirent l'attention des spectateurs. «Ce sont des mannequins des grandes maisons de couture parisiennes, explique Roger. Les courses de chevaux sont un rendez-vous de la société élégante, et par conséquent un excellent endroit pour lancer les nouvelles modes.» Jean conclut qu'après tout l'élégance n'est pas encore morte.

Questions

1. Quelle est la nationalité de Jean Hughes? **2.** Quelle est sa profession? **3.** Pourquoi est-il à Paris? **4.** Où demeure Jean? **5.** Où habitent ses parents? **6.** Comprend-il tout ce qu'on lui dit? **7.** Beaucoup de personnes d'un certain âge parlent-elles anglais? **8.** Pourquoi est-ce que Jean va à la préfecture de police? **9.** Est-ce que la préfecture de police est loin de Notre-Dame? **10.** Qui est Roger Duplessis? **11.** Où est situé le château de Chantilly? **12.** Est-ce que le champ de courses est loin du château?

Notre-Dame de Paris

CONVERSATION 6

Le déjeuner

*John Hughes goes to lunch with Roger Duplessis, a young French chemist
who is employed in the research laboratory where John works.*

JEAN [1]Il est midi et j'ai faim.

ROGER [2]Moi aussi.

JEAN [3]Allons déjeuner.

ROGER [4]Voici un restaurant. Entrons.

Au restaurant

JEAN [5]Voilà une table libre. Asseyons-nous.

LE GARÇON [6]Voici la carte, messieurs. [7]Voulez-vous des hors-d'œuvre?

ROGER [8]Oui, apportez-nous des hors-d'œuvre.

LE GARÇON [9]Qu'est-ce que vous voulez comme plat de viande?

ROGER [10] Deux biftek-frites.

LE GARÇON [11]Voulez-vous du vin blanc ou du vin rouge?°

ROGER [12]Du vin rouge.

LE GARÇON [13]Et qu'est-ce que vous voulez comme dessert?

ROGER [14]Qu'est-ce que vous avez?

LE GARÇON [15]Nous avons des fruits—des pommes, des bananes, des poires et des pêches.

ROGER [16]Apportez-moi une poire.

JEAN [17]Je vais prendre une pêche.

JOHN *It is noon and I am hungry.*

ROGER *So am I.*

JOHN *Let's go have lunch.*

ROGER *Here's a restaurant. Let's go in.*

In the restaurant

JOHN *Here's a free table. Let's sit down.*

THE WAITER *Here's the menu, gentlemen. Do you want hors d'œuvres?*

ROGER *Yes, bring us some hors d'œuvres.*

THE WAITER *What do you want for your meat course?*

ROGER *Two small steaks and French fried potatoes.*

THE WAITER *Do you want white wine or red wine?*

ROGER *Red wine.*

THE WAITER *And what will you have for dessert?*

ROGER *What do you have?*

THE WAITER *We have fruit—apples, bananas, pears, and peaches.*

ROGER *Bring me a pear.*

JOHN *I'll have a peach.*

40

CULTURAL NOTES

French people traditionally drink red wine with beef and white wine with lighter dishes such as fish. So Roger naturally orders red wine with their **biftek-frites.** *Fresh fruits and cheese are typical desserts at the midday meal.*

Coffee was introduced into France in the 17th century. It became very popular although some people—including the doctors in the plays of **Molière**—*thought it was bad for the health. Everyone drinks it now, of course. French coffee is very strong and, as many people add a bit of chicory to the brew, somewhat bitter. In the morning it is taken with hot milk and sugar, and after lunch and dinner with sugar alone.*

LE GARÇON [18]Voulez-vous du café?°	THE WAITER *Do you want coffee?*
ROGER [19]Oui, donnez-moi un café noir.	ROGER *Yes, give me a black coffee.*
JEAN [20]Non, merci. Je n'aime pas le café.	JOHN *No, thank you. I don't like coffee.*
Plus tard	*Later*
ROGER (*au garçon*) [21]Monsieur, l'addition s'il vous plaît.	ROGER (to the waiter) *The bill, please.*
LE GARÇON [22]Tout de suite, monsieur.	THE WAITER *Right away, sir.*

A. *Répondez tous ensemble:*

1. Demandez-moi comment je m'appelle.   **2.** Demandez-moi quelle est ma nationalité.   **3.** Dites-moi que vous êtes Américain(e).   **4.** Demandez-moi où je suis né(e).   **5.** Demandez-moi où je demeure.

B. *Répondez individuellement aux questions personnelles suivantes:*

1. Comment ça va?   **2.** Comment vous appelez-vous?   **3.** Quelle est votre nationalité?   **4.** Où êtes-vous né(e)?   **5.** Quel âge avez-vous?   **6.** Avez-vous des parents en France?

II   Substitutions

Répétez les phrases suivantes, en substituant les mots indiqués:

1. Voulez-vous **des hors-d'oeuvre?**
   du vin blanc / du rosbif (*roast beef*) / des pommes frites* / du café
2. Apportez-moi **des hors-d'oeuvre.**
   du vin rouge / du café noir / un biftek aux pommes* / une poire
3. Qu'est-ce que vous voulez **comme plat de viande?**
   comme dessert / comme hors-d'oeuvre / comme vin / comme légumes (*vegetables*)
4. Je vais prendre **un biftek-frites.***
   des hors-d'oeuvre / du vin rouge / du vin blanc / du café noir
5. Nous avons **des pommes.**
   des bananes / des poires / des pêches / de la crème glacée (*ice cream*)
6. Je n'aime pas **le café.**
   le café noir / le lait (*milk*) / le café au lait / le chocolat
7. J'aime beaucoup **les hors-d'oeuvre.**
   le rosbif / le poulet (*chicken*) / les gâteaux (*pastry*) / la soupe

III   *Dites-moi:*

1. qu'il est midi. **2.** que vous avez faim.   **3.** qu'il y a un restaurant en face.   **4.** que c'est un bon restaurant.   **5.** que la cuisine est excellente.   **6.** qu'il y

---

* **pommes de terre frites, pommes frites, frites,** and **pommes** (in **biftek aux pommes**) all mean *French fried potatoes*, but **une tarte aux pommes** is a *French apple pie*.

a une table libre là-bas à droite.   **7.** que vous allez prendre un biftek-frites.
8. que vous allez prendre une pêche.

IV   *Demandez à un autre étudiant (à une autre étudiante):*

1. s'il (si elle) a faim.   **2.** à quelle heure il (elle) va déjeuner.   **3.** à quelle heure il (elle) va dîner.   **4.** où il (elle) va déjeuner.   **5.** s'il (si elle) veut des hors-d'œuvre.   **6.** s'il (si elle) veut du café.

V   *Répondez en français à chacune des questions suivantes:*

1. Quelle heure est-il?   **2.** Avez-vous faim?   **3.** À quelle heure allez-vous déjeuner?   **4.** Y a-t-il un restaurant près d'ici?   **5.** Est-ce que c'est un bon restaurant?   **6.** Y a-t-il une table libre?   **7.** Voulez-vous des hors-d'œuvre?
8. Voulez-vous du vin rouge ou du vin blanc?   **9.** Qu'est-ce que vous voulez comme plat de viande?   **10.** Qu'est-ce que vous voulez comme dessert?
11. Qu'est-ce que vous avez comme dessert?   **12.** Voulez-vous du café noir?
13. Aimez-vous le café?   **14.** Aimez-vous les hors-d'œuvre?   **15.** Aimez-vous les gâteaux?

Répondez en français aux questions personnelles suivantes:

1. Comment allez-vous? **2.** Avez-vous faim? **3.** À quelle heure voulez-vous déjeuner (dîner). **4.** Aimez-vous le rosbif? (le vin rouge, les fruits, le poulet) **5.** Quelle est votre nationalité? **6.** Quel âge avez-vous? **7.** Où habitent vos parents? **8.** Avez-vous des parents en France?

VII Mini-dialogues*

1. **A.** Dites à un autre étudiant (à une autre étudiante) que vous avez faim.
   B. Répondez que vous avez faim aussi.
   A. Demandez-lui s'il (si elle) veut des hors-d'œuvre.
   B. Répondez affirmativement.
   A. Demandez-lui s'il (si elle) veut du vin blanc ou du vin rouge.
   B. Répondez à cette question.
   A. Demandez ce qu'il (ce qu'elle) veut comme dessert.
   B. Répondez.

2. **A.** Demandez au garçon ce qu'il a comme dessert.
   B. Répondez.
   A. Demandez à l'autre étudiant(e) s'il (si elle) veut du café.
   B. Répondez que vous n'aimez pas le café.
   A. Demandez au garçon de vous apporter l'addition.
   B. Répondez.

VIII Dictée d'après la Conversation 5, p. 30

---

* For additional pronunciation exercises see p. 399.

GRAMMAR UNIT 2

Nouns used in a partitive sense

7   *Explanation of nouns used in a partitive sense in French*

—Voulez-vous **du café?**	Do you want *some coffee?*
—Voulez-vous **des pommes?**	Do you want *some apples?*
—Apportez-moi **des hors-d'œuvre.**	Bring me *some hors d'œuvres.*
—Avez-vous **des parents** en France?	Have you *any relatives* in France?

In these sentences, the nouns **café, pommes, hors-d'œuvre,** and **parents** are used in a partitive sense; i.e., they refer to A PART OF the beverage, the fruit, the food, or the people in question.

In English the partitive sense is frequently expressed by the words *some* or *any,* but it is often implied rather than expressed. You can say: *Do you want some coffee? Do you want any coffee?* or *Do you want coffee?* In French, however, the only possible way to express the idea is: Voulez-vous **du café?**

⑧   *The use of* du, de la, de l', des *in expressing the partitive*

When nouns are used in a partitive sense in affirmative statements, commands, and questions, they are preceded by one of the special partitive forms **du, de la, de l',** or **des.**

A.   *The form* du *is used with a masculine singular noun before which* le *would normally stand*

le café	Voulez-vous **du café?**	Do you want *(some) coffee?*
le café noir	Voulez-vous **du café noir?**	Do you want *(some) black coffee?*

B. De la *is used with a feminine singular noun before which* la *would normally stand*

la crème	Donnez-moi **de la crème.**	Give me *some cream.*
la monnaie	Avez-vous **de la monnaie?**	Have you *any change?*

C. De l' *is used with a masculine or feminine singular noun before which* l' *would normally stand*

l'argent *m.*	Avez-vous **de l'argent?**	Have you *any money?*
l'eau *f.*	Donnez-moi **de l'eau.**	Give me *some water.*

D. Des *is used with masculine or feminine plural nouns*

les fruits *m.*	Avez-vous **des fruits?**	Have you *any fruit?*
les pommes *f.*	Nous avons **des pommes.**	We have *apples.*
les poires *f.*	Voulez-vous **des poires?**	Do you want *pears?*

9 Use of de *alone*

A. De *is used instead of* du, de la, de l', des, *with a noun in the partitive sense if it is the direct object of the negative form of a verb*

—Nous n'avons **pas de café.**	We don't have *any coffee.*
BUT: Nous avons **du café.**	We have *(some) coffee.*
—Nous n'avons **pas de crème.**	We have *no cream.*
BUT: Avez-vous **de la crème?**	Have you *any cream?*
—Je n'ai **pas de parents** en France.	I have *no relatives* in France.
BUT: Avez-vous **des parents** en France?	Have you *any relatives* in France?
—Il n'y a **pas d'eau** sur la table.	There is *no water* on the table.
BUT: Y a-t-il **de l'eau** sur la table?	Is there *any water* on the table?

B. De *is also used instead of* un, une, *when the noun is the direct object of the negative form of a verb*

—Je n'ai **pas de carte d'identité.**	I have *no identification card.*
BUT: J'ai **une carte d'identité.**	I have *an identification card.*
—Il n'y a **pas d'hôtel** près d'ici.	There is *no hotel* near here.
BUT: Il y a **un hôtel** près d'ici.	There is *a hotel* near here.

Le Monde français

Scènes parisiennes

CARREFOUR
DE L'ODÉON

Sur les quais de la Seine

Près de la Tour Eiffel

Divan Japonais par Toulouse-Lautrec

Scènes artistiques

En bas, à gauche: Vitrail par Fernand Léger
Ci-dessous: *La Femme aux chrysanthèmes* par Degas (détail)

La Parade par Georges Seurat

Diseuse de Bonne Aventure par Georges de La Tour

Champs Elysèes

Versailles

A la Guadeloupe

A la Martinique

Ici on parle français.

En Tunisie

En Belgique

Au Canada

En Suisse

Le Loiret

Dans les Alpes

En Bateau par Manet

Sur la Côte d' Azur

En Bretagne

Au Pays Basque

Scènes de la France

Scènes de tous les jours

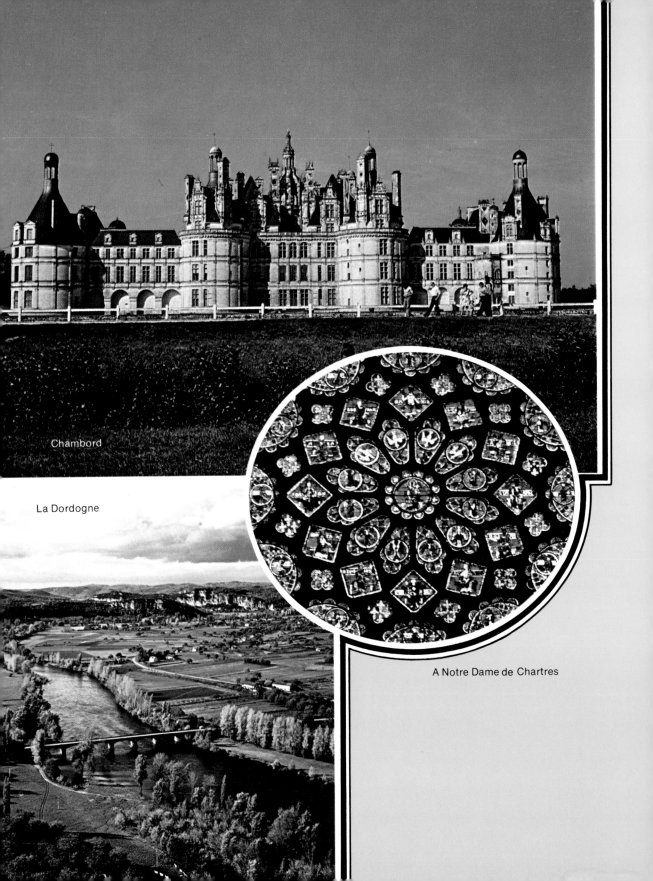

Chambord

La Dordogne

A Notre Dame de Chartres

C. *De is also frequently used instead of* des, *when the noun is preceded by an adjective*

—Il y a **de bons restaurants** sur la place.	There are *good restaurants* on the square.
BUT: Il y a **des restaurants** sur la place.	There are *restaurants* on the square.
—Y a-t-il **d'autres hôtels** ici?	Are there *other hotels* here?
BUT: Y a-t-il **des hôtels** ici?	Are there *any hotels* here?

D. *De alone is used after adverbs* beaucoup (*much or many*), un peu (*a little*), *and most expressions of quantity*

—Il y a **beaucoup de restaurants** sur la place.	There are *many restaurants* on the square.
—Voulez-vous **un peu de café?**	Do you want *a little coffee?*

10 *Remarks about when to use the partitive forms*

A. *With verbs such as* want, have, eat, buy, order, bring, *etc., nouns are ordinarily used in a partitive sense because you are likely to want, have, buy, order, etc., only a part of the thing or things you are talking about.*

B. *With verbs such as* to like, to dislike, to detest, *nouns express the general (not partitive) sense, and therefore you use the definite article* le, la, l', les *whether the verb is affirmative or negative. You say:*

—J'aime **le café.**	I like *coffee.*
—J'aime **les bananes.**	I like *bananas.*
—Je n'aime pas **le café.**	I don't like *coffee.*
—Je n'aime pas **les bananes.**	I don't like *bananas.*

In English, "I like *some* coffee" means "I like a certain kind or quality of coffee." The partitive construction in French could not be used to express this idea.

C. *Observe the sense in which the nouns are used in the following sentences and try to see how the different meanings are expressed:*

—Aimez-vous **les poires?**	Do you like *pears?* (in general)
—Voulez-vous **une poire?**	Do you want *a pear?*
—Voulez-vous **de la poire?**	Do you want *a part of the pear?*
—Voulez-vous **des poires?**	Do you want *some pears?*

Répétez les phrases suivantes en substituant les mots indiqués:

A.   Emploi du partitif

1. Donnez-moi **du café**, s'il vous plaît.
    du vin rouge /de la crème / du sucre / des fruits
2. Voulez-vous **des hors-d'œuvre?**
    du vin rouge / du vin blanc / du café noir / du raisin (*grapes*)
3. Je vais prendre **des hors-d'œuvre.**
    de la salade / de la soupe / du jambon (*ham*) **/ des œufs** (*eggs*)
4. Je ne vais pas prendre **de hors-d'œuvre.**
    de vin rouge / de crème / de sucre / de fruits

B.   Emploi de l'article défini

1. Aimez-vous **le café?**
    le vin blanc / la crème / le sucre / les fruits
2. Je n'aime pas **le café.**
    le vin blanc / la crème / le sucre / les fruits

II   Exercices d'application

A.   *Répondez affirmativement à chacune des questions suivantes:*

EX.   —Avez-vous du café?
      —Oui, j'ai du café.

1. Avez-vous des bananes?   2. Avez-vous de la crème?   3. Avez-vous des hors-d'œuvre?   4. Avez-vous du vin rouge?   5. Avez-vous des pommes?
6. Avez-vous des parents en France?   7. Avez-vous une carte de travail?
8. Avez-vous de la crème glacée (du jambon, des œufs)?

B.   *Répondez négativement aux mêmes questions:*

EX.   —Avez-vous du café?
      —Non, je n'ai pas de café.

C.   *Répondez affirmativement, puis négativement aux questions suivantes:*

EX.   —Y a-t-il un restaurant près d'ici?
      —Oui, il y a un restaurant près d'ici.
      —Non, il n'y a pas de restaurant près d'ici.

48

1. Y a-t-il un bon restaurant près d'ici? 2. Y a-t-il des restaurants sur la place? 3. Y a-t-il un bon hôtel sur la place? 4. Y a-t-il des tables libres? 5. Y a-t-il du vin rouge sur la table? 6. Y a-t-il de l'eau sur la table? 7. Y a-t-il une lettre pour moi? 8. Y a-t-il des lettres pour moi?

D. *Dites au pluriel:*

EX. —une pomme
  —**des pommes**

1. une carte de travail 2. une poire. 3. un fruit. 4. un hôtel. 5. un agent de police. 6. une hôtelière. 7. un passant. 8. un employé.

E. *Répondez affirmativement, puis négativement aux questions suivantes:*

EX. —Aimez-vous le lait?
  —**Oui, j'aime le lait.   Non, je n'aime pas le lait.**

1. Aimez-vous le vin? 2. Aimez-vous les hors-d'œuvre? 3. Aimez-vous les fruits? 4. Aimez-vous les bananes? 5. Aimez-vous le café noir? 6. Aimez-vous le raisin?

F. *Employez* **beaucoup,** *puis* **un peu** *avec chacun des mots suivants:*

EX. —la monnaie (*change*)
  —**Beaucoup de monnaie.   Un peu de monnaie.**

1. l'argent. 2. le raisin. 3. l'eau. 4. le vin. 5. le lait. 6. la salade. 7. la viande. 8. le biftek.

III *Demandez en français:*

A. *Demandez à un autre étudiant (à une autre étudiante):*

1. s'il (si elle) a un frère. 2. s'il (si elle) a des sœurs. 3. s'il y a un hôtel près d'ici. 4. s'il y a un autre hôtel près d'ici. 5. s'il y a de bons hôtels ici.

B. *Imaginez que vous êtes dans un restaurant et demandez au garçon:*

1. s'il y a une table libre. 2. s'il y a d'autres tables libres. 3. s'il y a des poires. 4. s'il y a du raisin. 5. s'il y a des fruits.

Voyage à Rouen°

John and Roger plan a short trip.

JEAN [1]Quel jour sommes-nous aujourd'hui?	JOHN *What's the date today?*
ROGER [2]C'est aujourd'hui le vingt septembre. [3]Quand vas-tu* à Marseille?°	ROGER *Today is September 20 (the twentieth of September). When are you going to Marseilles?*
JEAN [4]Le mois prochain. [5]Je compte partir le quinze octobre [6]et revenir le premier novembre.	JOHN *Next month. I plan to leave on the fifteenth of October, and to come back on the first of November.*
ROGER [7]Est-ce que tu es libre à la fin de la semaine?	ROGER *Are you free this weekend?*
JEAN [8]Oui, je suis libre vendredi, samedi et dimanche.	JOHN *Yes, I'm free Friday, Saturday and Sunday.*
ROGER [9]Veux-tu venir à Rouen avec moi?	ROGER *Do you want to go to Rouen with me?*
JEAN [10]Volontiers. [11]Quel jour pars-tu?	JOHN *I'll be glad to. What day are you leaving?*
ROGER [12]J'ai l'intention de partir jeudi soir.	ROGER *I'm planning to leave Thursday evening.*
JEAN [13]À quelle heure?	JOHN *What time?*
ROGER [14]Je crois que le train part à dix-huit heures. [15]Il arrive à Rouen deux heures plus tard.	ROGER *I think the train leaves at 6 P.M. It gets to Rouen two hours later.*
JEAN [16]Parfait . . . [17]C'est entendu donc. À jeudi après-midi.	JOHN *Fine . . . It's agreed. I'll meet you Thursday afternoon.*

* See Grammar Unit 3, p. 56, for an explanation of the use of **tu** and **vous**.

Marseille-Le vieux port

CULTURAL NOTES ◆

Rouen, *on the Seine between Paris and the English Channel, is one of the old cities of France. It has important industries as well as notable historic and artistic monuments.*

Marseille *is one of the largest ports on the Mediterranean. As it has long been in contact with the Middle Eastern countries, it has become an important center for the oil industry.*

1. Dites-moi que vous avez faim.   2. Demandez-moi quelle heure il est. 3. Demandez-moi si je veux des hors-d'œuvre.   4. Dites-moi de vous apporter des hors-d'œuvre.   5. Demandez-moi ce que je veux comme plat de viande.   6. Demandez-moi si je veux du vin rouge ou du vin blanc. 7. Dites-moi que vous allez prendre une pêche.   8. Demandez-moi de vous donner un café noir.

II   Substitutions

Répétez les phrases suivantes en substituant les mots indiqués:

1. C'est aujourd'hui **le vingt septembre.**
   le 30 septembre / le 30 décembre / le 30 janvier / le 30 mars
2. **Je compte partir** le quinze octobre.
   Je vais partir / Je pars / Partons / J'ai l'intention de partir
3. Je compte revenir **le premier novembre.**
   le premier janvier / le 10 janvier / le 20 février / le 4 mars
4. Est-ce que tu es libre **à la fin de la semaine?**
   cet après-midi / ce soir / dimanche prochain / la semaine prochaine
5. Nous sommes aujourd'hui **mardi,** n'est-ce pas?
   lundi / mercredi / jeudi / vendredi
6. Le train part **à 17 heures.**
   à 17 h. 30 / à 18 h. /à 18 h. 59 / à 20 heures

III   *Répétez en français après moi:*

1. Premier *m.*, première *f.* (*first*).   2. Deuxième (*second*).   3. troisième (*third*).   4. quatrième (*fourth*).   5. cinquième (*fifth*).   6. sixième (*sixth*). 7. septième (*seventh*).   8. huitième (*eighth*).   9. neuvième (*ninth*). 10. dixième (*tenth*).   11. onzième (*eleventh*).   12. douzième (*twelfth*).

IV   *Répondez en français à chacune des questions suivantes, d'après le texte:*

1. Quel jour sommes-nous aujourd'hui?   2. Quand vas-tu à Marseille? 3. Quand comptes-tu partir? 4. Quand comptes-tu revenir?   5. Es-tu libre à la fin de la semaine?   6. Quelle est la date aujourd'hui?   7. Veux-tu venir à Rouen avec moi?   8. Quand as-tu l'intention de partir?   9. À quelle heure part le train pour Rouen?   10. À quelle heure arrive-t-il à Rouen?

V *Demandez à un autre étudiant (à une autre étudiante):*

    A. *en employant le pronom* **vous:**

    1. à quelle heure il (elle) déjeune.   **2.** quand il (elle) va à Marseille.
    3. quand il (elle) compte partir.   **4.** quand il (elle) compte revenir.   **5.** s'il
    (si elle) est libre ce soir.   **6.** s'il (si elle) est libre à la fin de la semaine.
    7. s'il (si elle) veut venir à Rouen avec vous.   **8.** quand il (elle) a l'intention
    de partir.

    B. *Même exercice en employant le pronom* **tu** *(le* **tutoiement***).*

VI *Répétez après moi:*

    1. janvier, février, mars.   **2.** avril, mai, juin.   **3.** juillet, août, septembre.
    4. octobre, novembre, décembre.

VII *Répondez aux questions personnelles suivantes:*

    1. À quelle heure déjeunez-vous d'habitude?   **2.** À quelle heure dînez-vous
    d'habitude?   **3.** Où allez-vous dîner ce soir?   **4.** Êtes-vous libre ce soir?
    5. Êtes-vous libre demain soir?   **6.** À quelle heure allez-vous au labo?
    7. Allez-vous au cinéma ce soir?   **8.** Êtes-vous libre à la fin de la semaine?

VIII *Répondez:*

    A.   **1.** Quel est le premier jour de la semaine?*   **2.** Quel est le deuxième
    jour de la semaine?   **3.** etc.

    B.   **1.** Quel est le premier mois de l'année?   **2.** Quel est le deuxième mois
    de l'année?   **3.** etc.

IX Mini-dialogues

    1.   **A.** Demandez à un autre étudiant (à une autre étudiante) quel jour nous
            sommes.
      B. Répondez.

    * En France, lundi est le premier jour de la semaine.

A. Demandez-lui s'il (si elle) est libre à la fin de la semaine.

B. Répondez affirmativement.

A. Demandez-lui s'il (si elle) veut venir à Rouen avec vous.

B. Répondez.

2. **A.** Demandez à un autre étudiant (à une autre étudiante) quand il (elle) va à Marseille.

B. Répondez que vous y allez au mois d'octobre.

A. Demandez-lui quel jour il (elle) part.

B. Répondez que vous partez le quinze octobre.

A. Demandez à quelle heure part le train.

B. Dites-lui que le train part à vingt heures quarante.

X   Dictée d'après la Conversation 6, pp. 40–41

La Cathédrale de Rouen

Present indicative of être *and* avoir; *regular verbs, first conjugation*

11   *How to learn verb forms*

The best way to learn verb forms is to associate those you want to learn with those you already know. In studying the present indicative of the verb **être**, for example, you should bear in mind the forms you have already mastered and relate the unfamiliar forms to them.

If you make it a point to think what each form means each time you say it or hear it, you will have little difficulty in learning verb forms.

12   *Present indicative of* **être** *(to be): irregular*

—**Êtes-vous** Français?	*Are you* French?
—Non, **je ne suis pas** Français.	No, *I am not* French.
Je suis Américain.	*I am* an American.
—Quelle heure **est-il?**	*What time is it?*
—**Il est** dix heures.	*It is* ten o'clock.
—Où **sont** Roger et Jean?	*Where are* Roger and John?
—**Ils sont** à Paris.	*They are* in Paris.

The forms of the present indicative of **être** are:

AFFIRMATIVE		NEGATIVE	INTERROGATIVE
je suis	*I am*	je ne suis pas (*I am not*)	est-ce que je suis? (*am I?*)
tu es	*you are*	tu n'es pas	es-tu?
il est	*he* or *it is*	il n'est pas	est-il?
elle est	*she* or *it is*	elle n'est pas	est-elle?
on est	*one is, people are*	on n'est pas	est-on?
nous sommes	*we are*	nous ne sommes pas	sommes-nous?
vous êtes	*you are*	vous n'êtes pas	êtes-vous?
ils sont	*they are* (m. or m. and f.)	ils ne sont pas	sont-ils?
elles sont	*they are* (f.)	elles ne sont pas	sont-elles?

A. The **vous** form, the second person plural, is used in speaking either to one person or to more than one—as in English **you:**

Vous êtes Américain, n'est-ce pas?　　　*You are* an American, aren't you?
Vous êtes Américains, n'est-ce pas?　　*You are* Americans, aren't you?

B. The **tu** form, the second person singular, was formerly used only in speaking to members of one's family, to children, or to very intimate friends; but today it is more and more commonly used, especially among young people—even if they are not close friends. This usage is called **le tutoiement.** John and Roger naturally use the **tutoiement** in talking, because they work together in the same research laboratory and feel a certain group solidarity. But John very properly uses the **vous** form in speaking to the **concierge,** the **employé,** the **hôtelière,** the **agent de police,** etc., because he does not "identify" with them. In fact it would not be proper for him to use the **tutoiement** in speaking to people with whom he has little or nothing in common.

Instructors will normally say **vous** to their students, and students will naturally say **vous** to them. On the other hand, students will get practice in using the **tutoiement** with each other in a number of exercises as well as in the "mini-dialogues" and the "dialogues improvisés."

If you go to France or to other countries where French is spoken, you will of course use the **vous** form most of the time; but if you get to know people of your age group or of your interest group, you will need to use the **tutoiement.** Note, however, that you should not use the **tutoiement** to a French person unless he (or she) has already used it in speaking to you. When in doubt, it is much better to say **vous.**

C. **Il, elle, ils, elles** are used to refer to persons or things that have already been definitely identified in the context.

Jean et Roger ont faim. **Ils** vont déjeuner.
Voilà une pomme. **Elle** est rouge.

D. **On** is an indefinite pronoun that is often used somewhat as we use *one, we, they,* or *people.* It is always used with the third person singular of verbs—even if it refers to many people.

On est en retard.　　　　　　　　　*We* are late.
On va à l'hôtel, n'est-ce pas?　　　　*We* are going to the hotel, aren't we?
À Paris, **on** dîne à 8 heures.　　　　In Paris, *they* have dinner at 8 o'clock.
　　　　　　　　　　　　　　　　In Paris, *people* dine at 8 o'clock.

E.   The form given above for the first person singular of the interrogative is **Est-ce que je suis?** This form is given because the inverted form **suis-je** is hardly ever used except in literary style. **Est-ce que?** may of course be used with the other forms.

13   *Present indicative of* **avoir** *(to have): irregular*

—**Avez-vous** des frères?   *Have you* any brothers?
—Non, **je n'ai pas** de frères.   No, *I have no* brothers.
—Qu'est-ce que **vous avez** comme dessert?   What *do you have* for dessert?
—**Nous avons** des pommes et des poires.   *We have* apples and pears.

The forms of the present indicative of **avoir** are:

AFFIRMATIVE		NEGATIVE	INTERROGATIVE
j'ai	*I have*	je n'ai pas (*I have not*)	est-ce que j'ai? (*have I?*)
tu as	*you have*	tu n'as pas	as-tu?
il a	*he, it has*	il n'a pas	a-t-il?
elle a	*she, it has*	elle n'a pas	a-t-elle?
on a	*one has*	on n'a pas	a-t-on?
nous avons	*we have*	nous n'avons pas	avons-nous?
vous avez	*you have*	vous n'avez pas	avez-vous?
ils ont	*they have (m. or m. and f.)*	ils n'ont pas	ont-ils?
elles ont	*they have (f.)*	elles n'ont pas	ont-elles?

Note that in the inverted form of the third person singular, the subject pronoun (**il, elle, on**) is always preceded by the sound *t*. For verbs whose third person singular ends in a **t** (or **d**), it is simply a matter of linking the final consonant. EX.: **Est-il?** For verbs whose third person does not end in a **t** (or **d**), a **t** is always inserted between the verb and pronoun subject. EX.: **A-t-il? Déjeune-t-il?**

14   *Present indicative of* **déjeuner** *(to lunch): first conjugation, regular*

—À quelle heure **déjeunez-vous?**   At what time *do you have lunch?*
—**Je déjeune** à midi et quart.   *I have lunch (eat)* at a quarter past
                                                                     twelve.

—À quelle heure Roger **déjeune-t-il?**   At what time *does* Roger *have
                                                                     lunch?*

—**Il déjeune** à midi et demi.	*He lunches* at half past twelve.
—À quelle heure **déjeunent** vos parents?	At what time *do* your parents *have lunch?*
—**Ils déjeunent** à une heure.	*They eat lunch* at one o'clock.
—Ici **on déjeune** à midi.	*We* (or *people*) *have lunch* at noon here.
—À Paris, **on déjeune** à une heure.	In Paris, *they* (or *people*) *have lunch* at one o'clock.

The forms of the present indicative of **déjeuner** are:

AFFIRMATIVE	NEGATIVE	INTERROGATIVE
je déjeune	je ne déjeune pas	est-ce que je déjeune?
I have lunch	*I do not have lunch*	*Am I having lunch?*
I am having lunch	*I am not having lunch*	*Do I have lunch?*
tu déjeunes	tu ne déjeunes pas	déjeunes-tu?
il (elle) (on) déjeune	il (elle) (on) ne déjeune pas	déjeune-t-il (elle) (on)?
nous déjeunons	nous ne déjeunons pas	déjeunons-nous?
vous déjeunez	vous ne déjeunez pas	déjeunez-vous?
ils (elles) déjeunent	ils (elles) ne déjeunent pas	déjeunent-ils (elles)?

A.   Note that the endings of the first, second, and third person singular and of the third person plural are all silent, and that the verb forms in **je déjeune, tu déjeunes, il déjeune,** and **ils déjeunent** are all pronounced alike.

B.   The first conjugation has by far the largest number of verbs. You have already met the following verbs of this conjugation: **parler, apporter, donner, dîner, entrer, demeurer, habiter, arriver, fermer, s'appeler,** as well as **demander,** and **compter.**

C.   The present indicative of regular verbs of the first conjugation consists of a stem and endings: the stem may be found* by dropping the **-er** of the infinitive (**donn-, habit-, étudi-,** etc.); the endings are **-e, -es, -e, -ons, -ez, -ent.**

---

* For a few verbs in which the final vowel of the stem is an **e** (e.g., **acheter**), it is necessary to note that this **e** is silent in forms in which the ending is pronounced (**nous achetons, vous achetez**), and that it is pronounced like the **è** in **père** in the persons whose endings are silent (**j'achète, tu achètes, il achète,** and **ils achètent**). For **acheter,** this difference in pronunciation is indicated by writing **è** instead of **e.**

In **appeler,** however, this difference in pronunciation of the final vowel of the stem is indicated by writing **ll** instead of **l** in the singular and in the third person plural: **appelle, appelles, appelle, appelons, appelez, appellent.** Ex.: —Comment vous **appelez**-vous? —Je m'**appelle** Jean Hughes.

Note that verbs ending in **-ier** (**étudier**, *to study*, **copier**, *to copy*) are conjugated like **déjeuner: J'étudie, tu étudies, il étudie, nous étudions, vous étudiez, ils étudient** [etydi, etydi, etydi, etydjõ, etydje, etydi].

I   Substitutions

Répetez les phrases suivantes, en substituant les mots indiqués:

1. **Jean est** au restaurant.
   Je suis / Nous sommes / Jean et Roger sont / Ils sont / Tu es / Il est
2. **Il a** des parents en France.
   Nous avons / J'ai / Elle a / A-t-elle . . . ? / Avez-vous . . . ? /As-tu . . . ?
3. **Je déjeune** à midi.
   Tu déjeunes / Nous déjeunons / Vous déjeunez / Il déjeune
   (*3rd sg.*) **/ Ils déjeunent** (*3rd pl.*) **/ Déjeunez-vous . . . ?**
4. **J'aime** beaucoup les hors-d'œuvre.
   Il aime / Nous aimons / Aimez-vous . . . ? /Aimes-tu . . . ? / Elle aime / Elles aiment
5. **Le garçon apporte** des poires et des pêches.
   Il apporte / J'apporte / Nous apportons / Apportez-vous . . . ? /
   Apportes-tu . . . ? / Elle apporte / Elles apportent
6. **J'étudie le français.**
   l'histoire / l'économie politique / la zoologie / les mathématiques

II   Exercices d'application

A.   *Mettez les phrases suivantes au pluriel:*

EX.   —Je suis Américain(e).
        —**Nous sommes Américain(e)s.**

(*a*) **1.** Je suis étudiant(e).   **2.** Je suis libre ce soir.   **3.** Je ne suis pas libre ce soir.   **4.** J'ai faim.   **5.** Je n'ai pas faim.   **6.** J'ai de la monnaie.   **7.** Je n'ai pas de monnaie.   **8.** J'ai une carte de travail.

(*b*) **1.** Il est ingénieur-chimiste.   **2.** Il n'est pas Américain.   **3.** Où est-il?
4. Il a faim.   **5.** Elle a vingt et un ans.   **6.** Il n'a pas de monnaie.   **7.** Quel âge a-t-il?   **8.** Elle est Américaine.   **9.** Elle n'est pas Française.

(*c*) **1.** Je déjeune à midi.   **2.** Je dîne à sept heures.   **3.** Je demeure avenue de l'Observatoire.   **4.** J'habite à Paris.   **5.** J'arrive le 30 novembre.
6. J'entre.   **7.** Je parle un peu français.   **8.** Je ne parle pas anglais.
9. J'étudie le français   **10.** Je n'étudie pas l'anglais.

(*d*) **1.** À quelle heure déjeunes-tu?   **2.** À quelle heure dînes-tu?
3. Demeures-tu avenue de l'Observatoire?   **4.** Habites-tu à Paris?
5. Parles-tu anglais?   **6.** Tu es Américain(e)?   **7.** Tu es libre cet après-midi?
8. As-tu des parents en France?   **9.** Tu étudies le français?   **10.** Est-ce que
tu aimes les hors-d'œuvre?

(*e*) **1.** Il habite à Paris.   **2.** Il arrive le 29 novembre.   **3.** Il parle anglais.
4. Elle entre.   **5.** Elle déjeune à l'hôtel.   **6.** À quelle heure arrive-t-il?
7. Où demeure-t-elle?   **8.** Parle-t-il français?   **9.** Il n'habite pas à Paris.
10. N'habite-t-il pas à Paris?

B.   *Répondez affirmativement, puis négativement:*

EX.   —Êtes-vous Américain(e)?
   —**Je suis Américain(e),   Je ne suis pas Américain(e).**

1. Êtes-vous étudiant(e)?   **2.** Êtes-vous libre dimanche?   **3.** Est-ce que le
déjeuner est prêt?   **4.** Le bureau de poste est-il ouvert cet après-midi?
5. Avez-vous faim?   **6.** Sommes-nous Américains?   **7.** Êtes-vous étudiants?
(*Réponse au pluriel.*)   **8.** Étudiez-vous le français?

III *Répondez en français:*

1. À quelle heure dînez-vous?   2. À quelle heure déjeunez-vous?   3. Où demeurez-vous?   4. Parlez-vous français?   5. Comment vous appelez-vous?   6. À quelle heure Roger déjeune-t-il?   7. À quelle heure dîne-t-il? 8. Où demeure-t-il?   9. Parle-t-il français?   10. À quelle heure déjeunez-vous? (*Réponse au pluriel.*)   11. À quelle heure dînez-vous? (*Rép. au pl.*) 12. Parlez-vous français? (*Rép. au pl.*)   13. Où demeurez-vous? (*Rép. au pl.*) 14. Où Jean et Roger demeurent-ils?   15. Où dînent-ils?   16. Est-ce qu'ils parlent français?   17. Le garçon apporte-t-il des hors-d'œuvre? 18. Qu'est-ce qu'il apporte comme plat de viande?

IV *Demandez à un autre étudiant (à une autre étudiante) en employant la forme* vous:

1. s'il (si elle) est libre ce soir.   2. s'il (si elle) est Français (Française). 3. s'il (si elle) est ingénieur-chimiste.   4. où il (elle) va.   5. quand il (elle) est libre.   6. quelle est son adresse.   7. quelle est sa nationalité.   8. sa profession.   9. la date.   10. s'il (si elle) a faim.   11. quel âge il (elle) a. 12. s'il (si elle) a de la monnaie.   13. s'il (si elle) a des frères.   14. combien de frères il (elle) a.   15. à quelle heure il (elle) déjeune aujourd'hui.   16. à quelle heure il (elle) dîne d'habitude.   17. où il (elle) demeure.   18. à quelle heure il (elle) arrive.   19. s'il (si elle) étudie le français.

V *Même exercice en employant le* tutoiement.

Au bureau de tabac

John goes to buy a paper.

ROGER ¹Où vas-tu?

JEAN ²Je vais acheter un journal. ³Où vend-on des journaux?

ROGER ⁴On vend des journaux au bureau de tabac ou au kiosque.

Au bureau de tabac
JEAN ⁵Avez-vous des journaux, madame?

MME COCHET ⁶Mais oui, monsieur. Les voilà. (*Elle les montre du doigt.*)

JEAN ⁷Donnez-moi *Le Figaro,*° s'il vous plaît.

MME COCHET ⁸Le voici, monsieur.

JEAN ⁹C'est combien?

MME COCHET ¹⁰Un franc cinquante centimes, monsieur.

JEAN ¹¹Avez-vous des revues américaines?

MME COCHET ¹²Je regrette beaucoup, monsieur. (*Haussant les épaules.*)° ¹³Nous n'avons pas de revues américaines.

JEAN ¹⁴Combien coûte ce plan de Paris?

ROGER *Where are you going?*

JOHN *I am going to buy a paper. Where do they sell papers?*

ROGER *They sell papers at tobacco shops or at newsstands.*

At the tobacco shop
JOHN *Do you have newspapers, (madam)?*

MME COCHET *Yes, sir. Here they are. (She points to them.)*

JOHN *Give me* Le Figaro, *please.*

MME COCHET *Here it is, sir.*

JOHN *How much is it?*

MME COCHET *One franc fifty centimes, sir.*

JOHN *Do you have any American magazines?*

MME COCHET *I'm very sorry, sir. (Shrugging her shoulders.) We have no American magazines.*

JOHN *How much does this map of Paris cost?*

CULTURAL NOTES ◆ ──────

*Of the many French newspapers, **Le Figaro**, which is politically conservative, is one of the best. **Le Monde**, which is independent, is one of the most highly respected papers of Europe. **France-Soir** is a middle-of-the-road evening paper. **L'Humanité** is the organ of the Communist party. The two best known weeklies are **L'Express** and **Paris-Match**.*

The French often shrug their shoulders when they express doubt, uncertainty, regret, skepticism, hesitation or even approval.

MME COCHET [15]Six francs, monsieur. [16]Il est très utile, même pour les Parisiens.

JEAN [17]Je n'ai qu'un billet de cent francs. [18]Avez-vous de la monnaie?

MME COCHET [19]Je crois que oui. La voilà. [20]Est-ce que c'est tout, monsieur?

JEAN [21]Oui, je crois que c'est tout pour aujourd'hui.

MME COCHET *Six francs, sir. It's very useful, even for Parisians.*

JOHN *I have only a 100 franc bill. Do you have change?*

MME COCHET *I think so. Here it is. Is that all, sir?*

JOHN *Yes, I think that's all for today.*

I Exercice de mise en train

A. *Répondez tous ensemble:*

1. Quelle heure est-il? **2.** Quel jour sommes-nous aujourd'hui? **3.** Nous sommes aujourd'hui dimanche, n'est-ce pas? [Non . . .] **4.** Où Roger va-t-il vendredi? **5.** Quand est-ce qu'il compte partir?

B. *Répondez individuellement:*

1. Avez-vous faim? **2.** Quand allez-vous déjeuner? **3.** Où allez-vous déjeuner?
4. À quelle heure dînez-vous d'habitude? **5.** Aimez-vous les hors-d'oeuvre?
6. Voulez-vous du vin blanc ou du vin rouge?

II Substitutions

Répétez les phrases suivantes en substituant les mots indiqués:

1. Je vais acheter **un journal.**
   des journaux / des revues américaines / une revue américaine / un plan de Paris
2. On vend des journaux **au bureau de tabac.**
   au kiosque / dans la rue / à la librairie (*bookstore*) **/ en face de l'hôtel**
3. Combien coûte **ce plan de Paris?**
   Le Figaro / **cette revue américaine / cette revue française / l'édition parisienne du**
   New York Times
4. Nous n'avons pas de **revues américaines.**
   plans de Paris / revues françaises / monnaie / journaux
5. Je n'ai qu'un billet de **cent** francs.
   cinquante / vingt / cinq cents / mille
6. J'ai l'habitude (*the habit*) **de lire les journaux français.**
   de déjeuner à midi / de faire une promenade l'après-midi / de dîner à six heures /
   d'aller au cinéma le samedi

III *Répétez les phrases suivantes en remplaçant le nom par le pronom* **le, la,** *ou* **les:**

EX. —Voilà *Le Figaro.*
　　 —**Le voilà.**

1. Voilà les journaux. **2.** Voilà le plan de Paris. **3.** Voilà votre carte de travail.
4. Voilà un billet de 50 francs. **5.** Voilà la monnaie. **6.** Voilà le journal.
7. Voilà l'agent de police. **8.** Voilà l'employée.

IV *Répondez affirmativement et puis négativement à chacune des questions suivantes:*

    EX. —Avez-vous des journaux?
          —**Oui, j'ai des journaux.**   **Non, je n'ai pas de journaux.**

1. Avez-vous des revues américaines? **2.** Aimez-vous le café? **3.** Avez-vous des fruits? **4.** Aimez-vous les fruits? **5.** Avez-vous de la monnaie? **6.** Aimez-vous le vin rouge?

V *Répondez aux questions personnelles suivantes:*

1. Avez-vous l'habitude de lire le journal? **2.** Avez-vous l'habitude d'acheter le journal tous les jours? **3.** Avez-vous l'habitude de lire des romans (*novels*)? **4.** Avez-vous l'habitude de lire des romans policiers (*detective novels*)? **5.** Avez-vous l'habitude de jouer de la guitare? **6.** Avez-vous l'habitude de déjeuner à l'aéroport? **7.** À quelle heure déjeunez-vous d'habitude?

VI *Posez la question à laquelle répond chacune des phrases suivantes* (Ask the question to which each of the following sentences is the answer):

    EX. —C'est trente centimes.
          —**Combien est-ce?**

1. C'est loin d'ici. **2.** C'est un bon hôtel. **3.** C'est tout. **4.** J'ai de la monnaie. **5.** Le plan coûte six francs. **6.** Le train arrive à midi. **7.** Je déjeune à midi. **8.** J'étudie la chimie.

VII *Demandez à un autre étudiant (à une autre étudiante):*

1. où il (elle) va. **2.** pourquoi (*why*) il (elle) va au bureau de tabac. **3.** si on vend des journaux au bureau de tabac. **4.** si on vend des revues au bureau de tabac. **5.** quel journal il (elle) va acheter. **6.** combien coûte *Le Figaro.* **7.** s'il (si elle) a des revues américaines. **8.** s'il (si elle) aime les revues américaines. **9.** s'il (si elle) a la monnaie de cinquante francs. **10.** où on achète des journaux en France.

VIII **Mini-dialogues**
    1. **A.** Demandez à un autre étudiant (à une autre étudiante) où il (elle) va.
          B. Répondez que vous allez acheter un journal.

A. Demandez-lui où on vend des journaux.

B. Répondez.

A. Demandez-lui combien coûte le journal.

B. Répondez.

2. **A.** Demandez à un autre étudiant (à une autre étudiante) s'il (si elle) a des journaux américains.

B. Répondez négativement.

A. Demandez-lui s'il (si elle) a des revues américaines.

B. Répondez négativement.

A. Demandez combien coûte ce plan de Paris.

B. Répondez.

A. Demandez s'il (si elle) a la monnaie de 100 francs.

B. Répondez affirmativement.

IX   Dictée d'après la Conversation 7, p. 50

Numbers

15 Cardinal numbers (one, two, three, etc.)*

1	un, une	22	vingt-deux	73	soixante-treize
2	deux	23	vingt-trois	80	quatre-vingts
3	trois	30	trente	81	quatre-vingt-un
4	quatre	31	trente et un	82	quatre-vingt-deux
5	cinq	32	trente-deux	83	quatre-vingt-trois
6	six	33	trente-trois	90	quatre-vingt-dix
7	sept	40	quarante	91	quatre-vingt-onze
8	huit	41	quarante et un	92	quatre-vingt-douze
9	neuf	42	quarante-deux	100	cent
10	dix	43	quarante-trois	101	cent un
11	onze	50	cinquante	102	cent deux
12	douze	51	cinquante et un	103	cent trois
13	treize	52	cinquante-deux	200	deux cents
14	quatorze	53	cinquante-trois	201	deux cent un
15	quinze	60	soixante	300	trois cents
16	seize	61	soixante et un	1000	mille**
17	dix-sept	62	soixante-deux	1100	onze cents
18	dix-huit	63	soixante-trois	1200	douze cents
19	dix-neuf	70	soixante-dix	1300	treize cents
20	vingt	71	soixante et onze	1400	quatorze cents
21	vingt et un	72	soixante-douze	1900	dix-neuf cents

2000	deux mille***	20.000	vingt mille****
2100	deux mille cent	100.000	cent mille
2110	deux mille cent dix	1.000.000	un million

* For phonetic transcription of numbers, see pp. 404–405.

** From 1100 to 1900 you may also say: **mille cent, mille deux cents**, etc., though **onze cents, douze cents**, etc., are somewhat more commonly used.

*** Beginning with 2,000, you always count in thousands in French. In English you may say: *twenty-one hundred, twenty-two hundred*, etc., but in French you may say only: **deux mille cent, deux mille deux cents**, etc.

**** In French numbers, a period is used where we use a comma, and vice versa: ENGLISH: 12,000.85; FRENCH: 12.000,85.

(1) The French count by tens from 1 to 60 but by twenties from 61 to 100. The Celts, whose language was spoken in Gaul before the Roman conquest, counted by twenties. The Romans counted by tens. The French system of numbers is a combination of the two.

(2) **Et** is used in the numbers 21, 31, 41, 51, 61, and 71—and in these numbers only. The "t" in *et* is never pronounced.

(3) Pronunciation of final consonant of numbers:

(*a*) The final consonant of numbers is ordinarily silent when the word immediately following the number begins with a consonant. EX.: **cinq francs; six pommes; huit lettres; dix poires; vingt francs,** etc. Note however that the final **t** is pronounced in **vingt-deux, vingt-trois,** etc.

(*b*) The final consonant of numbers is pronounced when the word immediately following the number begins with a vowel or a mute **h.** EX.: **trois ans; cinq ans; six étudiants; sept heures; huit étudiants; cent ans,** etc. Note, however, that in **cent un** (101) the **t** is not pronounced, and that the **f** in **neuf heures** and in **neuf ans** is pronounced **v.** [nœ v œ R] [n œ vã]

(*c*) The final consonant of **cinq, six, sept, huit, neuf** and **dix** is pronounced when the numbers are used alone, in counting, or at the end of a phrase or sentence. EX.: **Combien de cousins avez-vous? —Cinq.** [sɛ̃k]

16 *Ordinal numbers (first, second, third, etc.)*

—Lundi est **le premier** jour de la semaine.   Monday is *the first* day of the week.
—Quel est **le troisième** mois de l'année?   What is *the third* month of the year?
—C'est un étudiant de **deuxième** année.   He is a *second*-year student.

premier, première	*first*	huitième	*eighth*
second, seconde; deuxième	*second*	neuvième	*ninth*
troisième	*third*	dixième	*tenth*
quatrième	*fourth*	onzième	*eleventh*
cinquième	*fifth*	douzième	*twelfth*
sixième	*sixth*	vingtième	*twentieth*
septième	*seventh*	vingt et unième	*twenty-first*

Note that the word **an** is used with cardinal numbers but that **année** is used with ordinals. EX.: **trois ans** (*three years*); **la troisième année** (*the third year*).

17 *Dates*

—C'est aujourd'hui **le onze juin**.	Today is *the eleventh of June*.
—Je vais à Marseille **le huit octobre**.	I am going to Marseilles *on October 8th*.
—Louis XIV est mort **en 1715** (dix-sept cent quinze).	Louis XIV died *in 1715*.

(1) You always use the cardinal numbers for the days of the month except for the first of the month. EX.: le **deux** mai, le **trois** mai, etc., but **le premier** mai.

(2) In English, we say: *seventeen fifteen, seventeen hundred fifteen,* or *seventeen hundred and fifteen.* In French 1715 can be read in only two ways: **dix-sept cent quinze** or **mille sept cent quinze**. Do not omit the word **cent**.

(3) Note that the e of **le** is not elided before **onze** or **huit**.

18 *Time of day*

A. *In conversation*

—Quelle heure est-il?	What time is it?
—Il est onze heures et quart.	It is quarter past eleven.
—Il est onze heures et demie.	It is half past eleven.
—Il est midi moins le quart.	It is a quarter to twelve.
—Il est midi. Il est minuit.	It is noon. It is midnight.
—Il est trois heures vingt-cinq.	It is twenty-five minutes past three.
—Il est quatre heures moins dix.	It is ten minutes to four.

(1) To express the quarter-hours, you say **et quart** (*quarter past*), **et demie** (*half past*), **moins le quart** (*quarter to*).

(2) To express minutes between the hour and the half hour following (*e.g.* *4:00–4:30*), you say **quatre heures cinq** (*4:05*); **quatre heures dix** (*4:10*); **quatre heures vingt-cinq** (*4:25*).

But to express minutes between the half hour and the following hour (*e.g.* *4:30–5:00*) you measure back from the next hour. Thus *4:35* is **cinq heures moins vingt-cinq**; *4:50* is **cinq heures moins dix**.

(3) To express A.M., you say **du matin**; for P.M., you say **de l'après-midi** (*in the afternoon*) or **du soir** (*in the evening*). EX.: **neuf heures du matin** (*9:00 A.M.*); **trois heures de l'après-midi** (*3:00 P.M.*); **onze heures du soir** (*11:00 P.M.*).

B. *Official time (twenty-four hour system)*

une heure trente (1 h. 30)	1:30 A.M.
treize heures trente (13 h. 30)	1:30 P.M.
six heures cinquante (6 h. 50)	6:50 A.M.
dix-huit heures cinquante (18 h. 50)	6:50 P.M.
zéro heure vingt (0 h. 20)	12:20 A.M.
douze heures vingt (12 h. 20)	12:20 P.M.

(1) The twenty-four hour system is used in all official announcements: railroads, banks, stores, theatres, offices, army, navy, etc.

(2) In this system, fractions of an hour are always expressed in terms of minutes after the hour.

I Exercice sur les nombres

1. *Comptez par dix de dix à cent.*
2. *Comptez par cinq de cinquante à cent.*
3. *Dites en français:* 21, 31, 41, 51, 61, 71, 81, 91, 101.
4. *Dites en français:* 1, 11; 2, 12, 22; 3, 13, 30; 4, 14, 40, 44; 5, 15, 50, 55; 6, 16, 60, 66, 76; 7, 17, 77; 8, 18, 80, 88, 98; 9, 19, 90, 99; 20, 24, 80, 84, 40, 24.

II Substitutions

Répétez les phrases suivantes en substituant les mots indiqués.

1. Mon petit frère a **dix** ans.
   neuf / huit / sept / six
2. Ma sœur a **quinze** ans.
   dix-sept / vingt et un / dix-huit / vingt-deux
3. Ce plan de Paris coûte **six francs**.
   5 fr 50 (cinq francs cinquante) / 5 fr 60 / 5 fr 75 / 5 fr 80
4. Ces tomates coûtent **deux francs** le kilo.
   2 fr 50 / 2 fr 75 / 3 fr 50 / 3 fr 75
5. Cette auto coûte **neuf mille** francs.
   huit mille / dix mille / douze mille cinq cents / quinze mille
6. **Lundi** est le **premier** jour de la semaine.
   mardi . . . deuxième / mercredi . . . troisième / jeudi . . . quatrième / vendredi . . . cinquième

III *Répondez en français par une phrase complète à chacune des questions suivantes:*

1. Combien de jours y a-t-il en avril? **2.** Combien de jours y a-t-il en février? **3.** Combien de jours y a-t-il en décembre? **4.** Combien de jours y a-t-il dans une année? **5.** Quel est le premier jour de la semaine? **6.** Quel est le troisième jour de la semaine? **7.** Quel est le troisième mois de l'année? **8.** Quel âge avez-vous?

IV *Lisez* (Read) *en français les heures suivantes d'après le système officiel et donnez l'équivalent anglais de chaque heure indiquée:*

1. 1 h. 10, 2 h. 27, 4 h. 55. **2.** 5 h. 33, 6 h. 05, 8 h. 31. **3.** 9 h. 37, 10 h. 45, 12 h. 10. **4.** 13 h. 08, 14 h. 22, 16 h. 50. **5.** 17 h. 50, 18 h. 55, 20 h. 39. **6.** 21 h. 39, 22 h. 13, 23 h. 14, 0 h. 45.

V *Répétez après moi:*

1. le 9 mai, le 13 mai, le 21 mai. **2.** le 5 juin, le 5 août, le 5 juillet.
3. le 31 décembre, le 31 mars, le 31 janvier. **4.** le 1er avril, le 1er mars, le 1er août. **5.** le 1er février, le 11 février, le 21 février.

VI Exercice sur les nombres

1. *Comptez en français:* onze cents, douze cents, etc. jusqu'à dix-neuf cents.
2. *Lisez les dates suivantes en français:* (a) 1900, 1940, 1945, 1845, 1745.
(b) 1645, 1545, 1515, 1615, 1715. (c) 1815, 1915, 1950, 1960, 1962, 1972, 1982.

VII Petite causerie improvisée

1. Dites votre âge et puis l'âge de votre père, de votre mère, et de votre grand-père.
2. Dites en quelle année vous êtes né(e) et puis en quelle année sont nés vos parents.

Petite Interrogation sur l'histoire de France

Marie Bonnier, Roger's fiancée, is checking up on John's knowledge of French history.

MARIE ¹Connaissez-vous* l'histoire de France?

JEAN ²Certainement, je connais Jeanne d'Arc° et Napoléon.°

MARIE ³Qu'est-ce que vous savez* de Jeanne d'Arc?

JEAN ⁴Pas grand–chose. ⁵Je ne sais pas quand elle est née, ⁶mais je sais qu'elle est morte à Rouen.

MARIE ⁷Savez-vous où est né Napoléon?°

JEAN ⁸Il est né en Corse au dix-huitième siècle.

MARIE ⁹Et Louis XIV,° en quelle année est-il mort?

JEAN ¹⁰En dix-sept cent quinze, si j'ai bonne mémoire. ¹¹Mais vous me posez beaucoup de questions.

MARIE *Do you know the history of France?*

JOHN *Certainly. I know about Joan of Arc and Napoleon.*

MARIE *What do you know about Joan of Arc?*

JOHN *Nothing much. I don't know when she was born, but I know she died in Rouen.*

MARIE *Do you know where Napoléon was born?*

JOHN *He was born in Corsica in the eighteenth century.*

MARIE *And Louis 14th? In what year did he die?*

JOHN *In 1715, if I remember correctly. But you are asking me a lot of questions.*

* **Connaître** and **savoir** mean to have knowledge of; but they are not interchangeable. **Connaître** is used only with a noun or pronoun object, and usually refers to persons, places, books, works of art, etc. **Savoir** is used (1) with clauses introduced by **que, quand, où, combien, si, ce que**, etc.; (2) with infinitives—to express the meaning to know how: Je **sais** jouer de la guitare; and (3) with a noun or pronoun object referring primarily to dates, time, names, age, etc.

CULTURAL NOTES ◆ —————————

Jeanne d'Arc *or* **Joan of Arc**, *who delivered France from the English in the Hundred Years' War, has become the great national heroine.*

As a result of a meteoric career as a general, **Napoléon** *became First Consul and then Emperor Napoleon I. He was eventually defeated by the alliance of England and Prussia and was taken to the island of Saint Helena in the South Atlantic where he spent his last days.*

Louis XIV, *called* **Louis le Grand,** *was king of France from 1643 to 1715. This long reign is remembered more for its great writers, artists, and architects than for the king's constant wars, which, though sometimes glorious, exhausted the country.*

La Bastille, *a former fortification and prison, was taken over by the people on July 14, 1789 (now a national holiday). It was eventually razed to the ground and the place on which it had stood was made into a public square called* **La Place de la Bastille.**

MARIE [12]Encore une. [13]Vous connaissez le quatorze juillet, n'est-ce pas?

JEAN [14]Bien sûr. C'est le jour de la fête nationale en France.

MARIE [15]Savez-vous pourquoi?

JEAN [16]Parce que c'est le jour de la prise de la Bastille,° en 1789. [17]Vous voyez que je suis bien renseigné.

MARIE [18]Évidemment. [19]Je ne vais plus vous poser de questions. [20]Vous savez tout — ou presque.

MARIE *One more. You know about July 14th, don't you?*

JOHN *Sure. It's the day of the French national holiday.*

MARIE *Do you know why?*

JOHN *Because it's the day of the Fall (Capture) of the Bastille, in 1789. You see I'm well informed.*

MARIE *Obviously. I'm not going to ask you any more questions. You know everything — or almost everything.*

A. *Répondez tous ensemble:*

1. Demandez-moi à quelle heure je vais déjeuner.   **2.** Demandez-moi à quelle heure je vais dîner.   **3.** Demandez-moi si j'ai l'habitude de lire le journal tous les jours.   **4.** Dites-moi que vous allez dîner à six heures comme d'habitude.

B. *Répondez individuellement:*

1. À quelle heure allez-vous à votre premier cours?   **2.** À quelle heure allez-vous déjeuner?   **3.** À quelle heure allez-vous au labo?   **4.** Avez-vous l'habitude de lire le journal?   **5.** En quelle année êtes-vous né(e)?

II   Substitutions

Répétez les phrases suivantes en substituant les mots indiqués:

1. Connaissez-vous **l'histoire de France?**
Le Figaro / le château de Chantilly / le 14 juillet / la musique de Debussy

2. (a) **Savoir** followed by a noun:
Je sais **l'adresse de Jean Hughes.**
sa profession / sa nationalité / son âge / le prix de la pension
(b) **Savoir** followed by que:
Je sais que **Jeanne d'Arc est morte à Rouen.**
Napoléon est né en Corse / Louis XIV est mort en 1715 / Jean Hughes est ingénieur-chimiste / le 14 juillet est le jour de la fête nationale en France
(c) **Savoir** followed by an infinitive:
Elle sait **chanter.**
jouer de la guitare / jouer au tennis / danser / faire la cuisine (*to cook*)

3. Vous voyez que **je connais l'histoire de France—plus ou moins.**
je sais tout—ou presque / je ne sais pas grand-chose / je sais un tas de choses (*lots*) / je sais quelques dates

III   *Répondez, d'après le texte, aux questions suivantes:*

1. Connaissez-vous l'histoire de France?   **2.** Savez-vous où est née Jeanne d'Arc? [Non, je ne sais pas où est née Jeanne d'Arc.] **3.** Savez-vous où elle est morte? **4.** En quelle année est mort Louis XIV?   **5.** Connaissez-vous le 14 juillet? **6.** Quelle est la date de la prise de la Bastille?

IV *Répondez en français aux questions personnelles suivantes:*

1. En quelle année sommes-nous?   **2.** En quelle année êtes-vous né(e)?   **3.** Quel jour sommes-nous aujourd'hui?   **4.** Quel jour de la semaine sommes-nous? **5.** Quel âge avez-vous?   **6.** Quel âge a votre père?   **7.** Savez-vous la date de la Déclaration de l'Indépendance américaine?   **8.** Quand Christophe Colomb a-t-il découvert l'Amérique?

V *Lisez les dates suivantes:*

(*a*) **1.** Le 29 septembre 1975.   **2.** Le 1er juin 1939.   **3.** Le 27 avril 1889.   **4.** Le 14 juillet 1789.   **5.** Le 3 août 1698.   **6.** Le 4 juillet 1776.   **7.** Le 14 octobre 1492.   **8.** Le 4 septembre 1870.
(*b*) **1.** En 1980.   **2.** En 1850.   **3.** En 1790.   **4.** En 1776.   **5.** En 1066.   **6.** En 1914.   **7.** En 1860.   **8.** En l'an 2000.
(*c*) **1.** Au 20ème siècle.   **2.** Au 19ème siècle.   **3.** Au 18ème siècle.   **4.** Au 17ème siècle.   **5.** Au 11ème siècle.   **6.** Au 2ème siècle av. J.-C. (Au deuxième siècle avant Jésus-Christ [ʒezykʀi]).

VI **Mini-dialogues**

1. **A.** Demandez à votre voisin(e) s'il (si elle) sait quand est né Washington.
    B. Répondez qu'il est né en 1732.
    A. Demandez où est né Washington.
    B. Répondez qu'il est né en Virginie.
    A. Demandez quand il est mort.
    B. Répondez qu'il est mort en 1799.

2. **A.** Demandez à votre voisin(e) s'il (si elle) connaît le 4 juillet.
    B. Répondez que c'est le jour de la fête nationale américaine.
    A. Demandez s'il (si elle) sait pourquoi.
    B. Répondez que le 4 juillet 1776 est le jour de la Déclaration de l'Indépendance américaine.

VII Dictée d'après la Conversation 8, pp. 62–63

CONVERSATION 10

Mariage d'une amie

Louise Bedel se marie jeudi prochain.

MARIE ¹Connaissez-vous Louise Bedel?

JEAN ²Non, je ne la connais pas.

MARIE ³Mais si.° ⁴Vous avez fait sa connaissance chez Suzanne samedi dernier.

JEAN ⁵Est-ce* une petite jeune fille brune?

MARIE ⁶Pas du tout. C'est une grande blonde.

JEAN ⁷Oh, vous parlez de la jeune fille ⁸qui a joué de la guitare et qui chante si bien?

MARIE ⁹Oui. Avec les cheveux longs, le teint clair et de grands yeux bleus.

JEAN ¹⁰Eh bien? Qu'est-ce qui lui arrive?

MARIE ¹¹Elle va se marier jeudi prochain.

JEAN ¹²Avec qui?

MARIE ¹³Avec Charles Dupont.

JEAN ¹⁴Je connais très bien Charles.

MARIE ¹⁵Qu'est-ce qu'il fait?

JEAN ¹⁶Il est** ingénieur–électricien. ¹⁷Je pense que Charles a de la chance. ¹⁸Il est gentil, riche, sympathique,° et ¹⁹sa future femme a beaucoup de talent.

MARIE *Do you know Louise Bedel?*

JOHN *No, I don't know her.*

MARIE *Yes you do. You met her at Suzanne's last Saturday.*

JOHN *Is she a small brunette?*

MARIE *No, no. She's a tall blond.*

JOHN *Oh, you are talking about the girl who played the guitar and who sings so well?*

MARIE *Yes. With long hair, a light complexion, and big blue eyes.*

JOHN *Well, what about her (What is happening to her)?*

MARIE *She's getting married next Thursday.*

JOHN *To whom?*

MARIE *To Charles Dupont.*

JOHN *I know Charles very well.*

MARIE *What does he do?*

JOHN *He's an electrical engineer. I think Charles is lucky. He is friendly, rich, likeable and his future wife is very talented.*

* Note that *He is* or *She is* is expressed by **C'est** when **est** is directly followed by the article **le**, **la, un** or **une**.

** Note that *He is, She is* is usually expressed in French by **Il est, Elle est** when **est** is directly followed by an adjective standing alone or by an unmodified noun.

CULTURAL NOTES

Si *meaning* **yes** *is used only to contradict a negative statement.*

Young people often say **sympa** *instead of* **sympathique.**

Exercice de mise en train

Répondez tous ensemble:

1. Demandez-moi quel jour nous sommes.   2. Demandez-moi quelle heure il est.   3. Demandez-moi quand est né Napoléon.   4. Demandez-moi où il est né. 5. Demandez-moi si je connais l'histoire de France.   6. Dites-moi que Louis XIV est mort en 1715.

II   Substitutions

Répétez les phrases suivantes en substituant les mots indiqués:

1. Vous avez fait sa connaissance **chez Suzanne** samedi dernier.
   chez ma soeur / chez Roger / au labo / au musée
2. (a) C'est une **petite** jeune fille brune.
   grande / gentille / jolie petite / ravissante
   (b) Elle est **grande.**
   belle / blonde / très gentille / très sympathique (sympa)
3. Il a **les cheveux longs.**
   le teint clair/ les cheveux blonds / les cheveux courts / de grands yeux bleus
4. Elle va se marier **jeudi prochain.**
   la semaine prochaine / le mois prochain / au mois de juin / le neuf janvier
5. Elle est **ingénieur-électricienne**
   agent de police / hôtelière / Américaine / Française

III   *Répondez en français aux questions suivantes, d'après le texte:*

1. Connaissez-vous Louise Bedel?   2. Où avez-vous fait sa connaissance? 3. Est-ce une petite jeune fille brune?   4. A-t-elle joué de la guitare?   5. Est-ce qu'elle chante bien?   6. A-t-elle le teint clair?   7. Est-elle brune ou blonde? 8. Quand va-t-elle se marier?   9. Avec qui va-t-elle se marier?   10. Quelle est la profession de Charles Dupont?   11. Que pensez-vous de Charles?   12. Comment s'appelle sa future femme?   13. A-t-elle beaucoup de talent?

IV   *Dites en français en employant l'expression convenable*

A.   **Il est, Elle est**

1. ___ ingénieur.   2. ___ hôtelière.   3. ___ agent de police.   4. ___ grand.

5. _____ grande.   6. _____ gentille.   7. _____ concierge.   8. _____ musicienne.
9. _____ Français.   10. _____ Française.   11. _____ Américaine.   12. _____ très
gentille.

B.   C'est un, C'est une

1. _____ grand jeune homme blond.   2. _____ petite jeune fille blonde.   3. _____
bon hôtel.   4. _____ bon déjeuner.   5. _____ petit jeune homme brun.   6. _____
bon journal.   7. _____ bonne pomme.   8. _____ bonne poire.   9. _____ grand
restaurant.   10. _____ bon petit restaurant.

C. Il est, Elle est, ou C'est un, C'est une

1. _____ petite jeune fille brune.   2. _____ très gentille.   3. _____ ingénieur (*two
ways*). _____ ingénieur.   4. _____ très bon ingénieur.   5. _____ bon journal.
6. _____ musicienne.   7. _____ Américain.   8. _____ étudiant.   9. _____
Américaine.   10. _____ étudiante.   11. _____ jeune Américain.   12. _____ jeune
Américaine.

V   *Répondez aux questions personnelles suivantes:*
   1. Avez-vous l'habitude de déjeuner au restaurant?   **2.** Où déjeunez-vous
   d'habitude?   **3.** Avez-vous l'habitude de regarder la télévision?   **4.** Quand la
   regardez-vous d'habitude?   **5.** Avez-vous l'habitude d'aller au cinéma le dimanche?
   6. Quand allez-vous d'habitude au cinéma?

VI   **Mini-dialogues**

   1.   **A.** Demandez à un(e) autre étudiant(e) s'il (elle) connaît Louise Bedel.
         B. Répondez négativement.
         A. Dites qu'il a fait sa connaissance samedi dernier.
         B. Demandez si c'est une petite jeune fille brune.
         A. Dites qu'elle est grande et blonde.
         B. Demandez si elle a joué de la guitare.
         B. Répondez affirmativement.

   2.   **A.** Demandez à un(e) autre étudiant(e) quand Louise Bedel va se marier.
         B. Répondez qu'elle va se marier jeudi prochain.

A. Demandez avec qui elle va se marier.

B. Répondez à sa question.

A. Demandez si Charles Dupont est ingénieur–chimiste.

B. Répondez, s'il vous plaît.

VII Causerie

Décrivez un ami ou une amie.

VIII Dictée d'après la Conversation 9, pp. 72–73

La Cuisine française

Roger et Jean dînent ensemble dans un des grands restaurants de la capitale. Leur table est près d'une fenêtre, d'où ils ont une belle vue sur la Seine. Malgré la nuit qui tombe, on voit fort bien les tours de Notre–Dame.

—Pensez–y un peu, dit Roger, cette cathédrale a été commencée il y a plus de huit cents ans. Malgré tout, elle est encore debout.

—Ce que j'admire le plus, répond Jean, c'est moins son âge que ses proportions. Comment les gens qui l'ont construite ont-ils pu bâtir un tel édifice avec leurs moyens limités?

—C'est le résultat d'un enthousiasme énorme et d'un travail qui a duré plus d'un siècle. Voilà pourquoi Notre-Dame existe.

À ce moment-là, le garçon apporte la carte avec tout le sérieux d'un diplomate. Jean examine le menu avec curiosité.

—Je suis toujours surpris du talent des Français dans la présentation des plats, dit-il à son ami. Aux États-Unis, les noms des plats sont d'habitude purement descriptifs, sans aucun ornement. Ici, ils font venir l'eau à la bouche. Voici par exemple, dans la liste des plats de poisson, l'indication «Filets de sole Tante-Marie.» Quelle différence entre «Filets de sole Tante-Marie» et simplement *Fillet of Sole*! Un appel au sentiment familial, une allusion à la chère tante Marie, de son vivant si bonne cuisinière, et les filets de sole deviennent quelque chose de rare, d'unique. Les gens qui inventent de telles appellations sont certes d'excellents psychologues.

—Puisque tu parles de l'art de présenter les plats, répond Roger, regarde dans les «Spécialités recommandées.» Il y a là un soufflé avec la description suivante: «Mariage forcé de la glace et du feu. Plat délicieux spécialement recommandé. (Commander vingt minutes

à l'avance)» . . . Ce «mariage forcé de la glace et du feu» est une jolie invention. Cela fait penser aux quatre éléments, à l'hostilité traditionnelle de l'eau et du feu, aux volcans couverts de neige de l'Islande. Le plaisir qu'on a à manger ce soufflé est à la fois d'ordre corporel et d'ordre spirituel!

Le repas terminé, Jean et Roger quittent le restaurant, très satisfaits spirituellement et corporellement. Ils s'arrêtent un instant devant un kiosque à journaux. Jean remarque qu'il y a là des journaux et des revues de tous les grands pays du monde, journaux américains, anglais, allemands, russes, italiens. Plusieurs sont dans une langue qu'il ne peut pas même identifier. Après tout, pense-t-il, Paris est une ville si cosmopolite qu'il y a des gens pour les acheter, et pour les lire.

Questions

1. Où Jean et Roger dînent-ils ensemble? **2.** Où est leur table? **3.** Qu'est-ce qu'on voit de leur table? **4.** Qu'est-ce que Jean admire le plus? **5.** Qu'est-ce que le garçon apporte à Jean et à Roger? **6.** Quel plat de poisson y a-t-il sur la carte? **7.** Quelle description la carte donne-t-elle du soufflé? **8.** Quand Jean et Roger quittent-ils le restaurant? **9.** Sont-ils satisfaits de leur dîner? **10.** Où s'arrêtent-ils un instant? **11.** Qu'est-ce que Jean remarque quand il est devant le kiosque à journaux? **12.** Est-ce qu'il peut identifier tous les journaux? **13.** Quels journaux peut-il identifier? **14.** Est-ce que Paris est une ville très cosmopolite?

Word order in asking questions

19 *Questions by inversion and with* Est-ce que?

A. When the subject of the verb is a personal pronoun

—**Êtes-vous** libre dimanche?
—**Est-ce que vous êtes** libre dimanche? } *Are you* free Sunday?

—**Connaissez-vous** Louise Bedel?
—**Est-ce que vous connaissez** Louise Bedel? } *Do you know* Louise Bedel?

When the subject of the verb is a *personal pronoun*, you ask a question *either* by inverting the order of subject and verb *or* by using the expression **est-ce que?** and normal order of subject and verb. Both patterns are commonly used in French.

Both patterns are used after an interrogative word or expression such as **où?** (*where*), **quand?** (*when*), **combien?** (*how much*), **à quelle heure?** (*at what time*), etc.

—**Où allez-vous?**
—**Où est-ce que vous allez?** } *Where are you going?*

—**À quelle heure voulez-vous** déjeuner?
—**À quelle heure est-ce que vous voulez** déjeuner? } *At what time do you want* to have lunch?

B. When the subject of the verb is a noun

—Le déjeuner **est-il** prêt?
—**Est-ce que** le déjeuner **est** prêt? } *Is* lunch ready?

—Le train **arrive-t-il** à cinq heures?
—**Est-ce que** le train **arrive** à cinq heures? } *Does* the train *arrive* at five o'clock?

When the subject of the verb is a *noun*, you *either* express the noun-subject, the corresponding pronoun-subject and the verb in the following order: noun-subject, verb, pronoun-subject, *or* use **est-ce que?** and normal word order.

If you use an interrogative word or expression, such as **où?, quand?, combien?, à quelle heure?**, the interrogative word or expression comes first and is followed by either of the patterns described above.

—**Où** vos parents **demeurent-ils?**
—**Où est-ce que** vos parents **demeurent?** } *Where do* your parents *live?*

—**À quelle heure** le train **arrive-t-il?**
—**À quelle heure est-ce que** le train **arrive?** } *At what time does* the train *arrive?*

Note also that in questions introduced by an interrogative word or expression, you can ask a question simply by inverting the order of the noun-subject and the verb, *if the noun-subject is the final word in the question.*

—**Où demeurent** vos parents?   Where *do your parents live?*
—**À quelle heure arrive** l'avion?   At what time *does the plane arrive?*

If the noun-subject would not be final, only the two patterns described above are possible.

—**Où** votre père **achète-t-il** son journal?   —Quand **votre père va-t-il** en France?
—**Où est-ce** votre père **achète** son   —Quand **est-ce que** votre père **va**
  journal?   en France?

20   *Questions with* **n'est-ce pas?** *and by intonation*

A.   **N'est-ce pas?**

—Vous connaissez Louise Bedel, **n'est-ce pas?**   You know Louise Bedel, *don't*
                                                      you?
—Oui, je la connais.   Yes, I know her.
—Vous ne connaissez pas sa sœur, **n'est-ce pas?** You don't know her sister, *do*
                                                      you?
—Non, je ne la connais pas.   No, I don't know her.

You often ask a question by simply adding **n'est-ce pas** to a declarative statement — especially if you expect an answer that agrees with what you have said. **N'est-ce pas?** corresponds to a number of expressions in English, such as: *don't you think so?, don't I?, don't you?, will you not?, wouldn't you?, didn't you?, didn't she?, aren't we?,* etc.

B. *By intonation*

As in English, one often asks questions by making a declarative statement with an interrogatory intonation.

—**C'est tout?**   *That's all?*
—**C'est près d'ici?**   *It's near here?*
—**Le train est à l'heure?**   *The train is on time?*
—**Le déjeuner est prêt?**   *Lunch is ready?*

This way of asking questions may imply surprise on the part of the speaker:

—**Il est à Paris?**   *Is he in Paris?*   or
                         Is he really in Paris?

—**L'avion est parti?**   *The plane has left?*

21 *Negative questions*

—**N'avez-vous pas** faim?
—**Est-ce que** vous **n'avez pas** faim?   }   *Aren't* you hungry?

—**Si,** j'ai faim.   Yes (on the contrary), I *am* hungry.

—**Ne voulez-vous pas** de café?
—**Est-ce que** vous **ne voulez pas** de café? }   *Don't* you want any coffee?

—**Si,** donnez-moi du café.   Yes (on the contrary), *give* me some coffee.

You ask a negative question by putting **ne** before the inverted verb form and **pas** after it.

—Avez-vous?   —**N'avez-vous pas?**   —A-t-il?   —**N'a-t-il pas?**

In answering a negative question, you say **Si** instead of **Oui.**

—**N'avez-vous pas** faim?   —**Si,** j'ai faim.

I Substitutions

Répétez les phrases suivantes en substituant les mots indiqués:

1. **L'avion est-il à l'heure?**
   parti / arrivé / en retard / en avance

2. À quelle heure **l'avion** part-il?

le train / l'autobus / l'autocar (*tourist bus*) / l'express de Paris

3. Où votre père achète-t-il **son journal?**

ses revues / ses cigares / son essence (*gasoline*) / ses billets

4. Ne voulez-vous **pas de hors-d'œuvre?** Si, donnez-moi **des hors-d'œuvre.**

pas de vin . . . du vin / pas de poire . . . une poire / pas de viande . . . de la viande / pas de crème . . . de la crème

5. N'y a-t-il **pas de restaurant** près d'ici? Si, il y a **un restaurant** là-bas.

pas d'hôtel . . . un hôtel / pas de garage . . . un garage / pas de taxi . . . un taxi / pas de station-service . . . une station-service

6. De quelle couleur **sont ses cheveux?**

est sa robe / est son auto / est son pull–over (*sweater*) / sont ses yeux

---

II *Mettez chacune des phrases suivantes à la forme interrogative par inversion:*

EX. —Il va à l'aéroport.
　　—**Va-t-il à l'aéroport?**

(*a*) **1.** Vous êtes en France.　**2.** Vous allez à la gare.　**3.** Ils sont à Paris.　**4.** Elles sont à Paris.　**5.** Elles ont des frères.　**6.** Il y a un restaurant près d'ici.　**7.** C'est une grande jeune fille blonde.　**8.** Elle va se marier.　**9.** Elle va au théâtre.

(*b*) **1.** Le bureau de poste est sur la place.　**2.** L'hôtel est près d'ici.　**3.** Louise Bedel est à Paris.　**4.** Charles Dupont a de la chance.　**5.** Louise a beaucoup de talent.　**6.** Charles est ingénieur-chimiste.　**7.** Louise chante bien. **8.** Charles va se marier jeudi prochain.

III *Demandez en français, en employant la forme interrogative par inversion:*

1. si l'hôtel Continental est sur la place.　**2.** si c'est loin d'ici.　**3.** si c'est un bon hôtel.　**4.** si c'est un grand hôtel.　**5.** s'il y a un autre hôtel près de la gare. **6.** s'il y a d'autres hôtels sur la place.　**7.** si Jean est à Paris.　**8.** si son père est ici.　**9.** si Jean et Roger sont au laboratoire.　**10.** si Louise Bedel a joué de la guitare.　**11.** si Charles a les cheveux longs.

IV *Posez la question à laquelle répond chacune des phrases suivantes, en commençant par* où?, quand?, combien?, quel?, comment?, *etc.* (Ask the question to which each of the following sentences is the answer — beginning with où?, quand?, etc.):

EX. —Je demeure à Paris.
　　—**Où demeurez-vous?**

1. Mes parents demeurent à Paris.   2. Napoléon est mort en 1821.   3. *Le Figaro* coûte 1 fr. 50.   4. Il est trois heures.   5. Le train arrive à six heures.
6. C'est aujourd'hui jeudi.   7. Mercredi est le troisième jour de la semaine.
8. Je vais très bien.   9. Le train part à huit heures.   10. Elle va se marier jeudi prochain.   11. Louis XIV est mort en 1715.   12. François Premier est mort en 1547.

V   *Posez les questions suivantes pas l'inversion du nom sujet:*

EX.   —Quand votre père est-il né?
      —**Quand est né votre père?**

1. Où Jean Hughes est-il né?   2. Dans quelle ville Jean Hughes est-il né?
3. Où son père demeure-t-il?   4. Quel âge Charles Dupont a-t-il?   5. À quelle heure l'avion part-il?   6. Comment votre mère va-t-elle?   7. En quelle année Jean Hughes est-il né?   8. Quand Napoléon est-il né?

VI   *Mettez les questions suivantes à la forme négative:*

EX.   —Voulez-vous du vin?
      —**Ne voulez-vous pas de vin?**

1. Voulez-vous du café?   2. Voulez-vous des hors-d'œuvre?   3. Avez-vous des journaux américains?   4. Aimez-vous les revues américaines?   5. Y a-t-il un hôtel dans la rue de la Paix?   6. Y a-t-il des hôtels sur la place?   7. Y a-t-il de bons restaurants près du château?   8. Demeurez-vous à Paris?   9. Roger demeure-t-il à Paris?   10. Savez-vous quand Jeanne d'Arc est morte?   11. Savez-vous quel jour nous sommes aujourd'hui?   12. Savez-vous à quelle heure on dîne à Paris?

VII   Révision

A.   *Demandez à quelqu'un:*

1. quelle heure il est.   2. à quelle heure part le train.   3. ce que fait Charles Dupont.   4. combien coûte *Le Figaro*.   5. combien coûtent les journaux.
6. le prix de la pension.   7. la date.   8. quel jour nous sommes.   9. en quelle année il (elle) est né.   10. quel âge il (elle) a.

88

B. *Dites en français à quelqu'un:*

1. qu'il (qu'elle) a de la chance.   **2.** qu'il (qu'elle) n'a pas de chance.   **3.** que nous avons de la chance.   **4.** que nous n'avons pas de chance.   **5.** que c'est entendu.   **6.** que vous ne connaissez pas Louise Bedel.   **7.** que vous avez fait sa connaissance samedi dernier.   **8.** que vous avez de la monnaie.   **9.** que vous n'avez pas de monnaie.   **10.** que vous n'êtes pas libre la semaine prochaine.

CONVERSATION 11

Une Promenade

Jean et Marie font une promenade qui finit assez mal.

Chez Marie

JEAN ¹Voulez-vous faire* une promenade?

MARIE ²Je veux bien. Quel temps fait-il?

JEAN ³Il fait beau. Mais il fait du vent.

MARIE ⁴Est-ce qu'il fait froid?

JEAN ⁵Non, pas du tout. ⁶Il ne fait ni trop chaud ni trop froid.

MARIE ⁷Faut-il prendre un imperméable, ou un parapluie?

JEAN ⁸Ce n'est pas la peine. ⁹Il ne va pas pleuvoir.°

MARIE ¹⁰J'ai peur de la pluie. ¹¹Vous êtes sûr qu'il ne va pas pleuvoir?

JEAN ¹²Bien sûr. ¹³Regardez le ciel bleu. Pas un nuage. ¹⁴C'est un temps formidable.

MARIE ¹⁵Bon. Je vous crois. ¹⁶Comme toujours, j'ai confiance en vous.

Une heure plus tard

MARIE ¹⁷Il pleut, il pleut à seaux.° ¹⁸Je suis trempée jusqu'aux os. ¹⁹C'est votre faute.

JEAN ²⁰Ma faute? Comment cela?

MARIE ²¹Vous savez bien. Je n'ai plus confiance en vous.

At Marie's house (apartment, place etc.)

JOHN *Do you want to take a walk?*

MARIE *I'd be glad to. How's the weather?*

JOHN *The weather is fine. But it's windy.*

MARIE *Is it cold?*

JOHN *No, not at all. It is neither too hot nor too cold.*

MARIE *Is it necessary to take a raincoat or an umbrella?*

JOHN *It isn't worth the trouble. It isn't going to rain.*

MARIE *I'm afraid it's going to rain. Are you sure it isn't going to rain?*

JOHN *Absolutely. Look at the blue sky. Not a cloud. The weather is great.*

MARIE *Good. I believe you. As always, I have confidence in you.*

One hour later

MARIE *It's raining. It's raining cats and dogs (lit. buckets)! I'm soaked to the skin (lit. to the bones). It's your fault.*

JOHN *My fault? How (can you say) that?*

MARIE *You know very well. I no longer have confidence in you.*

* **Faire**, like the English word *do*, is used in many expressions and with a great variety of meanings, such as: **Faire une promenade, Qu'est-ce qu'il fait?, Il fait beau, Il fait froid**, etc. *Cf.* English: *What does he do? He is doing well. He is doing time(!). It will not do. He is done. He was done in(!).*

90

CULTURAL NOTE

As in England and Scotland, there are frequent showers in France; but thunder-storms are very rare. In **la belle saison** *(May and June) the weather in Paris is usually sunny.*

Exercice de mise en train

Répondez tous ensemble:

1. Demandez-moi si je connais Louise Bedel.   2. Demandez-moi si c'est une petite jeune fille brune.   3. Demandez-moi où j'ai fait sa connaissance.
4. Demandez-moi si je sais son adresse.   5. Demandez-moi quand elle va se marier.   6. Demandez-moi si elle chante bien.   7. Dites qu'elle joue bien de la guitare.   8. Demandez-moi ce que fait son fiancé.   9. Dites-moi que Charles est ingénieur-électricien.   10. Dites-moi que sa future femme est musicienne.

II   Substitutions

1. (a) Il fait **beau.**
   froid / **chaud** / **du vent** / **très beau** / **très froid** / **très chaud** / **trop froid** / **trop chaud** / **trop de vent**
   (b) Il ne fait **pas froid.**
   pas très froid / **pas trop froid** / **pas de vent** / **pas beaucoup de vent** / **pas trop de vent**
2. J'ai **froid.**
   chaud / **peur** / **faim** / **soif** (*thirst*)
3. Êtes-vous sûr qu'il ne va pas **pleuvoir?**
   faire froid / **faire chaud** / **faire du vent** / **faire trop de vent**
4. Faut-il prendre **un imperméable?**
   un parapluie / **un pull-over** / **un pardessus** (*top coat*)
5. Ce n'est pas la peine de prendre **un imperméable.**
   un parapluie / **un pull-over** / **un pardessus** / **un manteau** (*winter coat*)

III   *Demandez à quelqu'un:*

1. s'il (si elle) veut faire une promenade.   2. quel temps il fait.   3. s'il fait froid.   4. s'il fait trop froid.   5. s'il fait trop chaud.   6. s'il fait du vent.   7. si Marie a peur de la pluie.   8. s'il faut prendre un imperméable.   9. si c'est la peine de prendre un imperméable.   10. s'il (si elle) est sûr(e) qu'il ne va pas pleuvoir.

IV   *Répondez en français, d'après le texte, à chacune des questions suivantes:*

1. Voulez-vous faire une promenade?   2. Quel temps fait-il?   3. Est-ce qu'il fait froid?   4. Fait-il chaud?   5. Marie a-t-elle peur de la pluie?   6. Faut-il

prendre un imperméable? **7.** Est-ce la peine de prendre un imperméable?
8. Ne va-t-il pas pleuvoir? **9.** De quelle couleur est le ciel? **10.** Êtes-vous
sûr(e) qu'il ne va pas pleuvoir? **11.** Avez-vous confiance en moi? **12.** [*Une heure plus tard*] Est-ce qu'il pleut maintenant (*now*)? **13.** Êtes-vous trempé(e)?
14. Est-ce ma faute?

V *Répondez en français à chacune des questions suivantes:*

1. Quel temps fait-il aujourd'hui? **2.** Est-ce qu'il fait du vent? **3.** Est-ce qu'il
pleut? **4.** Est-ce qu'il va pleuvoir? **5.** Avez-vous peur de la pluie? **6.** Quel
temps fait-il au mois de décembre? **7.** Fait-il du vent au mois de mars?
8. Fait-il très froid ici au mois de janvier? **9.** Y a-t-il des nuages dans le ciel
aujourd'hui?

VI *Mettez les phrases suivantes à la forme négative en employant* **ne . . . pas,** *puis*
ne . . . plus.

EX. —J'ai confiance en vous. —Nous avons des fruits.
     —**Je n'ai pas confiance en vous.** —**Nous n'avons pas de fruits.**
     —**Je n'ai plus confiance en vous.** —**Nous n'avons plus de fruits.**

1. J'ai faim. **2.** Nous avons des revues américaines. **3.** Il pleut. **4.** Il fait du
vent. **5.** Il fait froid. **6.** Elle est étudiante. **7.** Elle a de la monnaie.
8. C'est un bon hôtel. **9.** Il y a un restaurant dans le musée. **10.** Je déjeune
à la maison. **11.** Je sais où Napoléon est né. **12.** Je vais vous poser des
questions.

VII *Combinez deux phrases en une seule, en employant* **ne . . . ni . . . ni.***

EX. —Il ne fait pas chaud. Il ne fait pas froid.
     —**Il ne fait ni chaud ni froid.**

1. Il ne fait pas trop chaud. Il ne fait pas trop froid. **2.** Elle n'est pas petite.
Elle n'est pas grande. **3.** Elle n'est pas brune. Elle n'est pas blonde. **4.** Je ne
parle pas français. Je ne parle pas anglais. **5.** Je n'ai pas de frères.* Je n'ai pas
de sœurs. **6.** Nous n'avons pas de vin rouge. Nous n'avons pas de vin blanc.

* With **ne . . . ni . . . ni,** nouns are used without a definite article and without the preposition
de. EX.: **Elle n'a ni frères ni sœurs.**

7. Nous n'avons pas de pommes. Nous n'avons pas de poires.   8. Je n'ai pas faim. Je n'ai pas soif.

VIII   Mini-dialogues

1. A. Demandez à un autre étudiant (une autre étudiante) quel temps il fait.
    B. Répondez qu'il fait beau.
    A. Demandez-lui s'il (si elle) veut faire une promenade.
    B. Répondez que vous avez peur de la pluie.
    A. Dites-lui qu'il ne va pas pleuvoir.
    B. Répondez: Parfait. C'est entendu.

2. A. Demandez à un autre étudiant (à une autre étudiante) s'il (si elle) veut faire une promenade cet après-midi.
    B. Répondez que vous n'êtes pas libre.

A. Demandez-lui ce qu'il (qu'elle) va faire.

B. Répondez que vous allez à la préfecture de police.

A. Demandez-lui pourquoi.

B. Répondez que vous allez chercher (*to get*) votre carte de séjour.

IX Dictée d'après la Conversation 10, p. 76

Les saisons

Marie cause avec son amie Suzanne. On est au mois de décembre, et il se met (is beginning) à neiger—ce qui est assez rare à Paris.

MARIE ¹Regarde la neige!

SUZANNE ²Tiens! C'est la première fois qu'il neige* cette année.

MARIE ³Je n'aime pas du tout l'hiver.

SUZANNE ⁴Pourquoi pas? ⁵L'hiver a ses plaisirs, comme les autres saisons. ⁶On peut patiner,° aller au théâtre, ou bien écouter des disques, regarder la télé° . . .

MARIE ⁷Oui, mais l'hiver dure trop longtemps.

SUZANNE ⁸Quelle saison préfères-tu, alors?

MARIE ⁹Je crois que je préfère l'été. ¹⁰J'aime nager, prendre des bains de soleil, faire du vélo, aller à la campagne.

SUZANNE ¹¹Mais la campagne est aussi agréable en automne qu'en été. ¹²Surtout, il fait moins chaud.

MARIE ¹³Oui, l'automne commence bien, ¹⁴mais il finit mal. ¹⁵Moi, j'aime mieux le printemps.

SUZANNE ¹⁶Tu as raison. ¹⁷Tout le monde est heureux de voir venir le printemps.

MARIE *Look at the snow!*

SUZANNE *Well! It's the first time it has snowed this year.*

MARIE *I don't like winter at all.*

SUZANNE *Why not? Winter has its pleasures, like the other seasons. You can skate, go skiing, go to the theatre, or else listen to records, look at TV . . .*

MARIE *Yes, but winter lasts too long.*

SUZANNE *Well, what season do you prefer?*

MARIE *I think I prefer summer. I like to swim, take sun baths, go bicycling, go to the country.*

SUZANNE *But the country is as pleasant in autumn as in summer. Above all, it isn't so hot.*

MARIE *Yes, autumn begins well, but it ends badly. As for me, I prefer spring.*

SUZANNE *You are right. Everybody is happy to see spring arrive.*

* Note that in French, the present tense is used in this phrase and that in English we normally use the present perfect (*has snowed*) to express the same idea.

CULTURAL NOTES ◆ ────────

Of all the sports, the most popular in France is "le football"—Rugby in the South and Association Football (soccer) in the North. Every French city has its team and, during the season, the games are extremely popular.

In winter, many French people go to the Alps, particularly to **Chamonix** *(pronounced* **Chamoni***) where winter sports, especially skiing are practiced. At Chamonix there is a National School for Skiing and for Mountain Climbing.*

In French, as in other languages, common words are often shortened: **le labo (le laboratoire), la télé (la télévision), une moto (une motocyclette), sympa (sympathique), sensas (sensationnelle), impec (impeccable), d'ac (d'accord), météo (météorologie), imper (imperméable).**

Exercice de mise en train

Répondez tous ensemble:

1. Demandez-moi quel temps il fait aujourd'hui.   **2.** Demandez-moi si je veux faire une promenade.   **3.** Demandez-moi s'il faut prendre un imperméable.
4. Demandez-moi si j'ai peur de la pluie.   **5.** Dites que c'est un temps formidable.   **6.** Dites que c'est un temps magnifique.   **7.** Dites-moi qu'il pleut à seaux.   **8.** Dites que c'est ma faute.   **9.** Dites que vous n'avez plus confiance en moi.

II   Substitutions

Répétez les phrases suivantes en substituant les mots indiqués:

1. Je n'aime pas du tout **l'hiver.**
   la neige / le vent / le froid / la pluie
2. Aimez-vous **faire du ski?**
   patiner / jouer aux cartes (*play cards*) **/ écouter des disques / regarder la télévision**
3. Tout le monde est heureux de voir venir **le printemps.**
   l'automne / le beau temps / l'été / la belle saison
4. Je préfère l'été, parce que j'aime **nager.**
   prendre des bains de soleil / faire du vélo (*go bicycling*) **/ faire de la voile** (*go sailing*)
   / aller à la campagne
5. Il se met **à neiger.**
   à faire du vent / à pleuvoir / à faire froid / à faire chaud
6. **L'automne** commence bien, mais il finit mal.
   Le mois de septembre / Le mois d'octobre / Le mois de novembre / L'été
7. (a) Savez-vous jouer **de la guitare?**
   du piano / du violon / de la clarinette / du cor (*French horn*)
   (b) Savez-vous jouer **au tennis?**
   aux cartes / au football (*soccer*) **/ au golf / au basketball**

III   *Répondez aux questions suivantes:*

1. Quel temps fait-il?   **2.** Est-ce la première fois qu'il neige cette année?
3. Est-ce que Marie aime l'hiver?   **4.** Qu'est-ce qu'on peut faire en hiver?
5. Est-ce que l'hiver dure longtemps ici?   **6.** Quelle saison préférez-vous?   **7.** En quelle saison peut-on prendre des bains de soleil?   **8.** En quelle saison peut-on

faire de la voile?   **9.** Va-t-on d'habitude à la campagne en hiver?   **10.** Est-ce que la campagne est belle en automne?

IV   *Demandez à quelqu'un:*

1. quel temps il fait.   **2.** s'il pleut.   **3.** s'il neige.   **4.** si c'est la première fois qu'il neige cette année.   **5.** si Marie aime l'hiver.   **6.** ce qu'on peut faire (*what one can do*) en hiver.   **7.** si l'hiver dure trop longtemps ici.   **8.** pourquoi Marie préfère l'été.   **9.** si la campagne est belle en automne.   **10.** si tout le monde est content de voir venir le printemps.

V   *Répondez en français aux questions personnelles suivantes:*

1. Quelle saison préférez-vous?   **2.** Aimez-vous patiner?   **3.** Savez-vous faire du ski?   **4.** Allez-vous souvent au théâtre?   **5.** Est-ce que vous regardez la télé tous les soirs?   **6.** Aimez-vous prendre des bains de soleil en été?   **7.** Avez-vous jamais fait un long voyage en vélo?   **8.** Aimez-vous la musique?   **9.** Savez-vous jouer du piano (du violon, de la clarinette, du cor)?   **10.** Aimez-vous les sports d'hiver?

VI   Mini-dialogues

1.   **A.**   Demandez à un autre étudiant (une autre étudiante) s'il (si elle) aime l'hiver.
     B.   Répondez.
     A.   Demandez en quelle saison on peut faire du ski.
     B.   Répondez.
     A.   Demandez-lui quelle saison il (elle) préfère.
     B.   Répondez.

2.   **A.**   Demandez à un autre étudiant (une autre étudiante) ce qu'on peut faire en été.
     B.   Répondez.
     A.   Demandez-lui s'il (si elle) aime prendre des bains de soleil.
     B.   Répondez.
     A.   Demandez-lui s'il (si elle) aime écouter des disques.
     B.   Répondez, s'il vous plaît.

VII   Dictée d'après la Conversation 11, p. 90

Interrogative, demonstrative, and possessive adjectives

22 Interrogative adjectives

—**Quel** âge avez-vous?   How old are (*what* age have) **you?**
—**Quelle** heure est-il?   *What* time is it?
—**Quelle** est votre adresse?   *What* is your address?
—**À quelle** heure arrive le train? At *what* time does the **train come?**
—**Quels** sont les mois de l'année? *What* are the months of the **year?**

A. Forms

The forms of the interrogative adjective are:

	SINGULAR	PLURAL
MASCULINE:	quel?	quels?
FEMININE:	quelle?	quelles?

B. Agreement

Like all adjectives, they agree in gender and number with the noun they **modify.**

C. Use

Do not confuse **Quel? Quelle?** etc. (*What?*), with **Que? Qu'est-ce que?** (*What?*).
As **quel? quelle?** etc. are forms of the interrogative *adjective*, they are used
only to modify nouns. The noun modified may stand next to the adjective (**Quel**
âge . . . ? **Quelle heure** . . .?) or it may be separated from it by a form **of the**
verb être (**Quelle est votre adresse?**). But **Que? (Qu'est-ce que?)** is a *pronoun*

and cannot be used to modify a noun. EX.: **Que** pensez-vous de Charles? or **Qu'est-ce que** vous pensez de Charles?

23 *Demonstrative adjectives*

—Quel temps fait-il **ce** matin?	How is the weather *this* morning?
—Êtes-vous libre **cet** après-midi?	Are you free *this* afternoon?
—C'est la première fois qu'il neige **cette** année.	It is the first time it has snowed *this* year.
—Je n'aime pas **ces** pommes.	I don't like *these* apples.

A. *Forms*

The forms of the demonstrative adjective are:

	SINGULAR	PLURAL
MASCULINE:	ce (cet)	ces
FEMININE:	cette	ces

B. *Use*

Ce is used before masculine singular nouns or adjectives that begin with a consonant other than a mute *h*. **Cet** is used before those beginning with a vowel or mute *h*. EX.: **Ce** matin. **Ce** soir. BUT: **Cet** après-midi. **Cet** hôtel.

The suffix **-là** is often added to the noun following a demonstrative adjective — especially with expressions of time. The difference between **ce matin** and **ce matin-là** is *this* morning and *that* morning. Compare **cet été** and **cet été-là, cette année** and **cette année-là**.

The suffix **-ci** is seldom used with demonstrative adjectives except in expressions of time. EX.: **Ces** jours-ci (*these* days, some time soon).

24 *Possessive adjectives*

—Où habitent **vos** parents?	Where do *your* parents live?
—**Ma** mère habite à Paris.	*My* mother lives in Paris.
—Voulez-vous **mon** imperméable?	Do you want *my* raincoat?

A. *Forms*

The forms of the possessive adjectives are:

	SINGULAR		PLURAL	
	MASCULINE	FEMININE	MASCULINE AND FEMININE	
	mon	ma (mon)	mes	*my*
	ton	ta (ton)	tes	*your*
	son	sa (son)	ses	*his, her, its*
	notre	notre	nos	*our*
	votre	votre	vos	*your*
	leur	leur	leurs	*their*

B. *Agreement and use*

Possessive adjectives agree in gender and number with the noun they modify.

—Roger parle de **son** père et de **sa** mère.   Roger speaks of *his* father and mother.
—Marie parle de **son** père et de **sa** mère.   Marie speaks of *her* father and mother.

Note especially the difference between the possessive adjective of the third person singular (**son, sa, ses**) and that of the third person plural (**leur, leurs**):
(1) In referring back to one person (as the *possessor*), you use the third person singular forms.

—Où demeure **son** père?   Where does *his* (*her*) father live?
—Où demeure **sa** mère?   Where does *his* (*her*) mother live?
—Où demeurent **ses** parents?   Where do *his* (*her*) parents live?

(2) In referring back to two or more persons, you use the third person plural forms.

—Où demeure **leur** père?   Where does *their* father live?
—Où demeure **leur** mère?   What does *their* mother live?
—Où demeurent **leurs** parents?   Where do *their* parents live?

(3) The forms **ma, ta, sa,** are used before feminine singular nouns or adjectives beginning with a consonant, the **mon, ton, son** forms before those beginning with a vowel or mute **h.**

ma sœur, **ma** petite sœur   BUT: **mon** autre sœur
ma petite auto   BUT: **mon** auto
ma nouvelle adresse   BUT: **mon** adresse

I Substitutions

Répétez les phrases suivantes en substituant les mots indiqués:

1. Roger aime bien **son père** (*his father*).
    sa mère / son petit frère / sa petite sœur / son cousin / sa cousine

102

2. Marie aime bien **son père** (*her father.*)

    sa mère / son petit frère / sa petite sœur / son cousin / sa cousine

3. Je vais au labo **ce matin.**

    cet après-midi / ce soir / à cette heure-ci / ces jours-ci

4. L'employé a demandé à Jean **son âge.**

    sa profession / sa nationalité / son adresse / sa nouvelle adresse

5. L'employé a demandé à Marie **son âge.**

    sa profession / sa nationalité / son adresse / sa nouvelle adresse

II *Demandez en français à quelqu'un:*

1. quelle heure il est. **2.** quel temps il fait. **3.** quel âge il (elle) a. **4.** quel jour nous sommes. **5.** quelle saison il (elle) préfère. **6.** à quelle heure il (elle) va déjeuner. **7.** à quelle heure le train arrive. **8.** à quelle gare le train arrive. **9.** à quel restaurant il (elle) déjeune d'habitude. **10.** en quelle saison on peut patiner et faire du ski. **11.** en quel mois nous sommes. **12.** en quelle année il (elle) est né(e). **13.** quelle est son adresse. **14.** sa nationalité. **15.** sa profession. **16.** la date de son anniversaire. **17.** quels sont les jours de la semaine. **18.** quels sont les mois de l'année. **19.** quel est le premier jour de la semaine. **20.** quel est le dernier mois de l'année.

III Exercices d'application

    A. *Répétez chacun des mots suivants, en employant un adjectif démonstratif:*

(a) EX. —le matin

          —**ce matin**

1. le soir, le journal, les journaux, le château, le cheval, les chevaux, le jardin. **2.** l'été, l'hôtel, les hôtels, l'hôpital, les hôpitaux, l'arbre (*tree*), l'après-midi, l'hiver, l'automne. **3.** la fleur (*flower*), la rue, la jeune fille, les jeunes filles, l'adresse, la semaine, l'année.

(b) EX. —ce matin (*this morning*)

          —**ce matin-là** (*that morning*)

1. ce soir. **2.** cet après-midi. **3.** cette nuit. **4.** cette semaine. **5.** cette année. **6.** cet hiver. **7.** cet été. **8.** aujourd'hui [*Réponse:* ce jour-là].

B. *Répétez les phrases suivantes, en employant l'adjectif possessif:*

EX. —le frère de Marie
—**son frère**
—le frère de Jean
—**son frère**

1. le père de Marie. **2.** le père de Roger. **3.** la mère de Roger. **4.** la mère de Marie. **5.** la sœur de Jean. **6.** la sœur de Marie. **7.** l'adresse de Marie. **8.** l'adresse de Roger. **9.** les parents de Jean. **10.** les parents de Marie. **11.** la fiancée de Charles. **12.** les yeux de Louise. **13.** les yeux de Charles. **14.** les cheveux de Louise. **15.** les parents de Roger et de Marie. **16.** les cousines de Roger et de Marie. **17.** la nationalité de Roger et de Marie. **18.** la profession de Jean et de Roger. **19.** les promenades de Roger et de Marie. **20.** les heures de laboratoire de Jean et de Roger.

C. *Dites au pluriel:*

EX. —votre frère
—**vos frères**

1. mon cousin, ma cousine, mon journal. **2.** votre cousin, votre cousine, votre journal. **3.** notre cousin, notre cousine, notre journal.

IV *En commençant votre question par* **Qu'est-ce que?** *demandez en français à quelqu'un:*

EX. —ce qu'il a comme dessert.
—**Qu'est-ce que vous avez comme dessert?**

1. ce qu'il (qu'elle) veut comme dessert. **2.** ce qu'il (qu'elle) veut comme plat de viande. **3.** ce qu'il (qu'elle) veut comme vin. **4.** ce qu'il (qu'elle) a comme hors-d'œuvre. **5.** ce qu'il (qu'elle) a comme fruits. **6.** ce qu'il (qu'elle) pense de Charles. **7.** ce qu'il (qu'elle) pense de Marie. **8.** ce qu'il (qu'elle) sait de Jeanne d'Arc. **9.** ce qu'il (qu'elle) sait du 14 juillet. **10.** ce qu'on peut faire en hiver. **11.** ce qu'on peut faire au printemps. **12.** ce qu'on peut faire quand il neige.

V *Dites en français à quelqu'un:*

EX. —de vous donner son adresse.
—**Donnez-moi votre adresse.**

104

1. de vous donner son imperméable.   **2.** d'apporter son imperméable.   **3.** de vous donner son parapluie.   **4.** de vous donner son adresse à Paris.   **5.** de vous donner l'adresse de ses parents.   **6.** de vous parler de ses projets.

VI   Révision

A. *Demandez à quelqu'un:*

1. quand Charles va se marier.   **2.** s'il (si elle) a de la monnaie.   **3.** s'il (si elle) a la monnaie de cent francs.   **4.** ce qu'il (qu'elle) veut comme dessert.   **5.** s'il (si elle) veut du café.   **6.** s'il (si elle) ne veut pas de café.   **7.** si c'est la première fois qu'il neige cette année.   **8.** la date de la fête nationale en France.

B. *Dites en français à quelqu'un:*

1. qu'il (qu'elle) a raison.   **2.** qu'il (qu'elle) a de la chance.   **3.** que l'hiver dure trop longtemps.   **4.** que vous n'aimez pas du tout l'hiver.   **5.** que vous allez à Bordeaux au mois de décembre.   **6.** que le déjeuner n'est pas encore prêt. **7.** que vous allez prendre du vin rouge comme d'habitude.   **8.** que vous n'avez pas de chance.

C. *Répondez aux questions suivantes en commençant par* «**Je ne sais pas**»:

EX.   Quand Jean est-il né?
      Je ne sais pas quand Jean est né.

1. Quand Napoléon est-il mort?   **2.** Comment Jeanne d'Arc est-elle morte?
3. Pourquoi Jean veut-il faire une promenade?   **4.** Où a-t-il fait la connaissance de Marie?   **5.** À quelle heure veut-il aller à la gare?

Jean fait des courses

Jean veut acheter des provisions, mais il ne sait pas trop où aller. Marie le renseigne.

JEAN ¹J'ai des courses à faire. ²Je veux d'abord acheter du pain.° ³On vend du pain à l'épicerie, n'est-ce pas?

MARIE ⁴Non. Il faut aller à la boulangerie.

JEAN ⁵Ensuite, je veux acheter de la viande.

MARIE ⁶Quelle espèce de viande?

JEAN ⁷Du bœuf et du porc.

MARIE ⁸Pour le bœuf, allez à la boucherie. ⁹Pour le porc, allez à la charcuterie.

JEAN ¹⁰Faut-il aller à deux magasins différents?

MARIE ¹¹Oui. En France, les charcutiers vendent du porc. ¹²Les bouchers vendent les autres espèces de viande.

JEAN ¹³J'ai besoin aussi de papier à lettres. ¹⁴On vend du papier à lettres à la pharmacie, n'est-ce pas?

MARIE ¹⁵Non. En principe, les pharmaciens ne vendent que des médicaments.

JEAN ¹⁶Où faut-il aller, alors?

MARIE ¹⁷Allez à la papeterie ou au bureau de tabac.

JOHN *I have some errands to do. First I want to buy some bread. They sell bread at the grocery store, don't they?*

MARIE *No. You have to go to the bakery.*

JOHN *Then I want to buy some meat.*

MARIE *What sort of meat?*

JOHN *Beef and pork.*

MARIE *For beef, go to the butcher's. For pork, go to the pork butcher's.*

JOHN *Is it necessary to go to two different stores?*

MARIE *Yes. In France, pork butchers sell pork. Butchers sell the other kinds of meat.*

JOHN *I also need some stationery. They sell stationery at the drug store, don't they?*

MARIE *No. As a rule, pharmacists sell only medicines.*

JOHN *Where must one go, then?*

MARIE *Go to the stationery store or the tobacco shop.*

CULTURAL NOTE ◆

Crusty French bread is so good that French people eat a good deal of it. To express the idea that something is really good, they say it is **bon comme le pain.** *To express the same idea in English, we say it is as good as gold.*

JEAN [18]Ainsi, les bouchers ne vendent pas de porc, les pharmaciens ne vendent que des médicaments, et on vend du papier à lettres dans les bureaux de tabac!

MARIE [19]Vous pouvez aller au supermarché, si vous voulez.

JEAN [20]Oh non! J'aime bien causer avec les marchands.

JOHN *Thus, the butchers don't sell pork, the pharmacists sell only medicines, and they sell stationery in the tobacco shops!*

MARIE *You can go to the supermarket, if you want to.*

JOHN *Oh no! I like to chat with the shopkeepers.*

I Exercice de mise en train

Répondez tous ensemble:

1. Demandez-moi quelle saison je préfère.   2. Dites-moi que vous préférez l'été.
3. Demandez-moi ce qu'on peut faire en hiver.   4. Demandez-moi ce qu'on
peut faire en été.   5. Dites-moi que vous aimez patiner.   6. Dites-moi que
vous ne savez pas jouer de la guitare.   7. Dites-moi que vous aimez regarder
la télévision.   8. Demandez-moi si je vais jouer au tennis cet après-midi.

II Substitutions

Répétez les phrases suivantes, en substituant les mots indiqués:

1. Où faut-il aller pour acheter **du pain?**
   du bœuf / du porc / des médicaments / des livres
2. (a) Il faut aller **à la boulangerie.**
   à la boucherie / à la charcuterie / à la pharmacie / à la librairie (*bookstore*)
   (b) Il faut aller **chez le boulanger.**
   chez le boucher / chez le charcutier / chez le pharmacien / chez le libraire (*book dealer*)
3. J'aime bien **causer avec les marchands.**
   **causer avec mes amis (amies) / faire des courses / parler du temps qu'il fait / parler
   de la pluie et du beau temps** (*small talk*)
4. Pour acheter **du bœuf,** allez **à la boucherie.**
   des livres . . . **à la librairie / du beurre et du fromage** . . . **à la crémerie / du sel et
   du poivre** (*salt and pepper*) . . . **à l'épicerie / des couteaux et des fourchettes** (*knives
   and forks*) . . . **à la quincaillerie** (*hardware store*)
5. (a) Je veux acheter **du papier à lettres.**
   du pain / des fruits / du café / de la viande
   (b) J'ai besoin (*I need*) **de papier à lettres.**
   de pain / de fruits / de café / de viande

III *Demandez à quelqu'un:*

1. s'il (si elle) a des courses à faire.   2. où on vend du pain.   3. si on vend du
pain à l'épicerie.   4. quelle espèce de viande il (elle) veut acheter.   5. où il
faut aller pour acheter du bœuf.   6. où il faut aller pour acheter du porc.   7. si
le charcutier vend du bœuf.   8. si le boucher vend du porc.   9. s'il faut aller à
deux magasins différents.   10. si on vend du papier à lettres à la pharmacie.
11. où il faut aller pour acheter du papier à lettres.

IV *Répondez en français, d'après le texte, à chacune des questions suivantes:*

1. Avez-vous des courses à faire? 2. Que voulez-vous acheter d'abord? 3. Est-ce qu'on vend du pain à l'épicerie? 4. Où faut-il aller pour acheter du pain? 5. Qu'est-ce que vous voulez acheter ensuite? 6. Quelle espèce de viande voulez-vous acheter? 7. Où faut-il aller pour acheter du bœuf? 8. Où est-ce qu'il faut aller pour acheter du porc? 9. Est-ce que les charcutiers vendent du bœuf? 10. Est-ce que les bouchers vendent du porc?

V *Répondez aux questions personnelles suivantes:*

1. Avez-vous des courses à faire cet après-midi? 2. Aimez-vous faire des courses? 3. Où allez-vous pour acheter des provisions? 4. Aimez-vous bavarder avec les marchands? 5. Allez-vous à l'épicerie pour acheter du pain? 6. Est-ce qu'on vend du pain français dans votre boulangerie? 7. Déjeunez-vous d'habitude à la pharmacie? 8. Aimez-vous mieux le boeuf ou le jambon? 9. Allez-vous au supermarché tous les jours? 10. Y allez-vous tous les huit jours (*weekly*)?

VI *Répétez les phrases suivantes en employant* **ne . . . que . . .** (only, nothing but):

EX. —Les pharmaciens vendent des médicaments.
   —**Les pharmaciens ne vendent que des médicaments.**

1. Les charcutiers vendent du porc. 2. Les bouchers vendent de la viande. 3. Mme Cochet a des revues françaises. 4. Jean aime les revues américaines. 5. Jean a un billet de cent francs. 6. Il y a un restaurant sur la place. 7. J'ai des frères. 8. J'ai une sœur.

VII Dictée d'après la Conversation 12, p. 96

VIII Petits dialogues improvisés

1. Vous voulez acheter un journal, du papier à lettres et de l'aspirine. Vous demandez à quelqu'on où on vend ces différents articles.
2. Vous voulez faire un pique-nique. Vous demandez à quelqu'un où on vend les provisions que vous voulez acheter.

Descriptive adjectives

25 *Forms and agreement of adjectives*

un **petit** garçon	a *little* boy
une **petite** fille	a *little* girl
deux **petits** garçons	two *little* boys
deux **petites** filles	two *little* girls

A. *Agreement*

Adjectives agree in gender and number with the noun modified.

B. *Forms*

When the masculine singular form of an adjective ends in a consonant, you can often find the feminine by adding an **e** to the masculine singular. In these adjectives, the final consonant, which is normally silent in the masculine, is pronounced in the feminine forms.

MASCULINE	FEMININE
content	content**e**
grand	grand**e**
français	français**e**
vert	vert**e** (*green*)
brun	brun**e** (*brown*)
gris	gris**e** (*gray*)

When the masculine singular form of an adjective ends in an **e**, the masculine and feminine forms are identical:

jeune (*young*)	**pâle** (*pale*)
jaune (*yellow*)	**russe** (*Russian*)
rouge (*red*)	**maigre** (*thin, too thin*)
mince (*thin*)	

You obtain the plural form of most descriptive adjectives by adding an **s** to the singular: EX.: petit — petits (*m.*), petite — peti**t**es (*f*). This **s** is pronounced only in linking. EX.: **les petit͜s enfants.**

A few adjectives have slightly irregular forms.

	SINGULAR		PLURAL
MASCULINE	FEMININE	MASCULINE	FEMININE
actif	active	actifs	actives (*active*)
neuf	neuve	neufs	neuves (*new*)
heureux	heureuse	heureux	heureuses (*happy*)
sérieux	sérieuse	sérieux	sérieuses (*serious*)
doux	douce	doux	douces (*gentle*)
gras	grasse	gras	grasses (*fat*)
blanc	blanche	blancs	blanches (*white*)
italien	italienne	italiens	italiennes (*Italian*)

26 *In English, adjectives precede the nouns they modify. In French, only a few adjectives normally precede.*

A. *Adjectives that precede*

—Est-ce que c'est un **bon** hôtel?   Is it a *good* hotel?
—C'est un **grand jeune** homme.   He's a *tall young* man.
—C'est une **petite** fille.   She's a *small* girl.
—C'est un **vieux** monsieur.   He's an *old* gentleman.
—Ce sont de **jolis** dessins.   They are *pretty* drawings.

The following adjectives normally precede the noun they modify:
(1) Regular: **grand** (*tall*), **petit** (*small*), **mauvais** (*bad*), **joli** (*pretty*), **jeune** (*young*).

(2) Irregular:

beau (bel)	belle	beaux	belles (*beautiful*)
bon	bonne	bons	bonnes (*good*)
gros	grosse	gros	grosses (*large, bulky*)
long	longue	longs	longues (*long*)
vieux (vieil)	vieille	vieux	vieilles (*old*)
nouveau (nouvel)	nouvelle	nouveaux	nouvelles (*new*)

The masculine forms **bel, vieil,** and **nouvel** are used only before masculine words that begin with a vowel or mute **h: Un bel arbre** (*tree*), **un vieil employé, un nouvel hôtel.**

B. *Adjectives that normally follow the noun modified*

—Elle a les yeux **bleus**.	She has *blue* eyes.
—L'hôtel du Cheval **blanc**.	The *White* Horse Hotel.
—Il a les cheveux **blonds**.	He has *blond* hair.
—C'est un ingénieur **français**.	He is a *French* engineer.
—Ce sont des gens **heureux**.	They are *lucky (happy)* people.

—C'est un garçon **maigre** (*thin*), **adroit** (*skillful*), **maladroit** (*awkward*), **sérieux** (*serious*), **poli** (*polite*).
—Elle porte une robe **bleue**, **verte** (*green*), **noire**, **rouge**.
—C'est une jeune fille **mince** (*slender*), **heureuse**, **sérieuse**, **douce**, **active**.
—Son père est d'origine **allemande** (*German*), **russe**, **espagnole** (*Spanish*), **italienne** (*Italian*).

Note: (1) Adjectives of nationality always follow and those of color practically always do.

(2) Most adjectives normally follow the noun modified.

(3) Sometimes adjectives that normally follow are placed before the noun for stylistic effect, for special emphasis, or for a special meaning; but it is scarcely useful to try to distinguish between «C'est une jeune fille charmante» and «C'est une charmante jeune fille» or between «C'est un dîner excellent» and «C'est un excellent dîner«.

27   *Comparative of adjectives: regular*

A.   *Superiority is expressed by* **plus . . . que***

—Paris is **plus grand que** Marseille.	Paris is *larger than* Marseille.
—Il fait **plus froid** aujourd'hui **qu'hier**.	It is *colder* today *than* yesterday.

B.   *Equality is expressed by* **aussi . . . que**

—Paris n'est pas **aussi grand que** New York.	Paris is not *as large as* New York.
—La campagne est **aussi belle** en automne **qu'au** printemps.	The country is *as beautiful* in fall *as* in spring.

* It is necessary to distinguish between **plus . . . que**, which is used in comparisons, and **plus de** which is an expression of quantity. EX.: Marie a **plus de dix** cousins. Marie has *more than* ten cousins.

C.   *Inferiority is expressed by* **moins . . . que**

—Paris est **moins grand que** New York.   Paris is *smaller (less large)* than
 New York.

—En automne, il fait **moins chaud qu'**en   In fall, it is *cooler (less hot) than* in
été.   summer.

28   *Superlative of adjectives: regular*

A.   **le plus (la plus, les plus)**

—Paris est **la plus grande** ville de France.   Paris is *the largest* city in France.
—Marseille est **le plus grand** port de France.   Marseille is *the largest* port in France.
—Ce sont les villes **les plus intéressantes.**   They are *the most interesting* cities.

B.   **le moins (la moins, les moins)**

—L'hiver est **la moins belle** saison de   Winter is *the least beautiful* season
l'année.   of the year.
—C'est aussi **la moins agréable.**   It is also *the least agreeable.*

(1) To form the superlative of adjectives, you insert the appropriate definite
article before the comparative form. For example, the comparative and superlative
of the adjective **grand** (*tall, large*) have the following forms:

COMPARATIVE   SUPERLATIVE
plus (moins) grand *taller (less tall)*   le plus (moins) grand *the tallest (the least tall)*
plus grande   la plus grande
plus grands   les plus grands
plus grandes   les plus grandes

(2) Superlative forms of adjectives normally stand in the same position in relation
to the noun modified as their positive forms.

(a) ADJECTIVES THAT PRECEDE THE NOUN:
le **petit** garçon   le **plus petit** garçon
la **grande** jeune fille   la **plus grande** jeune fille

(b) ADJECTIVES THAT FOLLOW THE NOUN:
l'étudiant **intelligent**   l'étudiant **le plus intelligent**
la chambre **agréable**   la chambre **la plus agréable**

Note that when the superlative form of an adjective which follows the noun
modified is used, the definite article is used twice — once before the noun and
once as a part of the superlative form of the adjective.

29 *Irregular comparative and superlative of adjective* **bon** *and adverb* **bien**

A. *Adjective* bon

—L'hôtel Continental est un **bon** hôtel.　　The Continental is a *good* hotel.
—L'hôtel du Cheval blanc est **meilleur**.　　The White Horse Hotel is *better*.
—C'est **le meilleur** hôtel de la ville.　　It is *the best* hotel in town.

The forms are:

bon (*good*)	meilleur (*better*)	le meilleur (*best*)
bonne	meilleure	la meilleure
bons	meilleurs	les meilleurs
bonnes	meilleures	les meilleures

B. *Adverb* bien

—Louise joue **bien** du piano.　　Louise plays the piano *well*.
—Elle joue **mieux** que moi.　　She plays *better* than I do.
—Elle joue **le mieux** du monde.　　She plays *superlatively well*.
—Je vais **bien**.　　I am *well*.
—Je vais **mieux**.　　I am *better*.
—Je vais **le mieux** du monde.　　I couldn't *possibly be better*.

The forms are: **bien** (*well*)　**mieux** (*better*)　**le mieux** (*best*)

Note that in English the comparative and superlative of the adjective *good* and the adverb *well* are identical. We say *good, better, best,* and *well, better, best;* consequently we do not have to know whether *best* is an adjective or an adverb in such sentences as: *Spring is the best season,* and *It is the season I like best.* But in French you have to know whether the adjective or the adverb is called for in order to choose the correct form.

—Le printemps est **la meilleure** saison (*adj.*).
—C'est la saison que j'aime **le mieux** (*adv.*).

I Substitutions

Répétez les phrases suivantes, en substituant les mots indiqués:

1. Marie a une nouvelle robe **blanche.**
   rouge / noire / bleue / rose / jaune

2. C'est un jeune homme **maigre.**
   poli / sérieux / adroit / maladroit / gras

3. C'est une petite jeune fille **brune.**
   sérieuse / grasse / mince / aimable / douce

4. Il fait **plus beau** aujourd'hui qu'hier.
   **plus chaud / plus mauvais / plus froid / plus de vent / moins chaud / moins froid /
   moins de vent**

5. Marie est plus **grande** que sa cousine.
   jeune / active / intelligente / gentille / agréable

6. Charles est moins **grand** que sa cousine.
   doux / gentil / intelligent / actif

7. C'est une vieille légende **bretonne** (*from Brittany*).
   irlandaise / allemande / norvégienne / suédoise

II   Exercices d'application

   A.   *Employez la forme convenable de l'adjectif indiqué avec chacun des mots
   suivants:*

   1. Beau, bel, belle.

   EX.   —un château.
           —C'est un beau château.

   une jeune fille / un arbre / un hôtel / une maison / un printemps / un été / un garçon

   2. Vieux, vieil, vieille.

   EX.   —une église
           —C'est une vieille église.

   un restaurant / un arbre / un hôtel / une maison / une rue / un ami

   3. Bon petit, bonne petite.

   EX.   —un restaurant
           —C'est un bon petit restaurant.

   un garçon / une fille / une jeune fille / un vin blanc / un hôtel / une librairie

4. Actif, active.

EX. —un homme
—C'est un homme actif.

un garçon / une jeune fille / une femme / un jeune homme / une personne

5. Heureux, heureuse.

EX. —un garçon
—C'est un garçon heureux.

un homme / une femme / une jeune fille / un enfant / une personne

B. *Mettez au pluriel:*

EX. —C'est un joli château.
—Ce sont de jolis châteaux.

1. C'est une grande jeune fille.   2. C'est un vieil ami.   3. C'est un bel enfant.
4. C'est une longue histoire.   5. C'est un mauvais restaurant.   6. C'est une
histoire intéressante.   7. C'est une femme charmante.   8. C'est une voiture
neuve.   9. C'est un enfant heureux.   10. C'est une personne charmante.

C. *Répétez, en employant le superlatif de l'adjective et* **de la ville:**

EX. —C'est un bon restaurant.
—C'est le meilleur restaurant de la ville.

C'est un bon hôtel / C'est une bonne boulangerie / C'est une belle place /
C'est une longue rue / C'est un joli jardin

D. *Répétez les phrases suivantes en substituant les mots indiqués:*

1. Aujourd'hui, je vais **bien.**
   mal / très mal / mieux qu'hier / moins bien qu'hier / le mieux du monde
2. Ici, on mange **bien.**
   mieux qu'à l'autre hôtel / beaucoup mieux qu'à l'autre hôtel /
   moins bien qu'à l'autre hôtel / beaucoup moins bien qu'à l'autre hôtel
3. Ici, les repas sont **bons.**
   meilleurs qu'à l'autre hôtel / beaucoup meilleurs qu'à l'autre hôtel /
   moins bons qu'à l'autre hôtel / beaucoup moins bons qu'à l'autre hôtel

4. J'aime mieux **les pommes** que **les bananes.**

le printemps . . . l'hiver / les arbres . . . les fleurs / les blonds . . . les bruns /
le vin blanc . . . le vin rouge / les revues américaines . . . les revues françaises

III *Répondez en français à chacune des questions suivantes:*

1. De quelle couleur est le ciel quand il fait beau? 2. De quelle couleur est le
ciel quand il pleut? 3. De quelle couleur est la campagne quand il neige?
4. Est-ce que la campagne est aussi agréable en automne qu'en été? 5. Est-ce
qu'il fait plus froid aujourd'hui qu'hier (*yesterday*)? 6. Est-ce qu'il fait plus chaud
aujourd'hui qu'hier? 7. Quel est le mois le plus chaud de l'année? 8. Quelle
est la plus belle saison de l'année? 9. Quelle est la plus mauvaise saison?
10. Quelle est la meilleure saison pour faire du ski? 11. Est-ce que Jean est
aussi grand que sa sœur? 12. Marie est-elle aussi intelligente que son frère?
13. Êtes-vous plus grand(e) que votre père (mère)?

IV Causeries

1. Description d'une personne que vous aimez.
2. Description d'une personne que vous n'aimez pas.

Une invitation

Jean a retrouvé un vieil ami de son père.

JEAN ¹Je suis invité chez les Brown. Tu les connais?

ROGER ²Non, je ne les connais pas. ³Est-ce qu'ils sont Américains?

JEAN ⁴M. Brown est Américain, mais sa femme est Française.

ROGER ⁵Quand ce M. Brown est-il venu en France?

JEAN ⁶Je ne sais pas au juste. ⁷Je crois qu'il est venu en France il y a cinq ou six ans.
⁸Il a passé deux ou trois ans en Angleterre.

ROGER ⁹Qu'est-ce qu'il est venu faire en France?

JEAN ¹⁰Il est banquier.¹¹ Sa banque se trouve près de l'Opéra.° ¹²Il habite près du Bois de Boulogne.°

ROGER ¹³Est-ce qu'il parle français?

JEAN ¹⁴Très couramment, mais, hélas, avec un fort accent américain.

ROGER ¹⁵Tu le connais depuis longtemps?

JEAN ¹⁶C'est un vieil ami de mon père. ¹⁷Je l'ai vu bien souvent chez nous à Philadelphie. ¹⁸Sa femme et lui ont toujours été très gentils pour moi.

JOHN *I'm invited to the Browns'. Do you know them?*

ROGER *No, I don't know them. Are they Americans?*

JOHN *Mr. Brown is an American, but his wife is French.*

ROGER *When did this Mr. Brown come to France?*

JOHN *I don't know precisely. I think he came to France five or six years ago.*
He spent two or three years in England.

ROGER *What did he come to France to do?*

JOHN *He's a banker. His bank is near the Opera House. He lives near the Bois de Boulogne.*

ROGER *Does he speak French?*

JOHN *Very fluently, but, alas, with a strong American accent.*

ROGER *Have you known him long?*

JOHN *He's an old friend of my father. I saw him very often at our home in Philadelphia. His wife and he have always been very nice to me.*

Le Bois de Boulogne

CULTURAL NOTES

There are branches of many American firms in Paris, including IBM—which is located on the very elegant **Place Vendôme.**

The **Paris Opera House,** *which dominates the* **Place de l'Opéra,** *the* **Grands Boulevards,** *and the* **Avenue de l'Opéra,** *is one of the landmarks of Paris.*

The **Bois de Boulogne** *is a large and beautiful park (2,100 acres) west of Paris.*

L'Opéra

I   Exercice de mise en train

Répondez tous ensemble:

1. Demandez-moi ce qu'on vend à la boulangerie.   2. Dites-moi qu'on vend du porc à la charcuterie.   3. Demandez-moi où il faut aller pour acheter du boeuf. 4. Dites-moi que pour acheter du papier à lettres, il faut aller à la librairie ou à la papeterie.   5. Demandez-moi ce que vendent les pharmaciens.   6. Dites-moi que les pharmaciens ne vendent que des médicaments.   7. Demandez-moi ce qu'on vend au bureau de tabac.   8. Dites-moi que vous aimez causer avec les marchands.

II   Substitutions

Répétez les phrases suivantes, en substituant les mots indiqués:

1. Je crois qu'il est venu en France il y a **cinq ou six ans.**
   deux ou trois ans / deux ou trois mois / deux ou trois semaines / quelques années
2. Il a passé **deux ou trois ans** en Angleterre.
   un ou deux ans / un an / six mois / quelque temps
3. Il est **banquier.**
   agent de change (*investment broker*) / **avocat** (*lawyer*) / **négociant en vins** (*wholesale wine merchant*) / **fonctionnaire** (*government employee*) / **agriculteur** (*farmer*)
4. Où se trouve **sa banque?**
   sa maison / le Bois de Boulogne / l'Opéra / l'avenue de l'Observatoire
5. C'est un **vieil** ami de mon père.
   bon / grand / ancien / nouvel
6. **Où** avez-vous fait sa connaissance?
   Quand / Comment / Chez qui / À quelle époque
7. Sa femme et lui ont toujours été très gentils **pour moi.**
   pour nous / pour eux / pour Jean / pour nos amis

III   *Demandez à quelqu'un:*

1. chez qui Jean est invité.   2. si Roger connaît les Brown.   3. si ce M. Brown est Américain.   4. quand M. Brown est venu en France.   5. s'il parle français couramment.   6. où demeurent les Brown.   7. ce que fait M. Brown.   8. où se trouve sa banque.   9. où Jean a fait sa connaissance.   10. si Jean le connaît depuis longtemps.

IV   *Répondez en français:*

1. Chez qui Jean est-il invité?   **2.** Est-ce que Roger connaît les Brown?   **3.** Est-ce que ce M. Brown est Américain?   **4.** Est-ce que sa femme est Américaine? **5.** M. Brown parle-t-il français avec un accent américain?   **6.** Quand M. Brown est-il venu en France?   **7.** Est-ce que Jean le connaît depuis longtemps?   **8.** Où se trouve la banque de M. Brown?   **9.** Où demeurent les Brown?   **10.** Où Jean a-t-il fait la connaissance de M. Brown?

V   *Répondez aux questions personnelles suivantes:*

1. Êtes-vous aussi grand(e) que votre père (mère)?   **2.** Quel âge a votre mère? **3.** Quel âge a votre père?   **4.** Votre mère est-elle grande ou petite? (blonde ou brune?)   **5.** Votre père est-il grand ou petit (blond ou brun)?   **6.** Savez-vous jouer du piano?   **7.** Jouez-vous bien?   **8.** Savez-vous jouer au bridge? (aux échecs [*chess*], au tennis?)   **9.** Êtes-vous toujours à l'heure?   **10.** Avez-vous une auto?   **11.** De quelle couleur est-elle?

VI   Dictée d'après la Conversation 13, pp. 106–107

VII   Causeries

1. Faites la description d'un ami de votre père. [Il est grand, mince, gentil, etc. Il a plusieurs enfants. Il aime jouer au golf. Il a une grosse auto, etc.] **2.** Faites la description d'une amie de votre mère.

The passé composé

30 *Meaning and formation of the* passé composé

The **passé composé** (compound past) tense is used to indicate that the action or condition described by the verb took place in the past. It corresponds both to the English present perfect (*He has gone home*) and the simple past (*He went home*).

This tense is a combination of the past participle of a verb and the present indicative of an auxiliary verb. While in English the compound tenses of all verbs use the auxiliary verb *to have*, in French some verbs are conjugated with **avoir** and some with **être.** The first group is much more numerous than the second.

31 Passé composé *of verbs conjugated with auxiliary* avoir

A. **Passé composé** *of* être (*to be*): *irregular*

—**Avez-vous été** récemment* chez les Brown?	*Have you been* to the Browns' recently?
—Oui, **ils ont été** très gentils pour moi.	Yes, *they have been* very nice to me.

(1) The forms of the **passé composé** of être are:

j'ai été (*I was, I have been*)	nous avons été
tu as été	vous avez été
il (elle) a été	ils (elles) ont été

* Adverbs are often formed by adding **-ment** to the feminine form of adjectives: **heureuse**ment, **vive**ment, **douce**ment; but some adverbs do not follow this pattern: **évidem**ment, **couramment, récemment.**

(2) This tense is composed of the present indicative of **avoir** and the past participle of **être**, i.e., **été.**

(3) For the negative of the **passé composé** of **être**, you use the negative form of the present indicative of **avoir** with the past participle **été.** EX.: **Je n'ai pas été.**

(4) For the interrogative of this tense, you use the interrogative of the auxiliary with the past participle **été.** EX.: **Avez-vous été?**

B. **Passé composé** *of* avoir *(to have): irregular*

(1) The forms of the **passé composé** of **avoir** are:

j'ai eu (*I had, I have had*)   **nous avons eu**
tu as eu   **vous avez eu**
il (elle) a eu   **ils (elles) ont eu**

(2) This tense is composed of the present indicative of **avoir** and the past participle of **avoir**, i.e., **eu.**

(3) For the negative and interrogative forms, you use the negative and interrogative forms of the auxiliary verb. EX.: **Je n'ai pas eu. Avez-vous eu?**

C. **Passé composé** *of* déjeuner *(to lunch, to eat lunch, to have lunch, to eat [midday]): first conjugation*

—**Avez-vous déjeuné** de bonne heure?   *Did you eat* early?
—Non, **j'ai déjeuné** à midi et demi.   No. *I lunched* at half past twelve.
—À quelle heure vos parents **ont-ils dîné?**   What time *did* your parents *have dinner?*
—**Ils ont dîné** à six heures et quart.   *They* had dinner at 6:15.
—**Avez-vous acheté** un journal?   *Did you buy* a paper?
—Non, **je n'ai pas acheté** de journal   No, *I didn't buy* a paper today.
  aujourd'hui.

(1) The forms of the **passé composé** of **déjeuner** are:

j'ai déjeuné (*I had lunch, I ate,*   **nous avons déjeuné**
  I have had lunch, I ate lunch, I   **vous avez déjeuné**
  have eaten lunch)   **ils (elles) ont déjeuné**
tu as déjeuné
il (elle) a déjeuné

(2) This tense is composed of the present tense of the verb **avoir** and the past participle of **déjeuner**, i.e., **déjeuné.**

(3) You can always find the past participle of regular verbs of the first conjugation by substituting **-é** for the **-er** ending of the infinitive.

(4) For the negative and interrogative forms, you use the negative and interrogative of the auxiliary. EX.: **Je n'ai pas déjeuné. Avez-vous déjeuné?**

The following regular verbs with which you are familiar will be used in the exercises: *dîner*, *to have dinner;* **acheter**, *to buy;* **parler**, *to speak;* **habiter**, **demeurer**, *to live in;* **apporter**, *to bring;* **commencer**, *to begin;* **donner** *to give;* **jouer**, *to play;* **écouter**, *to listen to;* **regarder**, *to look at.*

32 Passé composé *of verbs conjugated with auxiliary* **être**

—Quand **êtes-vous arrivé** à Paris?	When *did you get* to Paris?
—**Je suis arrivé** hier.	*I arrived* yesterday.
—Quand **M. Brown est-il venu** en France?	When *did Mr. Brown come* to France?
—**Il est venu** en France il y a deux ou trois ans.	*He came* to France two or three years ago.
—**Êtes-vous** déjà **allé** chez les Brown?	*Have you been (gone)* to the Browns' before?
—Oui, **je suis allé** chez eux plusieurs fois.	Yes, *I have been* to their house several times.

Aside from reflexive verbs (which will be studied later), the following verbs are the only common ones that are conjugated with **être**:

INFINITIVE	PAST PARTICIPLE	INFINITIVE	PAST PARTICIPLE
aller *(to go)*	**allé**	**monter** *(to go up)*	**monté**
venir *(to come)*	**venu**	**descendre** *(to go down)*	**descendu**
		tomber *(to fall)*	**tombé**
entrer *(to go in)*	**entré**		
sortir *(to go out)*	**sorti**	**naître** *(to be born)*	**né**
		devenir *(to become)*	**devenu**
partir *(to leave)*	**parti**	**mourir** *(to die)*	**mort**
arriver *(to arrive)*	**arrivé**		
rester *(to stay)*	**resté**		
retourner *(to return)*	**retourné**		

(1) In compound tenses of the verbs listed above, the past participle agrees in gender and number with the subject of the verb.

(a) If the subject of the verb is masculine, the forms of the **passé composé** of **aller** are:

je suis allé	**nous sommes allés**
tu es allé	**vous êtes allé(s)**
il est allé	**ils sont allés**

(b) If the subject is feminine, the forms are:

je suis allée   **nous sommes allées**
tu es allée   **vous êtes allées**
elle est allée   **elles sont allées**

(2) The verbs **revenir,** *to come back,* **rentrer,** *to go back in,* and other compounds of the verbs listed above are also conjugated with **être.**

elle est revenue
il est rentré

I   Substitutions

Répétez les phrases suivantes, en employant les formes du verbe indiquées:

EX.   J'ai été chez les Brown.
      Il a été chez les Brown.

1. **J'ai** acheté un journal.
   Tu . . . / Il . . . / Nous . . . / Vous . . .
2. **Il n'a** pas encore déjeuné.
   Nous . . . / Elle . . . / Je . . . / Vous . . .
3. **Je suis** allé chez eux plusieurs fois.
   Il . . . / Tu . . . / Nous . . . / Vous . . .
4. **Êtes-vous** resté(e)(s) à la maison hier soir?
   . . . il / . . . elle / . . . tu / . . . ils
5. J'ai eu **de la chance.**
   beaucoup de chance / du succès / beaucoup de succès / un succès fou (*a terrific success*)

II   Exercices d'application

A.   *Mettez les phrases suivantes à la forme négative:*

EX.   —J'ai dîné
      —**Je n'ai pas dîné.**

1. J'ai déjeuné à midi.   2. Le garçon a apporté la carte.   3. Il a parlé à Roger.
4. Nous avons déjeuné.   5. Nous avons parlé français.   6. Nous avons habité

à Paris.   **7.** Nous avons été malades.   **8.** Ils ont commencé à parler français.
9. Ils ont passé trois ans en Angleterre.   **10.** J'ai regardé la télévision.   **11.** Il a apporté son imperméable.   **12.** Je suis allé à la gare.   **13.** Il a écouté.   **14.** Elle est arrivée hier.   **15.** Nous sommes arrivés hier.   **16.** Il est venu chez nous.

B.   *Mettez les phrases suivantes à la forme interrogative:*

EX.   —Roger a dîné.
    —Roger a-t-il dîné?

1. Roger a déjeuné à midi.   **2.** Roger a acheté un journal.   **3.** Le garçon a apporté la carte.   **4.** Le garçon a donné l'addition.   **5.** Jean a parlé à la concierge.
6. Jean et Roger ont dîné au restaurant.   **7.** Jean est allé à la préfecture de police.   **8.** Jean est déjà allé chez les Brown.   **9.** M. Brown est venu des États-Unis.   **10.** Jean est né à Philadelphie.

C.   *Mettez les phrases suivantes au passé composé:*

EX.   —Le train part à six heures.
    —Le train est parti à six heures.

1. J'achète le journal.   **2.** Tu dînes à six heures, n'est-ce pas?   **3.** Le garçon apporte la carte.   **4.** Jean demande l'addition.   **5.** Jean et Roger déjeunent à midi.   **6.** Jean va chez les Brown.   **7.** Nous allons à la banque.   **8.** Nos amis arrivent aujourd'hui.   **9.** Nous écoutons des disques.   **10.** Jean et Roger rentrent à cinq heures.

III   *Répondez en français à chacune des questions suivantes:*

1. À quelle heure avez-vous déjeuné?   **2.** À quelle heure êtes-vous venu(e) à l'université?   **3.** À quelle heure avez-vous dîné hier?   **4.** À quelle heure êtes-vous entré(e) dans la classe de français?   **5.** À quelle heure les autres étudiants sont-ils entrés dans la classe de français?   **6.** Avez-vous acheté un journal aujourd'hui?   **7.** Avez-vous commencé à parler français?   **8.** Avez-vous regardé la télévision hier soir?   **9.** Êtes-vous allé(e) à New York l'été dernier?

IV   *Répondez négativement:*

1. Avez-vous acheté un journal ce matin?   **2.** Avez-vous passé deux ans en Angleterre?   **3.** Avez-vous été chez les Brown la semaine dernière?   **4.** Êtes-

126

vous allé(e) au laboratoire hier après-midi? **5.** Roger a-t-il regardé la télévision hier soir? **6.** Avez-vous apporté votre imperméable? **7.** Marie a-t-elle apporté son parapluie? **8.** Vos parents sont-ils allés en France? **9.** Êtes-vous sorti(e) hier soir? **10.** Êtes-vous rentré(e) à dix heures?

V *Demandez à quelqu'un:*

(a) *en employant la forme* **vous:**

1. s'il (si elle) a acheté un journal aujourd'hui.   **2.** s'il (si elle) est né(e) à Chicago. **3.** s'il (si elle) a donné son adresse à la concierge.   **4.** si son père est allé à Paris. **5.** où il (elle) est né(e).   **6.** où son père est né.   **7.** à quelle heure il (elle) a dîné hier soir.   **8.** à quelle heure il (elle) a déjeuné aujourd'hui.   **9.** à quelle heure il (elle) déjeune d'habitude.

(b) *en employant la forme* **tu:**

1. s'il (si elle) a acheté un journal aujourd'hui.   **2.** s'il (si elle) est né(e) à Chicago. **3.** quand il (elle) est venu(e) à Paris.   **4.** à quelle heure il (elle) déjeune d'habitude. **5.** à quelle heure il (elle) a déjeuné hier.   **6.** s'il (si elle) connaît les Brown. **7.** s'il (si elle) a de la monnaie.   **8.** s'il (si elle) a écouté des disques hier soir.

Une robe sensationnelle

Marie a acheté une robe et un pantalon qui lui plaisent beaucoup.

JEAN ¹Où êtes-vous allée cet après-midi?

MARIE ²Je suis allée en ville.

JEAN ³Qu'est-ce que vous avez fait?

MARIE ⁴J'ai fait des courses.

JEAN ⁵Qu'est-ce que vous avez acheté de beau?

MARIE ⁶Pas mal de choses. Je suis d'abord allée au Prisunic.

JEAN ⁷Un Prisunic? Qu'est-ce que c'est que ça?

MARIE ⁸C'est un magasin où on vend de tout à bon marché.

JEAN ⁹Avez-vous fait de bonnes affaires?

MARIE ¹⁰Et comment! J'ai découvert une robe sensationnelle. Et aussi ce pantalon, pas cher du tout. ¹¹Comment le trouvez-vous?

JEAN ¹²Il vous va à ravir.

MARIE ¹³J'ai marché tout l'après-midi. Je suis un peu fatiguée.

JEAN ¹⁴Vous êtes allée en ville à pied?

MARIE ¹⁵Oui, j'ai voulu profiter du beau temps. ¹⁶En tout cas, cette promenade m'a fait beaucoup de bien. ¹⁷Surtout, j'ai trouvé une robe qui me plaît—exactement ce que je voulais.

JOHN *Where did you go this afternoon?*

MARIE *I went downtown.*

JOHN *What did you do?*

MARIE *I did some errands.*

JOHN *What did you buy that was of interest (lit.: beautiful)?*

MARIE *Lots of things. First I went to the Prisunic.*

JOHN *A Prisunic? What's that?*

MARIE *It's a store where they sell all sorts of things at low prices.*

JOHN *Did you get any bargains?*

MARIE *And how! I came across a fantastic dress. And this pair of pants too—not at all expensive. How do you like it?*

JOHN *It's extremely becoming.*

MARIE *I walked all afternoon. I'm a little tired.*

JOHN *You walked downtown?*

MARIE *Yes, I wanted to take advantage of the fine weather. In any case, that walk did me a lot of good. Above all, I found a dress that pleases me – exactly what I wanted.*

I   Exercice de mise en train

Répondez tous ensemble:

1. À quelle heure avez-vous déjeuné hier?   **2.** À quelle heure déjeunez-vous
d'habitude?   **3.** Roger connaît-il les Brown?   **4.** Jean a-t-il été récemment chez
les Brown?   **5.** Quand M. Brown est-il venu en France? [Il y a cinq ou six ans.]
6. Combien de temps a-t-il passé en Angleterre? [Deux ou trois ans.]

II   Substitutions

Répétez les phrases suivantes en substituant les mots indiqués:

1. Cet après-midi, j'ai fait **des courses.**
   de bonnes affaires / une promenade / peu de choses / pas mal de choses
2. Je suis d'abord allé(e) **au Prisunic.**
   chez la couturière (*dressmaker*) **/ chez le tailleur** (*tailor*) **/ chez le cordonnier**
   (*shoemaker*) **/ chez l'antiquaire** (*antique dealer*)
3. J'ai découvert une robe **sensationnelle.**
   extraordinaire / ravissante / très chic / très originale (*new and different*)
4. J'ai voulu **profiter du beau temps.**
   acheter un pull-over / faire des courses / faire une longue promenade / aller en ville
5. En tous cas, **cette promenade** m'a fait beaucoup de bien.
   le beau temps / le soleil / cet après-midi en ville / cette promenade au Bois de Boulogne
6. Comment trouvez-vous **ma robe?**
   mon pantalon / ma coiffure (*hairdo*) **/ mon pull-over / ce que j'ai acheté**
7. Cette robe vous va **à ravir.**
   très bien / à merveille / parfaitement / on ne peut mieux (*very well indeed; lit.: one
   cannot do better*)

III   *Répondez d'après le texte aux questions suivantes:*

1. Où Marie est-elle allée cet après-midi?   **2.** Qu'est-ce qu'elle a fait?   **3.** À
quel magasin est-elle allée d'abord?   **4.** Qu'est-ce que c'est qu'un Prisunic?
5. A-t-elle fait de bonnes affaires au Prisunic?   **6.** Qu'est-ce qu'elle a découvert
au Prisunic?   **7.** Comment Jean trouve-t-il le pantalon qu'elle a acheté?   **8.** Pourquoi Marie est-elle un peu fatiguée?   **9.** Comment est-elle allée en ville?
10. Pourquoi est-elle allée en ville à pied?   **11.** Qu'est-ce qu'elle pense de cette
promenade?

IV *Demandez à quelqu'un:*

(a) en employant la forme **vous:**

1. où il (elle) est allé(e) cet après-midi.   **2.** ce qu'il (qu'elle) a fait en ville.
3. s'il (si elle) a fait de bonnes affaires.   **4.** ce qu'il (qu'elle) a acheté.   **5.** ce qu'il (qu'elle) a découvert au Prisunic.   **6.** comment il (elle) trouve la nouvelle robe.   **7.** Comment il (elle) est allé(e) en ville.   **8.** pourquoi il (elle) est allé(e) en ville à pied.

(b) Même exercice en employant le **tutoiement.**

V *Répondez aux questions personnelles suivantes:*

1. Êtes-vous allé(e) au match samedi dernier?   **2.** Comment y êtes-vous allé(e)?
3. Est-ce que notre équipe (*team*) a eu du succès?   **4.** A-t-elle eu de la chance?
5. Est-ce que la musique (*band*) de l'école a bien joué?   **6.** Combien de musiciens y a-t-il dans la musique de notre école?   **7.** Quelles sont les couleurs de notre équipe?   **8.** Est-ce que nous avons une bonne équipe cette année?   **9.** Avez-vous eu froid pendant le match?   **10.** Aimez-vous mieux aller aux matchs ou regarder la télé?

VI *Répétez les phrases suivantes en ajoutant* et je suis un peu fatigué(e):

1. Je suis allé(e) en ville à pied.   **2.** J'ai marché tout l'après-midi.   **3.** J'ai passé tout l'après-midi en ville.   **4.** Je suis allé(e) à plusieurs magasins différents.
5. J'ai passé des heures à faire des courses.   **6.** J'ai passé des heures à chercher exactement ce que je voulais.

VII Dictée d'après la Conversation 14, p. 118

VIII Causerie

Vous racontez (*tell*) comment vous avez passé l'après-midi. Expliquez (*explain*) que vous êtes allé(e) en ville faire des courses.

Scènes parisiennes

Marie et Jean marchent ensemble dans le Jardin du Luxembourg. C'est un beau jardin près de l'Université, qui a été dessiné au dix-septième siècle et qui maintenant est très fréquenté par les étudiants.

Nous sommes à la fin de septembre. C'est le moment où l'été finit et l'automne commence. Les feuilles des arbres sont déjà jaunes et la terre est couverte de feuilles mortes. Il y a un de ces légers brouillards si fréquents à Paris en automne, et l'humidité est assez pénétrante. Cependant l'automne parisien est d'ordinaire une saison charmante, juste assez triste pour être poétique.

Jean demande à Marie s'il fait froid à Paris pendant l'hiver.

—Pas particulièrement, répond Marie. La température ne descend pas souvent au-dessous de zéro degré centigrade et il neige rarement. Mais le ciel est souvent couvert et les pluies sont fréquentes, de sorte que l'hiver à Paris paraît plus froid qu'il ne l'est véritablement. Par contre, le printemps est une très jolie saison. Beaucoup des avenues parisiennes sont plantées de marronniers, et lorsqu'au printemps ces marronniers sont couverts de fleurs blanches et roses, c'est un spectacle magnifique.

Quittant le Jardin du Luxembourg, Jean et Marie descendent vers Saint-Germain-des-Prés. Tout à coup, derrière une grille, ils voient de vieux murs noircis par le temps.

—Qu'est-ce que c'est que ça? demande Jean.

—Ça, mon cher ami, ce sont les Thermes (bains publics), bâtis par les Romains. Vous savez que ces gens-là ont occupé autrefois la Gaule, et vous connaissez Jules César. Or, les Romains ont aimé construire des aqueducs et des bains publics dans les villes, et ils ont été d'admirables constructeurs. Admirez l'épaisseur et la solidité de ces murs. Ils sont là pour l'éternité.

Le Palais du Luxembourg

Passé les Thermes, Jean s'arrête un instant à la vitrine d'un libraire pour regarder les livres nouveaux.

—La plupart de ces livres ont une apparence bien austère, dit-il à Marie. Sur la couverture en papier jaune ou gris, il n'y a guère que le nom de l'auteur et le titre du livre. Aux États-Unis, il y a presque toujours sur la couverture de nos livres une image destinée à attirer l'attention.

—On achète un livre pour le lire et non pas pour la jolie femme sur la couverture, répond Marie. Les illustrations, même sur la couverture, sont réservées d'ordinaire aux livres de voyages et aux livres sur l'art, pour lesquels ces illustrations ont une espèce de valeur documentaire. Mais à quoi bon avoir une image sur la couverture d'un roman?

—Comme simple élément de publicité qui attire des lecteurs. La figure ou la silhouette d'une jolie femme est toujours agréable à contempler, répond Jean.

Questions

1. Où se trouve le Jardin du Luxembourg? 2. Quand a-t-il été dessiné?
3. Par qui est-il fréquenté? 4. Quand commence l'automne? 5. Quel temps fait-il ce jour-là? 6. Est-ce qu'il neige souvent à Paris pendant l'hiver? 7. En quelle saison les marronniers sont-ils en fleurs? 8. De quelle couleur sont les fleurs des marronniers? 9. Où vont Jean et Marie lorsqu'ils quittent le Jardin du Luxembourg? 10. Qu'est-ce qu'ils voient tout à coup derrière une grille? 11. Qui a construit les premiers bains publics à Paris? 12. Pourquoi Jean s'arrête-t-il un instant à la vitrine d'un libraire? 13. Pourquoi dit-il que les livres français ont une apparence bien austère? 14. Qu'est-ce qu'il y a souvent sur la couverture des livres aux États-Unis?

Present indicative and passé composé second and third conjugations, and reflexive verbs

33 *Present indicative of* **finir** *(to finish): second conjugation, regular*

—À quelle heure **finissez-vous** votre travail?	At what time *do you finish* your work?
—**Je finis** d'habitude vers cinq heures.	I usually *finish* around five o'clock.
—**J'obéis** à la loi.	I *obey* the law.

(1) The affirmative forms of the present indicative of **finir** are: **Je finis,** *I finish,* *I am finishing,* **tu finis, il (elle) finit, nous finissons, vous finissez, ils (elles) finissent.**

(2) The negative and interrogative forms follow the usual pattern. EX.: **Il ne finit pas. Finit-il?**

(3) Relatively few common verbs belong to the second conjugation. **Choisir,** *to choose,* and **obéir (à),** *to obey,* which are conjugated like **finir,** will be used in the oral practice exercises.

34 *Passé composé of* **finir**

—À quelle heure **avez-vous fini** votre travail hier soir?	At what time *did you finish* your work last night?
—**J'ai fini** mon travail vers onze heures.	I *finished* my work at about eleven o'clock.

(1) The forms of the **passé composé** of **finir** are: **J'ai fini**, *I finished, I have finished*, **tu as fini, il (elle) a fini, nous avons fini, vous avez fini, ils (elles) ont fini.**

(2) For the negative and interrogative forms, you use the negative and interrogative of the auxiliary verb. EX.: —**Avez-vous fini?** —**Non, je n'ai pas fini.**

(3) The past participle of **finir** and other regular verbs of the second conjugation is found by substituting the ending **-i** for the infinitive ending **-ir.**

35   *Present indicative of* **répondre** *(to answer): third conjugation, regular*

—**Répondez-vous** toujours aux coups de téléphone?
—Oui, **je réponds** toujours aux coups de téléphone.

Do you always *answer* the *téléphone?*
Yes, *I* always *answer* the telephone.

(1) The affirmative forms of the present indicative of **répondre** are: **je réponds,** *I answer, I am answering,* **tu réponds, il (elle) répond, nous répondons, vous répondez, ils (elles) répondent.**

(2) The negative and interrogative forms follow the usual pattern. Note, however, that in **répond-il?** the **d** is linked and pronounced **t.**

(3) Few very common verbs belong to the third conjugation. **Vendre,** *to sell,* **entendre,** *to hear,* **attendre,** *to wait for,* and **perdre,** *to lose,* which are conjugated like **répondre,** will be used in the oral practice exercises.

36   Passé composé *of* **répondre**

—**Avez-vous répondu** à la demande de M. Duval?
—Oui, **j'ai répondu** à sa demande.

Have you answered Mr. Duval's request?
Yes, *I answered* his request.

(1) The forms of the **passé composé** of **répondre** are: **J'ai répondu,** *I answered, I have answered,* **tu as répondu, il (elle) a répondu, nous avons répondu, vous avez répondu, ils (elles) ont répondu.**

(2) The past participle of regular verbs of the third conjugation is found by substituting the ending **-u** for the infinitive ending **-re.**

37 Present indicative of se dépêcher (to hurry): reflexive first conjugation, regular

—**Vous dépêchez-vous** pour déjeuner à midi?

Do you hurry to eat lunch at noon?

—Beaucoup de gens **se dépêchent**, mais **je ne me dépêche pas.**

Many people *hurry*, but *I do not hurry*.

(1) A reflexive verb always has a pronoun object that refers to the subject of the verb. We have a few reflexive verbs in English (I hurt myself, you hurt yourself, etc.), but in French they are very common.

(2) The forms of the present indicative of **se dépêcher** are:

AFFIRMATIVE	NEGATIVE	INTERROGATIVE
Je me dépêche (*I hurry*)	Je ne me dépêche pas	Est-ce que je me dépêche?
Tu te dépêches	Tu ne te dépêches pas	Te dépêches-tu?
Il (Elle) se dépêche	Il (Elle) ne se dépêche pas	Se dépêche-t-il (elle)?
Nous nous dépêchons	Nous ne nous dépêchons pas	Nous dépêchons-nous?
Vous vous dépêchez	Vous ne vous dépêchez pas	Vous dépêchez-vous?
Ils (Elles) se dépêchent	Ils (Elles) ne se dépêchent pas	Se dépêchent-ils (elles)?

Note that in the affirmative forms both the pronoun subject (**il, elle**) and the pronoun object (**se**) precede the verb. In the negative forms, **ne** follows the subject (**il, elle**) and **pas** follows the verb — as you would expect. In the interrogative forms, the pronoun object (**se**) precedes the verb and the pronoun subject (**il, elle**) follows it.

(3) When the subject of a reflexive verb is a noun, it of course takes the place of the pronoun subject (**il, elle, on**); but the pronoun object (**se**) must always be expressed. EX.: **Charles ne se dépêche pas. Charles se dépêche-t-il?**

(4) There are reflexive verbs in all conjugations, but in the oral practice exercises only the following ones will be used: **se coucher**, *to lie down, to go to bed;* **se lever**, *to get up, to rise;* **se réveiller**, *to wake up;* **se promener**, *to take a walk,* and **s'appeler**, *to be named.*

38 Passé composé of se dépêcher

—**Vous êtes-vous dépêché** pour finir votre travail?

Did you hurry to finish your work?

—Oui, **je me suis dépêché.**

Yes, *I hurried.*

All reflexive verbs are conjugated with **être.** The easiest way to get the forms of the **passé composé** clearly in mind is to think of the auxiliary verb **être** as a reflexive verb (**je me suis**) and place the past participle (**dépêché**) after it.

(1) The forms of the **passé composé** of **se dépêcher** for a MASCULINE (or a FEMININE) subject* are:

AFFIRMATIVE

Je me suis dépêché(e) (*I hurried*)
Tu t'es dépêché(e)
Il (Elle) s'est dépêché(e)
Nous nous sommes dépêché(e)s
Vous vous êtes dépêché(e)(s)
Ils (Elles) se sont dépêché(e)s

INTERROGATIVE

Est-ce que je me suis dépêché(e)?
T'es-tu dépêché(e)?
S'est-il (-elle) dépêché(é)?
Nous sommes-nous dépêché(e)s?
Vous êtes-vous dépêché(e)(s)?
Se sont-ils (-elles) dépêché(e)s?

NEGATIVE

Je ne me suis pas dépêché(e)
Tu ne t'es pas dépêché(e)
etc.

(2) If the subject is a noun, you follow the same word order as for the present tense (see paragraph 37). Of course the past participle comes at the end. EX.: **Charles s'est dépêché. Charles ne s'est pas dépêché. Charles s'est-il dépêché?**

I   Substitutions

Répétez les phrases suivantes en substituant les mots indiqués:

1. J'ai fini **mon travail** hier soir.
   mon rapport / **cet exercice** / **ce livre** / **mes examens**
2. Il a répondu **au coup de téléphone.**
   à cette demande / **à ce télégramme** / **à cette lettre** / **à ses questions**
3. Je me suis dépêché(e) **pour arriver à l'heure.**
   pour être à l'heure / **pour finir à l'heure** / **pour arriver plus tôt** / **pour ne pas être en retard**
4. Il s'est cassé **le bras.** (*He broke his arm.*)
   le bras gauche / **la jambe** (*leg*) / **une côte** (*a rib*) / **plusieurs côtes**

* Because the rule for agreement of the past participle in compound tenses of reflexive verbs is complicated and of comparatively little importance (for practical purposes), there is no point in trying to master it at this time. It will be explained in paragraph 74 of Grammar Unit 17.

A. *Répondez au singulier, puis au pluriel:*

EX.   —Finissez-vous?
      —**Je finis.   Nous finissons.**

1. Choisissez-vous?   **2.** Obéissez-vous?   **3.** Finit-il?   **4.** Choisit-elle?   **5.** Obéit-il?

B. *Répétez, puis dites négativement:*

EX.   —Je finis.
      —**Je finis.   Je ne finis pas.**

1. Tu finis.   **2.** Tu choisis.   **3.** Tu obéis.   **4.** Elle finit.   **5.** Il choisit.   **6.** Il obéit.   **7.** Nous finissons.   **8.** Nous choisissons.   **9.** Nous obéissons.   **10.** Vous finissez.   **11.** Vous choisissez.   **12.** Vous obéissez.   **13.** Elles finissent.

C. *Répondez au singulier, puis au pluriel:*

1. Répondez-vous?   **2.** Vendez-vous?   **3.** Entendez-vous?   **4.** Attendez-vous?
5. Répond-il?   **6.** Vend-il?   **7.** Entend-elle?   **8.** Perdez-vous votre temps?
9. Choisit-il?   **10.** Finit-il?   **11.** Obéit-elle?

D. *Répétez, puis dites négativement:*

1. Je réponds.   **2.** Je vends.   **3.** J'entends.   **4.** J'attends.   **5.** Tu entends.
6. Tu attends.   **7.** On vend.   **8.** On entend.   **9.** Nous répondons.   **10.** Nous entendons.   **11.** Vous répondez.   **12.** Vous vendez.   **13.** Vous entendez.
14. Elles répondent.   **15.** Ils entendent.   **16.** Elles vendent.   **17.** Il perd son temps.

E. *Mettez les phrases suivantes au* **passé composé:**

1. Je finis à cinq heures.   **2.** J'obéis à la loi.   **3.** Je choisis du papier à lettres.
4. Nous obéissons à la loi.   **5.** Nous répondons aux lettres.   **6.** Je réponds au téléphone.   **7.** Tu réponds au téléphone.   **8.** Il répond à sa demande.   **9.** Elle vend son auto.   **10.** Entendez-vous le téléphone?   **11.** Répondez-vous au téléphone?   **12.** Réponds-tu au téléphone?   **13.** Je ne vends pas de journaux.
14. Ils n'obéissent pas.   **15.** Je perds mon temps.   **16.** J'attends l'avion.

III *Répondez en français à chacune des questions suivantes:*

(*a*) **1.** À quelle heure vous levez-vous le* dimanche? **2.** À quelle heure vous couchez-vous d'habitude? **3.** À quelle heure finissez-vous d'habitude votre travail? **4.** Est-ce que vous obéissez à la loi? **5.** Répondez-vous aux lettres de vos amis? **6.** Est-ce qu'en France les pharmaciens vendent des journaux?

(*b*) **1.** À quelle heure vous êtes-vous couché(e) hier soir? **2.** À quelle heure vous êtes-vous levé(e) ce matin? **3.** À quelle heure vous êtes-vous réveillé(e) ce matin? **4.** À quelle heure avez-vous fini votre travail hier soir? **5.** À quelle heure êtes-vous venu(e) à l'université? **6.** Vous êtes-vous dépêché(e) pour arriver à l'heure à l'université? **7.** Vous êtes-vous jamais cassé le bras? **8.** Vous êtes-vous jamais cassé la jambe?

IV *Demandez à quelqu'un:*

(*a*) *en employant la forme* **vous:**

1. comment il (elle) s'appelle. **2.** à quelle heure il (elle) se couche d'habitude. **3.** s'il (si elle) se promène le dimanche. **4.** à quelle heure il (elle) se lève le dimanche. **5.** à quelle heure il (elle) se lève les autres jours de la semaine. **6.** comment s'appelle sa sœur. **7.** à quelle heure il (elle) s'est couché(e) hier soir. **8.** s'il (si elle) s'est promené(e) dimanche. **9.** à quelle heure il (elle) s'est levé(e) ce matin. **10.** à quelle heure il (elle) finit d'habitude son travail.

(*b*) *Même exercice en employant la forme* **tu.**

* **Le dimanche** means *on Sunday* or *on Sundays.* This use of the definite article is explained in paragraph 113 of Grammar Unit 24.

Jean loue un appartement

Jean et Roger ont décidé de louer un appartement. Jean va au numéro huit, rue du Docteur Roux, dans le quinzième arrondissement.°

JEAN ¹Bonjour, madame. Vous avez un appartement meublé à louer, n'est-ce pas?

JOHN *Good morning, (madam). You have a furnished apartment to rent, don't you?*

MME DUVAL ²Mais oui, monsieur. J'en ai un au premier.°

MRS. DUVAL *Yes, sir. I have one on the second floor.*

JEAN ³Est-ce que je peux le voir?

JOHN *May I see it?*

MME DUVAL ⁴Certainement, monsieur. Je vais vous le montrer. Par ici, s'il vous plaît. ⁵C'est la première porte à droite, en *haut de l'escalier. ⁶Voulez-vous bien monter?

MRS. DUVAL *Certainly, sir. I'll show it to you. This way, please. It's the first door on the right at the top of the stairs. Would you like to (Will you please) go up?*

JEAN ⁷Volontiers.

JOHN *I'll be glad to.*

MME DUVAL (*ouvrant la porte*) ⁸Voici l'appartement. Comment le trouvez-vous?

MRS. DUVAL (opening the door) *Here's the apartment. How do you like it?*

JEAN ⁹Je le trouve vraiment très agréable.

JOHN *I think it is really very nice.*

MME DUVAL ¹⁰Et il est très tranquille, monsieur. ¹¹Il n'y a jamais de bruit dans le quartier.

MRS. DUVAL *And it is very quiet, sir. There is never any noise in this part of town.*

JEAN ¹²Tant mieux.

JOHN *So much the better.*

MME DUVAL ¹³Voici la salle de bains. Nous avons le chauffage central, bien entendu, et l'eau chaude toute la journée.

MRS. DUVAL *Here's the bathroom. We have central heating, of course, and hot water all day long.*

---

* The **h** of the word **haut** is aspirate; therefore the **n** is not linked in **en haut**.

140

JEAN ¹⁴Quel est le loyer, s'il vous plaît?

MME DUVAL ¹⁵Huit cent cinquante francs par mois, monsieur.

JEAN ¹⁶Je crois que cet appartement nous conviendra tout à fait. ¹⁷Mon ami viendra le voir demain. ¹⁸Est-ce que demain matin vous convient?

MME DUVAL ¹⁹Mais oui, monsieur, parfaitement. Je vous attendrai.

JOHN *What is the rent, please?*

MRS. DUVAL *850 francs per month, sir.*

JOHN *I think this apartment will suit us perfectly. My friend will come to see it tomorrow. Is tomorrow morning all right with you?*

MRS. DUVAL *Yes, perfectly. I'll expect you.*

CULTURAL NOTES

Le quinzième arrondissement *is one of Paris' twenty* **arrondissements** *(Administrative sections)*

Le premier *(***étage***) is one flight up from the ground floor. The* **rez de chaussée** *is the street level or the ground floor.*

I Exercice de mise en train

Répondez tous ensemble:

1. Aimez-vous faire des courses? **2.** Qu'est-ce que c'est qu'un Prisunic?
3. Qu'est-ce que Marie a acheté au Prisunic? **4.** Comment est-elle allée en ville? **5.** Pourquoi est-elle un peu fatiguée? [Parce qu'elle a marché tout l'après-midi.] **6.** Pourquoi est-elle allée en ville à pied? [Parce qu'elle voulait profiter du beau temps.]

II Substitutions

Répétez les phrases suivantes en substituant les mots indiqués:

1. Vous avez **un appartement meublé** à louer, n'est-ce pas?
   des chambres / **une maison** / **une chambre meublée** / **un piano**
2. Vous avez **une maison** à vendre, n'est-ce pas?
   une auto / **un vélo** / **un cheval** / **un chien**
3. J'en ai un **au premier.**
   au deuxième / **au rez-de-chaussée** (*street level*) / **à l'entresol** (*mezzanine*) / **au sous-sol**
   (*below the street level*)
4. Voulez-vous bien **monter?**
   entrer / **vous asseoir** / **voir la salle de bains** / **descendre**
5. Je crois que **cet appartement** nous conviendra tout à fait.
   cette maison / **ce quartier** / **cette bicyclette** / **cette auto**
6. (a) **Besoin** followed by an infinitive:
   J'ai besoin **de travailler le soir.**
   d'aller en ville / **de faire des courses** / **d'acheter une nouvelle voiture** (*car*) / **d'aller
   chez le dentiste**
   (b) **Besoin** followed by a noun:
   J'ai besoin **de nouveaux gants.**
   d'un nouvel imperméable / **d'un parapluie** / **d'un appartement meublé** / **d'une nouvelle
   voiture**

III *Répétez les phrases suivantes, en remplaçant le nom par* le, la, les:

EX. —Comment trouvez-vous l'appartement?
    —Comment **le** trouvez-vous?

1. Comment trouvez-vous la maison? **2.** Comment trouvez-vous la chambre?
3. Comment trouvez-vous les fruits? **4.** Comment trouvez-vous cette omelette?

142

5. Comment trouvez-vous ce vin rouge?   6. Comment trouvez-vous les hors-d'œuvre?   7. Comment trouvez-vous cette poire?

IV   *Demandez à quelqu'un:*

1. s'il (si elle) a un appartement à louer.   2. si vous pouvez voir l'appartement.
3. si l'appartement est au premier.   4. où se trouve la porte de l'appartement.
5. si l'appartement est tranquille.   6. s'il y a du bruit dans le quartier.   7. si
demain matin lui convient.   8. quel est le loyer.

V   *Répondez d'après le texte aux questions suivantes:*

1. Avez-vous un appartement à louer?   2. Est-ce que je peux le voir?   3. Comment trouvez-vous l'appartement?   4. Est-ce que l'appartement est tranquille?
5. Y a-t-il du bruit dans le quartier?   6. Jean a-t-il souvent besoin de travailler le soir?   7. Y a-t-il une salle de bains?   8. Y a-t-il le chauffage central?   9. Quel est le loyer?   10. Est-ce que l'appartement plaît à Jean?   11. Quand Roger va-t-il venir le voir?   12. Est-ce que demain matin convient à Mme Duval?

VI   *Répétez les phrases suivantes en remplaçant* ne . . . pas *par* ne . . . jamais:

EX.   —Je n'ai pas d'argent.
     —Je n'ai jamais d'argent.

1. Il n'y a pas de bruit dans le quartier.   2. Ma tante n'est pas à l'heure.   3. Ils ne sont pas à la maison.   4. Je ne réponds pas aux lettres.   5. Je ne travaille pas le soir.   6. Je ne finis pas mon travail avant cinq heures.   7. Je ne vends pas mes livres.   8. Je ne vais pas à la campagne.   9. Elle ne répond pas au téléphone.   10. Il ne vient pas me voir.   11. Je ne me dépêche pas.   12. Je ne me couche pas avant minuit.

VII   *Répondez aux questions personnelles suivantes:*

1. Est-ce que votre chambre est agréable?   2. Est-elle tranquille?   3. Avez-vous besoin de travailler le soir?   4. Aimez-vous faire des courses?   5. Allez-vous souvent au supermarché?   6. Y a-t-il une bonne boulangerie près de votre maison?   7. Est-ce que votre boulanger sait faire du pain français?   8. Achetez-vous quelquefois du pain français?

GRAMMAR UNIT 10

Unstressed forms of personal pronouns

39 *Remark about the forms of personal pronouns*

French personal pronouns have two sets of forms: the unstressed forms, which are used only in conjunction with verbs (i.e., as subjects or objects of verbs), and the stressed forms. The unstressed forms are sometimes called "conjunctive" pronouns and the stressed forms "disjunctive" pronouns. In this unit, we will study only the unstressed forms.

40 *Unstressed forms of personal pronouns used as subjects of a verb*

—**Je** vais à l'hôtel.   *I* am going to the hotel.
—**Il** est Américain.   *He* is an American.
—Qu'est-ce que **vous** voulez?   What do *you* want?

The subject forms, which you know, are: **je, tu, il (elle, on), nous, vous, ils (elles).**

41 *Unstressed personal pronouns used as direct objects of a verb*

—Quand allez-vous venir **me** voir?   When are you going to come to see *me?*

—Je vais venir **vous** voir dimanche.   I am going to come to see *you* Sunday.

—Voici la chambre. Comment **la** trouvez-vous?   Here is the room. How do you like *it?*
—Je **la** trouve très agréable.   I think *it* is very nice.
—Aimez-vous les pommes?   Do you like apples?
—Oui, je **les** aime assez.   Yes, I like *them* all right.

144

A.   *Forms*

The direct object forms are: **me, te, le (la), nous, vous, les.**

B.   *Use and position*

(1) **Le, la,** and **les** refer either to persons or things. EX.: Comment trouvez-vous **la chambre?** —Je **la** trouve très agréable. Comment trouvez-vous **Marie?** —Je **la** trouve très gentille.

(2) The direct object pronoun precedes the verb.* In compound tenses it precedes the auxiliary verb. —Je **les** ai trouvés très agréables.

42   *Unstressed personal pronouns used as indirect objects of a verb — referring only to persons*

—Avez-vous donné votre adresse à la concierge?	Did you give your address to the concierge?
—Oui, je **lui** ai donné mon adresse.	Yes, I have given *her* my address.
—Avez-vous téléphoné à vos parents?	Did you telephone (to) your parents?
—Oui, je **leur** ai téléphoné hier.	Yes, I telephoned (*to*) *them* yesterday.

Note that in «Je lui ai donné mon adresse», **lui** is the indirect object of **J'ai donné,** *I gave (it) to her;* in «Je leur ai téléphoné», **leur** is the indirect object of **J'ai téléphoné** *I telephoned (to) them.*

A.   *Forms*

The indirect object forms used to refer to persons are: **me, te, lui, nous, vous, leur.**

Note that **lui** and **leur** are used to refer to either a masculine or a feminine noun. Thus: «Je **lui** ai donné mon adresse» answers both the question «Avez-vous donné votre adresse **à Charles?**» and the question «Avez-vous donné votre adresse **à Marie?**»

* The only exception, that of affirmative imperative, will be studied in paragraph 52 of Grammar Unit 12.

B. *Position*

The personal pronoun object precedes the verb.** If you have both a direct and
an indirect object pronoun, they stand in the following order before the verb:

(1) Indirect object (**me, te, nous, vous**) precedes direct object (**le, la, les**).

—Roger me montre le journal.	Il **me le** montre.
—Il me montre la revue.	Il **me la** montre.
—Il me montre les romans.	Il **me les** montre.

(2) Direct object (**le, la, les**) precedes indirect object (**lui, leur**).

—Roger donne le journal à Jean (Marie).	Roger **le lui** donne.
—Il donne la revue à Jean (Marie).	Il **la lui** donne.
—Il donne les livres à Jean (Marie).	Il **les lui** donne.

43 *Personal pronoun* y *used as indirect object of a verb — referring only to things*

—Avez-vous répondu à la question?	Did you answer the question?
—Oui, j'y ai répondu.	Yes, I answered (replied to) *it*.
—Avez-vous répondu aux questions?	Did you answer the questions?
—Oui, j'y ai répondu.	Yes, I answered (replied to) *them*.

44 *Use of* **en** *as a partitive pronoun*

A. *To replace nouns in a partitive sense*

En is used here* as a pronoun object to replace nouns that are used in a partitive
sense (**du pain, de la viande, des pommes**):

—Avez-vous du pain?	Have you any bread?
—Oui, j'en ai.	Yes, I have *some* (of it).

** Except in the affirmative imperative.
* **En** used to replace a noun object of the preposition **de** will be studied in paragraph 51
of Grammar Unit 12.

146

—Avez-vous acheté de la viande?　　Have you bought any meat?
—Oui, j'**en** ai acheté.　　Yes, I bought *some* (of it).
—Voici des pommes. **En** voulez-vous?　　Here are some apples. Do you
　　want *some?*

B.　*With expressions of quantity*

If you use expressions of quantity (**beaucoup, un peu, pas,** etc.) or numbers in
such phrases, **en** must still be expressed:

—Avez-vous une chambre à louer?　　Have you a room for rent?
—Oui, j'**en** ai **une.**　　Yes, I have *one* (of them).
—Non, je n'**en** ai **pas.**　　No, I haven't *any.*

—Avez-vous des cousins?　　Have you any cousins?
—Oui, j'**en** ai **beaucoup.**　　Yes, I have *a lot* (of them).

—Voici des pommes.　　Here are some apples.
—**En** voulez-vous **une?**　　Do you want *one* (of them)?

C.　*Position*

When there is another personal pronoun object of a verb, the pronoun **en** always
comes last. EX.: —Est-ce qu'il vous a donné **des poires?** —Oui, il m'**en** a donné.
—Est-ce que vous avez donné **des pommes à Charles?** —Oui, je **lui en** ai donné.

I　Substitutions

Répétez les phrases suivantes en substituant les mots indiqués:

1. (le journal) Il **me** l'a donné.
   nous / te / vous
2. (les hors-d'œuvre) Il **nous** les a apportés.
   me / te / vous
3. (des fruits) Il **vous** en a donné beaucoup.
   m(e) / t(e) / nous / lui
4. (une pomme) Elle **me** l'a montrée.
   nous / te / vous
5. (du vin) Mon père **m'en** a envoyé.
   vous / lui / nous / leur

Répétez en remplaçant les mots en italique (in italics) *par un pronom personnel:*

A.   le, la, les

1. Je trouve *la chambre* très agréable.   2. J'aime bien *les revues françaises.*
3. Je n'aime pas *les bananes.*   4. Jean trouve *la nouvelle robe de Marie* très jolie.
5. Il connaît *Louise Bedel.*   6. Il connaît très bien *les Brown.*   7. Roger ne connaît pas *les Brown.*   8. Comment avez-vous trouvé *la chambre?** 9. J'ai trouvé *la chambre* agréable.   10. Comment Jean et Roger ont-ils trouvé *le dîner?*
11. Ils ont trouvé *le dîner* très bon.   12. Le garçon apporte *la carte.*

B.   en

1. J'ai *des fruits.*   2. Je n'ai pas *de fruits.*   3. Roger n'a pas *de frères.*   4. Mme Cochet n'a pas *de revues américaines.*   5. Elle a *des journaux français.*   6. Jean n'a pas acheté *de romans policiers.*   7. Avez-vous *des cousins?*   8. A-t-il *des cousins?*   9. Combien *de cousins* a-t-il?   10. Il n'y a pas *de hors-d'œuvre.*   11. Il n'y a plus *de hors-d'œuvre.*

C.   en . . . un, une; en . . . un peu; en . . . plusieurs, etc.

1. J'ai *une chambre* au premier.   2. J'ai acheté *un journal.*   3. J'ai acheté *deux journaux.*   4. J'ai acheté beaucoup *de fruits.*   5. Je n'ai pas acheté beaucoup *de papier à lettres.*   6. Il y a *une table* là-bas.   7. Il y a *deux tables* par ici.
8. Jean a mangé un peu *de viande.*   9. Il a mangé un peu *de salade.*   10. Il a mangé plusieurs *olives.*   11. Roger a plusieurs *frères.*   12. Marie a plusieurs *cousines.*

D.   lui, leur

1. J'ai parlé *à la concierge.*   2. J'ai parlé *à Jean.*   3. Il n'obéit pas toujours *à sa femme.*   4. Elle n'obéit pas toujours *à son mari* (husband).   5. Jean a dit bonjour *à la concierge.*   6. Il a dit au revoir *à Roger.*   7. Il a dit au revoir *à ses cousins.*
8. J'ai répondu *au professeur.*   9. J'ai répondu *à mes parents.*

* If this exercise is to be written, see paragraph 74 of Grammar Unit 17 for agreement of past participle of verbs conjugated with **avoir.**

E.   y

1. J'ai répondu *à la lettre*.   2. Je n'ai pas répondu *à la lettre*.   3. Je n'ai pas répondu *aux questions*.   4. Je vais *à la gare*.   5. Je suis allé(e) *à la gare*.   6. À quelle heure allez-vous *à la gare?*   7. Quand allez-vous répondre *à cette lettre?* [y répondre].   8. Je vais répondre *à cette lettre* demain matin.

III   Exercices d'application: *compléments directs et indirects*

Répétez les phrases suivantes en substituant les mots indiqués et puis en remplaçant les noms par des pronoms personnels:

EX.   —Il m'a donné le paquet.
      —**Il me l'a donné.**

1. Il m'a donné **le journal.**
   la carte / les fleurs / des fleurs / ma monnaie
2. Il nous a donné **le journal.**
   la carte / les fleurs / des fleurs / notre monnaie
3. Vous a-t-il apporté **le journal?**
   la carte / les fleurs / des fleurs / votre monnaie
4. Il nous a apporté **le dessert.**
   la carte / le plat de viande / les fruits / des fruits

IV   *Répondez en français en remplaçant les noms par les pronoms convenables:*

1. Connaissez-vous Louise Bedel?   2. Connaissez-vous M. Brown?   3. Connaissez-vous les Brown?   4. Avez-vous apporté votre imperméable?   5. Avez-vous des frères?   6. Combien de frères avez-vous?   7. Avez-vous acheté des journaux aujourd'hui?   8. Avez-vous des parents en France?   9. Est-ce que Jean a parlé au pharmacien?   10. Est-ce que vous avez répondu à la concierge?   11. Avez-vous répondu au télégramme?   12. Allez-vous au cinéma ce soir?   13. Êtes-vous allé(e) au cinéma hier soir?   14. Avez-vous donné votre adresse à l'agent de police?   15. Avez-vous montré votre carte de travail à l'agent de police?   16. Est-ce que votre père vous a donné de l'argent?   17. Est-ce que le boulanger vous a donné votre monnaie?   18. Vous a-t-il donné de la monnaie?

Marie va en ville

Jean rencontre Marie. Il lui demande ce qu'elle va faire au cours de l'après-midi.

JEAN [1]Où irez-vous cet après-midi?

MARIE [2]J'irai en ville.

JEAN [3]Qu'est-ce que vous ferez?

MARIE [4]Je ferai des courses. [5]J'achèterai quelque chose pour Roger — un pull-over ou autre chose. [6]C'est demain son anniversaire.

JEAN [7]Comment irez-vous en ville?

MARIE [8]J'irai à pied, s'il fait beau.

JEAN [9]Vous serez bientôt fatiguée. [10]Pourquoi ne prenez-vous pas le métro?°

MARIE [11]Je n'aime pas prendre le métro. [12]Aux heures de pointe, il y a trop de monde.

JEAN [13]Qu'est-ce que vous ferez s'il pleut?

MARIE [14]S'il pleut, je prendrai un taxi. [15]Je rentrerai de bonne heure.

JEAN [16]N'oubliez pas que nous allons tous les trois au cinéma ce soir.

MARIE [17]Ne vous en faites pas. Je n'oublierai pas.

JEAN [18]À quelle heure Roger viendra-t-il vous chercher?

MARIE [19]Il viendra me chercher à huit heures précises, dit-il. [20]Venez donc vers huit heures.

JEAN [21]Entendu. À ce soir.

JOHN *Where are you going this afternoon?*

MARIE *I am going downtown.*

JOHN *What are you going to do?*

MARIE *I'll do some errands. I'll buy something for Roger — a sweater or something else. Tomorrow is his birthday.*

JOHN *How will you go downtown?*

MARIE *I'll walk, if the weather is nice.*

JOHN *You'll soon be tired out. Why don't you take the subway?*

MARIE *I don't like to take the subway. During rush hour, there are too many people.*

JOHN *What will you do if it rains?*

MARIE *If it rains, I'll take a taxi. I'll get back early.*

JOHN *Don't forget that the three of us are going to the movies this evening.*

MARIE *Don't worry. I won't forget.*

JOHN *What time will Roger come for you?*

MARIE *He'll come for me at eight o'clock sharp, he says. So come around eight o'clock.*

JOHN *Okay. See you this evening.*

CULTURAL NOTE

Le Métro *is the Paris subway. The first part to be built was opened in 1900. It is fast, efficient, and, thanks to the fact that the trains have rubber tires, remarkably quiet.*

Répondez tous ensemble ou individuellement:

1. Est-ce que votre chambre est agréable? 2. Est-elle tranquille? 3. Est-elle au premier? 4. Avez-vous besoin de travailler le soir? 5. À quelle heure vous couchez-vous d'habitude? 6. À quelle heure vous levez-vous le dimanche? 7. À quelle heure vous êtes-vous levé(e) ce matin? 8. À quelle heure vous êtes-vous couché(e) hier soir?

II Substitutions

Répétez les phrases suivantes en substituant les mots indiqués:

1. Où irez-vous **cet après-midi?**
   ce soir / demain / la semaine prochaine / l'année prochaine
2. J'irai **en ville.**
   au cinéma / chez Marie / à la bibliothèque / au théâtre
3. Je rentrerai **de bonne heure.**
   avant cinq heures / vers six heures / vers minuit / à minuit
4. Il viendra me chercher **à huit heures précises.** F. Pl.
   à sept heures précises / à onze heures / vers sept heures / avant huit heures
5. S'il pleut, **je prendrai un taxi.**
   je prendrai l'autobus / je prendrai le métro / j'irai au cinéma / je rentrerai tout de suite
6. J'irai chercher **Marie.**
   Roger / les Brown / ma cousine / Louise Bedel

III *Répétez en remplaçant les noms par les pronoms convenables:*

   EX. —Je viendrai chercher Jean.
         —**Je viendrai le chercher.**

1. Je viendrai chercher **Roger.**
   Marie / Jean et Roger / Marie et Louise / les Brown
2. J'irai chercher **les Brown.**
   Louise Bedel / Charles Dupont / ma mère / mes cousines / mon imperméable

152

IV *Demandez à quelqu'un:*

1. où il (elle) ira cet après-midi.   **2.** ce qu'il (qu'elle) fera en ville.   **3.** ce qu'il (qu'elle) achètera.   **4.** comment il (elle) ira en ville.   **5.** ce qu'il (qu'elle) fera, s'il pleut.   **6.** pourquoi il (elle) ne prend pas le métro.   **7.** à quelle heure il (elle) rentrera.   **8.** à quelle heure Roger viendra chercher Marie.

V *Répondez d'après le texte aux questions suivantes:*

1. Où irez-vous cet après-midi?   **2.** Qu'est-ce que vous ferez en ville?   **3.** Qu'est-ce que vous achèterez?   **4.** Comment irez-vous en ville?   **5.** Pourquoi ne prenez-vous pas le métro?   **6.** Qu'est-ce que vous ferez s'il pleut?   **7.** À quelle heure rentrerez-vous?   **8.** À quelle heure Roger viendra-t-il chercher Marie?   **9.** Où vont-ils ensemble ce soir?   **10.** Pourquoi Marie achètera-t-elle quelque chose pour Roger?

VI Exercices d'application: *Verbes pronominaux* (Reflexive verbs)

A. *Répétez les phrases suivantes en substituant les mots indiqués:*

1. Je vais **me coucher.**
me lever / m'habiller / me dépêcher / me promener
2. Il va **se coucher.**
se lever / s'habiller / se dépêcher / se promener
3. Nous allons **nous coucher.**
nous lever / nous habiller / nous dépêcher / nous promener

B. *Demandez en français à quelqu'un:*

1. comment il (elle) s'appelle.   **2.** à quelle heure il (elle) s'est couché(e) hier soir.   **3.** à quelle heure il (elle) se couche d'habitude.   **4.** à quelle heure il (elle) se lève d'habitude.   **5.** à quelle heure il (elle) s'est levé(e) ce matin.   **6.** à quelle heure il (elle) s'habille le dimanche.   **7.** à quelle heure il (elle) s'est habillé(e) ce matin.   **8.** s'il (si elle) se dépêche le dimanche matin.   **9.** s'il (si elle) va se lever de bonne heure demain.   **10.** s'il (si elle) veut s'habiller pour aller en ville.   **11.** à quelle heure il (elle) va se lever.   **12.** si les étudiant(e)s se couchent de bonne heure le samedi soir.

Répondez aux questions personnelles suivantes:

1. Comment vous appelez-vous? **2.** À quelle heure vous êtes-vous couché(e) hier soir? **3.** À quelle heure vous couchez-vous d'habitude? **4.** Vous êtes-vous jamais cassé le bras? **5.** Vous êtes-vous jamais cassé la jambe? **6.** Allez-vous souvent vous promener? **7.** Aimez-vous vous promener le soir? **8.** À quelle heure vous réveillez-vous le matin? **9.** Quand vous levez-vous d'habitude le dimanche? **10.** Allez-vous vous lever de bonne heure demain matin?

VIII Révision: *Pronoms personnels*

Répétez en remplaçant les noms par les pronoms convenables:

EX. —La concierge m'a donné la lettre.
   —Elle me l'a donnée.

1. J'ai acheté le journal. **2.** Je l'ai donné à Jean. **3.** J'ai acheté les journaux. **4.** J'ai acheté des journaux. **5.** J'ai acheté deux journaux. **6.** J'ai acheté un journal. **7.** Le marchand (*merchant*) m'a donné le journal. **8.** Le marchand vous a donné le journal. **9.** La concierge m'a donné la lettre. **10.** Elle vous a donné la lettre. **11.** Elle vous a donné les lettres. **12.** Elle vous a donné des lettres.

IX Dictée d'après la Conversation 16, pp. 140–141

X Dialogue

Un rendez-vous pour samedi soir.

Future tense and imperative

45 *Formation of the future of regular verbs*

—**Déjeunerez-vous** en ville?   *Will you have lunch* in town?
—Oui, **je déjeunerai** à l'Hôtel du   *Yes, I shall have lunch* at the
    Cheval blanc.   White Horse Hotel.
—Quand **finirez-vous** votre   When *will you finish (get*
    travail?   *through)* your work?
—**Je finirai** de bonne heure.   *I shall finish* early.
—**Je finirai** tard.   *I shall finish* late.
—**Je finirai** avant minuit.   *I'll finish* before midnight.
—**Je finirai** après minuit.   *I'll finish* after midnight.
—**Répondrez-vous** à sa lettre?   *Will you answer* his (her) letter?
—Oui, **je répondrai** bientôt à sa   *Yes, I shall answer* his (her) letter
    lettre.   soon.
—**Vous dépêcherez-vous** de finir   *Will you hurry* to finish your
    votre travail?   work?
—Oui, **je me dépêcherai.**   *Yes, I shall hurry.*

The forms of the future tense of regular verbs are:

FIRST CONJUGATION	SECOND CONJUGATION	THIRD CONJUGATION
je déjeunerai	je finirai	je répondrai
I shall have lunch	*I shall finish*	*I shall answer*
tu déjeuneras	tu finiras	tu répondras
il (elle) déjeunera	il (elle) finira	il (elle) répondra
nous déjeunerons	nous finirons	nous répondrons
vous déjeunerez	vous finirez	vous répondrez
ils (elles) déjeuneront	ils (elles) finiront	ils (elles) répondront

(1) The future tense of regular verbs may be found by adding the future endings
-ai, -as, -a, -ons, -ez, -ont to the infinitive, except that in the case of verbs of the
third conjugation (ending in **-re**) the final **e** of the infinitive is omitted.

(2) Reflexive verbs follow the usual pattern. EX.: **Je me dépêcherai, tu te
dépêcheras, il se dépêchera**, etc.

—Vos parents **seront** contents de vous voir.   Your parents *will be* glad to see you.
—**Je serai** content aussi de les voir.   *I'll be glad* to see them too.
—Est-ce que **j'aurai** le temps de déjeuner?   *Will I have* time to have lunch?

The forms of **être** and **avoir** are:

ÊTRE	AVOIR
je serai (*I shall be*)	j'aurai (*I shall have*)
tu seras	tu auras
il (elle) sera	il (elle) aura
nous serons	nous aurons
vous serez	vous aurez
ils (elles) seront	ils (elles) auront

47   *Use of the future tense*

—**Je ferai** des courses demain.   *I shall do* some errands tomorrow.
—S'il pleut, **je prendrai** un taxi.   If it rains, *I'll take* a taxi.

(1) Generally speaking, the future tense is used as in English. Note particularly that it is used in the result clause of conditional sentences which express what will happen if a given condition is fulfilled. EX.: **Je prendrai un taxi** (*the result*), **s'il pleut** (*the condition*).

(2) As in English, (*a*) the present tense is frequently used for the future. EX.: **Il part pour l'Europe la semaine prochaine.** (*b*) The present tense of **aller** with an infinitive is commonly used for the future. EX.: **Il va faire des courses demain matin.**

(3) Contrary to English usage, however, the future tense is always used in temporal clauses introduced by **quand,** *when;* **lorsque,** *when,* etc., if the future time is implied. EX.: Je déjeunerai **quand je rentrerai.** I shall have lunch, *when I get home.* **Lorsqu'il neigera,** je ferai du ski. *When it snows,* I shall go skiing.

(4) Although the distinction between *shall* and *will* in English is not always clear, the future tense in French simply denotes futurity. **Irez-vous** and **Voulez-vous aller . . .** are quite different in meaning; the ᴏrmer indicates futurity and the latter indicates willingness.

48 *Formation and use of the imperative*

A. *Imperative of regular verbs*

—**Regardez** la neige!   *Look at the snow!*
—**Répondez**, s'il vous plaît (R.S.V.P.).   *Please answer.*
—J'ai faim. **Allons** déjeuner.   *I'm hungry. Let's go have lunch.*
—Voici un restaurant. **Entrons.**   *Here's a restaurant. Let's go in.*
—**Donnez-moi** la carte, s'il vous plaît.   *Give me the menu, please.*

(1) Forms of the imperative of regular verbs:

FIRST CONJUGATION   SECOND CONJUGATION
regarde(s)*   *look* (**tu** form)   finis   *finish* (**tu** form)
regardons   *let's look*   finissons   *let's finish*
regardez   *look* (**vous** form) finissez   *finish* (**vous** form)

THIRD CONJUGATION
réponds   *answer* (**tu** form)
répondons   *let's answer*
répondez   *answer* (**vous** form)

(2) The imperative of regular verbs is the same as the second person singular*
and the first and second person plural of the present indicative—without the
subject pronoun.

(3) The negative imperative is found by placing **ne** before the forms and **pas** after
them: **ne** regarde **pas**, **ne** regardons **pas**, **ne** regardez **pas**.

B. *Imperative of reflexive verbs*

—**Dépêchez-vous!**   *Hurry!*
—**Asseyez-vous**   *Sit down.*
—**Asseyons-nous.**   *Let's sit down.*

(1) Forms of the imperative of reflexive verbs:

AFFIRMATIVE   NEGATIVE
dépêche-toi   *hurry* (**tu** form)   ne te dépêche pas   *don't hurry*
dépêchons-nous   *let's hurry*   ne nous dépêchons pas   *let's not hurry*
dépêchez-vous   *hurry* (**vous** form)   ne vous dépêchez pas   *don't hurry*

* The **tu** form of the imperative of the first conjugation has an s only when it is followed by
y or **en**.

(2) The reflexive object must always be expressed. With the affirmative imperative, the object follows (dépêchez-**vous**); with the negative imperative, the object precedes the verb (ne **vous** dépêchez pas).

C. *Imperative of* être *and* avoir

(1) Forms of the imperative of **être** and **avoir**:

sois	*be* (**tu** form)	aie	*have* (**tu** form)
soyons	*let's be*	ayons	*let's have*
soyez	*be* (**vous** form)	ayez	*have* (**vous** form)

(2) The imperative of **être** and **avoir** is used primarily in set expressions such as:

—**Sois sage.**	*Behave yourself (to a child).*
—**Soyez tranquille.**	*Don't worry.*
—**N'ayez pas peur.**	*Don't be afraid.*

I Substitutions

Répétez les phrases suivantes en substituant les mots indiqués:

1. Je finirai **de bonne heure.**
   tard / avant minuit / après minuit / vers minuit
2. Quand je serai à la campagne (*in the country*), **je me lèverai tard.**
   je jouerai aux cartes / je jouerai du piano / j'écouterai des disques /
   je prendrai des bains de soleil
3. Si tu es libre demain, **nous irons au cinéma.**
   nous irons à la campagne / nous déjeunerons ensemble / je viendrai te voir /
   nous étudierons ensemble
4. Roger sera content **quand vous arriverez.**
   quand le printemps viendra / quand il fera chaud / quand vous serez ici /
   quand Marie rentrera

II Exercices d'application

A. *Mettez les formes suivantes au pluriel:*

EX. —Je déjeunerai.
      —**Nous déjeunerons.**

158

1. Je parlerai. **2.** Je rentrerai. **3.** Je me coucherai. **4.** Je finirai. **5.** J'obéirai. **6.** Je choisirai. **7.** Je répondrai. **8.** Je vendrai. **9.** J'entendrai. **10.** J'attendrai. **11.** J'irai. **12.** Je ferai. **13.** Je serai. **14.** Je prendrai. **15.** J'aurai.

B. *Mettez au pluriel:*

EX. —Il parlera.
     —**Ils parleront.**

1. Il dînera. **2.** Il rentrera. **3.** Il se couchera. **4.** Il se promènera. **5.** Il finira. **6.** Il achètera. **7.** Il donnera. **8.** Il partira. **9.** Il arrivera. **10.** Il prendra. **11.** Il aura. **12.** Il sera. **13.** Il regardera. **14.** Il fera. **15.** Il se lèvera.

C. *Mettez au singulier:*

1. Nous irons. **2.** Vous rentrerez. **3.** Ils vendront. **4.** Ils viendront. **5.** Vous partirez. **6.** Ils feront. **7.** Vous serez. **8.** Ils finiront. **9.** Vous finirez. **10.** Vous aurez. **11.** Nous prendrons. **12.** Nous rentrerons.

D. *Mettez chacune des phrases suivantes au futur:*

1. Je prends un taxi. **2.** Il fait beau. **3.** Il fait des courses. **4.** Il a vingt et un ans. **5.** Elle vend son auto. **6.** Il est ici. **7.** Nous avons faim. **8.** Il va en ville. **9.** Le train part à cinq heures. **10.** Je déjeune à la maison. **11.** Il y a de la neige en hiver. **12.** Y a-t-il beaucoup de monde? **13.** Avez-vous le temps d'aller au bureau de poste? **14.** A-t-il besoin de son auto? **15.** Est-elle contente de vous voir? **16.** Il a faim. **17.** Elle a peur. **18.** Il n'a pas le temps.

E. *Dites en français à quelqu'un:*

(a) en employant la forme **vous:**

1. d'entrer. **2.** de parler français. **3.** de regarder. **4.** de rentrer de bonne heure. **5.** d'aller à la charcuterie. **6.** de finir son travail. **7.** de se dépêcher. **8.** de regarder la neige. **9.** de s'asseoir. **10.** de ne pas entrer. **11.** d'être tranquille. **12.** de ne pas oublier votre rendez-vous. **13.** de ne pas se dépêcher. **14.** de ne pas vendre son auto.

(b) en employant la forme **tu:**

1. de se lever. **2.** de se coucher. **3.** de se dépêcher. **4.** de s'asseoir. **5.** d'y aller. [Vas-y.] **6.** de s'en aller. [Va-t-en!] **7.** de ne pas oublier notre rendez-vous. **8.** de ne pas se dépêcher.

III *Répondez en français à chacune des questions suivantes:*

(a) **1.** Qu'est-ce que Marie fera cet après-midi? **2.** Où ira-t-elle? **3.** Qu'est-ce qu'elle achètera? **4.** Comment ira-t-elle en ville? **5.** Qu'est-ce qu'elle fera s'il pleut? **6.** À quelle heure rentrera-t-elle? **7.** Qu'est-ce que Roger fera cet après-midi? **8.** À quelle heure finira-t-il son travail?
(b) **1.** Qu'est-ce que Marie fera s'il pleut? **2.** Qu'est-ce qu'elle fera si elle ne trouve pas de taxi? **3.** Qu'est-ce qu'elle fera quand elle rentrera? **4.** Qu'est-ce que vous ferez quand vous rentrerez ce soir? **5.** Où irez-vous cet après-midi s'il fait beau? **6.** Qu'est-ce que vous ferez cet hiver quand il neigera?

IV *Répétez chacune des phrases suivantes en remplaçant* **quand** *par* **lorsque:**

1. Quand il neigera, je ferai du ski. **2.** Quand j'irai en ville, je ferai des courses.
3. Je serai content quand l'été arrivera. **4.** Soyez prêt(e) quand je viendrai vous chercher. **5.** Je serai prêt(e) quand vous viendrez me chercher.

V *Répétez en remplaçant* **si** *et le présent par* **quand** *et le futur:*

EX. —Si je suis . . .
       —**Quand je serai . . .**

1. S'il fait beau, je ferai une promenade. **2.** Si nous avons le temps, nous irons au cinéma. **3.** Si je suis libre, je viendrai vous voir. **4.** Si Jean vient me voir, je serai content. **5.** S'il y a de la neige, je ferai du ski. **6.** J'irai en France si j'ai de l'argent. **7.** Parlerez-vous français si vous allez en France? **8.** Il finira son travail s'il a le temps.

VI **Révision de quelques expressions de temps**

1. Je reviendrai **tout à l'heure.**
   de bonne heure / **bientôt** / **tard** / **très tard**
2. J'ai travaillé **toute la journée.** *

   toute la matinée / **toute la soirée** / **tout l'après-midi** / **toute la semaine**

* **La journée,** *all day;* **la matinée,** *the morning hours, all morning;* **la soirée,** *the evening hours, all evening;* **l'année,** *the year* (duration).

160

3. Nous sommes ici depuis **longtemps.**

   très longtemps / trop longtemps / peu de temps / deux heures
4. Je vais **quelquefois** au cinéma.

   souvent / rarement / une fois par semaine / de temps en temps

VII   Thème d'imitation

John Hughes is a young American chemical engineer. He lives in Paris. He has rented a room near the Observatory, in the Latin Quarter, in the house of (*chez*) an old lady, Mrs. Duval. She is seventy years old, she has white hair, and she is very nice to John, because she likes Americans. John is happy. He likes (**Il aime bien**) his room, and autumn in Paris is one of the most beautiful seasons of the year. The trees of the Avenue of the Observatory are very beautiful in the month of October. The month of November is usually less pleasant, because it is cold and it rains often. But John forgets the bad weather and he thinks he is lucky to be (**d'être**) in Paris.

NOTE ON THE *Thèmes d'imitation*

The *Thèmes d'imitation*, which will occur in Grammar Units from now on, are little themes that are based upon one or more of the dialogues you have already studied. Their purpose is to give you additional practice in using authentic French word patterns. They are scarcely more difficult than the dialogues you have been doing orally, but they call for more conscious effort because they call into play a greater variety of expressions and make use of longer sentences.

   The best way to turn out a good, correct, and idiomatic French *thème* is to work through it orally, sentence by sentence, before putting pen to paper. When you cannot recall the right word or phrase, it is better to try to find it in a dialogue than in the vocabulary; for if an expression is used in a dialogue, you know precisely what it means and how it is used. When you *do* refer to the vocabulary, look for ways to express what you are trying to say. You cannot possibly produce a good *thème* by merely "looking up" all the words and copying them down. YOU HAVE TO THINK THE THING THROUGH IN FRENCH.

   When you have worked on a sentence orally until it sounds right to you, write it down, taking care to spell words correctly, to use the proper forms, etc. Then after you have written each sentence, reread it to be sure that it expresses the idea you set out to express.

CONVERSATION 18

À la gare de l'Est

Jean va à Reims° voir la cathédrale.

Au guichet, à la gare de l'Est

JEAN ¹Je voudrais un billet aller et retour pour Reims.

L'EMPLOYÉ ²Quelle classe, monsieur?

JEAN ³Seconde, s'il vous plaît. ⁴Combien de temps ce billet est-il bon?

L'EMPLOYÉ ⁵Quinze jours,° monsieur.

JEAN ⁶Est-ce que je dois changer de train en route?

L'EMPLOYÉ ⁷Oui, vous devez changer à Épernay.

JEAN ⁸Combien de temps faut-il attendre la correspondance?

L'EMPLOYÉ ⁹Vous aurez à peu près une demi-heure à Épernay.

Sur le quai, à Épernay

JEAN ¹⁰Le train de Reims est-il à l'heure?

L'EMPLOYÉ ¹¹Oui, monsieur. En France, les trains ne sont jamais en retard.

JEAN ¹²Oh, vraiment? En ce cas-là, est-ce que j'aurai le temps d'aller au buffet?

L'EMPLOYÉ ¹³Vous pouvez essayer, mais dépêchez-vous. ¹⁴Le train s'arrête seulement trois minutes. ¹⁵Si vous manquez ce train, vous serez obligé de passer la nuit à Épernay.

At the ticket window of the Eastern Railway Station

JOHN *I'd like a round-trip ticket to Rheims.*

THE EMPLOYEE *Which class, sir?*

JOHN *Second, please. How long is this ticket good?*

THE EMPLOYEE *Two weeks, sir.*

JOHN *Do I have to change trains on the way?*

THE EMPLOYEE *Yes, you have to change trains at Epernay.*

JOHN *How long do you have to wait for the connection?*

THE EMPLOYEE *You will have about half an hour at Epernay.*

On the platform at Epernay

JOHN *Is the Rheims train on time?*

THE EMPLOYEE *Yes, sir. In France, trains are never late.*

JOHN *Oh really? In that case, will I have time to go to the lunchroom?*

THE EMPLOYEE *You can try it, but hurry. The train stops just three minutes. If you miss this train, you will have to spend the night at Epernay.*

ATTENTION
N'AVEZ-VOUS
RIEN OUBLIE
DANS LE
TRAIN

CULTURAL NOTES

Rheims *is one of the oldest cities of France. It has many notable historical monuments, including a Roman arch and the admirable Gothic cathedral. The cathedral, which was very seriously damaged in World War I, was restored with the help of John D. Rockefeller. It was there that Jeanne d'Arc had Charles VII crowned in 1429. Rheims is also known for its industries, in particular the champagne industry.*

The French say **quinze jours** *(15 days) for two weeks and* **huit jours** *for a week. Cf. English: An eight-day clock is one that must be wound once a week.*

I Exercice de mise en train

Répondez tous ensemble:

1. Demandez-moi où j'irai cet après-midi.   2. Demandez-moi si j'ai des courses
à faire.   3. Demandez-moi ce que j'achèterai.   4. Demandez-moi ce que je ferai
s'il pleut.   5. Dites-moi que vous ferez des courses.   6. Dites-moi que vous
n'aimez pas prendre le métro.   7. Pourquoi n'aimez-vous pas prendre le métro?
8. Dites-moi que s'il pleut vous prendrez un taxi.

II Substitutions

Répétez les phrases suivantes en substituant les mots indiqués:

1. Je voudrais un billet aller et retour pour **Reims.**
   Lyon / Marseille / Bruxelles / Rome
2. (a) Est-ce que je dois (*Must I*) changer **de train?**
   de gare / de chambre / d'hôtel / de chemise (*shirt*)
   (b) Est-ce qu'il faut (*Must one*) changer **de train?**
   d'aéroport / d'hôtel / de robe / de souliers
3. Le train est **à l'heure.**
   juste à l'heure / en retard / en avance / en avance d'une ou deux minutes
4. Est-ce que j'aurai le temps **d'aller au buffet?**
   de déjeuner / de dîner / de téléphoner à Marie / d'acheter des cartes postales

III *Demandez à quelqu'un:*

1. un billet aller et retour pour Reims.   2. combien de temps votre billet est bon.
3. si vous devez changer de train en route.   4. où vous devez changer de train.
5. combien de temps il faut attendre la correspondance.   6. combien de temps
ce billet est bon.   7. si le train est à l'heure.   8. si le train est en retard.
9. combien de temps le train s'arrête.   10. s'il s'arrête dix minutes.   11. si vous
aurez le temps d'aller au buffet.   12. ce que c'est que le buffet d'une gare.

IV *Répondez en français, d'après le texte, à chacune des questions suivantes:*

1. Où va Jean?   2. Quelle espèce de billet veut-il?   3. Quelle classe?   4. Combien de temps son billet est-il bon?   5. Est-ce qu'il doit changer de train en
route?   6. Combien de temps faut-il attendre la correspondance?   7. Le train
est-il en retard?   8. Est-ce que Jean aura le temps d'aller au buffet?   9. Qu'est-
ce qu'il sera obligé de faire s'il manque la correspondance?   10. Combien de
temps le train s'arrête-t-il?

164

V *Répondez aux questions personnelles suivantes:*

1. Comment voyagez-vous d'habitude? **2.** Est-ce que vous prenez souvent le train? **3.** Êtes-vous jamais allé(e) dans l'ouest des États-Unis? **4.** Combien de temps votre voyage a-t-il duré? **5.** Où êtes-vous allé(e)? **6.** Aimez-vous voyager en avion? **7.** Avez-vous jamais pris un hélicoptère? **8.** Avez-vous peur d'aller en avion?

VI Exercices d'application

A. *Posez la question à laquelle répond chacune des phrases suivantes, en commençant par* **combien de temps:**

EX. —Il faut attendre vingt minutes.
—**Combien de temps faut-il attendre?**

1. Il faut travailler deux heures. **2.** Monsieur Brown a passé deux ans en Angleterre. **3.** Ce billet est bon quinze jours. **4.** Je serai ici deux jours. **5.** L'hiver dure longtemps. **6.** Il faut une demi-heure pour aller en ville.

B. *Répétez en remplaçant* **à** (at) *par* **vers** (at about):

1. Il arrive à cinq heures. **2.** Je déjeune à midi. **3.** Je me couche à onze heures. **4.** Je vais rentrer à six heures.

C. *Répétez en employant* **à peu près** (about) *devant le nombre indiqué:*

1. Vous aurez vingt minutes à Épernay. **2.** Il a passé dix ans en Angleterre. **3.** Il faut une heure pour dîner. **4.** Il est venu en France il y a cinq ans.

D. *Remplacez l'impératif par* **vous devez** (you must) *et l'infinitif:*

EX. —Parlez français.
—**Vous devez parler français.**

1. Allez à la boulangerie. **2.** Finissez votre travail. **3.** Couchez-vous de bonne heure. **4.** Dépêchez-vous. **5.** Soyez à l'heure. **6.** Allez voir ce film. **7.** Commencez tout de suite. **8.** Travaillez davantage.

VII Dictée d'après la Conversation 17, p. 150

VIII Dialogue

Vous demandez des renseignements (*information*) au guichet d'une gare.

Au musée du Jeu de Paume°

Jean et Marie se promènent dans le Jardin des Tuileries. Ils arrivent sur la Place de la Concorde. Cette place est ainsi appelée pour faire oublier l'exécution du roi Louis XVI, qui a eu lieu en cet endroit en 1793.

MARIE ¹Voulez-vous jeter un coup d'oeil sur le Musée du Jeu de Paume?

JEAN ²Qu'est-ce que c'est que ça?

MARIE ³C'est le grand musée des Impressionnistes: Manet, Monet, Renoir, et beaucoup d'autres.

JEAN ⁴Pourquoi appelle-t-on ces gens-là des Impressionnistes?

MARIE ⁵À cause d'un tableau de Monet intitulé *Impression.* ⁶Il représente le lever du soleil au bord de la mer. ⁷Un critique, qui n'aimait pas les nouveaux peintres, leur a donné le nom d'impressionnistes, ⁸et le nom est resté.

À la sortie du musée

MARIE ⁹On vend ici des reproductions de tableaux. ¹⁰Est-ce que cela vous intéresse?

JEAN ¹¹Mais oui. Voici justement un tableau de Manet qui me plaît beaucoup. (*Il regarde le titre.*) ¹²*Le Déjeuner sur l'herbe.* (À la vendeuse.) ¹³C'est combien?

LA VENDEUSE ¹⁴Cinquante francs, monsieur.

JEAN ¹⁵Bon, donnez-le moi. (À Marie.) ¹⁶Je vais le mettre sur le mur de ma chambre.

MARIE *Do you want to glance at the Jeu de Paume?*

JOHN *What's that?*

MARIE *It's the great museum of the Impressionnists; Manet, Monet, Renoir, and lots of others.*

JOHN *Why do they call those people Impressionnists?*

MARIE *Because of a picture by Monet entitled* Impression. *It represents sunrise beside the sea. A critic who didn't like the new painters referred to them as Impressionists and the name stuck.*

As they leave the museum (lit.: at the exit)

MARIE *They sell reproductions of pictures here. Are you interested?*

JEAN *Yes indeed. As it happens, here is a Manet picture that I like very much. (He looks at the title.)* Le Déjeuner sur l'herbe *"Lunch on the Lawn." (To the salesgirl) How much is it?*

THE SALESGIRL *Fifty francs, sir.*

JOHN *O.K. I'll take it. (To Marie) I am going to put it up (on the wall) in my room.*

Au musée du Jeu de Paume

La Place de la Concorde

CULTURAL NOTE

Le Jeu de Paume Museum *occupies the old indoor tennis court that was built in a corner of the Tuileries Garden in 1851. When the game (***le jeu***) was first played (in the Middle Ages), the ball was struck with the palm (***la paume***) of the hand. Both the game and the place where it was played were called* **Le Jeu de Paume.** *The museum contains many famous paintings of the Impressionnist period: Manet, Monet, Renoir, Sisley and others.*

I Exercice de mise en train

Répondez tous ensemble:

1. Dites-moi que vous voudriez un billet aller et retour pour Reims.
2. Demandez-moi combien de temps ce billet est bon.   3. Demandez-moi si vous devez changer de train en route.   4. Dites-moi que je dois changer à Épernay.   5. Demandez-moi si le train est à l'heure.   6. Dites-moi qu'en France les trains sont toujours à l'heure.   7. Demandez-moi si vous aurez le temps d'aller au buffet.   8. Dites-moi que le train s'arrête seulement trois minutes.

II Substitutions

Répétez les phrases suivantes en substituant les mots indiqués.

1. L'exécution de Louis XVI a eu lieu en 1793.
   La bataille de Waterloo . . . en 1815 / La prise de la Bastille . . . en 1789 / La conquête de l'Angleterre . . . en 1066 (mille soixante-six) / L'achat de la Louisiane . . . en 1803
2. À cause d'un tableau . . .
   d'une peinture / d'un peintre / d'un critique / d'un journaliste
3. Voulez-vous jeter un coup d'oeil sur le musée?
   les tableaux / les Impressionnistes / ce tableau de Renoir / cette peinture de Renoir
4. À la sortie du musée . . .
   En sortant / À l'entrée / Tout près / À côté
5. Donnez-le-moi.
   la-moi / les-moi / le-nous / les-nous

III *Répondez en français, d'après le texte, aux questions suivantes:*

1. Où Jean et Marie se promènent-ils?   2. Sur quelle place arrivent-ils?
3. Quand a eu lieu l'exécution de Louis XVI?   4. Pourquoi cette place est-elle ainsi appelée?   5. Où l'exécution de Louis XVI a-t-elle eu lieu?   6. Qu'est-ce que c'est que le musée du Jeu de Paume?   7. Quel est le titre du tableau de Monet?   8. Comment un critique a-t-il appelé les nouveaux peintres?   9. Qu'est-ce qu'on vend à la sortie du musée?   10. Pourquoi Jean choisit-il un tableau de Manet?   11. Où mettra-t-il ce tableau?   12. Combien coûte ce tableau?

168

IV *Demandez à quelqu'un:*

1. où se promènent Jean et Marie.   2. sur quelle place ils arrivent.   3. pourquoi on appelle cette place la Place de la Concorde.   4. ce que c'est que le musée du Jeu de Paume.   5. s'il (si elle) connaît quelques Impressionnistes.   6. quel est le titre du tableau de Manet.   7. ce que représente ce tableau.   8. quel en est le prix de la reproduction.   9. où Jean le mettra.

V *Dites en français à quelqu'un:*

1. d'entrer.   2. de vous donner son adresse.   3. de vous la donner.   4. de vous envoyer la facture (*the bill*).   5. de vous l'envoyer.   6. d'attendre une minute.   7. de s'asseoir.   8. de ne pas avoir peur.   9. de se dépêcher.

VI *Répéter en remplaçant le nom par le pronom convenable:*

EX. —Avez-vous d'autres chambres?
　　　—En avez-vous d'autres?*

1. J'ai une chambre au premier.   2. J'ai une autre chambre à louer.   3. Voici un pull-over qui me plaît beaucoup.   4. Avez-vous d'autres pull-overs?   5. Nous avons des pull-overs de toutes les couleurs.   6. Nous avons des reproductions.   7. Nous avons une reproduction de Renoir.   8. Nous avons plusieurs reproductions.

VII *Répétez les phrases suivantes en remplaçant l'adjectif numéral par le nom et la préposition* **de:**

EX. —Il y a dix personnes dans le restaurant.
　　　—Il y a une dizaine de personnes dans le restaurant.**

1. J'ai passé quinze jours à la campagne.   2. Il y a vingt étudiants dans la classe.
3. Il y a trente personnes dans l'autobus.   4. Cette reproduction m'a coûté cinquante francs.   5. Il y a cent personnes dans cet avion.   6. J'ai acheté douze tulipes.

---

* Note that with adjectives that precede the noun, you normally say **de** (Avez-vous d'autres gants? En avez-vous d'autres? Nous en avons **de** très jolis.); but with adjectives that follow the noun, you say **du, de la,** or **des** (Avez-vous **des** gants jaunes? En avez-vous **des** jaunes?).

** Note that the suffix **-aine** added to certain numbers gives them the meaning *approximately* —except **douzaine** and **demi-douzaine,** which mean twelve and six.

Le Jardin des Tuileries

VIII   *Répondez aux questions personnelles suivantes:*

1. Allez-vous souvent aux musées?   2. Aimez-vous mieux les musées des beaux-
arts ou les musées d'histoire naturelle?   3. Quand vous serez à Paris, irez-vous
au Jeu de Paume?   4. Comment trouvez-vous les peintres impressionnistes?
5. Quels Impressionnistes connaissez-vous?   6. Y a-t-il de beaux musées dans la
ville où vous habitez?   7. Connaissez-vous l'origine du nom Impressionnistes?
8. Avez-vous visité la Galerie Nationale à Washington?   9. Avez-vous vu *Le
Déjeuner sur l'herbe* de Manet?   10. Connaissez-vous aussi des sculpteurs
français?

IX   Dictée d'après la Conversation 18, p. 162

X   Dialogue improvisé

Vous achetez une douzaine d'oranges. Discutez le prix et la qualité des fruits.

Stressed forms of personal pronouns

49 *Distinction between stressed forms and unstressed forms of personal pronouns*

The stressed forms of personal pronouns differ from the unstressed forms in both form and usage. You have learned that the unstressed forms are ordinarily used as subjects, direct objects, and indirect objects of verbs. The stressed forms are commonly used after prepositions and, in certain circumstances, with verbs.

50 *Stressed forms of personal pronouns*

—Où allez-vous?	Where are you going?
—Je vais **chez moi.**	I am going *home.*
—Allez-vous chez M. Brown?	Are you going to Mr. Brown's?
—Oui, je vais **chez lui.**	Yes, I am going *to his house.*
—Êtes-vous déjà allé(e) chez les Brown?	Have you been to the Brown's before?
—Oui, je suis déjà allé(e) **chez eux.**	Yes, I have already been *to their house.*
—Êtes-vous allé(e) au match avec Marie?	Did you go to the game with Mary?
—Oui, j'y suis allé(e) **avec elle.**	Yes, I went there *with her.*

The stressed forms of personal pronouns are: **moi, toi, lui (elle), nous, vous, eux (elles).**

Note carefully that the third person of *stressed* forms has different forms for masculine and feminine (**lui** and **elle, eux** and **elles**), whereas the third person of *unstressed* forms has only one form (**lui**) for the singular and one form (**leur**) for the plural.

A.   *As object of a preposition* (**de, avec, sans, chez, pour,** etc.)

—Voulez-vous venir **avec moi?**	Do you want to go along *with me?*
—Si Marie ne rentre pas, je déjeunerai **sans elle.**	If Mary does not come back, I will have lunch *without her.*
—Connaissez-vous ses cousines?	Do you know his (*or* her) cousins?
—Oui, je suis allé(e) **chez elles** plusieurs fois.	Yes, I have gone *to their house* several times.
—Avez-vous peur de votre père?	Are you afraid of your father?
—Non, je n'ai pas peur **de lui.**	No, I am not afraid *of him.*

The stressed forms are generally used only to refer to persons:

—Parlez-vous de **Charles?**   —Oui, nous parlons de **lui.**
—Parlez-vous de **Marie?**   —Oui, nous parlons d'**elle.**
—Avez-vous besoin de **moi?**   —Non, je n'ai pas besoin de **vous.**

When speaking of things, instead of the preposition **de** with a stressed form of the personal pronoun, you use the pronoun **en** (*of it, of them*).

—Parlez-vous **de votre voyage?**   —Oui, nous **en** parlons.
—Avez-vous besoin **de gants?**   —Oui, j'**en** ai besoin.
—Avez-vous peur **des examens?**   —Non, je n'**en** ai pas peur.

B.   *After* c'est, ce sont (*whether expressed or understood*)

—Qui est là? —C'est **moi.** (or **Moi.**)	Who is there? It's *I* or It's *me.*(or *Me.*)
—Qui a écrit cette lettre?	Who wrote that letter?
—C'est **elle.** (or **Elle.**)	It was *she.* (or *She did.*)
—Qui sont ces jeunes filles? Est-ce que ce sont vos cousines?	Who are those girls? Are they your cousins?
—Oui, ce sont **elles.**	Yes, it is *they.* (or *Yes they are.*)

C.   *To specify the persons indicated by a plural form of a personal pronoun*

—**Elle et moi,** nous sommes allé(e)s au cinéma ensemble	*She and I* (*We*) went to the movies together.
—**Lui et elle** sont allés au stade.	*He and she* went to the stadium.

D.   *In addition to, or instead of, an unstressed form of personal pronouns for emphasis*

—**Moi,** je ne sais pas.	*I* don't know.
—**Moi,** je suis Américain.	*I* am an American.
—**Lui** aussi est Américain.	*He* too is an American.
—**Elle** aussi est Américaine.	*She* too is an American.

E. *When combined with the word* même *the stressed forms are even more emphatic*

—Je l'ai fait **moi-même**. I did it *myself*.
—Il est venu **lui-même**. He came *in person*.
—Faites-le **vous-même**. Do it *yourself*.

52 *Use of personal pronouns with the imperative*

A. *With the affirmative imperative*

Personal pronoun objects follow the affirmative imperative:

—Mettez-**le** dans un carton. (dir. obj.)
—Donnez-**en** aussi à Roger. (dir. obj. partitive)
—Donnez-**moi** des hors-d'œuvre. (indir. obj.)

(1) For direct object you use the forms **le, la, les; en.** For indirect object the forms are: **moi (m'), toi (t'), lui, nous, vous, leur.**
(2) When you have both a direct and an indirect object pronoun, the indirect object comes last except when **en** is used.

(*a*) —Montrez-moi le journal. —Montrez-le-moi.
—Montrez-moi la reproduction. —Montrez-la-moi.
—Apportez-moi les hors-d'œuvre. —Apportez-les-moi.
—Donnez-lui le journal. —Donnez-le-lui.
—Donnez-nous le journal. —Donnez-le-nous.
—Donnez-leur le journal. —Donnez-le-leur.

(*b*) —Donnez-moi du café. —Donnez-m'en.
—Donnez-moi de la crème. —Donnez-m'en.
—Passez-moi le journal. —Passez-le-moi.

B. *With the negative imperative*

With negative imperatives, the unstressed forms of personal pronouns are used and stand in the order of pronoun objects that is normal in declarative sentences (paragraph 42, Grammar Unit 10).

PRESENT INDICATIVE	NEGATIVE IMPERATIVE
Vous me donnez votre adresse.	
Vous me la donnez.	—**Ne me la** donnez pas.
Vous **ne me la** donnez pas.	
Vous me donnez du café.	
Vous m'en donnez.	—**Ne m'en** donnez pas.
Vous **ne m'en** donnez pas.	

I Substitutions

Répétez les phrases suivantes en substituant les mots indiqués:

1. Il a passé la soirée chez **moi**.
   toi / lui / elle / eux / elles
2. Nous avons parlé d(e) **vous**.
   toi / lui / elle / eux
3. **Elle et moi** nous avons écouté des disques.
   Lui et moi / Toi et moi / Vous et moi / Elles et moi
4. Je n'ai plus confiance **en vous**.
   en toi / en lui / en elle / en eux

II Exercices d'application

A. *Répétez les phrases suivantes en remplaçant les noms par les pronoms convenables:*

EX. —Je suis allé(e) chez les Brown.
     —**Je suis allé(e) chez eux.**

1. Nous avons parlé de nos amis. **2.** J'ai passé la soirée chez mes parents.
3. Jean est allé à la sauterie (au bal) avec Marie. **4.** Nous y sommes allé(e)s avec nos cousines. **5.** Je suis parti(e) sans mon père. **6.** J'ai acheté quelque chose pour mon petit frère.

B. *Répétez les phrases suivantes en remplaçant les noms par* **en** *ou* **y:**

1. Nous avons parlé de nos voyages. **2.** J'ai passé la soirée au cinéma. **3.** Avez-vous répondu à cette lettre? **4.** Avez-vous répondu à toutes les questions?
5. Je n'ai pas peur des examens. **6.** Nous n'avons pas peur de la pluie.

C. *Répétez les phrases suivantes en ajoutant le pronom convenable:*

EX. —Je suis allé(e) la chercher.
     —**Je suis allé(e) la chercher moi-même.**

1. Il a lavé son auto. **2.** Elle s'est occupée de sa bicyclette. **3.** Mon père est allé chercher le journal. **4.** Nous ferons des courses. **5.** Ils vont au super-marché.

III *Répondez affirmativement en français à chacune des questions suivantes, en remplaçant les noms par les pronoms convenables:*

1. Êtes-vous déjà allé(e) chez M. Brown? **2.** Êtes-vous allé(e) au cinéma avec Marie? **3.** Êtes-vous déjà allé(e) chez Marie et chez Alice? **4.** Est-ce que vous avez déjeuné avec Roger? **5.** Avez-vous déjeuné avec votre ami? **6.** Êtes-vous allé(e) au bal samedi soir avec Marie? **7.** Êtes-vous parti(e) sans Marie? **8.** Avez-vous fait des courses pour votre mère? **9.** Avez-vous acheté des gants pour votre mère? **10.** Avez-vous confiance en votre père?

IV *Répondez négativement, en employant le pronom convenable:*

1. Avez-vous besoin de moi? **2.** Avez-vous besoin de mon frère? **3.** Avez-vous besoin de mon auto? **4.** Est-ce que vous avez parlé de l'examen? **5.** Avez-vous parlé de votre travail? **6.** Avez-vous parlé de Jean et de Roger? **7.** Avez-vous peur de votre père? **8.** Avez-vous peur de vos parents? **9.** Avez-vous peur des avions? **10.** Avez-vous peur des agents de police? **11.** Avez-vous peur des taxis? **12.** Avez-vous confiance en moi? **13.** Est-ce que Marie a confiance en Jean? **14.** Est-ce que Jean a loué un appartement chez Mme Cochet?

V Exercices d'application: *L'impératif*

A. *Répétez en remplaçant les noms par les pronoms convenables:*

EX. —Apportez-moi les fruits.
    —**Apportez-les-moi.**

1. Apportez-moi l'addition. **2.** Apportez-moi les hors-d'œuvre. **3.** Apportez-nous le plat de viande. **4.** Apportez-nous du raisin. **5.** Apportez-moi de la crème. **6.** Apportez-nous des fruits.

B. *Mettez les phrases suivantes à la forme négative:*

EX. —Donnez-moi la carte.
    —**Ne me donnez pas la carte.**

1. Donnez-lui l'addition. **2.** Envoyez-lui la facture. **3.** Envoyez-lui de l'argent. **4.** Apportez-nous du café. **5.** Donnez-moi du café.

Une Pharmacie

VI *Dites à quelqu'un:*

    EX. —de vous montrer une paire de gants (*gloves*).   **Montrez-moi une paire de gants.**

        —de vous en donner une paire.   **Donnez-m'en une paire.**

1. de vous donner une douzaine de cartes postales. 2. de vous en donner une douzaine. 3. de vous apporter une pêche. 4. de vous en apporter une.
5. de vous en apporter une demi-douzaine. 6. de vous donner un peu de café.
7. de vous en donner un peu. 8. de ne pas vous en donner beaucoup. 9. de ne pas vous donner de crème. 10. de ne pas vous en donner trop.

VII Thème d'imitation

Friday afternoon, John and Roger did some errands. They went into[1] a drugstore and John said to the pharmacist: "I would like some writing paper (*papier à lettres*) and some post cards." The pharmacist said to him: "If you need writing paper and post cards, sir, go to the stationer's or the tobacco shop. They do not sell medicines in tobacco shops, and pharmacists sell neither[2] writing paper nor post cards." Roger thought[3] the incident[4] very funny;[5] but John found it less amusing.[6]

[1](entrer dans). [2]Cf. **Il ne fait ni trop froid ni trop chaud.** [3]a trouvé. [4]l'incident (*m*).
[5]drôle. [6]amusant.

À l'arrêt de l'autobus

Marie attend l'autobus Boulevard Pasteur° lorsque Roger s'approche d'elle.

ROGER ¹Tiens, bonjour, Marie. Qu'est-ce que tu fais ici?

MARIE ²Tu vois bien, j'attends l'autobus. ³Il y a bien un quart d'heure que je l'attends.

ROGER ⁴Vraiment?

MARIE ⁵Un autobus est passé il y a dix minutes. ⁶Je n'ai pas pu monter. ⁷Pas de place. ⁸Complet.

ROGER ⁹En voici un autre qui arrive.

MARIE ¹⁰Je vois des gens debout.

ROGER ¹¹Ça ne fait rien. Montons tout de même.

Dans l'autobus

MARIE ¹²On est un peu serré, beaucoup même.

ROGER ¹³Il y aura peut-être de la place plus loin, quand les gens commenceront à descendre.

MARIE ¹⁴Espérons-le.

ROGER ¹⁵Où descends-tu?

MARIE ¹⁶À l'arrêt de la rue de Rivoli. ¹⁷Je vais faire des emplettes.

ROGER *Well! Hi, Marie. What are you doing here?*

MARIE *You (can) see very well; I'm waiting for the bus. I've been waiting (for it) for at least a quarter of an hour.*

ROGER *Really?*

MARIE *A bus came by ten minutes ago. I couldn't get on. No room. It was (marked) "Full."*

ROGER *Here comes another one.*

MARIE *I see people standing.*

ROGER *That makes no difference. Let's get on anyway.*

On the bus

MARIE *It's a little crowded, in fact, very.*

ROGER *There will perhaps be room further on, when people begin to get off.*

MARIE *Let's hope so.*

ROGER *How far are you going?*

MARIE *To the bus stop on the rue de Rivoli. I'm going to buy some things.*

ROGER **18**Et moi, je vais chez le coiffeur, rue du 4 septembre.° **19**Si tu veux, je ferai un petit bout de chemin avec toi.

MARIE **20**D'ac.* Ce sera gentil de ta part.

ROGER *I'm going to the barber shop on the rue du 4 Septembre. I'll walk part of the way with you, if you like.*

MARIE *Fine. That'll be very nice (of you).*

* See cultural note on p. 97.

CULTURAL NOTES

Paris streets are often named for famous people (**Pasteur, Marie Curie**), *places* (**États-Unis, New York, Japon**), *or even dates.* **La rue du quatre septembre** *honors the date of the proclamation of the Third Republic (1870).* **La rue du Vingt-Neuf juillet** *commemorates the date when the mob captured the* **Palais des Tuileries** *(1840).* **La place du Dix-huit juin** *honors De Gaulle's proclamation of the* "**Résistance à l'occupation allemande** *(1940)."* *There are about forty squares and streets in Paris that were named in honor of doctors (Cf.* **la rue du Docteur Roux,** *p. 140).*

Some streets have very old and very strange names. **La Rue du Chat qui pêche** *(The Street of the Cat that is Fishing) got its name from a sign that hung there in the Middle Ages picturing a cat that was fishing. It was probably hung there to call attention to the stall of a fishmonger. Equally strange is the* **Rue du Fouarre** *(Street of the Straw). In the Middle Ages there were several schools in the neighborhood, and in those days the students sat on the floor, which was covered with straw. Although French students do not sit on the floor these days, and although you will not find the Old French word* **fouarre** *in French dictionaries today, the street is still called the* **Rue du Fouarre.**

Répétez les phrases suivantes en substituant les mots indiqués:

1. Voilà bien un quart d'heure qu(e) **je l'attends.**
   je suis ici / il pleut / je vous attends / je t'attends

2. Il n'est pas passé d'autobus depuis **un quart d'heure?**
   dix minutes / vingt minutes / une demi-heure / quelque temps

3. Si. Il en est passé **un.**
   deux ou trois / un ou deux / quelques-uns / plusieurs

4. Je n'ai pas pu **monter.**
   trouver un taxi / trouver une place / aller au buffet / entrer

5. **Pas** de place.
   Plus / Pas encore / Pas assez / Pas beaucoup

6. Je descends **à l'arrêt de la rue de Rivoli.**
   à l'arrêt de la rue Montaigne / à l'arrêt de la rue Saint-Honoré / au quai Voltaire
   / à la place du 18 juin 1940

II   *Demandez à quelqu'un:*

1. ce qu'il (qu'elle) fait ici.   2. s'il (si elle) attend l'autobus depuis longtemps.
3. s'il n'est pas passé d'autobus depuis un quart d'heure.   4. pourquoi il (elle)
ne l'a pas pris.   5. quand il y aura de la place.   6. où il (elle) descend.   7. pourquoi Marie descend à l'arrêt de la rue de Rivoli.

III   *Répondez d'après le texte:*

1. Que fait Marie quand Roger s'approche d'elle?   2. Est-ce qu'elle attend
l'autobus depuis longtemps?   3. Depuis combien de temps l'attend-elle?
4. N'est-il pas passé d'autobus depuis un quart d'heure?   5. Pourquoi Marie ne
l'a-t-elle pas pris?   6. Que voit-elle dans l'autobus qui arrive?   7. Quand y
aura-t-il de la place?   8. Où Marie descend-elle?   9. Qu'est-ce qu'elle va faire?
10. Où va Roger?   11. Qu'est-ce que Roger propose de faire?   12. Que dit
Marie quand Roger propose de faire un petit bout de chemin avec elle?

IV   *Répétez chacune des phrases suivantes:*

(a) en ajoutant **depuis longtemps:**

EX.   —Je n'ai pas vu d'autobus.
      —**Je n'ai pas vu d'autobus depuis longtemps.**

1. Je n'ai pas vu mon père.   2. Je ne suis pas allé(e) au cinéma.   3. Jean n'est
pas allé chez les Brown.   4. Je n'ai pas pris l'autobus.   5. Je n'ai pas fait de

180

longue promenade.   **6.** Nous n'avons pas écrit de lettres.   **7.** Nous ne sommes pas sorti(e)s.   **8.** Je ne suis pas allé(e) chez le coiffeur.

(b) même exercice en commençant par **Il y a quelque temps que . . .:**

V   *Complétez chacune des phrases suivantes en employant* temps, heure, *ou* fois *selon le cas:*

1. Quelle ..... est-il?   **2.** Quel ...... fait-il?   **3.** Il fait mauvais ......

4. J'ai passé quelque ...... à Québec.   **5.** Je ne sais pas quelle ...... il est.

6. Il est dix ......   **7.** J'ai visité ce musée plusieurs ......   **8.** Je n'ai pas

le ...... d'y aller aujourd'hui.   **9.** J'y suis allé(e) deux ou trois ......   **10.** Deux

.... cinq font dix.   **11.** Combien de ...... l'hiver dure-t-il?   **12.** Combien

de ...... y a-t-il que vous m'attendez?

VI   Révision

Répondez en français à chacune des questions suivantes, en remplaçant les mots en italique par l'adverbe **y** (there):

EX.   —Allez-vous *à la gare?*
      —**Oui, j'y vais.**

1. Allez-vous *chez le coiffeur?*   **2.** Allez-vous *au bureau de tabac?*   **3.** Allez-vous *à la banque* ce matin?   **4.** Allez-vous *au cinéma* demain soir?   **5.** Roger va-t-il *chez le coiffeur?*   **6.** Marie va-t-elle *en ville?*   **7.** Avez-vous besoin d'aller *chez le coiffeur?*   **8.** Avez-vous besoin d'aller *à la banque?*   **9.** Roger et Marie sont-ils montés *dans l'autobus?*   **10.** Jean et Roger sont-ils allés *en ville* ensemble?
11. Irez-vous *au cinéma* ce soir? [ANSWER: Oui, j'irai. **Y** is omitted before the future of **aller.**]

VII   *Répondez aux questions personnelles suivantes:*

1. Est-ce que vous allez à l'école en autobus tous les jours?   **2.** Combien de temps attendez-vous d'habitude l'autobus?   **3.** Combien de temps l'avez-vous attendu ce matin?   **4.** Avez-vous une bicyclette?   **5.** Aimez-vous faire des excursions en vélo?   **6.** Est-il dangereux de faire du vélo la nuit?

VIII   Dictée d'après la Conversation 19, p. 166

IX   Causerie

Ce que j'ai vu en attendant l'autobus. J'ai vu des gens très pressés, des gens qui marchaient très vite, des taxis qui passaient à toute vitesse, des femmes qui promenaient leurs enfants, etc.

Voyage à Reims

Jean et Roger ont décidé de profiter des derniers beaux jours de l'automne pour faire un petit voyage en province. Ils n'ont pas l'intention d'aller très **loin**, car ils ne disposent que de deux ou trois jours. Finalement, leur choix s'arrête sur Reims. Jean n'a jamais vu la cathédrale de Reims, et Reims est juste à la distance convenable.

Roger consulte l'horaire des chemins de fer.

—Tout s'arrange admirablement, dit-il à Jean. Nous n'aurons pas besoin d'aller à Épernay et d'y attendre la correspondance. La ligne Mézières-Charleville passe par Reims. Si nous prenons l'express qui quitte Paris à 8h. 30, nous arriverons à notre destination à 10h. Et l'horaire du retour est tout aussi commode. En quittant Reims à 21h. 7, nous serons à Paris à 22h. 38, assez tôt pour avoir une bonne nuit de sommeil et être frais et dispos pour le travail de lundi.

Le lendemain matin, nos deux amis prennent le train à la gare de l'Est. Le compartiment où ils s'installent est très confortable. L'express roule à toute vitesse. Au delà des maisons grises de la capitale, il traverse la banlieue parisienne, avec ses jardins potagers et ses jolies maisons de pierre blanche, chacune d'elles entourée de murs.

—Pourquoi ces gens construisent-ils des murs tout autour de leur propriété? demande Jean. Ce n'est pas amusant pour le propriétaire de ne voir que des murs autour de lui.

—C'est sans doute un reste de méfiance de la part du propriétaire. Je suis sûr que beaucoup de ces gens-là ne connaissent pas leurs voisins, ou que, s'ils les connaissent, leurs rapports avec eux restent quelque peu distants.

Du train, Jean regarde l'agréable et paisible campagne de l'Île-de-France, avec ses champs fertiles, ses arbres verts et ses petits villages aux toits rouges groupés autour de leur vieux clocher. Dans le voisinage de Reims, les vignes couvrent le flanc des collines.

C'est la saison des vendanges, et partout dans les vignobles, hommes et femmes sont en train de cueillir les lourdes grappes de raisin.

—Sais-tu que le vin de champagne est en grande partie fabriqué avec du raisin rouge? dit Roger. Pour avoir un vin blanc, il suffit de laisser fermenter le jus du raisin sans la peau. C'est elle qui contient les pigments.

Tout de suite après leur arrivée à Reims, Jean et Roger vont voir la cathédrale. Jean est très impressionné. Malheureusement, une partie de la façade est cachée par des échafaudages.

—Je n'ai jamais encore vu une seule cathédrale sans échafaudages, remarque Roger. On est toujours en train de travailler quelque part, de réparer quelque chose, et ici encore plus qu'ailleurs. À la fin de la première guerre mondiale, la pauvre cathédrale de Reims, brûlée, mutilée, était presque en ruines. À travers d'énormes trous dans la voûte, on pouvait voir le ciel. Même maintenant, bien des statues, bien des sculptures portent encore des traces de ces mauvais jours. Et malgré tout, la vieille cathédrale où l'on couronnait les rois de France est toujours debout.

Le lendemain, les deux jeunes gens visitent les vastes caves souterraines d'une des maisons de champagne. Un guide leur explique comment on prépare le vin de champagne, comment les bouteilles sont laissées un certain temps dans une certaine position, puis placées dans une autre. Jean ne savait pas que la préparation du champagne était une opération si longue et si compliquée.

Leur visite terminée, Jean et Roger dînent dans un des bons restaurants de la ville. Puis ils vont prendre le train qui les ramènera à Paris.

Questions

1. Pourquoi Jean et Roger n'ont-ils pas l'intention de faire un long voyage?
2. Comment iront-ils à Reims? 3. À quelle heure quitteront-ils Paris?
4. À quelle gare vont-ils le lendemain? 5. Qu'est-ce qu'il y a dans la banlieue parisienne? 6. Pourquoi les propriétaires construisent-ils des murs tout autour de leur propriété? 7. Connaissent-ils très bien leurs voisins? 8. Où se trouvent les vignes de Champagne? 9. Pourquoi y a-t-il beaucoup d'hommes et de femmes au milieu des vignes? 10. Est-ce que le vin de champagne est toujours fabriqué avec des raisins blancs?
11. Qu'est-ce qu'il y a sur la façade de la cathédrale de Reims? 12. Pourquoi y a-t-il souvent des échafaudages sur les cathédrales? 13. Est-ce que la cathédrale de Reims a beaucoup souffert de la première guerre mondiale?
14. Est-ce que la préparation du vin de champagne est une opération simple?

La Cathédrale de Reims

Quand j'avais douze ans

Roger parle à Jean de ses années de collège.°

JEAN ¹À quelle école allais-tu quand tu avais douze ans?

ROGER ²J'allais au collège, c'est-à-dire à l'école secondaire.

JEAN ³Où habitais-tu à ce moment-là?

ROGER ⁴J'habitais une petite ville des Alpes.

JEAN ⁵Y es-tu jamais retourné?

ROGER ⁶Oui, j'y suis retourné il y a quelques années. ⁷On y a construit une usine de produits chimiques. ⁸À part ça, la ville a peu changé. ⁹Elle est encore à peu près telle que je la connaissais.

JEAN ¹⁰Qu'est-ce que tu faisais à l'école?

ROGER ¹¹Je travaillais huit heures par jour. ¹²Le pire, c'était l'hiver quand il faisait froid et qu'il y avait de la neige.

JEAN ¹³Étiez-vous nombreux dans cette école?

ROGER ¹⁴Non, il n'y avait guère plus d'une centaine d'élèves.

JEAN ¹⁵Je crois qu'on travaillait trop dans ton école.

ROGER ¹⁶Malgré tout, cette école m'a fait beaucoup de bien.

JOHN *What school did you go to when you were twelve years old?*

ROGER *I went to "collège," that is to say, to secondary school.*

JOHN *Where did you live at that time?*

ROGER *I was living in a little town in the Alps.*

JOHN *Have you ever gone back there?*

ROGER *Yes, I went back a few years ago. They have built a chemical factory there. Except for that, the city has not changed very much. It's still about the same as I knew it.*

JOHN *What did you do at school?*

ROGER *I worked eight hours per day. The worst of all was in winter, when it was cold and there was snow.*

JOHN *Were there many of you in that school?*

ROGER *No, there were hardly more than one hundred students.*

JOHN *I think that they worked too hard in your school.*

ROGER *In spite of everything, that school did me a great deal of good.*

Une usine de produits chimiques

CULTURAL NOTE

*The curriculum of a **collège** or French secondary school corresponds roughly to that of a U.S. high school plus the first two years of college. There are two types of secondary schools in France: A **lycée** (m.) is operated by the government; a **collège** (m.) is run by a municipality or a church.*

Une petite ville des Alpes

Répétez les phrases suivantes en substituant les mots indiqués:

1. À quelle école allais-tu quand tu avais **12 ans?**
   10 ans / 15 ans / 8 ans / 16 ans
2. Où habitais-tu **à ce moment-là?**
   l'année dernière / il y a deux ans / quand tu avais cinq ans / quand tu avais trois ans
3. J'y suis retourné **il y a quelques années.**
   l'année dernière / l'an dernier / il y a deux ans / il y a deux ou trois ans
4. On y a construit **une usine de produits chimiques.**
   de grandes usines / une usine d'autos / d'immenses usines / quelques petites usines
5. Le pire, c'était l'hiver, **quand il faisait froid et qu'il y avait de la neige.**
   quand il neigeait tout le temps / quand il faisait froid / quand il pleuvait / quand
   il fallait sortir

II   *Répétez les phrases suivantes en remplaçant le complément par y:*

EX.   —J'allais à l'école tous les matins.
   —**J'y allais tous les matins.**

1. J'allais à l'école tous les jours.   2. J'allais à la pharmacie tous les soirs.
3. J'allais à la campagne tous les ans.   4. J'allais au cinéma tous les samedis.
5. J'allais en ville tous les huit jours.   6. J'allais chez le coiffeur tous les quinze
jours.

III   *Demandez à quelqu'un:*

1. à quelle école il (elle) allait quand il (elle) avait douze ans.   2. où il (elle)
habitait à ce moment-là.   3. à quelle heure il (elle) allait à l'école.   4. à quelle
heure il (elle) y allait.   5. s'il (si elle) allait à l'école à pied.   6. s'il y avait
beaucoup d'élèves dans cette école.   7. si on a construit une usine dans cette
petite ville.   8. si la ville a beaucoup changé.

IV   *Répondez d'après le texte:*

1. À quelle école allais-tu quand tu avais douze ans?   2. Où habitais-tu à ce
moment-là?   3. Est-ce que Roger est jamais retourné à cette ville?   4. La ville
a-t-elle beaucoup changé?   5. Quelle usine a-t-on construite dans cette ville?

6. Combien d'heures par jour Roger travaillait-il?   7. Quel était le pire moment de l'année?   8. Est-ce que les élèves étaient nombreux dans cette école? 9. Combien d'élèves y avait-il?   10. Qu'est-ce que Roger pense de cette école?

V   *Répondez en français à chacune des questions personnelles suivantes:*

1. À quelle école alliez-vous quand vous aviez quatorze ans?   2. Comment s'appelait cette école?   3. Combien d'élèves y avait-il dans cette école?   4. Est-ce que vous aimiez bien cette école?   5. Est-ce que vous aviez beaucoup de travail dans cette école?   6. Est-ce que l'école était loin de chez vous (*your house*)? 7. À quelle heure en sortiez-vous?   8. Alliez-vous à l'école à pied?   9. Alliez-vous à l'école en autobus?

VI   **Substitutions**

A.   Durée

Il a travaillé **toute la journée** (all day long).
toute la matinée / tout l'après-midi / toute la soirée / toute l'année

B.   Moment précis

Il est parti **ce matin.**
hier soir / cette nuit / samedi dernier / vendredi matin

VII   Dictée d'après la Conversation 20, p. 178

VIII   Causerie

Ce que je faisais quand j'avais douze ans.
1. J'aimais beaucoup les sports. Je jouais au tennis en été, en hiver je faisais du ski, etc.
2. J'aimais beaucoup la musique. Je jouais du piano, du violon, de la guitare, de la clarinette, etc.

The imperfect tense

53 *About the imperfect tense*

Generally speaking, the French imperfect tense expresses habitual actions in the past (**À quelle école allais-tu . . .**) or a state of affairs in the past (**quand tu avais douze ans**).

In order to distinguish clearly between the use of the imperfect and the **passé composé,** you could say that the **passé composé** expresses WHAT HAPPENED and that the imperfect describes the CIRCUMSTANCES or STATE OF AFFAIRS at the time. Examples:

Dimanche dernier, j'ai fait une promenade (*what happened*). Il faisait beau (*state of the weather*) et j'avais l'intention (*state of mind*) de faire le tour du lac. Mais j'ai rencontré Marie (*what happened*) qui m'a dit (*what happened*) qu'il y avait un excellent film (*state of affairs at the local movie house*) au Rivoli . . . Nous y sommes allés ensemble (*what happened*). Le film était en effet très amusant (*state of affairs as to the particular film*). Nous avons passé un excellent après-midi (*what happened*).

Many grammar books declare that the imperfect is used to express duration, but this is somewhat misleading. The **passé composé** is used to tell what happened, even if "what happened" lasted a hundred years. EX.: **L'empire romain a duré plusieurs siècles. La guerre de Cent ans a duré cent ans. Louis XIV a régné pendant 73 ans. J'ai passé six ans à l'école secondaire. J'ai travaillé tout l'après-midi.**

54 *Imperfect of regular verbs*

—Où **déjeuniez-vous** quand **vous étiez** à Paris?

Where *did you used to have lunch* when *you were* in Paris?

—À quelle heure **finissiez-vous** d'habitude votre travail?

What time *did you* usually *finish* your work?

—**Je finissais** vers six heures.

I used to finish around six.

—Jean est entré pendant que **je répondais** à sa lettre.

John came in as *I was answering* his letter.

—**Nous nous dépêchions** tous les matins pour prendre l'autobus de sept heures.

We used to hurry every morning in order to catch the seven-o'clock bus.

A. *The forms of the imperfect tense are*

FIRST CONJUGATION	SECOND CONJUGATION	THIRD CONJUGATION
je déjeunais	je finissais	je répondais
I was having lunch,	*I was finishing,*	*I was answering,*
I used to have lunch,	*I used to finish,*	*I used to answer,*
etc.	*etc.*	*etc.*
tu déjeunais	tu finissais	tu répondais
il (elle) déjeunait	il (elle) finissait	il (elle) répondait
nous déjeunions	nous finissions	nous répondions
vous déjeuniez	vous finissiez	vous répondiez
ils (elles) déjeunaient	ils (elles) finissaient	ils (elles) répondaient

B. *The imperfect tense is formed as follows*

(1) The imperfect stem is the same as that of the first person plural of the present indicative.

EXAMPLES: **déjeunons, déjeun-; finissons, finiss-; répondons, répond-.**

(2) The endings are: **-ais, -ais, -ait, -ions, -iez, -aient.** Thus, if you know the present indicative, you can always figure out the imperfect of regular verbs. For example:

PRESENT: **Nous déjeunons, nous finissons, nous répondons.**
IMPERFECT: **Nous déjeunions, nous finissions, nous répondions.**

Note that the three persons of the singular and the third person plural of the imperfect are pronounced alike, except in linking.

C. *Reflexive verbs follow the usual pattern*

EXAMPLES: **Je me dépêchais, tu te dépêchais,** etc.

55 *Imperfect of* **être** *and* avoir

The forms of the imperfect of **être** and **avoir** are:

ÊTRE		AVOIR	
j'étais	nous étions	j'avais	nous avions
I was		*I had, I used to have,* etc.	
tu étais	vous étiez	tu avais	vous aviez
il (elle) était	ils (elles) étaient	il (elle) avait	ils (elles) avaient

56 *The commonest uses of the imperfect*

A. *To describe a habitual action in the past* (**English** *used to*)

—**J'allais** à l'école à huit heures du matin.	*I used to go* to school at eight o'clock in the morning.
—**Je me levais** à six heures.	*I used to get up* at six o'clock.

B. *To describe what was going on when an action took place (English progressive past)*

—**J'allais** en ville quand je l'ai rencontré.	*I was going* downtown when I met him.
—**Il pleuvait** quand j'ai quitté la maison.	*It was raining* when I left home.
—**Il faisait beau** quand je suis rentré(e).	*It was fine weather* when I got home.

Note that in these examples, **je l'ai rencontré, j'ai quitté la maison** and **je suis rentré(e)** are simple past actions, which are expressed by the **passé composé**. **J'allais en ville, il pleuvait** and **il faisait beau** describe what was going on when the specific action took place.

C. *To describe a situation that existed in the past*

—L'école n'**était pas** loin de la maison.	The school *was not* far from my house.
—**Il n'y avait pas** beaucoup d'élèves dans cette école.	*There were not* many pupils in that school.
—Franklin **vivait** au dix-huitième siècle.	Franklin *lived* in the eighteenth century.
—**Il faisait froid** et il y **avait de la neige**.	*It was cold* and *snowy*.

D. *To describe one's impression, feeling or appearance in the past, especially with the verbs* croire, *to believe, to think;* penser, *to think;* espérer, *to hope, and with many expressions containing* être *or* avoir (être content, avoir froid, *etc.*)

—**Je croyais** que **vous étiez** au bord de la mer. | *I thought* that *you were* at the seashore.
—**J'espérais** vous voir au bal samedi soir. | *I was hoping* to see you at the dance Saturday evening.
—**Il avait** l'air fatigué. | *He looked* tired.

E. **With depuis *and an expression of time, to report an action that had been going on for a specified period when another action took place***

—Marie **attendait** l'autobus **depuis un quart d'heure** quand Roger est arrivé. | Marie *had been waiting* for the bus *for a quarter of an hour* when Roger arrived.

—Il **neigeait depuis une demi-heure** quand je me suis levé(e). | It *had been snowing for a half hour* when I got up.

I Substitutions

Répétez les phrases suivantes en substituant les mots indiqués:

1. Quand j'ai quitté la maison ce matin, **il faisait beau.**
   il pleuvait / il faisait froid / il faisait chaud / il neigeait
2. Marie attendait l'autobus depuis **un quart d'heure** quand Roger est arrivé.
   dix minutes / quelque temps / longtemps / peu de temps
3. Je croyais que vous étiez **au bord de la mer.**
   à la campagne / en Europe / au laboratoire / à la bibliothèque
4. Je comptais passer la soirée **à la maison.**
   à écouter des disques / à regarder la télévision / à finir mon rapport /
   à lire un bon roman

II Exercices d'application

A. *Répondez au singulier, puis au pluriel:*

EX. —Déjeuniez-vous?
   —**Je déjeunais.**   —**Nous déjeunions.**

1. Parliez-vous? **2.** Habitiez-vous? **3.** Finissiez-vous? **4.** Obéissiez-vous?
5. Répondiez-vous? **6.** Attendiez-vous? **7.** Étiez-vous? **8.** Aviez-vous?
9. Vous couchiez-vous? **10.** Vous leviez-vous? **11.** Vous dépêchiez-vous?

B. *Répondez au singulier, puis au pluriel:*

EX. —Parlait-il?
   —**Il parlait.**   —**Ils parlaient.**

1. Dînait-il? 2. Habitait-il? 3. Allait-il? 4. Obéissait-elle? 5. Entrait-elle?
6. Attendait-elle? 7. Se couchait-il? 8. S'habillait-il? 9. Avait-il?
10. Était-elle?

C. *Mettez les phrases suivantes à l'imparfait en ajoutant les mots* à ce
moment-là:

EX. —Je parle au téléphone.
—**Je parlais au téléphone à ce moment-là.**

1. Je demeure aux États-Unis. 2. Je me lève à huit heures. 3. Quel âge as-tu?
4. À quelle heure finis-tu ton travail? 5. Il n'est pas de mon avis. 6. Il attend
l'autobus. 7. Nous attendons l'autobus depuis longtemps. 8. Qu'est-ce que
vous faites? 9. À quelle heure allez-vous à l'école? 10. Ils étudient tous les
soirs. 11. Nous allons souvent au cinéma. 12. Ils ont de la chance. 13. Je
me couche de bonne heure. 14. Elle s'habille vite.

III *Répondez en français aux questions personnelles suivantes:*

1. À quelle heure avez-vous quitté la maison ce matin? 2. Est-ce qu'il pleuvait
quand vous avez quitté la maison? 3. Est-ce qu'il faisait beau quand vous vous
êtes levé(e)? 4. Quel temps faisait-il quand vous êtes arrivé(e) au laboratoire?
5. Est-ce qu'il a neigé hier? 6. Est-ce qu'il neigeait quand vous êtes rentré(e)
hier soir? 7. Êtes-vous allé(e) au cinéma hier? 8. Est-ce que le film était bon?
9. Y avait-il beaucoup de monde au cinéma? 10. Aviez-vous faim quand vous
êtes rentré(e)? 11. À quelle heure vous êtes-vous couché(e) hier soir?
12. Étiez-vous fatigué(e) quand vous vous êtes couché(e)?

IV *Demandez à quelqu'un:*

1. s'il (si elle) connaît l'histoire des États-Unis. 2. s'il (si elle) sait quand vivait
Franklin. 3. où demeurait Franklin. 4. ce que faisait Franklin. 5. si Franklin
est allé en France. 6. si Franklin parlait français. 7. combien de temps
Franklin est resté en France. 8. où Franklin est allé quand il était en France.
9. si La Fayette vivait à ce moment-là. 10. si Louis XVI était roi (*king*) de France
à ce moment-là. 11. si Marie-Antoinette était reine (*queen*) de France.

V *Mettez le paragraphe suivant au passé en remplaçant le présent de l'indicatif par
le* **passé** *composé ou l'imparfait, selon le cas:*

194

Ce matin, comme d'habitude, Henri quitte la maison à huit heures pour aller à l'école. Comme il pleut à ce moment-là, sa mère lui dit de prendre son imperméable et de se dépêcher, car il est presque huit heures. Comme l'école n'est pas loin de la maison, Henri décide qu'il n'a pas besoin de se dépêcher. En passant devant une boulangerie, il remarque de beaux croissants et s'arrête. Il cherche dans sa poche et trouve qu'il a juste assez d'argent pour en acheter un. Il l'achète, le mange tranquillement et arrive à l'école en retard de quelques minutes.

VI   Thème d'imitation

Last week, John and Roger took a trip[1] to Rheims. They took the train at the Eastern Railroad Station, and arrived at Rheims two hours later. John was hungry, and they went to the lunchroom of the station. After lunch they went through[2] the cathedral.[3] Then they saw the cellars[4] where champagne was made.[5] There were many bottles,[6] thousands[7] of bottles. They returned to Paris, very happy about[8] their trip.

[1]faire un voyage. [2]to go through, visiter. [3]the cathedral, la cathédrale. [4]the cellar, la cave. [5]Lit. one made the wine of Champagne. [6]the bottle, la bouteille. [7]des milliers de. [8]happy about, content de.

Un Rhume

Jean demande à Marie pourquoi elle n'était pas chez les Bedel samedi dernier.

JEAN ¹Bonjour, Marie. Je ne vous ai pas vue chez les Bedel samedi soir. ²J'espérais pourtant vous y voir.

MARIE ³Je suis restée à la maison ce soir-là. ⁴Je ne me sentais pas très bien, et je me suis couchée de bonne heure.

JEAN ⁵J'espère que cela n'était rien.

MARIE ⁶Je l'espérais aussi. ⁷Mais le lendemain, je toussais, j'avais un peu de fièvre et j'avais mal à la gorge.

JEAN ⁸Avez-vous fait venir le médecin?

MARIE ⁹Faire venir le médecin! Vous plaisantez. ¹⁰Maintenant, il faut aller le voir vous-même. ¹¹Non, je lui ai parlé au télé-phone. ¹²C'était tout simplement un rhume. ¹³Il m'a conseillé de prendre de l'aspirine.

JEAN ¹⁴(*riant*) Le remède universel, celui qui guérit tout — ou presque!

MARIE ¹⁵Je suis restée à la maison deux jours, à lire au coin du feu. ¹⁶Maintenant, je vais beaucoup mieux.

JEAN ¹⁷Mais comment avez-vous attrapé ça?

MARIE ¹⁸Je n'en sais rien du tout.

JEAN ¹⁹En tout cas, vous ferez bien de vous reposer. ²⁰Soignez-vous bien.

MARIE ²¹Oh! je n'en mourrai pas!

JOHN *Hi! Marie. I didn't see you at the Bedel's last Saturday night. I was hoping to see you there.*

MARIE *I stayed at home that evening. I wasn't feeling very well, and I went to bed early.*

JOHN *I hope it wasn't anything serious.*

MARIE *I hoped so too. But the next day, I was coughing, I had a little fever, and I had a sore throat.*

JOHN *Did you send for the doctor?*

MARIE *Send for the doctor! You're kidding. Now you have to go to see him yourself. No. I spoke to him on the phone. It was just a cold. He advised me to take aspirin.*

JOHN *(laughing) The cure–all that cures everything — or almost everything!*

MARIE *I stayed at home for two days, reading by the fire. Now I'm much better.*

JOHN *But how did you catch it?*

MARIE *I have no idea whatever.*

JOHN *In any case, you will do well to take it easy. Take good care of yourself.*

MARIE *Oh! I won't die of it.*

Répétez les phrases suivantes en substituant les mots indiqués:

1. Je ne me sentais pas très bien, et **je me suis couchée de bonne heure.**
   je suis restée à la maison / j'ai téléphoné au médecin / j'ai pris de l'aspirine /
   j'ai bu beaucoup de jus d'orange

2. J'espère que cela n'était **rien.**
   pas grave / pas très grave / pas douloureux / pas très douloureux

3. (a) Mais le lendemain, **je toussais.**
   j'avais mal à la gorge / j'avais mal à la tête / j'étais fort enrhumé(e) /
   j'avais un peu de fièvre
   (b) Mais le lendemain, j'avais **la grippe.**
   la rougeole (*measles*) / les oreillons (*mumps*) / une bronchite / une pneumonie

4. Il m'a conseillé **de prendre de l'aspirine.**
   de rester au lit / de ne pas me lever / de me reposer / de boire du jus d'orange

5. Vous ferez bien **de vous reposer.**
   de rester au coin du feu / de ne pas quitter la maison / de téléphoner au médecin /
   de lui dire que vous avez un gros rhume

II   *Demandez en français:*

1. si Jean a vu Marie chez les Bedel samedi dernier.   2. s'il espérait l'y voir.
3. ce qu'a fait Marie ce soir-là.   4. pourquoi elle s'est couchée de bonne heure.
5. si elle toussait le lendemain.   6. si elle est allée voir le médecin.   7. ce que
le médecin lui a conseillé de prendre.   8. combien de temps elle est restée à la
maison.   9. comment elle a attrapé ça.   10. comment elle va maintenant.
11. ce que Jean lui recommande de faire.

III   *Répondez en français aux questions suivantes:*

1. Marie est-elle allée chez les Bedel samedi dernier?   2. Qu'est-ce qu'elle a
fait ce soir-là?   3. Pourquoi n'est-elle pas allée à cette soirée?   4. À quelle
heure s'est-elle couchée?   5. A-t-elle fait venir le médecin?   6. Pourquoi n'a-t-
elle pas fait venir le médecin?   7. Comment allait-elle le lendemain?   8. Qu'est-
ce que le médecin lui a conseillé de faire?   9. Qu'est-ce qu'elle a fait pendant
deux jours?   10. Comment va-t-elle maintenant?   11. Comment a-t-elle attrapé
ça?   12. Est-ce que Marie croit qu'elle en mourra?

IV   *Mettez les phrases suivantes à* l'imparfait:

1. Je ne me sens pas très bien.   2. J'ai froid.   3. J'ai mal à la gorge.   4. Je tousse beaucoup.   5. J'espère que ce n'est rien.   6. Je n'en sais rien du tout. 7. Avez-vous un peu de fièvre?   8. Est-ce que vous avez mal à la tête?   9. Êtes-vous trempé(e) jusqu'aux os?   10. J'ai soif, mais je n'ai pas faim.   11. C'est un rhume.   12. Je n'ai pas peur d'en mourir.

V   *Répondez aux questions personnelles suivantes:*

1. Comment allez-vous aujourd'hui?   2. Avez-vous mal à la tête?   3. Avez-vous mal à la gorge?   4. Avez-vous souvent un rhume?   5. Êtes-vous souvent enrhumé(e)?   6. Avez-vous jamais eu la grippe? (la rougeole, l'appendicite, une bronchite).

VI   *Mettez le paragraphe suivant au passé en remplaçant le présent de l'indicatif par le* passé composé *ou* l'imparfait, *selon le cas:*

Un jour Roger et Marie font une longue promenade. Ils marchent dans la neige jusqu'à la nuit. Quand Marie rentre chez elle, elle a froid et elle ne se sent pas très bien. Elle décide que ce n'est rien. Mais comme il fait froid, elle reste à la maison et se couche de bonne heure. Le lendemain, elle tousse et elle a mal à la gorge. Elle téléphone au médecin qui lui dit de rester au lit et lui recommande de boire beaucoup d'eau.

Quelques jours plus tard, elle rencontre Jean qui lui demande comment elle va. «Mal, répond Marie, mais pourtant mieux que la semaine dernière».

VII   Dictée d'après la Conversation 21, p. 186

VIII   Causerie

Vous racontez une visite à un jardin zoologique. Vous avez vu des singes (*monkeys*), des ours [uʀs] (*bears,*) des lions, des hippopotames, des serpents, des oiseaux de toutes les couleurs, etc.

Où est mon écharpe rouge?

Jean et Roger ont invité Marie et sa mère à dîner. Elles sont presque prêtes à partir.

MARIE [1]Seras-tu bientôt prête, maman? [2]Nous sommes invitées pour sept heures et demie,° tu sais. [3]Il est presque l'heure de partir.

MME BONNIER [4]Oui, tout à l'heure. [5]Je cherche mon écharpe rouge. [6]J'ai cherché partout.[7] Je ne sais pas où je l'ai mise.

MARIE [8]Je peux te prêter une des miennes, si tu veux. [9]J'en ai une qui ressemble à la tienne.

MME BONNIER [10]Merci infiniment. Elle fera l'affaire, je crois. (*Mettant l'écharpe.*) [11]À quelle heure Roger vient-il nous chercher

MARIE [12]À sept heures et quart. [13]Il vient nous chercher dans sa nouvelle voiture.

MME BONNIER (*regardant par la fenêtre*) [14]Voilà une auto qui s'arrête devant la porte. [15]De quelle couleur est la sienne?

MARIE [16]C'est une voiture grise.

MME BONNIER [17]C'est sans doute lui. [18]Maintenant, où est mon sac?

MARIE (*riant*) [19]Je peux te prêter le mien, si tu veux.

MME BONNIER [20]Ah! Voilà le mien. [21]Merci pourtant de m'offrir le tien. [22]Voilà ce qui s'appelle être une fille dévouée.

MARIE *Will you be ready soon, mother? We are invited for 7:30, you know. It's almost time to leave.*

MME BONNIER *Yes, in a moment. I'm looking for my red scarf. I've looked everywhere. I don't know where I put it.*

MARIE *I can lend you one of mine if you wish. I have one that is somewhat like yours.*

MME BONNIER *Thanks a lot. I think it will do. (Putting on the scarf.) What time is Roger coming for us?*

MARIE *At 7:15. He's coming to pick us up in his new car.*

MME BONNIER (*looking out the window*) *There's a car stopping at the door. What color is his?*

MARIE *It's a gray car.*

MME BONNIER *It's no doubt he. Now where is my handbag?*

MARIE (*laughing*) *I can lend you mine, if you wish.*

MME BONNIER *Ah! Here's mine. But thank you for offering me yours. That's what you call being a devoted daughter.*

CULTURAL NOTE ◆

In Paris, people never eat dinner before seven or seven-thirty.

I   Substitutions

Répétez les phrases suivantes en substituant les mots indiqués:

1. Je ne sais pas **où je l'ai mise.**
   où elle est / où elle se trouve / où elle peut se trouver / où j'ai pu la mettre
2. J'en ai une qui **ressemble** à la tienne.
   ressemble beaucoup / ressemble un peu / ressemble plus ou moins / ressemble assez
3. Je peux te prêter une des miennes, **si tu veux.**
   si elle te va / si elle te convient / si elle fera l'affaire / si elle te plaît
4. Voilà une auto qui s'arrête **devant la porte.**
   en face / devant l'immeuble (*apartment building*) / de l'autre côté de la rue /
   devant la boulangerie
5. Voilà ce qui s'appelle être **une fille dévouée.**
   un ami dévoué / un vrai ami / un véritable ami / un grand ami
6. C'est sans doute **lui.**
   elle / l'auto de Roger / sa voiture / la sienne

II   *Demandez à quelqu'un en employant la forme* tu:

1. s'il (si elle) sera bientôt prêt(e).   2. ce qu'il (elle) cherche.   3. où il (elle) l'a
mise.   4. s'il (si elle) a une écharpe rouge.   5. comment il (elle) trouve
l'écharpe de Mme Bonnier.   6. s'il (si elle) aime les écharpes rouges.

III   *Répondez en français aux questions suivantes:*

1. Pour quelle heure Marie et sa mère sont-elles invitées?   2. Que cherche Mme
Bonnier?   3. Où a-t-elle regardé?   4. Pourquoi Mme Bonnier n'est-elle pas
prête à partir?   5. Marie a-t-elle une écharpe rouge?   6. À quelle heure Roger
vient-il les chercher?   7. Où s'arrête l'auto qui arrive?   8. De quelle couleur
est la voiture qui s'arrête devant la porte?   9. Que cherche maintenant la mère
de Marie?   10. Qu'est-ce que Marie offre de lui prêter?

IV   *Répondez en français aux questions personnelles suivantes:*

1. Aimez-vous les écharpes rouges?   2. En avez-vous une?   3. Quelle est votre
couleur préférée?   4. Peut-on porter une écharpe rouge avec un pull-over rose?
5. Est-ce que vous portez une écharpe en laine (*wool*) en été?   6. Quand
portez-vous des écharpes en laine?

V *Répétez les phrases suivantes en remplaçant* **beaucoup** *par* **trop:**

1. J'ai vu beaucoup de nouveaux films.   **2.** Nous avons commandé beaucoup de fruits.   **3.** Je n'ai pas beaucoup d'argent.   **4.** Il ne s'est pas beaucoup amusé. **5.** Elle a lu beaucoup de romans policiers (*detective novels*).   **6.** Il y a beaucoup de voitures dans la rue.   **7.** Il n'a pas beaucoup d'amis.   **8.** Il a bu beaucoup de vin.   **9.** Il y a beaucoup de gens dans les grandes villes.   **10.** Il y a beaucoup de bruit dans ce quartier.

VI   Dictée d'après la Conversation 22, p. 196

VII   Dialogue

Vous demandez à un (une) camarade de vous prêter son imperméable. Il (Elle) en a besoin et il (elle) offre de vous prêter son parapluie. Vous le (la) remerciez, et vous lui dites que son parapluie fera l'affaire.

Possessive pronouns

57 Remark on possessive adjectives and possessive pronouns

Possessive adjectives and possessive pronouns differ both in form and use. You have learned that possessive adjectives (**mon, ton, son,** etc.) are used TO MODIFY NOUNS. These words correspond to English forms *my, your, her,* etc.

Possessive pronouns are used AS EQUIVALENTS OF NOUNS MODIFIED BY A POSSESSIVE ADJECTIVE. They correspond to the English forms *mine, yours, his, hers,* etc. EX.: **My** (*adj.*) father is a doctor. **Mine** (*pron.*) is an engineer.

58 Forms and use of possessive pronouns

—Voici mon adresse.	Here is my address.
—Donnez-moi **la vôtre.**	Give me *yours.*
—J'ai mes gants. Où sont **les vôtres?**	I have my gloves. Where are *yours?*
—**Les miens** sont dans ma poche.	*Mine* are in my pocket.
—Est-ce que Marie a **les siens?**	Does Marie have *hers?*
—Roger a apporté son imperméable.	Roger brought his raincoat.
—Marie a laissé **le sien** à la maison.	Marie left *hers* at home.

The forms of the possessive pronouns are:

SINGULAR		PLURAL		
MASCULINE	FEMININE	MASCULINE	FEMININE	
le mien	la mienne	les miens	les miennes	(*mine*)
le tien	la tienne	les tiens	les tiennes	(*yours*)
le sien	la sienne	les siens	les siennes	(*his, hers, its*)
le nôtre	la nôtre	les nôtres	les nôtres	(*ours*)
le vôtre	la vôtre	les vôtres	les vôtres	(*yours*)
le leur	la leur	les leurs	les leurs	(*theirs*)

They agree in gender and number with the THINGS POSSESSED. EX.: In answer to the question: —Avez-vous **vos gants?**, either Jean or Marie could answer: —Oui, j'ai **les miens.**

59   *Possessive pronouns with preposition* à *or* de

—J'ai écrit à mes parents.	I have written to my parents.
—Avez-vous écrit **aux vôtres?**	Have you written to *yours?*
—J'ai besoin de ma voiture	I need my car, and my father
et mon père a besoin **de la sienne.**	needs *his.*

When used with the preposition à or **de** the forms are:

au mien	du mien
à la mienne	de la mienne
aux miens	des miens
aux miennes	des miennes
etc.	etc.

60   *Use of* être à *(to belong to) to express possession*

—Ces gants **ne sont pas à moi.**	These gloves *are not mine* (lit.: to me).
—**Sont-ils à vous?**	*Are they yours* (lit.: to you)?
—Non. Je crois **qu'ils sont à Charles.**	No. I think *they are Charles'* (lit.: to Charles).

Note (1) that *mine, yours, his,* etc., are rendered in French by the possessive pronouns when they are used as subject or object of a verb or when they are the object of a preposition other than à in the expression être à. EX.: **Les miens** sont

dans ma poche. Où avez-vous acheté **les vôtres?** Avez-vous besoin **des vôtres?**
(2) After the verb **être,** *mine, yours, his* etc., are normally rendered by the preposition à followed by the forms **moi, toi, lui, elle,** etc., or a noun. EX.: Ces gants sont **à moi.** Cette auto est **à mon père.**

I   Substitutions

Répétez les phrases suivantes en substituant les mots indiqués:

1. (a) Ces gants sont-ils **à vous?**
   à lui / à elle / à toi / à eux
   (b) Est-ce que ce sont **les vôtres?**
   les siens (*his*) / **les siens** (*hers*) / **les tiens** / **les leurs**
2. C'est un de **mes** amis.
   tes / nos / ses / leurs
3. (a) (une auto)   Voilà **la mienne.**
   la tienne / la sienne / la nôtre / la leur
   (b) (un imperméable)   Voilà **le mien.**
   le tien / le sien / les vôtres / le vôtre
4. (des photos)   J'aime mieux les miennes que **les vôtres.**
   les tiennes / les siennes (*his*) / **les siennes** (*hers*) / **les leurs**

II   Exercices d'application

Répétez les phrases suivantes en remplaçant le nom par le pronom possessif:

EX.   —J'ai mon stylo.
      —J'ai le mien.

(*a*) 1. J'ai mon portefeuille.   2. J'ai ma bicyclette.   3. J'ai mes gants.   4. Il a son imperméable.   5. Elle a son imperméable.   6. Il a sa voiture.   7. Elle a sa voiture.   8. Nous avons nos gants.   9. Avez-vous vos affaires (*things*)?

(*b*) 1. Je peux vous prêter mon stylo.   2. Je peux vous prêter un de mes stylos.
3. Je peux vous prêter ma voiture.   4. Je peux vous prêter une de mes voitures.
5. Je peux vous prêter mes gants.   6. Je peux vous prêter une de mes cravates.

(*c*) 1. Où avez-vous acheté votre journal?   2. Où avez-vous acheté votre bicyclette?   3. Où avez-vous acheté vos gants?   4. Où avez-vous trouvé votre pull-over?   5. Où a-t-elle acheté son pull-over?   6. Où a-t-il acheté son pull-over?

(*d*) **1.** J'ai besoin de mes gants.   **2.** Roger a besoin de ses gants.   **3.** Marie a besoin de ses gants.   **4.** Nous avons besoin de notre voiture.   **5.** Nous avons besoin de nos voitures.   **6.** As-tu besoin de ta voiture?   **7.** As-tu besoin de ton stylo?

III   *Répondez aux questions suivantes, en remplaçant le nom par le pronom possessif:*

EX.   —Roger a-t-il son imperméable?
      —**Oui, il a le sien.**

1. Marie a-t-elle son imperméable?   **2.** Marie a-t-elle ses gants?   **3.** Avez-vous vos gants?   **4.** Avez-vous besoin de vos gants?   **5.** Roger a-t-il besoin de ses gants?   **6.** Jean et Roger ont-ils besoin de leurs gants?   **7.** Où avez-vous acheté votre journal?   **8.** Où Jean et Roger ont-ils acheté leurs journaux?   **9.** Où avez-vous acheté votre plan de Paris?   **10.** Aimez-vous mieux votre pull-over que le mien?   **11.** Est-ce que votre chambre vous plaît?   **12.** Est-ce que l'appartement de Jean lui plaît?

IV   Thème d'imitation

Yesterday John did not feel very well. He took a long walk, and he was cold and (he was) wet when he got home. Roger said to him: "Go to bed.[1] I am going to telephone the doctor. It is probably[2] not very serious, but you never can tell"[3] . . . Roger telephoned the doctor who told him to take some aspirin, to drink lots of orange juice, and to stay in bed. Roger took John's temperature and gave him some aspirin. He had a little fever[4] and he had a sore throat. Roger told him to stay in bed and rest. He said: "You will not die of it; but you'll do well to take it easy.[5]

Today, John is much better. He is going to get up tomorrow morning and go to his laboratory as usual.

[1] **Allez vous coucher.**   [2] sans doute.   [3] on ne sait jamais.   [4] un peu de fièvre.
[5] de vous reposer.

Retour de vacances

Marie est allée en Bretagne passer les vacances de Noël.

JEAN ¹Tiens, bonsoir, Marie! Vous êtes de retour? ²Je suis content de vous revoir. ³Avez-vous passé de bonnes vacances de Noël en Bretagne?

MARIE ⁴Oui, excellentes, merci; mais trop courtes, comme toutes les vacances.

JEAN ⁵Quand êtes-vous revenue?

MARIE ⁶Hier soir à vingt-trois heures.

JEAN ⁷Avez-vous fait bon voyage?

MARIE ⁸Oh! ne m'en parlez pas! ⁹À Rennes, l'express de Paris était bondé. ¹⁰J'ai à peine pu trouver une place. ¹¹Et puis, les gens fumaient, ¹²et il faisait horriblement chaud dans le compartiment.

JEAN ¹³Vous n'avez pas de chance!

MARIE ¹⁴J'ai dîné au wagon-restaurant. ¹⁵C'est une façon de passer une demi-heure.

JEAN ¹⁶Qu'est-ce que vous avez fait le jour de Noël?

MARIE ¹⁷Ce qu'on fait partout ce jour-là. ¹⁸Nous sommes allés à la messe de minuit. ¹⁹Nous avons fait le réveillon° chez les Kerguélen. ²⁰Je me suis bien amusée.

JOHN *Well, good evening, Marie! Are you back? I am glad to see you again. Did you have a good Christmas vacation in Brittany?*

MARIE *Yes, excellent, thank you; but too short, like all vacations.*

JOHN *When did you get back?*

MARIE *Last night at 11 o'clock.*

JOHN *Did you have a good trip?*

MARIE *Oh! Don't even mention it! At Rennes the Paris express was crowded. I could scarcely find a seat. And then, people were smoking, and it was terribly hot in the compartment.*

JOHN *Tough luck!*

MARIE *I had dinner in the dining-car. It's a way of spending half an hour.*

JOHN *What did you do on Christmas Day?*

MARIE *What one does everywhere on that day. We went to Midnight Mass. We had a réveillon at the Kerguélens'. I had a good time.*

CULTURAL NOTE ◆

Le réveillon *is a meal taken in the middle of the night, especially on Christmas Eve. The main dish is usually a goose (***oie***, f.) a turkey (***dinde***, f.) or a ham (***jambon***, m.).*

La côte bretonne

Répétez les phrases suivantes en substituant les mots indiqués:

1. Je suis revenu(e) **hier soir à vingt-trois heures.**
   hier soir à huit heures et demie / hier matin / hier après-midi /
   avant-hier (*day before yesterday*) / la semaine dernière
2. Je suis de retour depuis **hier soir à vingt-trois heures.**
   hier soir à huit heures et demie / hier matin / hier après-midi /
   avant-hier / la semaine dernière
3. J'ai à peine pu **trouver une place.**
   trouver un taxi / monter dans l'autobus / aller en ville / marcher
4. Il faisait **horriblement chaud** dans le compartiment.
   horriblement froid / très chaud / très froid / trop froid
5. Je me suis bien amusé(e) **le jour de Noël.**
   la veille de (*the day before*) Noël / le lendemain de Noël / le jour de l'An (*New Year's Day*) / pendant les vacances
6. C'est une façon **de passer une demi-heure.**
   de passer la soirée / de passer le temps / de tuer le temps (*to kill time*) / **de se distraire** (*to relax and have a good time*)

II   *Demandez à quelqu'un:*

1. si Marie a passé de bonnes vacances.   2. où Marie a passé les vacances de
Noël.   3. quand Marie est revenue.   4. si elle a trouvé les vacances trop
courtes.   5. si elle a fait bon voyage.   6. s'il y avait beaucoup de monde dans
l'express de Paris.   7. si elle a pu facilement trouver une place.   8. s'il faisait
chaud dans le compartiment.   9. si les gens fumaient.   10. où Marie a dîné.
11. ce qu'elle a fait le jour de Noël.   12. si elle est allée à la messe de minuit.
13. chez qui elle est allée faire le réveillon.   14. si elle s'est bien amusée le
jour de Noël.

III   *Répondez en français, d'après le texte, à chacune des questions suivantes:*

1. Où Marie a-t-elle passé les vacances de Noël?   2. A-t-elle passé de bonnes
vacances?   3. Est-ce qu'elle a trouvé les vacances trop courtes?   4. Quand
est-elle revenue?   5. A-t-elle fait bon voyage?   6. Y avait-il beaucoup de monde
dans l'express de Paris?   7. A-t-elle pu facilement (*easily*) trouver une place?
8. Est-ce qu'il faisait chaud dans le compartiment?   9. Est-ce que les gens
fumaient?   10. Pourquoi Marie aime-t-elle dîner au wagon-restaurant?

11. Qu'est-ce qu'elle a fait le jour de Noël? 12. À quelle heure est-elle allée à la messe? 13. Chez qui est-elle allée faire le réveillon? 14. Est-ce que Marie s'est bien amusée le jour de Noël?

IV   *Répétez en remplaçant le passé composé par le passé composé de* **pouvoir** *et l'infinitif:*

EX.   —Il n'a pas déjeuné ce matin.
      —**Il n'a pas pu déjeuner ce matin.**

1. Il n'a pas fait ses courses. 2. Elle n'a pas travaillé hier soir. 3. Il n'a pas été à l'heure. 4. Elle n'a pas trouvé de place. 5. Il ne s'est pas levé de bonne heure. 6. Il ne s'est pas couché avant minuit.

V   *Répondez affirmativement aux questions suivantes en remplaçant les noms par les pronoms convenables:*

1. Avez-vous téléphoné à votre père hier soir? 2. Êtes-vous allé(e) au cinéma samedi dernier? 3. Avez-vous parlé du film à votre frère? 4. Est-ce que Roger vous a parlé du film? 5. Est-ce que Marie vous a parlé de ses vacances? 6. Est-ce qu'elle a pu trouver une place dans le train? 7. Êtes-vous allé(e) au cinéma avec Roger? 8. Êtes-vous allé(e) au cinéma avec Roger et Jean? 9. Êtes-vous allé(e) au cinéma avec Marie? 10. Avez-vous parlé de Charles? 11. Avez-vous parlé de Marie? 12. Marie s'est-elle bien amusée chez les Kerguélen?

VI   *Répondez en français aux questions personnelles suivantes:*

1. Avez-vous passé de **bonnes vacances** de Noël? 2. Où êtes-vous allé(e)? 3. Avez-vous passé vos **vacances** en famille? 4. Combien de temps êtes-vous resté(e) chez vos parents? 5. Qu'est-ce que vous avez fait le jour de Noël? 6. Quand êtes-vous revenu(e) de vos vacances? 7. Vous êtes-vous bien amusé(e)? 8. Avez-vous reçu beaucoup de cadeaux de Noël?

VII   Dictée d'après la Conversation 23, p. 200

VIII   Causerie

Ce que vous avez fait pendant les vacances.

Si j'étais riche

Marie et Roger parlent d'un avenir encore incertain.

MARIE [1]Qu'est-ce que tu ferais si tu étais riche, Roger?

ROGER [2]Je ne sais pas au juste. [3]Je voudrais sans doute visiter plusieurs pays étrangers.

MARIE [4]Où irais-tu?

ROGER [5]J'irais en Italie, visiter Florence et Rome, [6]en Égypte, voir le Nil et les Pyramides, [7]en Chine et au Japon voir ce qui se passe là-bas.

MARIE [8]Est-ce que c'est tout?

ROGER [9]Non. J'achèterais une grosse voiture et j'irais m'amuser au bord de la mer.

MARIE [10]Tu serais vite fatigué de tout cela.

ROGER [11]Peut-être. [12]En tout cas, si j'étais riche, je serais philanthrope. [13]Je viendrais à l'aide des malheureux, des déshérités.

MARIE [14]Qu'est-ce que tu ferais, par exemple?

ROGER [15]Je m'occuperais des problèmes de l'heure actuelle, [16]de la surpopulation, de la pollution de l'air, de l'usage des drogues, etc.

MARIE [17]N'oublie pas cependant que la vie était bien plus pénible autrefois qu'aujourd'hui.

ROGER [18]C'est possible. Je suppose que chaque génération a ses propres problèmes.

MARIE *What would you do if you were rich, Roger?*

ROGER *I don't know exactly. I'd probably like to visit several foreign countries.*

MARIE *Where would you go?*

ROGER *I'd go to Italy to visit Florence and Rome, to Egypt, to see the Nile and the Pyramids, to China and Japan to see what's going on there.*

MARIE *Is that all?*

ROGER *No. I'd buy a big car and go have a good time at the seashore.*

MARIE *You'd soon be tired of all that.*

ROGER *Perhaps. In any case, if I were rich, I would be a philanthropist. I would come to the aid of the unfortunate, of the disadvantaged.*

MARIE *What would you do, for instance?*

ROGER *I would concern myself with the problems of the moment, overpopulation, air pollution, use of drugs, and so on.*

MARIE *But don't forget that life was much harder in the past than it is today.*

ROGER *That's possible. I suppose each generation has its own problems.*

Le Ponte Vecchio à Florence

I Substitutions

Répétez les phrases suivantes en substituant les mots indiqués:

1. Qu'est-ce que tu ferais **si tu étais riche?**
   si tu étais millionnaire / si tu n'avais pas d'argent /
   si tu avais mal à la gorge / si tu avais un rhume

2. Si j'étais riche, je voudrais visiter **plusieurs pays étrangers.**
   les États-Unis / l'Italie / le Japon / la Chine

3. Tu serais vite fatigué **de tout cela.**
   de voyager / des voyages / des avions / des aéroports

4. Je m'occuperais **des problèmes de l'heure actuelle.**
   de la surpopulation / de la pollution de l'air /
   de l'usage des drogues / de l'encombrement des rues

5. (a) **Je voudrais savoir** ce qui se passe au Japon et en Chine.
   Je ne sais pas / Voudriez-vous savoir / Ne voudriez-vous pas savoir /
   Je voudrais bien savoir
   (b) Qu'est-ce qui **se passe?**
   s'est passé / est arrivé / lui est arrivé / leur est arrivé

6. Je voudrais aller **en Italie et en Suisse.**
   en Angleterre et en Écosse *(Scotland)* / en Grèce et en Turquie /
   à Florence et à Rome / à Pékin et à Tokyo

II *Demandez à quelqu'un:*

1. ce qu'il (qu'elle) ferait s'il (si elle) était millionnaire. **2.** s'il (si elle) ne voudrait pas voyager. **3.** s'il (si elle) voudrait visiter des pays étrangers. **4.** où il (elle) irait. **5.** quelles villes il (elle) voudrait visiter en Italie. **6.** pourquoi il (elle) voudrait aller en Chine et au Japon. **7.** s'il (si elle) achèterait une grosse automobile. **8.** où il (elle) irait s'amuser. **9.** s'il (si elle) ne serait pas philanthrope. **10.** de quoi il (elle) s'occuperait. **11.** si la vie était plus pénible autrefois qu'aujourd'hui. **12.** si chaque génération a ses problèmes.

III *Répondez en français aux questions suivantes:*

1. Que feriez-vous si vous étiez riche? **2.** Ne voudriez-vous pas voyager? **3.** Quels pays voudriez-vous visiter? **4.** Quelles villes italiennes aimeriez-vous visiter? **5.** Pourquoi voudriez-vous aller en Égypte? **6.** Achèteriez-vous une grosse voiture? **7.** Où iriez-vous vous amuser? **8.** Ne seriez-vous pas philanthrope? **9.** De qui viendriez-vous à l'aide? **10.** De quoi vous occuperiez-vous? **11.** Quels sont les problèmes de l'heure actuelle? **12.** Est-ce que la vie était plus pénible autrefois qu'aujourd'hui?   **13.** Croyez-vous que les problèmes de l'heure actuelle sont plus graves que les problèmes d'autrefois?   **14.** Qu'est-ce que Roger suppose au sujet des problèmes de chaque génération?

IV   Révision

A. *Répétez les phrases suivantes en remplaçant* **appartenir** (to belong to) *par l'expression* **être à:**

EX.   —Ce livre m'appartient.
      —**Ce livre est à moi.**

1. Ces gants m'appartiennent.   **2.** Ces gants ne m'appartiennent pas.   **3.** Ces gants vous appartiennent-ils?   **4.** Ces gants ne vous appartiennent-ils pas?
5. Ils appartiennent à Charles.   **6.** Ils ne lui appartiennent pas.

B. *Répétez les phrases suivantes en remplaçant l'adjectif possessif et le nom par le pronom possessif:*

EX.   —Ma voiture est au garage.
      —**La mienne est au garage.**

1. Mes gants sont à la maison.   **2.** Ce sont mes gants.   **3.** J'ai perdu mon parapluie.   **4.** J'ai laissé mon parapluie à la maison.   **5.** Marie a étudié sa leçon.
6. Charles n'a pas étudié sa leçon.   **7.** J'ai écrit à mes parents; avez-vous écrit à vos parents?   **8.** Quand avez-vous reçu un chèque de vos parents?

V   *Répondez en français aux questions personnelles suivantes:*

1. Avez-vous jamais fait un long voyage?   **2.** Où êtes-vous allé(e)?   **3.** Avec qui y êtes-vous allé(e)?   **4.** Qu'est-ce que vous avez fait pendant votre voyage?
5. Combien de temps votre voyage a-t-il duré?   **6.** Avez-vous été heureux (heureuse) de rentrer à la maison?   **7.** Avez-vous envie de faire un autre voyage?
8. Où voudriez-vous aller?

VI   Dictée d'après la Conversation 24, p. 208

VII   Causerie

Votre idée d'une vie heureuse (six à huit phrases).

Le Système métrique

—J'ai lu récemment un article qui parlait de l'adoption du système métrique aux États-Unis, dit Marie. J'ai même vu, dans un magazine américain, une photo, prise dans l'est du pays, qui indiquait une distance en kilomètres. Que pensez-vous de cette idée-là?

—Ce que j'en pense? répond Jean. Je pense qu'adopter le système métrique ne sera pas facile dans un pays aussi développé que le nôtre. Il va falloir tout changer, toutes les balances (*scales*), tous les compteurs (*meters—such as gas meters*), sans parler des habitudes. Vous rendez-vous compte de ce que tout cela implique?

—Néanmoins, pratiquement tous les pays—je parle bien entendu des pays développés—ont adopté le système métrique. L'Allemagne l'a adopté il y a longtemps—ces Allemands qui possèdent tant d'admirables qualités, et aussi des défauts qui ne le* sont pas. Il ne reste plus guère que l'Angleterre et les États-Unis, qui restent encore attachés à leurs anciennes habitudes. Et encore, l'Angleterre est en train de changer. On dit que les jeunes Anglais connaissent très bien le système, auquel leurs parents ont encore bien du mal à s'habituer. Toujours le conflit entre les générations.

—Mais quelle est exactement l'origine du système métrique?

—C'est une invention de la Révolution française. Il a remplacé les anciennes mesures qui, même si elles avaient parfois le même nom, n'étaient pas les mêmes d'une région à l'autre. J'ai entendu de vieux paysans parler encore des anciennes mesures, tout en connaissant parfaitement bien les nouvelles mesures métriques, qui sont d'ailleurs les seules légales.

* **Le** refers to the adjective **admirables**. *Lit.:* faults that are not (admirable).

    —Oui, mais au temps de la Révolution française, il s'agissait de changer les habitudes plutôt que les machines, qui n'existaient guère. Maintenant, il faut changer les deux—et Dieu sait s'il y en a, des machines!

    —Comme votre pays l'a maintes fois prouvé, il est possible de se tirer d'affaires avec votre système. Mais enfin, le système métrique est infiniment plus commode. Son avantage, c'est son extrême simplicité. Pensez un peu au commerce international.

—Je reconnais qu'il est plus simple que le nôtre, tout au moins pour le commerce international.

—On est parti de quelques unités, une unité de longueur, le mètre—lequel correspond à peu près à quarante «inches»; une unité de poids, le gramme; une unité de mesure, le litre. Puis on les a multipliées par dix, par cent et par mille. Pour les longueurs, on obtient ainsi le décamètre (dix mètres), l'hectomètre (cent mètres), et le kilomètre (mille mètres) qui est en gros deux tiers de «mile».

—Ces dix, cent et mille sont admirables. Il suffit de s'y habituer . . .

—Et mêmes opérations en sens inverse. C'est ainsi qu'on a le décimètre (un dixième de mètre), le centimètre (un centième de mètre), le millimètre (un millième de mètre). Mêmes divisions avec les mesures de poids (*weight*). Quand je commande un kilo de pommes de terre, cela veut dire mille grammes, c'est-à-dire deux livres françaises, un peu plus de deux «American pounds».

—Cela est la simplicité même.

—Et mêmes mesures avec les carrés et les cubes. On a ainsi le mètre carré (m^2) et le mètre cube (m^3). Élémentaire, mon cher ami.

—Si je vous comprends bien, un kilomètre cube (*a cubic kilometer*) est donc un cube d'un kilomètre de côté. Voilà en vérité une mesure imposante (*staggering*)!

—Évidemment, toutes ces mesures ne sont pas d'un emploi courant. Je vous accorde qu'un kilomètre cube ne s'emploie pas tous les jours. Mais si quelqu'un en a jamais besoin, il est là, présent, comme un brave soldat—mais qui ne fait pas souvent l'exercice (*drill*). La Révolution, laquelle aimait parler ainsi, a déclaré que le système métrique convenait «à tous les temps, à tous les peuples». Elle ne croyait pas si bien dire.

Questions

1. Qu'est-ce que Marie a lu récemment? 2. Qu'est-ce qu'elle a vu dans un magazine américain? 3. Pourquoi sera-t-il difficile d'adopter le système métrique aux États-Unis? 4. Quand l'Allemagne l'a-t-elle adopté? 5. Les jeunes Anglais connaissent-ils le système métrique? 6. Qui a inventé le système métrique? 7. Pourquoi les anciennes mesures étaient-elles peu pratiques? 8. Est-ce qu'elles sont encore employées? 9. Quel est l'avantage du système métrique? 10. Quelle est l'unité de longueur? 11. Qu'est-ce que c'est qu'un hectomètre? 12. Un kilomètre? 13. Combien

de grammes y -a-t-il dans un kilogramme?   **14.** Est-ce que le kilomètre cube est d'un emploi courant?   **15.** Qu'a dit la Révolution au sujet du système métrique?

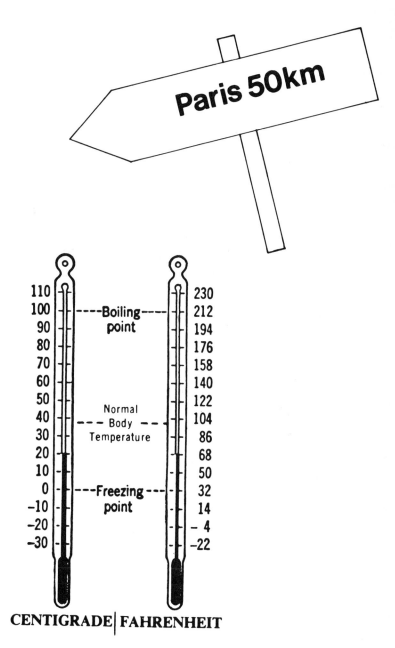

The conditional

61 *Conditional of regular verbs*

—**Je déjeunerais** à la maison, si j'avais le temps de rentrer.

I would eat lunch at home, if I had time to go home.

—**Je finirais** plus tôt, si je commençais plus tôt.

I would finish sooner, if I began sooner.

—**Je répondrais** à sa lettre, si j'avais son adresse.

I would answer his letter, if I had his address.

—**Je me dépêcherais**, si j'étais à votre place.

I would hurry, if I were in your place.

The forms of the conditional of regular verbs are:

FIRST CONJUGATION	SECOND CONJUGATION	THIRD CONJUGATION
je déjeunerais	je finirais	je répondrais
I would (should) lunch*	*I would (should*) finish*	*I would (should*) answer*
tu déjeunerais	tu finirais	tu répondrais
il (elle) déjeunerait	il (elle) finirait	il (elle) répondrait
nous déjeunerions	nous finirions	nous répondrions
vous déjeuneriez	vous finiriez	vous répondriez
ils (elles) déjeuneraient	ils (elles) finiraient	ils (elles) répondraient

The forms of the conditional of regular verbs may be found by adding the endings **-ais, -ais, -ait, -ions, -iez, -aient** to the infinitive, except that in verbs of the third conjugation (ending in **-re**) the final **e** of the infinitive is omitted. As the endings are the same as those of the imperfect indicative, you should be able to learn the forms of the conditional at a glance.

Note that the three forms of the singular and the third person plural are all pronounced alike except for linking.

* Very careful speakers are likely to say *I should, you would, he would*, etc., although most people say *I would, you would*, etc. Whatever pattern you happen to follow in English, you say **je finirais, tu finirais**, etc., in French. There is no alternative.

The conditional of reflexive verbs follows the usual pattern: **Je me dépêcherais, tu te dépêcherais,** etc.

62   *Conditional of* **être** *and* **avoir**

—**Vous seriez** malheureux, si vous étiez riche. | *You would be* unhappy, if you were rich.
—**J'aurais** le temps, si je me levais de bonne heure. | *I would have time,* if I got up early.

The forms of the conditional of **être** and **avoir** are:

ÊTRE	AVOIR
je serais	j'aurais
I would (should) be	*I would (should) have*
tu serais	tu aurais
il (elle) serait	il (elle) aurait
nous serions	nous aurions
vous seriez	vous auriez
ils (elles) seraient	ils (elles) auraient

63   *Commonest uses of the conditional*

A.   *The conditional is used in the result clause of certain conditional sentences*

—**Je répondrais** à sa lettre, si j'avais son adresse. | *I would answer* his (her) letter, if I had his (her) address.
—**Je travaillerais** davantage, si j'étais à votre place. | *I would work* more, if I were in your place.

In conditional sentences that describe *what would happen* if a certain condition were fulfilled, the conditional is used in the result clause (**Je répondrais à sa lettre**) and the imperfect is used in the if-clause (**si j'avais son adresse**).

Note the difference between this conditional sentence and those you have seen (see paragraph 47, Grammar Unit 11), which describe *what will happen* if a certain condition is fulfilled. EX.: **Je prendrai un taxi** (*fut.*) **s'il pleut** (*present*).

B.   *The conditional is often used even though the if-clause is omitted*

—**À** votre place, **je travaillerais** davantage. | (If I were) In your place, *I would work* harder.
—**Tu serais** vite fatigué de tout cela. | *You would* soon *be* tired of all that.

C. *To express future action in indirect discourse which depends upon a verb in a past tense*

—Il a dit qu'**il irait** en Italie.   He said *he would go* to Italy.
—Elle a dit qu'**elle ferait** des courses.   She said *she would do* some errands.

Note that this use of the conditional parallels English usage. If someone said: *I shall go to Italy*, you could report it by a direct quotation (direct discourse), or by an indirect quotation (indirect discourse). For example:

DIRECT: He said, *"I shall go to Italy."*   Il a dit: «**J'irai** en Italie.»
INDIRECT: He said *he would go* to Italy.   Il a dit qu'**il irait** en Italie.

64   *About English* should *and* would

While it is generally bad practice to think of French words and phrases in terms of their supposed English equivalents, it is particularly dangerous in the case of *should* and *would*. These words are indeed used to form a conditional in English, but they have other very common meanings that have nothing whatever to do with the conditional.

A.   Should *denoting obligation (meaning "ought to")*

To express in French "I should go to the library" (i.e., I ought to go to the library), you use a form of the verb **devoir**. This verb will be studied later. Meanwhile, remember that the conditional forms themselves carry no suggestion of obligation in French.

B.   Would *denoting habitual action (meaning "used to")*

You have seen in paragraph 56 (Grammar Unit 13) that habitual action in the past is expressed in French by the imperfect indicative.

—**Il allait** au cinéma tous les soirs après le dîner.   *He would go* (used to go) to the movies every evening after dinner.

I   Substitutions

Répétez les phrases suivantes en substituant les mots indiqués:

1. Je répondrais à sa lettre **si j'avais son adresse.**
 si j'avais le temps / si j'avais du papier à lettres /
 si j'avais un stylo / si je savais taper à la machine *(to type)*

2. (a) Il m'a dit: «**J'irai en Italie.**»

Je voudrais visiter Florence / J'achèterai une grosse automobile /

Je serai philanthrope / Je m'occuperai des malheureux

(b) Il m'a dit **qu'il irait en Italie.**

qu'il voudrait visiter Florence / qu'il achèterait une grosse automobile /

qu'il serait philanthrope / qu'il s'occuperait des malheureux

3. Si j'étais en retard, **j'irais plus vite.**

je me dépêcherais / je prendrais le métro / je chercherais un taxi /

je me dirais: «Tant pis (*too bad*) **si je suis en retard.»**

4. S'il commençait à pleuvoir, **je rentrerais tout de suite.**

j'irais au cinéma / je mettrais mon imperméable /

je prendrais mon parapluie / je prendrais le métro

II **Exercices d'application**

A. *Répétez, en remplaçant le futur par le conditionnel:*

1. Je lui parlerai. **2.** J'irai en ville. **3.** Je n'aurai pas le temps. **4.** Achèterez-vous ces gants? **5.** Déjeuneras-tu en ville? **6.** Lui répondrez-vous? **7.** Il se dépêchera. **8.** Vous dépêcherez-vous? **9.** Ils commenceront tout de suite. **10.** À quelle heure finiront-ils? **11.** Y aura-t-il de la place? **12.** Qu'est-ce que tu achèteras?

B. *Répétez, en remplaçant le présent par le conditionnel:*

1. J'achète le journal. **2.** Je me lève de bonne heure. **3.** Il obéit à la loi. **4.** Il est à l'heure. **5.** Tu as le temps. **6.** Vous avez le temps. **7.** Nous n'avons pas le temps. **8.** Ils vont en Italie. **9.** Ils font du ski. **10.** Que fais-tu? **11.** Que faites-vous? **12.** Je ne sais pas. **13.** Ne voulez-vous pas aller à Versailles? **14.** Pouvez-vous m'envoyer son adresse?

C. *Répétez les phrases suivantes, en remplaçant le présent et le futur par l'imparfait et le conditionnel:*

EX. —Si je commence plus tôt, je finirai plus tôt.

—**Si je commençais plus tôt, je finirais plus tôt.**

1. Si j'ai le temps de rentrer, je déjeunerai à la maison. **2.** S'il fait beau, j'irai en ville. **3.** Si mon père m'envoie un chèque, j'achèterai un manteau. **4.** Nous monterons s'il y a de la place. **5.** S'il neige, je prendrai un taxi. **6.** Si je me couche de bonne heure, je me lèverai de bonne heure. **7.** Si Roger ne finit pas son travail, il ne sera pas content.

D. *Mettez les phrases suivantes au conditionnel en remplaçant* **quand** *par* **si.**

EX. —Quand j'aurai le temps, j'irai voir ce film.
—**Si j'avais le temps, j'irais voir ce film.**

1. Quand Marie aura de l'argent, elle achètera un pull-over. **2.** Il y aura de la place quand les gens descendront. **3.** Roger me téléphonera quand il sera de retour. **4.** Quand il fera beau, nous ferons une promenade ensemble. **5.** Quand mon père m'enverra un chèque, je vous inviterai à dîner. **6.** Je passerai quelque temps à Venise quand je serai en Italie.

E. *Mettez les phrases suivantes à la forme indirecte:*

EX. —Il a dit: J'irai en Italie.
—**Il a dit qu'il irait en Italie.**

1. Il a dit: Je rentrerai à midi. **2.** Je lui ai dit: Je ferai des courses cet après-midi. **3.** Je lui ai dit: Je me coucherai de bonne heure. **4.** Il m'a dit: Je me dépêcherai. **5.** Ils nous ont dit: Nous serons à l'heure.

III *Demandez à quelqu'un:*

1. s'il (si elle) déjeunerait à la maison s'il (si elle) avait le temps de rentrer. **2.** s'il (si elle) achèterait une grosse automobile s'il (si elle) était riche. **3.** ce qu'il (qu'elle) ferait s'il commençait à pleuvoir. **4.** ce qu'il (qu'elle) ferait s'il (si elle) avait faim. **5.** ce qu'il (qu'elle) ferait s'il (si elle) avait mal à la gorge. **6.** ce qu'il (qu'elle) ferait s'il (si elle) était fatigué(e). **7.** s'il (si elle) voudrait visiter Pékin et Tokyo. **8.** s'il (si elle) aimerait être millionnaire.

IV *Répondez aux questions personnelles suivantes:*

1. Irez-vous faire du ski s'il neige aujourd'hui? **2.** Feriez-vous du ski s'il neigeait aujourd'hui? **3.** Seriez-vous content(e) s'il neigeait ce soir? **4.** Étiez-vous content(e) quand il a neigé la semaine dernière? **5.** Que feriez-vous si vous aviez un rhume? **6.** Si vous finissez votre travail ce matin que ferez-vous ce soir? **7.** Si vous finissiez votre travail ce matin que feriez-vous ce soir? **8.** Si vous étiez en France où iriez-vous acheter votre journal?

V   Thème d'imitation

Today is Christmas Day. After Midnight Mass, John and Roger went to the Christmas-Eve Party[1] at the Browns. On the table there was a beautiful turkey. John likes turkey very much. He thought that turkey (was) delicious.[2] There was lots of wine, red and white,[3] and plenty of champagne.

John and Roger got home at four o'clock in the morning! When John woke up, at noon, he said to Roger: "Santa Claus[4] brought me a good headache.[5] But that doesn't make any difference. I had a very good time. The Browns are very nice and their turkey was excellent, wasn't it?

[1] *to go to the Christmas-Eve party,* **aller faire le réveillon.**   [2] **Il a trouvé cette dinde délicieuse.**   [3] **du rouge et du blanc.**   [4] *Santa Claus,* **le Père Noël.**   [5] **un bon mal de tête.**

À Versailles

Jean et Roger ont décidé d'aller à Versailles, où ils arrivent une demi-heure après leur départ de Paris.

JEAN ¹Je ne croyais pas Versailles si grand. ²Tout est majestueux: les vastes salles du palais, les longues allées du parc, les jardins, les fontaines.

ROGER ³C'est Louis XIV qui, comme tu le sais, a fait construire Versailles. ⁴Il a fait travailler ici cinquante ans, plus ou moins.

JEAN ⁵Qu'est-ce que c'est que cette pièce d'eau là-bas, dans le lointain?

ROGER ⁶On l'appelle la pièce d'eau des Suisses. ⁷Au temps du Grand Roi, il y avait là toute une flotte. ⁸Les soirs d'été, il venait quelquefois s'y promener en bateau à la lumière des torches, avec des musiciens, et naturellement la foule de ses courtisans.

JEAN ⁹Tout cela est bien fini.

ROGER ¹⁰Hélas, oui. ¹¹Mais faut-il le regretter? ¹²Il y avait tant de misère dans son royaume . . .

JEAN ¹³Regarde cette magnifique vue sur le parc, avec ses grands arbres. ¹⁴Il a l'air de continuer le palais.

JOHN *I did not think Versailles was so large. Everything is majestic: the enormous rooms of the palace, the long walks of the park, the gardens, the fountains.*

ROGER *It was Louis XIV who, as you know, had Versailles built. The work went on for fifty years, more or less.*

JOHN *What is that body of water over there in the distance?*

ROGER *It is called the Lake of the Swiss. At the time of the Great King, there was a whole fleet there. On summer evenings he sometimes went boating there by torch light, with musicians, and naturally a crowd of courtiers.*

JOHN *All that's a thing of the past.*

ROGER *Alas, yes. But must we regret it? There was so much misery in his kingdom . . .*

JOHN *Look at that magnificent view of the park, with its tall trees. It seems to continue the palace.*

ROGER [15]Il le continue en effet. [16]L'accord est parfait entre le palais, les jardins et le parc.

JEAN [17]C'est une vue inoubliable. [18]Après avoir entendu parler si souvent de Versailles, je suis vraiment très heureux d'être venu ici.

ROGER *It does actually continue it. The balance is perfect between palace, gardens, and park.*

JOHN *It is an unforgettable view. After having heard so often about Versailles, I am really very happy to have come here.*

Répétez les phrases suivantes en substituant les mots indiqués:

1. Je ne croyais pas **Versailles si grand.**
   **les jardins si beaux / les salles si vastes / les allées
   si longues / les fontaines si nombreuses**
2. Louis XIV a fait **construire Versailles.**
   construire le palais / dessiner les jardins / aménager *(lay out)* **le parc /
   travailler ici cinquante ans**
3. Il a fait travailler ici **cinquante ans, plus ou moins.**
   **à peu près cinquante ans / environ cinquante ans /
   une cinquantaine d'années / pendant tout son règne**
4. Le roi venait **quelquefois** s'y promener en bateau.
   parfois / le soir / les soirs d'été / de temps en temps
5. Il y avait tant de misère **dans son royaume.**
   en France / à Paris / dans toutes les villes / presque partout
6. Après avoir entendu parler si souvent **de Versailles,** je suis vraiment heureux
   d'être venu ici.
   **du palais de Versailles / des jardins de Versailles /
   des fontaines de Versailles / du majestueux palais**

II *Demandez en français:*

1. si Jean croyait Versailles si grand.   2. qui a fait construire Versailles.
3. combien de temps le roi a fait travailler à Versailles.   4. ce qu'il y avait sur la
pièce d'eau des Suisses au temps du Grand Roi.   5. quand le Grand Roi venait
s'y promener.   6. si tout cela est bien fini.   7. si le parc a l'air de continuer le
palais.

III *Répondez en français par une phrase complète à chacune des questions suivantes:*

1. De quel château parlent Jean et Roger?   2. Qu'est-ce qu'on trouve dans le
palais?   3. Qu'est-ce qu'il y a dans le parc?   4. Qui a fait construire Versailles?
5. Comment appelait-on Louis XIV?   6. Comment appelle-t-on la grande pièce
d'eau dans le lointain?   7. Que faisait le roi quelquefois les soirs d'été?   8. Qui
venait s'y promener avec lui?   9. Est-ce que les allées et les grands arbres du
parc ont l'air de continuer le palais?   10. Comment Jean trouve-t-il la vue du
palais et du parc?   11. Avait-il souvent entendu parler de Versailles?

IV *Répondez affirmativement, en remplaçant le nom par le pronom convenable:*

EX. *(Persons)*—Avez-vous entendu parler de Louis XIV?
—Oui, j'ai entendu parler de lui.

(Things)—Avez-vous entendu parler de Versailles?
—Oui, j'en ai entendu parler.

1. Avez-vous entendu parler des rois de France? **2.** Avez-vous entendu parler de leur palais? **3.** Avez-vous entendu parler de Napoléon? **4.** Avez-vous entendu parler de Jeanne d'Arc? **5.** Avez-vous entendu parler du parc de Versailles? **6.** Avez-vous jamais entendu parler de la pièce d'eau des Suisses?

V Révision: *Verbes pronominaux*

Demandez à quelqu'un:

1. comment il (elle) s'appelle. **2.** s'il (si elle) se lève tard pendant les vacances. **3.** à quelle heure il (elle) se lève pendant les vacances. **4.** à quelle heure il (elle) s'est levé(e) ce matin. **5.** à quelle heure il (elle) s'est couché(e) hier soir. **6.** s'il (si elle) s'est bien reposé(e) dimanche dernier. **7.** comment s'appelle son professeur de français. **8.** s'il (si elle) s'est bien amusé(e) samedi soir.

VI *Répondez en français aux questions personnelles suivantes:*

1. Avez-vous beaucoup voyagé aux États-Unis? **2.** Quelle ville des États-Unis préférez-vous? **3.** Êtes-vous jamais allé(e) en Californie (en Floride, en Louisiane, etc.)? **4.** Comment y êtes-vous allé(e)? **5.** Combien de temps y êtes-vous resté(e)? **6.** Voudriez-vous voyager en Europe? **7.** Quels pays voudriez-vous voir? **8.** Combien de temps voudriez-vous passer en Europe?

VII Dictée d'après la Conversation 25, p. 212

VIII Causerie

Une visite à Versailles.

Qu'est-ce que tu as?

*Marie vient de recevoir une lettre de sa tante, lui annonçant le prochain mariage°
d'une de ses cousines.*

ROGER ¹Qu'est-ce que tu as, Marie?

ROGER *What's the matter (with you), Marie?*

MARIE ²Je n'ai rien du tout, je t'assure.

MARIE *Nothing is the matter, really.*

ROGER ³Mais si, tu as quelque chose. ⁴Tu as l'air triste. ⁵À quoi penses-tu?

ROGER *Yes there is. Something is wrong. You look sad. What are you thinking about?*

MARIE ⁶Je pense à Jeanne.

MARIE *I am thinking of Jeanne.*

ROGER ⁷Qui est-ce?

ROGER *Who is she?*

MARIE ⁸C'est une de mes cousines.

MARIE *She's a cousin of mine.*

ROGER ⁹Tu as tant de cousines! ¹⁰Laquelle de tes cousines est-ce?

ROGER *You have so many cousins! Which of your cousins is she?*

MARIE ¹¹Celle qui demeure à Reims.

MARIE *The one who lives in Rheims.*

ROGER ¹²Oh oui! Tu m'as déjà parlé d'elle.

ROGER *Oh yes! You have already spoken to me about her.*

MARIE ¹³J'ai reçu hier une lettre de ma tante Ernestine. ¹⁴Elle m'écrit que Jeanne va se marier jeudi prochain.

MARIE *I had a letter from my aunt Ernestine yesterday. She writes (me) that Jeanne is going to get (be) married next Thursday.*

ROGER ¹⁵Quoi? Est-ce que cette nouvelle te rend triste? Tu es jalouse?

ROGER *What? Does that news make you sad? Are you jealous?*

MARIE ¹⁶Non, je ne suis ni triste ni jalouse.

MARIE *No. I am neither sad nor jealous.*

ROGER ¹⁷Qu'est-ce qui t'ennuie, alors?

ROGER *What is bothering you then?*

MARIE ¹⁸C'est que je ne pourrai pas aller à son mariage.

MARIE *It's that I can't go to her wedding.*

ROGER ¹⁹C'est dommage, en effet. ²⁰Avec qui ta cousine se marie-t-elle?

ROGER *It's really too bad. To whom is your cousin getting married?*

MARIE ²¹Avec un jeune architecte que je connaissais quand il avait dix ans. ²²Comme le temps passe!

MARIE *To a young architect I knew when he was ten years old. How time flies!*

230

CULTURAL NOTE

In France, a marriage must take place before the mayor of the city or town. If there is also a religious ceremony, the civil ceremony must precede it.

I Substitutions

Répétez les phrases suivantes en substituant les mots indiqués:

1. **Tu as l'air triste.**
   fatigué / malheureux / heureux / ennuyé (*bothered*)
2. **Il a l'air d'avoir chaud.**
   faim / soif (*thirst*) / quelque chose / très chaud
3. **Est-ce que cette nouvelle te rend triste?**
   te rend malheureuse / t'ennuie / te rend jalouse / te fait plaisir
4. **Je le connaissais quand il avait dix ans**
   il était très jeune / j'étais étudiant / j'habitais dans les Alpes / j'allais au collège
5. **Qu'est-ce qui te rend triste?**
   le / la / les /vous
6. **Qu'est-ce qui t'ennuie alors?**
   le / la / les / vous

II *Répondez affirmativement, puis négativement à chacune des questions suivantes:*

EX. —Avez-vous acheté quelque chose?
     —**Oui, j'ai acheté quelque chose.**
     —**Non, je n'ai rien acheté.**

1. Avez-vous reçu quelque chose?   2. Avez-vous trouvé quelque chose?
3. Avez-vous entendu quelque chose?   4. Avez-vous envoyé quelque chose?
5. Avez-vous fait quelque chose?   6. Avez-vous quelque chose à faire?   7. Avez-vous quelque chose?

III *Remplacez le nom par le pronom convenable dans les phrases suivantes:*

A. penser à*

EX. —Je pense à Jean.   **Je pense à lui**
     —Je pense à mes examens.   **J'y pense.**

* While both **penser à** and **penser de** are translated "to think of" in English, **penser à** means *to think of* a person or a thing, and **penser de** means *to think something about* a person or a thing, i.e., to hold an opinion.
Penser à. When the object of **penser à** is a personal pronoun that refers to a person or persons, the stressed form of the personal pronoun is used: Pensez-vous à **Marie?** Oui, je pense à **elle.** When the object of **penser à** is a pronoun referring to things, the form y is used: Pensez-vous **à vos examens?** Oui, j'y pense.

1. Je pense à mes parents. 2. Je pense à mon examen. 3. Roger pense à son père. 4. Il pense à son travail. 5. Nous pensions à nos amis. 6. Nous pensons à votre demande. 7. Pensez-vous à cette lettre? 8. Pensez-vous à votre mère? 9. Il faut penser à vos examens.

B.   penser de*

EX.   —Que pensez-vous de Jean? **Que pensez-vous de lui?**
      —Que pensez-vous de ce journal? **Qu'en pensez-vous?**

1. Que pensez-vous de Louis XIV? 2. Que pensez-vous de Versailles? 3. Qu'est-ce que Jean pense de Versailles? 4. Que pense-t-il de son auto? 5. Que pensez-vous de ce film? 6. Que pensez-vous de mes cousins? 7. Que pensez-vous de cette robe? 8. Que pensez-vous des Brown?

IV   *Demandez à quelqu'un en employant le* tutoiement:

1. ce qu'il (qu'elle) a. 2. s'il (si elle) a quelque chose. 3. pourquoi il (elle) a l'air triste. 4. à quoi il (elle) pense. 5. s'il (si elle) a des cousines. 6. de qui il (elle) parle. 7. de quoi il (elle) parle. 8. s'il (si elle) a reçu une lettre ce matin. 9. pourquoi il (elle) a l'air triste. 10. ce qui l'ennuie. 11. à qui il (elle) pense. 12. à quoi il (elle) pensait.

V   *Répondez en français à chacune des questions suivantes:*

1. Qu'est-ce qu'a Marie? 2. A-t-elle l'air triste? 3. À quoi pense-t-elle? 4. Est-ce que Roger connaît Jeanne? 5. Qui est Jeanne? 6. Est-ce que Marie a déjà parlé d'elle à Roger? 7. De qui Marie a-t-elle reçu une lettre hier? 8. Qu'est-ce que sa tante Ernestine lui dit dans sa lettre? 9. Est-ce que cette nouvelle la rend triste? 10. Est-ce que Marie est jalouse? 11. Qu'est-ce qui l'ennuie? 12. Quel âge avait le fiancé de Jeanne quand Marie le connaissait?

VI   *Répétez les phrases suivantes et posez la question qui correspond à chacune d'elles:*

EX.   —Tu as l'air triste.
      —**Tu as l'air triste.   Qu'est-ce que tu as?**

* **Penser de.** When the object of **penser de** is a personal pronoun that refers to a person or persons, the stressed form of the personal pronoun is used: Qu'est-ce que vous pensez **d'elle?** Je pense beaucoup de bien **d'elle.** When the object of **penser de** is a personal pronoun referring to things, the form **en** is used: Qu'est-ce que vous pensez **de ce livre?** Qu'est-ce que vous **en** pensez?

1. Vous avez l'air triste. 2. Il a l'air triste. 3. Elle a l'air triste. 4. Ils ont l'air triste. 5. Ils avaient l'air fâché (*angry*). 6. Il avait l'air fâché. 7. Elle avait l'air fâché. 8. Elles avaient l'air fâché.

VII *Répondez en français aux questions personnelles suivantes:*

1. Êtes-vous jamais allé(e) à un mariage? 2. Où le mariage a-t-il eu lieu?
3. À quel moment de l'année le mariage a-t-il eu lieu? 4. En quel mois de l'année les gens se marient-ils surtout? 5. De quelle couleur est d'habitude la robe de la jeune mariée? 6. Voudriez-vous vous marier dans une église ou à la maison? 7. En France, est-ce l'habitude de jeter du riz sur les nouveaux mariés? [Répondez négativement.] 8. Avez-vous jamais fait cela en Amérique?

VIII Dictée d'après la Conversation 26, pp. 226–227

IX Causeries

Vous avez reçu une invitation à un mariage. Vous y êtes allé(e). Indiquez la date du mariage, où le mariage a eu lieu, s'il y avait beaucoup de monde. Dites qui a célébré le mariage, et ajoutez que vous avez trouvé le jeune couple charmant.

Interrogative pronouns

65 *Interrogative pronouns referring to persons*

A. ***Subject forms:*** **qui?** *or* **qui est-ce qui?** (*who?*)

$\Big\{$—**Qui** a dit cela?   *Who* said that?
         OR
 —**Qui est-ce qui** a dit cela?

B. ***Object forms:*** **qui?** *and* **qui est-ce que?** (*whom?*)

$\Big\{$—**Qui** avez-vous vu?   *Whom* did you see?
         OR
 —**Qui est-ce que** vous avez vu?

$\Big\{$—**À qui** avez-vous parlé?   *To whom* did you speak?
         OR
 —**À qui est-ce que** vous avez parlé?

$\Big\{$—**Avec qui** ta cousine se marie-t-elle?   *To whom* is your cousin getting
         OR   married?
 —**Avec qui est-ce que** ta cousine se marie?

$\Big\{$—**De qui** parlez-vous?   *About whom* are you talking?
         OR
 —**De qui est-ce que** vous parlez?

Note that when **Qui?** is used as object of a verb or preposition, you invert the order of subject and verb. With **Qui est-ce qui?** or **Qui est-ce que?** you use normal word order.

C.   à qui? (*whose?*)

—À qui est cette voiture?   *Whose* car is that?
—À qui sont ces revues?   *Whose* magazines are those?

Note that à qui? is the interrogative form corresponding to à moi, à vous, etc., which you have seen in paragraph 60 (Grammar Unit 14).

66   *Interrogative pronouns referring to things, etc. (i.e., not persons)*

A.   *Subject form:* qu'est-ce qui? (**What?**)

—Qu'est-ce qui se passe?   *What* is happening?
—Qu'est-ce qui lui est arrivé?   *What* happened to him (*or* to her)?

The short form que? is also used as subject in such phrases as Que se passe-t-il? and Qu'arrive-t-il?

B.   *Direct object form:* que? *and* qu'est-ce que? (*what?*)

{ —Que vous a-t-il dit?   *What* did he say to you?
        OR
  —Qu'est-ce qu'il vous a dit?

{ —Que lui avez-vous répondu?   *What* did you reply to him?
        OR
  —Qu'est-ce que vous lui avez répondu?

{ —Qu'avez-vous?   *What* is the matter with you?
        OR
  —Qu'est-ce que vous avez?

C.   *Object of a preposition:* quoi? (*what?*)

{ —À quoi pensez-vous?*   *What* are you thinking *of?*
        OR
  —À quoi est-ce que vous pensez?

{ —De quoi parlez-vous?   *What* are you talking *about?*
        OR
  —De quoi est-ce que vous parlez?

* Since the verb penser à means *to think of,* you naturally say: À quoi pensez-vous?
(Cf. note on p. 232.)

—**De quoi** avez-vous besoin?   *What* do you need?

      OR

—**De quoi est-ce que** vous avez besoin?

67   Qu'est-ce que c'est que . . .? *(What is . . .?)*

—**Qu'est-ce que c'est qu'**un Prisunic?   *What is* a "Prisunic"?

—**Qu'est-ce que c'est que** cela?   *What is* that?

You use **Qu'est-ce que c'est que** . . . ? to ask for a description or a definition.

68   *Interrogative pronoun* **lequel? laquelle? lesquels? lesquelles?** *(which? which one? which ones?) (persons or things)*

A.   *Subject or object*

—**Laquelle** de tes cousines va se marier?   *Which one* of your cousins is getting maried?

—Voici des livres. **Lesquels** voulez-vous?   Here are some books. *Which ones* do you want?

(1) **Lequel? laquelle?**, etc., are used to distinguish between two or more persons or things within a group. EX.: *Who* are those people? **Qui** sont ces gens? BUT: *Which one* is Mr. Duval? **Lequel** est M. Duval?

(2) These forms agree in gender and number with the nouns to which they refer.

B.   *With prepositions* à *or* de

—Voici deux livres. **Duquel** avez-vous besoin? Here are two books. *Which one* do you need?

—**À laquelle** de tes cousines as-tu écrit?   *To which one* of your cousins did you write?

In combination with prepositions **à** and **de** the forms of **lequel?**, etc., are:

auquel?	duquel?
à laquelle?	de laquelle?
auxquels?	desquels?
auxquelles?	desquelles?

Note also that **de** is often used with the adverb **où:**

—**D'où** venez-vous?	—*Where* have you been? (*lit.:* *Where* do you come *from?*)
—Je viens **de** Paris.	—I have been in Paris. (*lit.:* I come *from* Paris.

I   Substitutions

Répétez les phrases suivantes en substituant les mots indiqués:

1. Qui est **ce monsieur?**
   cette dame / ce jeune homme / cette jeune fille / ce garçon
2. Qu'est-ce qui **arrive?**
   lui arrive / t'arrive / vous arrive / leur arrive
3. Que **fait-il?**
   fait-elle / fais-tu / faites-vous / font-ils
4. D'où **venez-vous?**
   vient-il / vient-elle / viennent-ils / viennent-elles
5. Qu'est-ce qu'**il a fait?**
   tu as / elle a / vous avez / ils ont
6. À qui avez-vous **parlé?**
   De . . . parlé / Chez . . . dîné / Avec . . . déjeuné / Pour . . . acheté ça

II   Exercices d'application

A.   *Posez la question à laquelle répond chacune des phrases suivantes en remplaçant le sujet par* **Qui?** *puis par* **Qui est-ce qui?**

EX.   —Mon père a dit cela.
   —**Qui a dit cela? Qui est-ce qui a dit cela?**

1. Roger est allé au laboratoire.   2. Jean est rentré à la maison.   3. Louis XIV a fait construire ce château.   4. Jean a acheté ce journal.   5. Jean est allé chez les Brown.   6. Marie veut du café.   7. Elle sait la date de la prise de la Bastille.

B.   *Posez la question à laquelle répond chacune des phrases suivantes en remplaçant le complément par* **Qui?** *puis par* **Qui est-ce que?**

EX.   —J'ai vu Marie.
   —**Qui avez-vous vu?   Qui est-ce que vous avez vu?**

1. J'ai rencontré Marie.   2. J'ai parlé à Marie.   3. Je suis sorti(e) avec elle.
4. Jean a écrit à M. Brown.   5. Roger a acheté des fleurs pour Marie.   6. Il est allé à la sauterie avec elle.

C. *Posez la question à laquelle répond chacune des phrases suivantes en employant* **À qui . . .?**

EX. —Ces gants sont à moi.
   —**À qui sont ces gants?**

1. Cette motocyclette est à Charles.   2. Ces photos sont à moi.   3. Cette auto est à mon père.   4. Cet imperméable est à mon frère.   5. Ce pull-over est à ma sœur.

D. *Posez la question à laquelle répond chacune des phrases suivantes en remplaçant le sujet par* **Qu'est-ce qui?**

EX. —Le vent fait ce bruit.
   —**Qu'est-ce qui fait ce bruit?**

1. Mon auto fait ce bruit.   2. Cette nouvelle me rend triste.   3. Cette nouvelle m'ennuie.   4. Rien ne m'ennuie.   5. Rien ne se passe.   6. Quelque chose de terrible est arrivé.

E. *Posez la question à laquelle répond chacune des phrases suivantes en remplaçant le complément par* **Qu'est-ce que?** *puis par* **Que?**

1. J'ai acheté des bonbons.   2. Il a dit bonjour.   3. Il a apporté des hors-d'œuvre.   4. Elle n'a rien dit.   5. Je n'ai rien du tout.   6. Nous avons fait une promenade.

F. *Posez la question à laquelle répond chacune des phrases suivantes en remplaçant le complément par* **quoi?**

EX. —Je pense à l'examen.
   —**À quoi pensez-vous?**

1. Je pense aux vacances.   2. J'ai besoin de papier à lettres.   3. Nous parlons de notre voyage.   4. Nous commencerons par des hors-d'œuvre.   5. Je finirai par des fruits.

Pourquoi

G. *Posez la question à laquelle répond chacune des phrases suivantes en remplaçant le nom par* **Lequel? Laquelle?** *etc.*

EX. —Voilà plusieurs jeunes filles. Jeanne est la plus grande.
—**Laquelle est la plus grande?**

1. Marie est la plus jolie.   **2.** Je préfère Marie.   **3.** Suzanne est la plus intelligente.   **4.** Hélène et Marguerite sont blondes.   **5.** Je pense à Suzanne.
à laquelle

H. *Posez la question à laquelle répond chacune des phrases suivantes en employant* **où?** *or* **d'où?** *or* **par où?**

EX. —Je vais en ville.
—**Où allez-vous?**

1. Je vais au cinéma cet après-midi.   **2.** Roger vient des Alpes.   **3.** Jean vient de Philadelphie.   **4.** Ils viennent du labo.   **5.** Jean revient d'Italie.   **6.** Il est passé par Nice et Monte-Carlo.

III   *Demandez à quelqu'un:*

1. qui a construit le château de Versailles.   **2.** pour qui le château a été construit.   **3.** ce que c'est qu'un château.   **4.** laquelle des villes de France est la plus grande.   **5.** de qui Marie a reçu une lettre hier.   **6.** à qui pense Marie.
7. ce qui ennuie Marie.   **8.** ce que la tante de Marie a dit dans sa lettre.
9. lesquelles des villes d'Italie Roger aimerait visiter.   **10.** ce que Roger voudrait voir aux États-Unis.

240

Les jardins de Versailles

IV Thème d'imitation

Louis XIV is doubtless the most famous (**célèbre**) of the kings of France. He was
born in 1638 and he died in 1715. He had an enormous château built at
Versailles. For (**pendant**) more than forty years the best artists (**artistes**) of the
seventeenth century worked at Versailles. The magnificent rooms of the château,
the long walks of the park, the beautiful gardens, everything gives an impression
of splendor. Louis XIV had the sun as an emblem (**comme emblème**). It is at
Versailles that one understands why they called him the Sun-King (**le Roi-Soleil**).

Au commissariat de police

Jean donne des renseignements au sujet d'un accident dont il a été témoin.

LE COMMISSAIRE DE POLICE ¹Vous êtes bien M. Jean Hughes, ingénieur-chimiste, ²demeurant huit, rue du Docteur Roux?

JEAN ³Oui, monsieur le commissaire.

LE COMMISSAIRE DE POLICE ⁴Hier après-midi, vous avez été témoin de l'accident ⁵au cours duquel le docteur Lambert a été blessé?

JEAN ⁶Oui, monsieur le commissaire.

LE COMMISSAIRE DE POLICE ⁷Où étiez-vous au moment de l'accident?

JEAN ⁸J'étais devant l'Institut Pasteur.°

LE COMMISSAIRE DE POLICE ⁹Comment l'accident a-t-il eu lieu?

JEAN ¹⁰La chaussée était très glissante, car il avait plu. ¹¹Le docteur Lambert, dont l'auto allait très vite, ¹²n'a pas pu s'arrêter à temps.

LE COMMISSAIRE DE POLICE ¹³À quelle vitesse le camion allait-il ¹⁴quand l'accident a eu lieu?

JEAN ¹⁵À environ 30 kilomètres à l'heure.

LE COMMISSAIRE DE POLICE ¹⁶Je vous remercie, monsieur. ¹⁷Ce que vous venez de dire ¹⁸est d'accord avec les renseignements que nous avons déjà.

THE POLICE COMMISSIONER *You are (indeed) Mr. John Hughes, a chemical engineer, who lives at 8 rue du Dr. Roux?*

JOHN *Yes, sir.*

THE POLICE COMMISSIONER *Yesterday afternoon you witnessed the accident in the course of which Dr. Lambert was hurt?*

JOHN *Yes, sir.*

THE POLICE COMMISSIONER *Where were you at the time of the accident?*

JOHN *I was in front of the Pasteur Institute.*

THE POLICE COMMISSIONER *How did the accident occur?*

JOHN *The street was very slippery, for it had been raining. Dr. Lambert, whose car was going very fast, couldn't stop in time.*

THE POLICE COMMISSIONER *How fast was the truck going when the accident occurred?*

JOHN *About 30 kilometers per hour.*

THE POLICE COMMISSIONER *I thank you, sir. What you have just said agrees with the information we already have.*

CULTURAL NOTE

The **Institut Pasteur,** *founded by the great Louis Pasteur, consists of a hospital, a museum, and a research institute for biological chemistry.*

I Substitutions

Répétez les phrases suivantes en substituant les mots indiqués:

1. (a) **Le docteur Lambert** a été blessé.
   Un passant / Un médecin / Un agent de police / Un vieux monsieur
   (b) . . . l'accident au cours duquel **le docteur Lambert** a été blessé.
   un passant / un médecin / un agent de police / un vieux monsieur
2. Le docteur Lambert, dont l'auto allait **très vite**, n'a pas pu s'arrêter à temps.
   assez vite / trop vite / beaucoup trop vite / à trente kilomètres à l'heure
3. Où étiez-vous au moment où **l'accident** a eu lieu?
   la collision / l'incident / la querelle / l'altercation
4. Où étiez-vous au moment de **l'accident**?
   la collision / l'incident / la querelle / l'altercation
5. Ce que vous venez de **dire** . . .
   faire / acheter / manger / répondre / chercher / regarder

II *Demandez à quelqu'un:*

1. à qui parle Jean Hughes. 2. pourquoi le commissaire a fait venir Jean Hughes. 3. l'adresse de Jean. 4. sa profession. 5. de quoi il a été témoin. 6. où l'accident a eu lieu. 7. quand l'accident a eu lieu. 8. pourquoi l'accident a eu lieu. 9. comment l'accident a eu lieu. 10. s'il avait plu avant l'accident. 11. pourquoi la chaussée était glissante. 12. à quelle vitesse allait le camion au moment de l'accident.

III *Répondez en français à chacune des questions suivantes:*

1. À qui Jean parle-t-il? 2. Où la conversation a-t-elle lieu? 3. Que fait Jean Hughes? 4. Où demeure-t-il? 5. De quoi a-t-il été témoin? 6. Quand l'accident a-t-il eu lieu? 7. Qui a été blessé au cours de l'accident? 8. D'où venait le camion? 9. Où était Jean au moment de l'accident? 10. Pourquoi la chaussée était-elle glissante? 11. Pourquoi le docteur Lambert n'a-t-il pas pu s'arrêter à temps? 12. À quelle vitesse le camion allait-il quand l'accident a eu lieu? 13. Est-ce que le commissaire a déjà parlé à des témoins de l'accident? 14. Qu'est-ce que le commissaire a dit à Jean en le remerciant?

IV *Répétez, en remplaçant le passé composé par* **Je viens de** (I have just) *avec l'infinitif:*

EX. —J'ai déjeuné.
    —**Je viens de déjeuner.**

1. J'ai acheté un journal.   2. J'ai trouvé ma cravate.   3. J'ai fini ma lettre.
4. Je suis allé(e) à la pharmacie.   5. Je me suis levé(e).   6. Je me suis habillé(e).
7. J'ai été témoin de l'accident.

V   Révision: **Avoir quelque chose** (*to be the matter*), **arriver à** (*to happen to someone*), **se passer** (*to happen*), **ennuyer** (*to bother, to worry someone*)

Répétez les phrases suivantes en substituant les mots indiqués:

(*a*)   1.   Qu'est-ce que **tu as?** (*What's the matter?*)
il a / elle a / vous avez / ils ont / il y a
2.   Qu'est-ce que **tu avais?**
il avait / elle avait / vous aviez / ils avaient / il y avait
3.   Je ne sais pas ce que **j'avais.**
il avait / elle avait / ils avaient / elles avaient

(*b*)   1.   Qu'est-ce qui **lui** arrive? (*What's happening to him (her)?*)
t(e) / nous / vous / leur
2.   Qu'est-ce qui **lui** est arrivé?
t(e) / nous / vous / leur
3.   Qu'est-ce qui **t'**ennuie?
l(e) / l(a) / les *m.* / les *f.*

(*c*)   1.   Je ne sais pas ce qui **se passe.**
s'est passé / se passait / se passera / se passerait

VI   *Répondez aux questions personnelles suivantes:*

1. Avez-vous jamais été témoin d'un accident d'auto?   2. Y a-t-il beaucoup d'accidents d'auto aux États-Unis?   3. Serait-il possible d'éviter (*avoid*) la plupart de ces accidents?   4. Y a-t-il beaucoup de personnes tuées dans ces accidents?
5. Quelle est souvent la cause des accidents d'autos? [L'ivresse (*intoxication*) du conducteur ou l'excès de vitesse.]   6. Croyez-vous que la limite de vitesse diminue le nombre des accidents?   7. Quelle est cette limite?   8. Est-ce que la plupart des gens l'observent?   9. Pourquoi est-il difficile de la faire observer?
10. À quel moment de l'année les accidents sont-ils particulièrement nombreux?

VII   Dictée d'après la Conversation 27, p. 230

VIII   Causerie

Vous parlez d'un accident dont vous avez été témoin.

The passé simple *and the pluperfect, future perfect and conditional perfect*

69 *Meaning and use of the* passé simple

The names **passé simple** (*simple past*) and **passé composé** (*compound past*) are used to distinguish two tenses which, generally speaking, have the same meaning: both tenses are used to express simple past actions.

You have seen that the **passé composé** is commonly used in conversation. The **passé simple** is used only in literary narrative style and in rather formal speech. Even then, only the third person (singular and plural) is ordinarily used today.

EXAMPLE OF THE USE OF THE PASSÉ SIMPLE

À cette époque, il y **eut** une épidemie dans le pays des Troglodytes. Un médecin habile **arriva** du pays voisin et **donna** ses remèdes. Quand il **demanda** à ses clients de lui payer ses services, il ne **trouva** que des refus.

Le médecin **retourna** dans son pays et il y **arriva** très fatigué. Il **apprit** peu après que la même maladie ravageait de nouveau le pays des Troglodytes. Ils **allèrent** à lui tout de suite lui demander de revenir avec ses remèdes.

Le médecin **refusa**. Les Troglodytes **moururent** et **furent** victimes de leurs propres injustices.
(D'après Montesquieu)

At that time there *was* an epidemic in the land of the Troglodytes. A skillful doctor *arrived* from the neighboring country and *gave* his remedies. When he *asked* his patients to pay him for his services he *received* only refusals.

The doctor *returned* to his own country and he *arrived* there very tired. He *learned* soon afterwards that the same disease was again ravaging the land of of Troglodytes. They *went* to him immediately to ask him to come back with his remedies.

The doctor *refused*. The Troglodytes *died* and they *were* victims of their own injustice.

70 *Forms of the* **passé** *simple*

A.   *Regular verbs*

FIRST CONJUGATION	SECOND CONJUGATION	THIRD CONJUGATION
je donnai	je finis	je répondis
I gave	*I finished*	*I answered*
tu donnas	tu finis	tu répondis
il (elle) donna	il (elle) finit	il (elle) répondit
nous donnâmes	nous finîmes	nous répondîmes
vous donnâtes	vous finîtes	vous répondîtes
ils (elles) donnèrent	ils (elles) finirent	ils (elles) répondirent

B.   Être *and* avoir

ÊTRE	AVOIR
je fus	j'eus
I was	*I had*
tu fus	tu eus
il (elle) fut	il (elle) eut
nous fûmes	nous eûmes
vous fûtes	vous eûtes
ils (elles) furent	ils (elles) eurent

(The **passé simple,** which is primarily used in writing, will be used here only for aural practice and will appear only in exercise II, A.)

71 *Pluperfect* (**plus-que-parfait**) *of regular verbs and of* **avoir** *and* être

—**J'avais** déjà **accepté** l'invitation de Robert quand j'ai reçu la vôtre.	*I had* already *accepted* Robert's invitation when I received yours.
—La chaussée était très glissante, car **il avait plu.**	The surface of the street was very slippery, for *it had been raining.*
—**Il était** déjà **parti** quand je suis arrivé.	*He had* already *left,* when I arrived.

The forms of the pluperfect indicative are:

J'avais donné, etc.   *I had given,* etc.
J'avais fini, etc.   *I had finished,* etc.
J'avais répondu, etc.   *I had answered,* etc.
J'avais été, etc.   *I had been,* etc.
J'avais eu, etc.   *I had had,* etc.
J'étais arrivé(e), etc.   *I had arrived,* etc.
Je m'étais levé(e), etc.   *I had got up,* etc.

(1) The pluperfect is formed like the **passé composé** except that the imperfect of the auxiliary is used.

(2) As in English, the pluperfect tense expresses an action that had already taken place when another past action took place. When the first action *immediately* precedes the second, the pluperfect is usually replaced by the imperfect of **venir** followed by **de** and an infinitive. EX.: Je **venais** d'accepter l'invitation de Robert, quand j'ai reçu la vôtre. (*I had just accepted Robert's invitation when I received yours*).

72 *Future perfect tense* (futur antérieur)

—**J'aurai fini** mon travail quand il arrivera.   *I shall have finished* my work when he arrives.

The future perfect is formed like the other compound tenses except that the future of the auxiliary verb is used.

—**J'aurai donné**, etc.   *I shall have given*, etc.
—**Je serai arrivé(e)**, etc.   *I shall have arrived*, etc.

As in English, the future perfect tense is used to express an action that will take place in the future before another future action takes place. In sentences in which you use a future perfect in one clause, the verb in the other clause is always in the future tense (cf. paragraph 47, Grammar Unit 11). EX.: Je **serai parti** quand elle **recevra** ma lettre. *I shall have left* when she gets (*will receive*) my letter.

73 *The conditional perfect* (conditionnel passé)

—Si nous avions eu le temps, **nous serions allés** au match.   If we had had time, *we would have gone* to the game.
—**Je serais** volontiers **allé(e)** avec lui, si je n'avais pas eu mal à la tête.   *I would have* gladly *gone* with him if I hadn't had a headache.

The conditional perfect is formed like the other compound tenses except that the conditional of the auxiliary verb is used.

J'aurais donné, etc.   *I would have given*, etc.
J'aurais répondu, etc.   *I would have answered*, etc.
Je serais arrivé(e), etc.   *I would have arrived*, etc.
Je me serais levé(e), etc.   *I would have got up*, etc.

It is most commonly used in conditional sentences in which the verb in the if-clause is in the pluperfect. It expresses an action that would have taken place, if another action had taken place (cf. paragraph 63, Grammar Unit 15).

74 *Agreement of the past participle in compound tenses*

The agreement of the past participle is purely a matter of spelling in most cases and is therefore of comparatively little importance in spoken French.

A. *Verbs conjugated with* avoir

—J'ai **planté** des fleurs dans mon jardin.   I have *planted* flowers in my garden.
—Les fleurs que j'ai **plantées** n'ont pas **poussé**.   The flowers I *planted* did not *grow*.

When a verb is conjugated with **avoir**, the participle agrees in gender and number with a PRECEDING direct object. If the direct object follows the participle, or if the verb has no direct object, there is of course no agreement and the masculine singular form of the participle is used.

Thus in **J'ai planté des fleurs**, there is no agreement because the direct object follows the participle.

In **Les fleurs que j'ai plantées n'ont pas poussé**, the participle **plantées** is feminine plural because the direct object **que**, which precedes the verb, refers to **les fleurs**, which is feminine plural. In the same sentence, **poussé** has no direct object and therefore cannot agree.

B. *Verbs conjugated with* être *(not including reflexives)*

—**Jean** est **allé** en ville.   John *went* downtown.
—**Marie** est **allée** en ville.   Marie *went* downtown.
—**Ils** sont **arrivés** à dix heures.   They (*masc.*) *arrived* at ten o'clock.
—**Elles** sont **arrivées** à neuf heures.   They (*fem.*) *arrived* at nine o'clock.

Except for reflexive verbs, when a verb is conjugated with **être**, the past participle agrees in gender and number with the subject of the verb. **Vous** may of course be masculine or feminine, singular or plural. EX.: **Marie, êtes-vous allée** au cinéma? **Henri, êtes-vous allé** au cinéma? **Êtes-vous allés** au cinéma ensemble?

C. *Reflexive verbs*

—Roger s'est **levé** à sept heures.   Roger *got up* at seven o'clock.
—Marie s'est **levée** à neuf heures.   Marie *got up* at nine o'clock.

Although reflexive verbs are conjugated with **être,** their past participles agree as if they were conjugated with **avoir,** i.e. they agree with a preceding direct object. In the preceding examples, **se** is the preceding direct object in each case. In the first example, it refers to Roger and the agreement is masculine. In the second it refers to Marie and the agreement is feminine.

I   Substitutions

Répétez les phrases suivantes en substituant les mots indiqués:

1. **J'avais fini mon travail** (*I had finished my work*) quand vous avez téléphoné.
   Je m'étais couché(e) / J'étais sorti(e) / Je n'avais pas encore dîné /
   Je n'avais pas reçu votre lettre

2. **Je venais de finir mon travail** (*I had just finished my work*) quand vous avez téléphoné.
   Je venais de me coucher / Je venais de rentrer / Il venait de partir /
   Nous venions de dîner

3. **Il aurait fait des courses** (*He would have done errands*) s'il avait eu le temps.
   Il serait allé en ville / Il aurait répondu à cette lettre / Il aurait fait une promenade /
   Il se serait bien amusé à Paris

4. **J'aurai fini mon travail** (*I will have finished my work*) **quand vous arriverez.**
   quand vous serez prêt(e) / quand Marie sera prête / quand vous viendrez me chercher /
   quand Jean viendra me chercher

5. **Je serai parti(e)** (*I will have left*) avant six heures.
   Tu seras parti / Nous serons partis / Serez-vous parti . . .? / Seras-tu parti . . .?

II   Exercices d'application

A. *Indiquez le temps de chacune des formes suivantes:*

EX.   —Il arriva: **passé simple.**   Il arrivera: **futur.**   Il arrive: **présent.**

1. Il entra.   2. Il se leva.   3. Il se lèvera.   4. Il répondit.   5. Il répond.
6. Il répondra.   7. Il acheta.   8. Ils achètent.   9. Ils achetèrent.   10. Ils
choisissent.   11. Ils choisirent.   12. Ils entrèrent.   13. Ils entreront.   14. Il
eut.   15. Il vendit.   16. Ils finirent.   17. Ils furent.   18. Ils auront.   19. Ils
eurent.   20. Il ne fut pas.

B. *Mettez les phrases suivantes au* **plus-que-parfait:**

EX. —Il a plu.
—**Il avait plu.**

1. J'ai répondu à sa lettre. **2.** Il a fini son dîner. **3.** Nous avons fait nos courses. **4.** Le train est déjà parti. **5.** Nous sommes allé(e)s en ville. **6.** Je me suis couché(e) de bonne heure. **7.** Ils sont arrivés en retard. **8.** J'ai toujours obéi à la loi. **9.** J'ai acheté une auto. **10.** A-t-il neigé?

C. *Employez le* **plus-que-parfait** *et le* **conditionnel passé** *dans les phrases suivantes:*

EX. —Si j'avais de l'argent, j'irais en Italie.
—**Si j'avais eu de l'argent, je serais allé(e) en Italie.**

1. S'il faisait beau, j'irais en ville. **2.** S'il pleuvait, je prendrais un taxi. **3.** Si j'avais des courses à faire, je prendrais mon auto. **4.** Je répondrais à sa lettre, si j'avais son adresse. **5.** Elle irait au bal, si elle n'avait pas mal à la gorge. **6.** Si nous manquions notre train, nous passerions la nuit à Épernay.

III *Répondez en français à chacune des questions personnelles suivantes:*

1. Si vous aviez eu le temps, est-ce que vous seriez allé(e) au cinéma hier soir? **2.** Est-ce que la chaussée aurait été glissante s'il n'avait pas plu? **3.** Étiez-vous parti(e) ce matin quand il a commencé à pleuvoir? **4.** Est-ce que vous aviez fini votre travail hier soir quand je vous ai téléphoné? **5.** Est-ce que vous aurez fini votre travail à cinq heures et demie? **6.** Est-ce que vous aurez fini votre travail quand votre frère arrivera?

IV **Révision**

Répondez en français à chacune des questions personnelles suivantes:

1. À quelle heure avez-vous déjeuné? **2.** À quelle heure dînerez-vous ce soir? **3.** À quelle heure dîneriez-vous si vous alliez en ville? **4.** À quelle heure dînez-vous le dimanche? **5.** À quelle heure dîniez-vous pendant les vacances? **6.** Est-ce que vous vous couchez de bonne heure le dimanche? **7.** Est-ce que vous vous couchez plus tard en été qu'en hiver? **8.** Vous êtes-vous levé(e) de bonne heure ce matin? **9.** Vous êtes-vous couché(e) tard hier soir? **10.** Est-ce que vous vous couchiez tard pendant les vacances? **11.** Est-ce que vous vous coucherez tard ce soir? **12.** Est-ce que vous vous coucheriez tard si vous aviez un examen demain?

V *Mettez le passage suivant au passé, en employant* l'imparfait *ou* le passé composé *selon le cas:*

Un jour qu'il suit la rue de Vaugirard, Jean entend tout à coup un bruit métallique et violent. Il se retourne et voit deux hommes, l'un dans un camion, l'autre au volant d'une automobile, qui discutent avec véhémence. Lequel des deux est responsable de l'accident? Jean n'en sait rien, mais à en juger par leur indignation, ils ont tous les deux raison. Heureusement, un agent de police arrive et sa présence ramène le calme entre les antagonistes.

Deux jours plus tard, Jean reçoit une lettre qui le prie de se présenter au commissariat de police du XVe arrondissement. Quand il arrive à l'heure indiquée, le commissaire lui pose toute sorte de questions auxquelles Jean répond de son mieux.

VI   Thème d'imitation

Two days ago, in front of the Pasteur Institute, John witnessed an accident in the course of which Dr. Lambert was hurt. Dr. Lambert's car collided with a truck. When the truck driver (**le chauffeur du camion**) saw the doctor's car, he tried to stop, but too late . . . At the noise of the accident, some passers-by came to see what was happening. A little later, a policeman arrived and they took (**on a conduit**) Dr. Lambert to the hospital.

That afternoon, John went to the police station. The police commissioner asked him (**poser**) all sorts of questions which (**auxquelles**) he answered the best he could (**de son mieux**).

Chez l'horloger°

Ne laissez pas tomber votre montre.

L'HORLOGER° ¹Vous désirez, monsieur?

JEAN ²Je voudrais faire réparer cette montre. ³Je l'ai laissée tomber hier, ⁴et elle ne marche plus.

L'HORLOGER (*examinant la montre*) ⁵Où avez-vous acheté cette montre-là?

JEAN ⁶Je l'ai achetée en Amérique.

L'HORLOGER ⁷Je m'en doutais. ⁸C'est la première fois que je vois une montre de cette marque.

JEAN ⁹De quoi s'agit-il?

L'HORLOGER ¹⁰Il s'agit d'une réparation simple. ¹¹Mais je serai obligé de faire venir un ressort.

JEAN ¹²Pouvez-vous me dire quand ma montre sera prête?

L'HORLOGER ¹³Voyons . . . Je vais commander aujourd'hui le ressort dont j'ai besoin. ¹⁴Je le recevrai sans doute vers le milieu de la semaine prochaine.

JEAN ¹⁵Je voudrais bien avoir ma montre le plus tôt possible.

L'HORLOGER ¹⁶Revenez de mardi en huit.

JEAN ¹⁷Bon. J'attendrai jusque-là.

THE JEWELER *What can I do for you, sir?*

JOHN *I'd like to have this watch repaired. I dropped it yesterday, and now it won't run.*

THE JEWELER (*examining the watch*) *Where did you buy that watch?*

JEAN *I bought it in America.*

THE JEWELER *I rather thought so. This is the first time I have seen a watch of that make.*

JOHN *What's wrong with it? (Lit.: Of what is it a question?)*

THE JEWELER *It is a question of a simple repair job. But I'll have to send for a spring.*

JOHN *Can you tell me when my watch will be ready?*

THE JEWELER *Let's see . . . Today I'll order the spring I need. I'll probably get it toward the middle of next week.*

JOHN *I'd certainly like to have my watch as soon as possible.*

THE JEWELER *Come back a week from Tuesday.*

JOHN *Okay, I'll wait till then.*

Un horloger *is a person who makes, repairs, and sells all types of clocks and watches.*

I   Substitutions

Répétez les phrases suivantes en substituant les mots indiqués:

1. Je voudrais faire réparer **cette montre.**
   cette auto / cette pendule / ces lunettes (*glasses*) / cette bicyclette
2. **S'agir** followed by a noun or pronoun:
   (a) Il s'agit **d'une réparation simple.**
   d'une vieille maison / d'un vieux livre / d'une montre qui ne marche plus /
   d'une auto qui ne marche plus
   (b) Il s'agissait (*It was a question of*) **d'une réparation difficile.**
   d'une montre américaine / d'un ressort cassé / d'un ami de mon père /
   tout simplement d'un rhume
   (c) **De quoi** s'agit-il?
   De quelle réparation / De quelle espèce de réparation /
   De quelle cousine de Marie / De qui
3. **S'agir** followed by an infinitive:
   Il s'agit **de réparer cette montre.**
   de construire une maison / de faire des courses / de trouver ma cravate /
   de s'arrêter à temps
4. J'attendrai **jusque-là.**
   jusqu'à mardi prochain / jusqu'à la semaine prochaine / jusqu'à son retour /
   jusqu'à midi

II   *Répondez en français, d'après le texte, à chacune des questions suivantes:*

1. Pourquoi Jean va-t-il chez l'horloger?   2. Qu'est-ce que c'est qu'un horloger?
3. Est-ce que la montre de Jean marche toujours (*still*)?   4. Pourquoi ne marche-t-elle plus?   5. Où Jean a-t-il acheté sa montre?   6. Est-ce que l'horloger a déjà vu une montre de cette marque?   7. De quoi s'agit-il?   8. Qu'est-ce que l'horloger sera obligé de faire venir?   9. Pourquoi sera-t-il obligé de faire venir un ressort?   10. Est-ce que l'horloger peut dire à Jean quand sa montre sera prête?   11. Quand va-t-il commander le ressort dont il a besoin?   12. Quand pense-t-il le recevoir?   13. Quand dit-il à Jean de revenir?   14. Est-ce que Jean sera obligé d'attendre longtemps?   15. Quand Jean reviendra-t-il chez l'horloger?   16. Quand voudrait-il bien avoir sa montre?

III   *Demandez en français à quelqu'un:*

1. s'il (si elle) a jamais laissé tomber sa montre.   2. si sa montre s'est arrêtée.
3. si une montre peut marcher sans ressort.   4. ce qui fait marcher une montre.

256

5. ce qui se passe quand le ressort d'une montre est cassé.   **6.** de quoi il s'agit.
7. s'il s'agit d'une réparation difficile.   **8.** ce que l'horloger va commander.
9. de quoi il aura besoin.   **10.** quand il recevra le ressort.

IV   *Répondez en français:*

1. Avez-vous fait réparer votre montre?   **2.** Avez-vous fait réparer votre auto?
3. Marie a-t-elle fait venir le médecin?   **4.** L'horloger a-t-il fait venir un ressort?
5. Allez-vous faire venir un taxi?   **6.** Allez-vous faire construire une maison?
7. Qui a fait construire Versailles?   **8.** Où Jean fera-t-il réparer sa montre?

V   *Répondez aux questions personnelles suivantes:*

1. Avez-vous jamais laissé tomber votre montre?   **2.** A-t-elle continué à marcher?
3. De quelle marque est-elle?   **4.** Est-ce que vous l'avez depuis longtemps?
5. Quand elle ne marche pas bien, qu'est-ce que vous faites?   **6.** Est-ce que
vous la faites nettoyer tous les ans?   **7.** Avez-vous aussi un réveille-matin (*alarm
clock*)?   **8.** Est-ce qu'il vous réveille tous les matins?

VI   *Mettez le passage suivant au passé en employant* l'imparfait, le passé composé,
le plus-que-parfait *ou* le conditionnel, *selon le cas:*

Un jour Jean laisse tomber sa montre. Il est très inquiet, car c'est une bonne
petite montre que sa mère lui a donnée pour son anniversaire. Quand il la ramasse, la montre ne marche plus. De plus en plus inquiet, il va chez l'horloger
et lui explique ce qui s'est passé. L'horloger ouvre la montre, prend sa loupe
(*magnifying glass*), et regarde l'intérieur. Il trouve que le ressort est cassé. Il
demande à Jean où il a acheté sa montre, car il n'a jamais vu une montre de cette
marque. Jean dit que c'est une montre américaine et lui demande s'il pourra la
réparer tout de même. L'horloger dit qu'il commandera aujourd'hui même le ressort
dont il a besoin, qu'il le recevra dans quelques jours et que Jean pourra revenir de
mardi en huit.

VII   Dictée d'après la Conversation 28, p. 242

VIII   Causerie

Vous avez cassé vos lunettes. Vous avez besoin de nouveaux verres. Vous désirez
faire réparer vos lunettes le plus tôt possible car vous ne pouvez rien voir sans
elles, etc. L'oculiste répond qu'il est très occupé, qu'il a beaucoup de clients,
mais que vous pouvez revenir samedi après-midi à cinq heures.

Relative pronouns

75 The relative pronoun qui

The relative pronoun **qui** (*who, which, that*) is used as the *subject of a verb* and may refer to persons or things. (Cf. the interrogative form **Qui?** which refers only to persons.)

—C'est ma cousine **qui** demeure à Reims.   She's my cousin *who* lives in Rheims.

—Voici un autre autobus **qui** arrive.   Here comes another bus.

The relative pronoun **qui** is also used as *object of prepositions*, but in this case it may refer only to persons.

—Le docteur Lambert, **à qui** j'ai parlé, est un bon médecin.   Dr. Lambert, *to whom* I spoke, is a good doctor.

—La dame **chez qui** je demeure a des chambres à louer.   The lady *at whose house* I live has rooms to rent.

76 The relative pronoun que

The relative pronoun **que** (*whom, which*) is used as the *direct object* of a verb and may refer to either persons or things:

—C'est un jeune homme **que** je connaissais quand j'avais dix ans.   He's a young man I used to know when I was ten.

—Voici la boutique **que** je cherchais.   Here's the store I was looking for.

In English the object form of the relative pronoun is practically always omitted: we say *He's a boy I used to know*, rather than *He's a boy whom I used to know;* but in French the relative pronoun must always be expressed in relative clauses.

77 *The relative pronoun* dont

Dont (*whose, of whom, of which, about whom*, etc.) is equivalent to a relative pronoun preceded by the preposition **de**. It may refer to persons or things and is used only after an expressed antecedent.

—Le docteur Lambert, **dont** l'auto allait très vite, n'a pas pu s'arrêter à temps.	Dr. Lambert, *whose* car was going very fast, could not stop in time.
—Je vais commander aujourd'hui le ressort **dont** j'ai besoin.	I am going to order today the spring *which* I need (*of which* I have need).
—Voilà la montre **dont** il s'agit.	Here is the watch I am talking about (*lit. of which* it is a question.)

78 *Relative pronouns* lequel, laquelle, lesquels, lesquelles (*which*)

To refer to *things,* **lequel**, etc., is the relative pronoun you use after prepositions such as: **à, avec, dans, pour, sans**, etc. When used with preposition **à** and **de**, the forms are **auquel, duquel**, etc.

—L'auto **dans laquelle** il était est entrée en collision avec un camion.	The car *in which* he was collided with a truck.
—La lettre, **à laquelle** j'ai déjà répondu, est sur mon bureau.	The letter, *to which* I have already replied, is on my desk.
—Les vacances **auxquelles** je pense seront, hélas, trop courtes.	The vacation I am thinking about will, alas, be too short.

(1) The forms **duquel, de laquelle,** etc., are rarely used since **dont** is the equivalent of a relative pronoun with preposition **de**. However, with the prepositional expressions **à côté (de), près (de), autour (de), au cours (de), au-dessus (de)**, etc., the forms **duquel**, etc., must be used. **Dont** cannot be used with these expressions.

EX.: l'accident **au cours duquel** . . .; la maison **près de laquelle** . . .

(2) Note that in clauses indicating time or place, **où** is ordinarily used instead of **auquel, dans lequel, etc.** Thus is corresponds to English *when* as well as *where*.

EX.: La ville **où** je suis né(e). The city *in which* (*where*) I was born. L'année **où** je suis né(e). The year *in which* (*when*) I was born.

A. *Subject form* **ce qui**

—J'irais en Afrique voir **ce qui** se passe là-bas.

—Savez-vous **ce qui** se passe en Afrique?

I'd go to Africa to see *what* is going on there.

Do you know *what* is going on in Africa?

Ce qui is the relative pronoun which corresponds to the interrogative pronoun **Qu'est-ce qui ?** EX.: **Qu'est-ce qui** se passe en Afrique? *(interrogative)*—Je ne sais pas **ce qui** se passe en Afrique. *(relative)*

Note that the entire clause **ce qui se passe en Afrique** is the direct object of **voir** and of **Savez-vous. Ce qui** is the subject of **se passe.**

B. *Object form* **ce que**

—**Ce que** vous venez de me dire est très vrai.

—**Ce qu'**il dit est absurde.

What you have just told me is quite true.

What he says is absurd.

Ce que is the relative pronoun which corresponds to the interrogative form **Qu'est-ce que?** EX.: —**Qu'est-ce que** vous avez dit? *(interrog.)* Je n'ai pas entendu **ce que** vous avez dit. *(relative)* Note that in the examples above the clause **Ce qu'il dit** is the subject of **est**; but that **ce qu'** is the object of **dit.**

I   Substitutions

Répétez les phrases suivantes en substituant les mots indiqués:

1. Voilà ma cousine **qui demeure à Reims.**
   que vous connaissez / dont nous avons parlé hier / à qui je vous ai présenté / pour qui j'ai acheté cela

2. Voici les gants **dont je vous ai parlé.**
   qui sont en solde *(on sale)* / que je vais acheter / dont il s'agit / qui m'intéressent

3. Je ne me rappelle pas **ce qu'il a dit.**
   ce qu'il a fait / ce qui lui est arrivé / ce dont* il a parlé / ce qui s'est passé

---

* Since you say **parler de**, you use **ce dont** here instead of **ce que**, which is the direct object form.

II   Exercices d'application

A.   *Répétez les phrases suivantes en employant* **Voilà . . . qui . . . :**

EX.   —Un autobus arrive.
      —**Voilà un autobus qui arrive.**

1. Ma cousine demeure à Reims.   2. Mon ami va se marier.   3. Un taxi s'arrête.
4. Un avion passe.   5. Le printemps arrive.   6. Les feuilles tombent (*The leaves
are falling*).   7. Le vent se lève.   8. Les enfants s'amusent.

B.   *Répétez les phrases suivantes en employant* **Voilà le (la, les) . . . que . . . :**

EX.   —J'ai acheté des croissants.
      —**Voilà les croissants que j'ai achetés.**

1. J'ai acheté des livres.   2. J'ai planté des fleurs.   3. J'ai reçu une lettre.
4. Je cherchais ma cravate.   5. Nous avons trouvé de l'argent.   6. Nous avons
commandé un ressort.   7. Il a fait réparer cette montre.   8. Il m'a donné cette
adresse.

C.   *Répétez les phrases suivantes en employant* **Voilà le (la, les) . . . dont . . . :**

EX.   —J'ai besoin de papier à lettres.
      —**Voilà le papier à lettres dont j'ai besoin.**

1. J'ai besoin de gants.   2. J'ai besoin d'argent.   3. Il a besoin de monnaie.
4. Il a besoin d'un ressort.   5. Je vous ai parlé de cette jeune fille.   6. Il vous a
parlé de ce musée.   7. J'ai entendu parler de ce château.   8. Il s'agit de ce
journal.   9. Il s'agissait de cette montre.

D.   *Répétez en employant* **Voilà le (la, les) . . . (à, pour, avec, chez) qui . . . :**

EX.   —Je suis allé(e) au cinéma avec cette jeune fille.
      —**Voilà la jeune fille avec qui je suis allé(e) au cinéma.**

1. J'ai parlé à cet agent de police.   2. J'ai envoyé des fleurs à cette jeune fille.
3. J'ai donné le journal à cet étudiant.   4. J'ai demandé des renseignements à
cet agent de police.   5. Je suis allé(e) au cinéma avec ce jeune homme.   6. J'ai
fait une promenade avec ce petit garçon.   7. Je demeure chez cette dame.
8. J'ai acheté des bonbons pour ces enfants.

E. *Répétez en employant* **Voilà le (la, les) . . . (à, dans, pour, sur) lequel (laquelle, lesquels, lesquelles) . . . :**

EX. —Il était dans cette auto.
—**Voilà l'auto dans laquelle il était.**

1. Il était dans ce taxi. 2. J'ai répondu à cette lettre. 3. Nous avons répondu à ces questions. 4. Je pensais à ce restaurant. 5. J'ai acheté un ressort pour cette montre. 6. J'ai commandé des rideaux (*curtains*) pour cette chambre. 7. J'ai posé mes lunettes sur cette table. 8. J'ai laissé (*left*) mon portefeuille sur cette chaise.

III *Répondez à chacune des questions suivantes en commençant par* **Je ne sais pas ce qui . . . :**

EX. —Qu'est-ce qui se passe?
—**Je ne sais pas ce qui se passe.**

1. Qu'est-ce qui s'est passé? 2. Qu'est-ce qui arrive? 3. Qu'est-ce qui est arrivé? 4. Qu'est-ce qui lui est arrivé? 5. Qu'est-ce qui ennuie Marie? 6. Qu'est-ce qui l'ennuie? 7. Qu'est-ce qui la rend triste? 8. Qu'est-ce qui l'a rendue malade?

IV *Répondez à chacune des questions suivantes en commençant par* **Je ne sais pas ce qu(e) . . . :**

EX. —Qu'est-ce qu'il a dit?
—**Je ne sais pas ce qu'il a dit.**

1. Qu'est-ce qu'il a acheté? 2. Qu'est-ce qu'il a fait? 3. Qu'est-ce que vous ferez ce soir? 4. Qu'est-ce que l'horloger a commandé? 5. Qu'est-ce qu'il a reçu? 6. Qu'est-ce que vous feriez si vous étiez riche? 7. Qu'est-ce que c'est qu'un Prisunic? 8. Qu'est-ce que c'est qu'une charcuterie?

V *Répondez à chacune des questions suivantes en commençant par* **Je ne sais pas:**

1. Comment s'appelle la dame chez qui Jean demeure? 2. Est-ce que la chambre que Jean a louée est agréable? 3. Est-ce que Jean a lu le journal aujourd'hui? 4. Savez-vous avec qui Charles ira en vacances? 5. Quand a-t-il l'intention de partir? 6. Est-ce qu'il est toujours à Paris? 7. Y avait-il beaucoup

de monde à l'arrêt de l'autobus?   **8.** Quel temps faisait-il le jour où l'accident a eu lieu?   **9.** D'où venait le camion?

VI   Thème d'imitation

Yesterday, Roger told John that there was a good film at the Cinéma Marignan. He asked him if he wanted to go to see it. It was an American film which John had already seen in the United States. But he gladly accepted Roger's invitation. John thought (**croyait**) that the film was in English. He was very much surprised (**Il a été très surpris**) when he heard Hollywood actors and actresses talking (**parler**) French perfectly (**parfaitement**) and with the best accent.

Aux Galeries Lafayette°

Marie achète une écharpe dans un des grands magasins de Paris.

LA VENDEUSE ¹Vous désirez, mademoiselle?

THE SALESGIRL *Something for you, (Miss)?*

MARIE ²Je voudrais une écharpe.

MARIE *I'd like a scarf.*

LA VENDEUSE ³Choisissez, mademoiselle. Nous avons un excellent choix.

THE SALESGIRL *Choose, (Miss). We have an excellent selection.*

MARIE ⁴Une de mes amies en a une que j'aime beaucoup. ⁵Elle l'a achetée ici, je crois.

MARIE *A friend of mine has one that I like very much. She bought it here, I think.*

LA VENDEUSE ⁶De quelle couleur est celle de votre amie?

THE SALESGIRL *What color is that of your friend?*

MARIE ⁷C'est une écharpe de soie blanche.

MARIE *It's a white silk scarf.*

LA VENDEUSE ⁸Que pensez-vous de celle-ci, mademoiselle?

THE SALESGIRL *What do you think of this one, (Miss)?*

MARIE ⁹Combien* est-ce?

MARIE *How much is it?*

LA VENDEUSE ¹⁰Quarante francs.

THE SALESGIRL *Forty francs.*

MARIE ¹¹Et celle-là?

MARIE *And that one?*

LA VENDEUSE ¹²Soixante-cinq francs.

THE SALESGIRL *Sixty-five francs.*

MARIE ¹³C'est un peu cher. ¹⁴Avez-vous quelque chose de meilleur marché?

MARIE *It's rather expensive. Have you something cheaper?*

LA VENDEUSE ¹⁵Mais oui, mademoiselle. Celle-ci ne coûte que trente-deux francs.

THE SALESGIRL *Oh yes, (Miss). This one costs only thirty-two francs.*

MARIE ¹⁶Je crois que j'aime mieux celle que vous m'avez montrée tout à l'heure.

MARIE *I think I prefer the one (which) you showed me a moment ago.*

* The **n** is not linked.

LA VENDEUSE [17]Laquelle?

MARIE [18]Celle-ci. (*Elle la prend.*) [19]Voulez-vous bien la mettre dans un carton?

LA VENDEUSE [20]Volontiers. Désirez-vous autre chose, mademoiselle? [21]Ces gants sont en solde. [22]Ceux-ci ne coûtent que quinze francs. [23]C'est une occasion magnifique.

MARIE [24]Non, merci. Ce sera tout pour aujourd'hui.

THE SALESGIRL *Which one?*

MARIE *This one. (She picks it up.) Will you please put it in a box?*

THE SALESGIRL *Certainly. Do you wish something else (Miss)? These gloves are on sale. These cost only fifteen francs. It's a great bargain.*

MARIE *No, thank you. That will be all for today.*

CULTURAL NOTE ◆

The **Galeries Lafayette** *is a well-known department store in Paris.*

I Substitutions.

Répétez les phrases suivantes en substituant les mots indiqués:

1. Que pensez-vous de **cette écharpe-ci?**
   celle-ci / celle-là / ces mouchoirs / ceux-ci / ceux-là
2. Avez-vous quelque chose **de meilleur marché?**
   de meilleure qualité / d'autre / de moins cher / de plus clair (*light color*) /
   de plus foncé (*dark*)
3. Cette écharpe-ci est **meilleur marché** que celle-là.
   moins chère / plus chère / plus originale / plus jolie / de meilleure qualité
4. **Ces gants** sont en solde.
   Ces mouchoirs / Ces écharpes / Ces jupes (*skirts*) / **Ces pantalons**
5. Celle-ci est **un peu chère.**
   assez chère / bon marché / très bon marché / en solde

II *Répondez à chacune des questions suivantes, d'après le texte:*

1. À qui parle Marie?   2. Qu'est-ce que c'est qu'une vendeuse?   3. Dans quel magasin la conversation a-t-elle lieu?   4. Qu'est-ce que Marie veut acheter? 5. Y a-t-il beaucoup d'écharpes dans ce magasin?   6. Où l'amie de Marie a-t-elle acheté la sienne?   7. De quelle couleur est cette écharpe?   8. Combien d'écharpes la vendeuse montre-t-elle à Marie?   9. Quel est le prix de l'écharpe que la vendeuse lui montre?   10. Est-ce que la vendeuse a quelque chose de meilleur marché?   11. Quelle écharpe Marie achète-t-elle?   12. Est-ce que Marie achète autre chose?   13. Est-ce que l'écharpe de soie blanche était en solde?

III *Répondez à chacune des questions suivantes, affirmativement, puis négativement en employant* **rien . . . d'autre:**

> EX. —Avez-vous acheté autre chose?
> —**Oui, nous avons acheté autre chose.**
> —**Non, nous n'avons rien acheté d'autre.**

1. Avez-vous trouvé autre chose? 2. Marie a-t-elle trouvé autre chose?
3. Avez-vous vu autre chose? 4. Marie a-t-elle vu autre chose? 5. Avez-vous cherché autre chose? 6. Avez-vous autre chose?

IV Révision

Répétez les phrases suivantes en substituant les mots indiqués:

1. Il s'agissait **d'une réparation simple.**
   de commander un ressort / de donner mon adresse au facteur (*postman*) /
   d'un accident au cours duquel le docteur Lambert a été blessé / d'un ressort cassé
2. Ce qu'il vient de dire **est vrai.**
   n'est pas vrai / n'est pas tout à fait vrai / n'est pas du tout vrai /
   est tout à fait faux
3. Cette nouvelle m'a rendu **triste.**
   heureuse / malheureuse / jalouse / mécontente
4. De quelle couleur sont **vos gants?**
   vos yeux / vos cheveux / tes yeux / tes cheveux

V *Répondez aux questions personnelles suivantes:*

1. Aimez-vous faire des courses? 2. Où achetez-vous d'habitude vos vêtements (*clothes*)? 3. Quelle est votre couleur préférée? 4. À quel magasin allez-vous de préférence? 5. Comment y allez-vous? 6. Allez-vous souvent au supermarché? 7. Êtes-vous jamais allé(e) à un Prisunic? 8. Aimez-vous acheter des vêtements qui sont en solde?

VI Dictée d'après la Conversation 29, p. 254

VII Conversations

1. Conversation avec une vendeuse au sujet d'une écharpe — le prix, la couleur, si l'écharpe vous va bien, etc.
2. Conversation avec un vendeur au sujet d'une paire de chaussures (*a pair of shoes*) que vous essayez. Cette paire est trop large, trop étroite, vous **fait mal,** vous va très bien.

Versailles

Un bel après-midi de mai, Jean et Roger ont décidé d'aller visiter le château de Versailles. Jean connaissait l'histoire de l'ancienne résidence royale, dont il avait vu des photographies. Mais il faut aller à Versailles pour se rendre compte de ce qu'est vraiment le palais de Louis XIV. L'ensemble est si vaste que la photographie ordinaire ne peut en donner qu'une vue fragmentaire — une pièce d'eau, une allée dans le parc, un coin du palais ou d'un des Trianons. Si la photographie aérienne peut donner une vue d'ensemble, elle ne donne ni échelle, ni perspective, ni détails. Jean ne s'attendait pas à trouver des vues si lointaines et si habilement ménagées.

À ce moment de l'année, les touristes, encore peu nombreux, semblaient perdus dans l'immensité des jardins et du parc, parmi les statues impassibles des dieux et des déesses. À l'intérieur du palais, Jean trouva la décoration des grandes galeries un peu lourde, un peu trop somptueuse, avec tous ces guerriers musclés et cuirassés, ces armes, ces plumes, ces chevaux impétueux.*

—Je n'y peux rien, lui explique Roger, c'est le style du temps. On aimait représenter les femmes qui maintenant nous paraissent un peu grasses et qui prenaient des attitudes qui, à l'heure actuelle, nous paraissent peu naturelles. Le goût change, tu sais. Peut-être que dans deux ou trois siècles ce que nous aimons maintenant paraîtra vieux jeu. C'est même très probable.

Tout cela n'empêcha pas Jean d'être fort impressionné. On peut ne pas aimer Versailles, le trouver trop froid et trop majestueux. Personne ne peut nier que c'est une étonnante œuvre d'art.

* **Impétueux-impétueuse,** *impetuous, fiery.*

Le lendemain matin, de retour à Paris, Jean va chez un horloger faire réparer sa montre. Arrivé au coin d'une rue, il entend tout à coup un grand bruit métallique. Une auto vient d'entrer en collision avec un camion. Le chauffeur descend de son camion sain et sauf. L'automobiliste a eu moins de chance: il est sans connaissance au volant de son auto. Aussitôt les passants s'assemblent à l'endroit où l'accident a eu lieu, et plusieurs d'entre eux s'occupent de la victime. Deux agents arrivent. L'un d'eux s'approche de Jean et tire un petit carnet de sa poche.

—C'est toujours à moi que ces choses arrivent, se dit Jean. Vingt personnes au moins ont été témoins de l'accident, et je suis celui que l'agent choisit pour avoir des renseignements!

Néanmoins, Jean donne volontiers tous les détails qu'il peut donner. Après avoir indiqué son nom et son adresse, il donne sa version de l'accident. Il lui a semblé que l'automobiliste allait trop vite, car il avait plu et la chaussée était fort glissante.

Le Palais de Versailles

La Galerie des Glaces

—Je vous remercie, monsieur, dit l'agent de police en remettant son petit carnet dans sa poche. Le commissaire de police du XVe arrondissement vous enverra une convocation s'il a besoin de renseignements supplémentaires.

—Zut alors! pense Jean. Maintenant, je vais être obligé d'aller au commissariat de police du XVe arrondissement! Quelle barbe!

Questions

1. Est-ce que Jean avait entendu parler du château de Versailles? 2. Est-ce qu'il avait vu des photographies du château? 3. Y avait-il beaucoup de touristes le jour où il est allé à Versailles? 4. Qu'est-ce qu'il a pensé de la décoration des galeries? 5. Comment aimait-on alors représenter les femmes? 6. Est-ce que le goût change d'une époque à l'autre? 7. Est-ce que cela l'a empêché d'être impressionné? 8. Qu'est-ce que Jean a fait le lendemain matin? 9. Qu'est-ce qui s'est passé quand il est arrivé au coin d'une rue? 10. Est-ce que le chauffeur du camion a été blessé au cours de l'accident? 11. Comment a-t-on trouvé l'automobiliste après l'accident? 12. Qui s'est occupé de la victime? 13. Qu'est-ce que l'agent de police a demandé à Jean? 14. Qu'est-ce que Jean pense de ce qui lui est arrivé?

Demonstrative pronouns

80 *Forms and uses of* **celui-ci** *(this one)*, **celui-là** *(that one)*, *etc.*

—Nous avons de jolies écharpes.	We have pretty scarves.
—Que pensez-vous de **celle-ci?**	What do you think of *this one?*
—C'est combien?	How much is it?
—Vingt francs.	Twenty francs.
—Et **celle-là?**	And *that one?*

The forms of **celui-ci,** *etc.,* are:

SINGULAR		PLURAL	
celui-ci (*m.*)	*this one*	ceux-ci (*m.*)	*these*
celle-ci (*f.*)		celles-ci (*f.*)	
celui-là (*m.*)	*that one*	ceux-là (*m.*)	*those*
celle-là (*f.*)		celles-là (*f.*)	

You use **celui-ci, celui-là,** etc., to distinguish between persons or things within a group. They agree in gender and number with the word to which they refer. In speaking of handkerchiefs (*mouchoirs, m.*) you say: Que pensez-vous de **celui-ci** (*sing.*), **ceux-ci** (*pl.*)?

81 *Use of* **celui, celle** *(the one);* **ceux, celles** *(the ones)*

These forms, as opposed to the forms **celui-ci,** etc., are always modified by a relative clause or a prepositional phrase.

A. Modified by a relative clause

—J'ai plusieurs cousins. **Celui qui** habite à Paris s'appelle Lambert.

I have several cousins. *The one* who lives in Paris is named Lambert.

—**Ceux qui** habitent à Tours s'appellent Dupuy.

The ones who live in Tours are named Dupuy.

—**Celui que** vous connaissez arrive ce soir.

The one you know arrives this evening.

—**Celui à qui** j'ai écrit est architecte.

The one I wrote to is an architect.

—**Celui dont** je vous ai parlé hier va se marier.

The one I mentioned (*of whom* I spoke to you) yesterday is going to get married.

The commonest combinations of **celui,** etc., with relative pronouns are:

(*masculine singular*) celui qui, celui que, celui dont, celui auquel, etc.

(*feminine singular*) celle qui, celle que, celle dont, celle à laquelle, etc.

(*masculine plural*) ceux qui, ceux que, ceux dont, ceux auxquels, etc.

(*feminine plural*) celles qui, celles que, celles dont, celles auxquelles, etc.

B. Modified by a prepositional phrase beginning with de

—Une de mes amies a une jolie écharpe.

One of my friends has a pretty scarf.

—De quelle couleur est **celle de votre amie?**

What color is *your friend's?*

—Je n'aime pas ce manteau.

I don't like that coat.

—**Celui de Marie** est plus joli.

Mary's is prettier.

(1) In English we say: *My book and my friend's.* In French you say: **Mon livre et celui de mon ami** (*that of my friend*).

(2) Note that **l'un** (*the one*) is not a demonstrative pronoun and cannot be used in place of **celui, celle,** etc. Although in English we say: *The one I bought,* you must say: **Celui** (or **celle**) **que j'ai acheté(e).**

82 Use of ceci (this) and cela, ça* (that)

Unlike the other demonstrative pronouns, **ceci** and **cela** are used to refer to something that has not been specifically named. They never refer to persons.

* **Cela** and **ça** have the same use and meaning, but **cela** is more formal.

They are used:

A. *To refer to an idea, a statement, or a situation*

—**Ça** (**cela**) m'est égal.	*That* (or *It*) is all the same to me.
—Est-ce que **ça** (**cela**) vous rend triste?	Does *that* make you sad?
—Pourquoi dites-vous **ça** (**cela**)?	Why do you say *that?*
—**Ceci** est très important.	*This* is very important.
—J'espère que **cela** n'était rien.	I hope *it* wasn't serious.

B. *To refer to objects that have not been specifically named*

—Qu'est-ce que c'est que **ça** (**cela**)?	What is *that?*
—J'ai acheté **ceci** pour mon frère et **cela** pour ma sœur.	I bought *this* for my brother and *that* for my sister.

I Substitutions

Répétez les phrases suivantes en substituant les mots indiqués:

1. Voilà de belles écharpes. Celle-ci **est en solde.**

   est bon marché / n'est pas chère du tout / est très jolie / est en soie

2. **Ces gants** sont en solde.

   Ceux-ci / Ceux que j'ai choisis / Ceux qui sont jaunes / Ceux dont je vous ai parlé

3. Nous avons plusieurs bicyclettes. Voilà **celle de mon père.**

   celle de ma petite sœur / celle qui vient d'Angleterre / celle j'ai achetée l'an dernier (l'année dernière) / celle dont la chaîne est cassée

4. Cela m'est égal.

   ne fait rien / me rend triste / me fait plaisir / n'a pas d'importance / ne veut rien dire (*means nothing*)

II Exercices d'application

Répétez les phrases suivantes, en remplaçant le nom par le pronom démonstratif.

A. EX. —Envoyez-moi cette écharpe-ci.
       —**Envoyez-moi celle-ci.**

1. Envoyez-moi ce manteau-là. 2. Envoyez-moi ces mouchoirs-ci. 3. Envoyez-moi cette photo-ci. 4. Envoyez-moi ces photos-là. 5. Envoyez-moi ces gants-là. 6. Envoyez-moi ce livre-ci.

B. EX. —J'ai acheté ces gants à Paris.
       —**J'ai acheté ceux-ci (ou ceux-là) à Paris.**

1. J'ai acheté cette robe à Paris.   2. J'ai acheté cette auto à Paris.   3. J'ai acheté ce pull-over à Paris.   4. J'ai acheté ces cravates à Paris.   5. J'ai acheté ce pardessus à Paris.   6. J'ai acheté ces montres à Paris.

C.   EX.   —Ma cousine qui demeure à Reims s'appelle Duval.
   —Celle qui demeure à Reims s'appelle Duval.

1. Mes cousines qui demeurent à Paris s'appellent Dupuy.   2. Mes cousins qui demeurent à Lyon s'appellent Dupont.   3. Mon cousin qui demeure à Philadelphie s'appelle Hughes.   4. Mon cousin dont nous parlions habite à Rome.   5. Ma cousine que vous avez vue hier est gentille.   6. Mon cousin dont vous avez fait la connaissance hier est ici.   7. Ma cousine à qui j'ai écrit hier va se marier.   8. Voilà le livre dont j'ai besoin.

D.   EX.   —Voilà le livre de Jean.
   —Voilà celui de Jean.

1. Voilà les livres de Jean.   2. Voilà les livres de Marie.   3. Voilà la cravate de Roger.   4. Voilà l'auto de mon frère.   5. Voilà le journal de mon père.   6. Voilà la plume de ma tante.

III   *Répétez les phrases suivantes en employant dans chacune d'elles un pronom possessif et un pronom démonstratif:*

   EX.   —Mon livre et le livre de mon (ma) camarade.
   —Le mien et celui de mon (ma) camarade. (*Mine and my friend's.*)

1. Ma montre et la montre de mon ami.   2. Mes gants et les gants de mon ami.   3. Son écharpe et l'écharpe de son ami.   4. Mon écharpe et l'écharpe de Marie.   5. Mon auto et l'auto de mon frère.   6. Nos parents et les parents de notre ami.

IV   *Répondez en français, en employant un pronom démonstratif:*

   EX.   —Voilà deux écharpes. Laquelle préférez-vous?
   —Je préfère celle-ci.

1. Voilà de belles reproductions. Laquelle préférez-vous?   2. Voilà des cartes-postales. Lesquelles allez-vous acheter?   3. Cette jeune fille-ci est-elle aussi grande que cette jeune fille-là?   4. Est-ce que ce livre-ci est aussi gros que ce livre-là?   5. Est-ce que le château de Chantilly est aussi grand que le château de Versailles? [Non . . .]   6. Aimez-vous mieux les tableaux de Renoir que les tableaux de Monet?   7. Aimez-vous mieux les romans (*novels*) de Dumas que les

274

romans de Balzac?   **8.** Préférez-vous la musique de Debussy ou la musique de Berlioz?

V   *Répétez chacune des phrases suivantes en remplaçant le nom par le pronom démonstratif convenable:*

1. Pourriez-vous m'envoyer cette écharpe-ci ce soir?   **2.** Les photos que j'ai prises hier ne sont pas très bonnes.   **3.** J'ai acheté le livre dont je vous ai parlé. **4.** Comment trouvez-vous l'auto de M. Duval?   **5.** Les gants que j'ai achetés hier sont très chauds.   **6.** Donnez-moi ce livre-ci et gardez (*keep*) ce livre-là.

VI   **Thème d'imitation**

John and Roger spent the afternoon in the Jardin du Luxembourg, near the University. There were many students there with their girl friends,[1] many children with their nurses,[2] and many Parisians who had come there to look at the people, the sky, the flowers, and the trees.

John was looking at an elderly gentleman dressed in black who was giving bread to the birds.[3] Suddenly[4] an old lady came and said to John: "Sir, will you please[5] pay me for your chair?[6] It's fifty centimes." Roger told John that in France in the public parks,[7] you (**on**) rent a chair for the afternoon. "After all, you rent a room for a week or for a month", said John to himself.[8] "Why not rent[9] a chair for an afternoon?" And he gave the old lady what she was asking for.

[1]*girl friend,* **une amie.** [2]*nurse,* **la bonne.** [3]*bird,* **l'oiseau — les oiseaux** (*m.*). [4]*suddenly,* **tout à coup.** [5]**Voulez-vous bien.** [6]*pay me for your chair,* **me payer votre chaise.** [7]**dans les jardins publics.** [8]**s'est dit Jean.** Note that in French, after a direct quotation the subject of the verb *said, answered, asked,* etc., always follows the verb. EX.: **a dit Roger, a-t-il dit, a demandé Marie, a répondu Roger,** etc. [9]*Why not rent,* **Pourquoi ne pas louer.**

Excursion à la campagne

Nos amis ont l'intention d'aller à Fontainebleau,° mais en chemin ils se trompent de route.

ROGER ¹Il y a presque deux heures que nous avons quitté Melun.

JEAN ²Je commence à avoir mal aux jambes. ³Je n'ai plus l'habitude de faire du vélo.

ROGER ⁴J'ai l'impression que nous avons pris la mauvaise route.

JEAN ⁵Moi aussi, j'en ai bien peur.

ROGER ⁶Voilà un homme qui travaille dans son champ. ⁷Il pourra nous donner des renseignements.

ROGER (*à l'homme*) ⁸Est-ce que nous sommes loin de Fontainebleau?°

L'HOMME ⁹Mais oui, mon pauvre monsieur. ¹⁰Je suis fâché de vous apprendre ¹¹que vous vous êtes trompé de route.

ROGER ¹²Comment y va-t-on, alors?

L'HOMME ¹³Vous voyez ce village, là-bas? ¹⁴C'est Barbizon.° Allez-y. ¹⁵À la sortie du village, prenez le premier chemin à gauche. (*De la main gauche, il indique la direction.*) ¹⁶Il vous mènera à Fontainebleau.

ROGER *We left Melun almost two hours ago.*

JOHN *My legs are beginning to hurt. I am no longer used to bicycling.*

ROGER *I think we took the wrong road.*

JOHN *Me too, I'm afraid so.*

ROGER *There's a man working his field. He can give us information.*

ROGER (*to the man*) *Are we far from Fontainebleau?*

THE MAN *You certainly are, sir. I am sorry to tell you that you took the wrong road.*

ROGER *Then how do we get there?*

THE MAN *You see that village over there? It's Barbizon. Go to it. As you leave the village, take the first road on the left. (With his left hand, he points out the direction.) It will take you to Fontainebleau.*

ROGER [17]À quelle distance est-ce d'ici?

L'HOMME [18]C'est à sept ou huit kilomètres.

ROGER [19]Zut alors! Par cette chaleur, ce n'est pas drôle!

L'HOMME [20]Si vous avez chaud et si vous avez soif, [21]vous pourrez vous arrêter à Barbizon.° [22]C'est ma femme qui tient le petit café [23]juste en face de l'église.

ROGER *How far is it from here?*

THE MAN *It's seven or eight kilometers.*

ROGER *Well, confound it! In such hot weather, that's not funny!*

THE MAN *If you are hot and (if you) are thirsty, you can stop at Barbizon. My wife runs the pub right across the street from the church.*

CULTURAL NOTES ◆

Fontainebleau, *famous for its Renaissance chateau and beautiful forest, is some fifty kilometers south-east of Paris. The forest is immense, over 30,000 acres in extent, and the handsome chateau is, in reality, several buildings that were constructed for successive kings of France. The chateau is second in size and magnificence only to Versailles. Thanks to its pleasant location and its excellent hunting, it was for a long time the favorite royal residence.*

Barbizon *is a village near Fontainebleau. In the 19th century, this village was the favorite residence of several famous painters, among them Corot and Millet.*

I Substitutions

Répétez les phrases suivantes en substituant les mots indiqués:

1. (a) Il y a presque deux heures que* **nous avons quitté Melun.**

    nous avons quitté la maison / **nous sommes arrivé(e)s** / **je suis parti (e)** /

    Jean et Roger sont partis

   (b) Voilà presque deux heures que **nous avons quitté Melun.**

    nous avons quitté la maison / **nous sommes arrivé(e)s** / **je suis parti (e)** /

    Jean et Roger sont partis

2. Je commence à avoir mal **aux jambes.**

    à la tête / **aux yeux** / **aux pieds** / **à la gorge** / **á l'estomac**

3. J'ai l'impression que **nous avons pris la mauvaise route.**

    nous ne sommes pas sur la bonne route / **nous n'avons pas pris la bonne route** /

    nous nous sommes trompé(e)s de route / **nous avons pris le mauvais chemin**

4. Je n'ai plus l'habitude **de faire du vélo.**

    de marcher / **de travailler le soir** / **de me lever de bonne heure** / **de me coucher tard**

II *Demandez à quelqu'un:*

1. s'il y a longtemps que Jean et Roger ont quitté Melun. 2. pourquoi Jean commence à avoir mal aux jambes. 3. ce que fait l'homme à qui Roger demande des renseignements. 4. pourquoi Roger demande des renseignements. 5. ce que Roger demande. 6. si Jean et Roger sont sur la mauvaise route. 7. quel chemin il faut prendre à la sortie de Barbizon. 8. à quelle distance est Fontainebleau de Barbizon. 9. quel temps il fait ce jour-là. 10. s'il fait très chaud.

---

* **Il y a . . . que, voilà . . . que** as expressions of time: When **il y a . . . que, voilà . . . que** are used with a **passé composé**, they mean *ago*. EX.: **Il y a deux heures que nous avons quitté Melun. Voilà deux heures que nous avons quitté Melun.**

When used with a present indicative, **il y a . . . que, voilà . . . que** indicate that the action began in the past and is still going on at the time the statement is made. They have practically the same meaning as **depuis.**

{ —Depuis combien de temps attendez-vous l'autobus?

    OR

—Combien de temps y a-t-il que vous attendez l'autobus?

{ —Je l'attends depuis un quart d'heure.

    OR

—Voilà un quart d'heure que je l'attends.

III *Répondez en français à chacune des questions suivantes:*

à bicyclette

1. Où vont Roger et Jean? 2. Comment voyagent-ils? 3. Combien de temps
y a-t-il qu'ils ont quitté Melun? 4. Est-ce que Jean est fatigué? 5. Pourquoi
a-t-il mal aux jambes? 6. Est-ce qu'ils sont sur la bonne route? 7. À qui Roger
demande-t-il des renseignements? 8. Qu'est-ce qu'il demande à l'homme qui
travaille dans son champ? 9. Est-ce qu'ils sont près d'un village? 10. Comment s'appelle ce village? 11. Quelle route l'homme leur dit-il de prendre à la
sortie du village? 12. Où cette route les mènera-t-elle? 13. À quelle distance
de Barbizon est Fontainebleau? 14. Pourquoi Roger dit-il que ce n'est pas drôle?
15. Est-ce qu'il est très fatigué? 16. Où pourront-ils s'arrêter s'ils ont chaud?

IV *Mettez les paragraphes suivants au passé en employant* l'imparfait, le passé
composé, *ou* plus-que-parfait *selon le cas:*

Roger et Jean décident un jour d'aller voir des cousins de Roger qui habitent à
la campagne, dans le voisinage de Fontainebleau. Le lendemain, ils se lèvent de
bonne heure et vont par le train jusqu'à Melun. Là, ils louent des bicyclettes et
continuent leur voyage. C'est une belle journée de printemps, le ciel est bleu, le
soleil brille. Tout à coup Roger annonce qu'ils ont sans doute pris la mauvaise
route. «Où sommes-nous?» demande-t-il à Jean. Jean répond non sans raison
qu'il est en France depuis quelques mois, qu'il n'est jamais allé voir les
Deschamps, et que si Roger ne sait pas où il est, lui, Jean, le sait encore
moins que lui . . . Un homme qui travaille dans son champ, et à qui Roger
demande des renseignements, finit par les mettre sur la bonne route. L'homme
ajoute qu'il fait chaud, que la route est encore longue.

Il leur conseille donc de s'arrêter au petit café du village, d'autant plus que
c'est sa femme qui le tient. Même si le conseil est quelque peu intéressé, les deux
amis en profitent volontiers.

V *Répondez en français à chacune des questions personnelles suivantes:*

A. **quitter, partir de**

1. À quelle heure avez-vous quitté la maison ce matin? 2. À quelle heure êtes-
vous parti(e) de la maison ce matin? 3. Êtes-vous parti(e) sans déjeuner? 4. Avez-
vous quitté la maison sans déjeuner? 5. Y a-t-il longtemps que vous avez
quitté la maison? 6. Y a-t-il longtemps que vous êtes parti(e) de la maison?

Le Château de Fontainebleau

B.   combien de temps y a-t-il que . . . ? depuis quand?

Il y a une heure que nous sommes ici

1. Combien de temps y a-t-il que vous êtes ici?   **2.** Combien de temps y a-t-il que vous étudiez le français?   **3.** Combien de temps y a-t-il que vous êtes à l'Université?   **4.** Depuis quand êtes-vous à l'Université?   **5.** Depuis quand étudiez-vous le français?

VI   *Répondez en français aux questions personnelles suivantes:*

1. Aimez-vous faire du vélo?   **2.** Pourquoi faire de la bicyclette est-il devenu populaire aux États-Unis?   **3.** Quelle est votre marque (*make*) préférée?   **4.** Vend-on beaucoup de bicyclettes françaises aux États-Unis?   **5.** Connaissez-vous la marque de certaines de ces bicyclettes?   **6.** Croyez-vous qu'il est dangereux d'aller à bicyclette aux États-Unis?   **7.** Pourquoi?   **8.** Que pensez-vous de la motocyclette?   **9.** Est-elle plus dangereuse, à votre avis, que la bicyclette?   **10.** Combien coûte une motocyclette?

VII   Dictée d'après la Conversation 30, pp. 264–265

VIII   Conversation

Vous vous êtes égaré(e) (*lost*) dans la forêt de Fontainebleau. Vous demandez le chemin de Barbizon à un peintre qui travaille dans la forêt. Il vous indique la route à suivre, et vous achetez son tableau.

Irregular verbs in -er and in -ir

83 Remarks about irregular verbs

The easiest and quickest way to learn irregular verbs is to examine their forms carefully, note which forms are irregular, and practice using them in exercises such as those suggested below. It is perhaps useful to note:

A. Present Indicative

The only tense of irregular verbs that is practically always irregular is the present indicative.

(1) STEM: Instead of having one stem throughout the tense like **parler** (PARL-,) — irregular verbs generally have two stems, one for the first and second person plural and another for the other persons. Sometimes this difference is very striking (**je vais, nous allons**) and sometimes it is scarcely noticeable (**je connais, nous connaissons**).

(2) ENDINGS: Practically all irregular verbs have the present indicative endings **-s, -s, -t, -ons, -ez, -ent,** but a few have **-e, -es, -e** in the singular.

B. Future

Very few irregular verbs have an irregular future (and conditional). Those that *are* irregular are irregular only in the stem: **aller — j'irai, envoyer — j'enverrai,** etc.

C. Imperfect

Except for **être,** the imperfect always follows the pattern of regular verbs: i.e., the endings, which are always the same, are used with the stem of the first person plural of the present indicative: **nous allons — nous allions, nous envoyons — nous envoyions.** (see paragraph 54, Grammar Unit 13).

D. *Past Participle*

The past participle of irregular verbs follows several different patterns. Those following the same pattern are grouped together in the following paragraphs.

84 *Irregular verbs ending in* -er

There are only two irregular verbs in this group: **aller**, *to go*, and **envoyer**, *to send*. **Renvoyer**, *to send back, to send away*, is of course conjugated like **envoyer**.

85 Aller *(to go)*

—Où **allez-vous** ce soir?	Where *are you going* this evening?
—**Je vais** au cinéma.	I *am going* to the movies.
—Où **êtes-vous allé(e)** l'été dernier?	Where *did you go* last summer?
—**Je suis allé(e)** à la campagne.	I *went* to the country.
—Comment **irez-vous** en ville?	How *will you go* downtown?
—**J'irai** à pied.	I *shall* walk.

PRÉSENT: Je vais, tu vas, il va, nous allons, vous allez, ils vont.
IMPARFAIT: J'allais.
PASSÉ COMPOSÉ: Je suis allé(e).
FUTUR: J'irai.

86 *Special uses of* aller *(to go), and* s'en aller *(to leave, to go away)*

—**Je vais** chercher mon pardessus.	I *am going* to get my overcoat.
—À quelle heure **allez-vous** à l'aéroport?	At what time *are you going* to the airport?
—**J'y vais** à cinq heures.	I *am going* (*there*) at five o'clock.
—Quand **partez-vous?**	When are you leaving?
—**Je m'en vais** demain soir.	I *am leaving* tomorrow evening.

Note that **s'en aller** and **partir** have practically the same meaning and use except that **s'en aller** is rarely used in compound tenses. It is conjugated like **aller** except that it is reflexive: **Je m'en vais, il s'en va,** etc.

87 Envoyer (*to send*)

—**Envoyez-vous** des cartes-postales à vos amis quand vous voyagez?   *Do you send* post cards to your friends when you travel?

—Oui, j'en **envoie** quelquefois.   Yes, *I send* some occasionally.

—**J'ai envoyé** hier des fleurs à ma grand-mère.   *I sent* some flowers to my grand-mother yesterday.

—**Nous** vous **enverrons** la facture.   *We shall send* you the bill.

—**J'ai envoyé** chercher le journal.   *I sent* for the paper.

—Je pourrai vous **le faire envoyer** cet après-midi.   I can *have it sent* to you this afternoon.

PRÉSENT: J'envoie, tu envoies, il envoie, nous envoyons, vous envoyez, ils envoient.

IMPARFAIT: J'envoyais, etc.

PASSÉ COMPOSÉ: J'ai envoyé, etc.

FUTUR: J'enverrai, etc.

88 *First group of irregular verbs in* -ir: **partir, sortir, sentir, servir, dormir,** *etc.*

The characteristics of this group are that they all have two stems in the present indicative: **par- part-, sor- sort-, sen- sent-,** etc., and a past participle ending in **-i** — which is to say that they are irregular only in the present indicative.

A. partir (*to leave*)

—Quand **partez-vous?**   When *are you leaving?*

—Mon train **part** à neuf heures.   My train *leaves* at nine o'clock.

—**Je partirai** de la maison à huit heures et demie.   *I shall leave* the house at 8:30.

PRÉSENT: Je pars, tu pars, il part, nous partons, vous partez, ils partent.

IMPARFAIT: Je partais. PASSÉ COMPOSÉ: Je suis parti(e). FUTUR: Je partirai.

B. sortir (*to go out*) (*intransitive*)

—**Est-ce que vous sortez** souvent le soir?   *Do you go out* often in the evening?

—Oui, **je sors** assez souvent.   Yes, *I go out* rather often.

PRÉSENT: Je sors, tu sors, il sort, nous sortons, vous sortez, ils sortent.

IMPARFAIT: Je sortais. PASSÉ COMPOSÉ: Je suis sorti(e). FUTUR: Je sortirai.

C. sentir (*to smell*); se sentir (*to feel*)

—**Sentez-vous** ces roses?   *Do you smell* those roses?
—Oui, **elles sentent** très bon.   Yes, *they smell* very good.
—**Je ne me sens pas** très bien.   *I don't feel* very well.

PRÉSENT: Je sens, tu sens, il sent, nous sentons, vous sentez, ils sentent.
IMPARFAIT: Je sentais. PASSÉ COMPOSÉ: J'ai senti. FUTUR: Je sentirai.

D. servir (*to serve*); se servir de (*to use, to help oneself*)

—**Vous êtes-vous servi de** votre auto hier soir?   *Did you use* your car last night?

—Voici les hors-d'œuvre. **Servez-vous.**   Here are the hors d'œuvres. *Help yourself.*

—**On sert** le dîner à huit heures.   Dinner *is served* at 8 o'clock.

PRÉSENT: Je sers, tu sers, il sert, nous servons, vous servez, ils servent.
IMPARFAIT: Je servais. PASSÉ COMPOSÉ: J'ai servi. FUTUR: Je servirai.

E. dormir (*to sleep*); s'endormir (*to fall asleep*)

—**Avez-vous** bien **dormi** cette nuit?   *Did you sleep* well last night?
—Oui, **je me suis endormi(e)** à dix heures, et **j'ai dormi** toute la nuit.   Yes, *I went to sleep* at ten o'clock, and *I slept* all night.

PRÉSENT: Je dors, tu dors, il dort, nous dormons, vous dormez, ils dorment.
IMPARFAIT: Je dormais. PASSÉ COMPOSÉ: J'ai dormi. FUTUR: Je dormirai.

Compounds of these verbs follow the same pattern of conjugation. EX.: **sentir — consentir** (*to consent*).

89 *Second group of irregular verbs in* -ir: venir, tenir

The characteristics of this group are that they have two stems for the present indicative (**viens-venons**), an irregular future (**viendrai**), and a past participle in **-u** (**venu**).

A. venir (*to come*)

—D'où **venez-vous?**   Where have you been? (From where *do you come*)?

—**Je viens** de l'aéroport.   I've been to the airport. (*I come* from the airport.)

—**Il est venu** nous chercher en auto.   *He came* for us in his car.
—**Nous viendrons** vous voir à cinq   *We shall come* to see you at 5:00.
  heures.

PRÉSENT: Je viens, tu viens, il vient, nous venons, vous venez, ils viennent.
IMPARFAIT: Je venais. PASSÉ COMPOSÉ: Je suis venu(e). FUTUR: Je viendrai.

B.   **venir de** + *infinitive* = (*to have just*) + *past participle*

—Ce que **vous venez de dire** est vrai.   What *you have just said* is true.
—Le docteur **vient d'arriver.**   The doctor *has just come.*
—Je **venais d'arriver** quand vous avez   I *had just arrived* when you
  téléphoné.   telephoned.

The present tense of **venir** followed by **de** and an infinitive expresses immediate past action: **Je viens d'arriver** has the same meaning as **Je suis arrivé(e) il y a un instant.**
    The imperfect of **venir** followed by **de** and an infinitive expresses immediate past action *in the past:* **Je venais d'arriver quand vous avez téléphoné** has the same meaning as **J'étais arrivé(e) un instant plus tôt quand vous avez téléphoné.**

C.   **tenir** (*to hold, to keep*)

—C'est ma femme qui **tient** le petit café.   My wife *runs* the pub.
—**Tenez** la porte ouverte, s'il vous plaît.   *Hold* the door open, please.

PRÉSENT: Je tiens, tu tiens, il tient, nous tenons, vous tenez, ils tiennent.
IMPARFAIT: Je tenais. PASSÉ COMPOSÉ: J'ai tenu. FUTUR: Je tiendrai.

Revenir, *to come back;* **devenir,** *to become;* **se souvenir** (**de**), *to remember,* **prévenir,** *to warn;* **appartenir** (**à**), *to belong to,* and other compounds of **venir** are conjugated like **venir.**

90   *Third group of irregular verbs in* **-ir:** **ouvrir** (*to open*), etc.

The characteristics of this group are that the past participle ends in **-ert** and that the endings of the singular of the present indicative are **-e, -es, -e.**

—À quelle heure le bureau de poste   What time *does* the post office
  ouvre-t-il?   *open?*
—**Il ouvre** à neuf heures du matin.   *It opens* at 9:00 A.M.
—Qui **a ouvert** la fenêtre?   Who *opened* the window?

PRÉSENT: J'ouvre, tu ouvres, il ouvre, nous ouvrons, vous ouvrez, ils ouvrent.
IMPARFAIT: J'ouvrais. PASSÉ COMPOSÉ: J'ai ouvert. FUTUR: J'ouvrirai.

Offrir, *to offer;* **souffrir,** *to suffer;* **couvrir,** *to cover,* and compounds of **ouvrir** and **couvrir** are conjugated according to the same pattern.

I   Substitutions

Répétez les phrases suivantes en substituant les mots indiqués:

1. Je vais chercher **le journal.** (*I'm going to get the paper.*)
   mon ami / les billets / mon portefeuille / son adresse
2. J'enverrai chercher **le journal** (*send for*).
   les journaux / mon auto / mon courrier (*mail*) **/ de l'aspirine**
5. Est-ce que vous vous servez de votre **auto** cet après-midi?
   vélo / machine à écrire / plan de Paris / Guide Michelin (*guide book*)
4. Le docteur **est sorti** il y a cinq minutes.
   est parti / est allé à l'hôpital / s'en est allé / a quitté la clinique

II   Exercices d'application

A.   *Mettez les formes suivantes au singulier:*

EX.   —Nous allons: **Je vais.**
      —Ils vont: **Il va.**

1. Nous envoyons.   2. Nous partons.   3. Elles sortent.   4. Nous ouvrons.
5. Nous dormons   6. Nous venons.   7. Ils viennent.   8. Nous tenons.
9. Nous devenons.   10. Nous souffrons.   11. Ils dorment.   12. Nous nous en allons.   13. Ils s'endorment.   14. Nous nous endormons.   15. Nous nous souvenons.   16. Elles se souviennent.   17. Nous nous sentons.   18. Elles se sentent.

B.   *Mettez les formes suivantes au futur:*

EX.   —Je vais.
      —J'irai.

1. Il va.   2. Ils vont.   3. J'envoie.   4. Ils envoient.   5. Envoie-t-il?   6. Nous

partons. **7.** Je m'endors. **8.** Il ouvre. **9.** Nous venons. **10.** Vous venez.
11. Il devient. **12.** J'offre. **13.** Je m'en vais. **14.** Je me souviens.

C. *Mettez les formes suivantes au passé composé:*

EX. —Nous allons.
     —**Nous sommes allé(e)s.**

1. Il va. **2.** Il envoie. **3.** Elle dort. **4.** Il s'endort. **5.** Je sens. **6.** Il part.
7. Elle sort. **8.** Je viens. **9.** Il devient. **10.** Elle ouvre. **11.** Nous ouvrons.
12. Il souffre. **13.** J'offre. **14.** Ouvre-t-il? **15.** Dort-elle?

III *Répondez affirmativement:*

1. Allez-vous dîner à la maison ce soir? **2.** Envoyez-vous des cartes-postales à
vos amis quand vous voyagez? **3.** Est-ce que vous sortez souvent le soir?
4. Êtes-vous sorti(e) hier soir? **5.** Avez-vous bien dormi cette nuit? **6.** Vous
êtes-vous endormi(e) de bonne heure? **7.** Envoyez-vous des fleurs à vos parents
pour leur anniversaire (*birthday*)? **8.** Partez-vous aujourd'hui pour le week-end?
9. Venez-vous à l'université à pied? **10.** Viendrez-vous me voir dimanche?

IV **A.** *Remplacez le passé composé par le présent de* **venir de** *et l'infinitif:*

EX. —J'ai fini (il y a un instant).
     —**Je viens de finir.**

1. Le train est parti. **2.** Il s'est endormi. **3.** Elle est sortie. **4.** Elles sont
sorties. **5.** J'ai ouvert la fenêtre. **6.** J'ai envoyé chercher le journal. **7.** Il est
revenu. **8.** Il m'a offert son auto.

B. *Remplacez le plus-que-parfait par l'imparfait de* **venir de** *et l'infinitif:*

EX. —J'avais fini (un instant plus tôt).
     —**Je venais de finir.**

1. Le train était parti. **2.** Il s'était endormi. **3.** Elle était sortie. **4.** Elles
étaient sorties. **5.** J'avais ouvert la fenêtre. **6.** J'avais envoyé chercher le
journal. **7.** Il était revenu. **8.** Elle m'avait offert son auto.

V   Révision: aller, s'en aller, partir, sortir, quitter

Demandez à quelqu'un:

1. quand il (elle) part pour Rouen.   **2.** à quelle heure le train part.   **3.** si le train est déjà parti.   **4.** quand il (elle) va à Marseille.   **5.** quand il (elle) reviendra.   **6.** quand il (elle) quitte la maison d'habitude.   **7.** à quelle heure il (elle) a quitté la maison ce matin.   **8.** s'il (si elle) sort d'habitude le soir.   **9.** s'il (si elle) est sorti(e) hier soir.   **10.** s'il (si elle) se sert de son auto ce soir.   **11.** d'où il (elle) vient.   **12.** ce qu'il (qu'elle) vient de dire.

VI   Thème d'imitation

In the United States, children ride bicycles; then when they are seventeen or eighteen years old, most young Americans drive (**conduisent**) a car. But in Europe, there are still (**encore**) many people who ride bicycles or motorcycles. The distances are not too great, the roads are excellent, and if you choose country roads[1] where there are not too many cars, it is very pleasant to travel by bicycle. You[2] see many interesting things in the villages, you can stop where you wish and when you wish. Of course you have to have[3] good legs! But with a little practice,[4] you can do fifty or seventy-five kilometers without needing to go to see the doctor. . . .

[1]*country road* **le chemin.**   [2]Use **vous** in this passage. To repeat **on** so many times would sound awkward.   [3]Use **il faut** + infinitive.   [4]*practice*, **l'habitude** (*f.*).

Arrivée à la ferme des Deschamps

Mme Deschamps accueille avec plaisir les deux jeunes gens lorsqu'ils arrivent chez elle.

ROGER ¹Bonjour, ma cousine.

MME DESCHAMPS ²Tiens, boujour Roger. ³Quelle bonne surprise!

ROGER ⁴Je te présente Jean Hughes. ⁵C'est mon meilleur ami.

MME DESCHAMPS ⁶Très heureuse de faire votre connaissance, monsieur.° ⁷Roger m'a bien souvent parlé de vous.

JEAN ⁸Nous avons décidé de profiter du beau temps pour venir vous voir.

MME DESCHAMPS ⁹C'est une excellente idée. ¹⁰Avez-vous fait bon voyage?

ROGER ¹¹Oui, mais nous sommes assez fatigués.

MME DESCHAMPS ¹²Assieds-toi et repose-toi. Et vous aussi, monsieur. ¹³Voulez-vous prendre quelque chose?

ROGER ¹⁴Nous prendrons de la bière, si tu en as. . . . ¹⁵Mais où sont tes fils?

MME DESCHAMPS ¹⁶Oh! tu ne sais pas? Ils sont partis tous les deux travailler dans une usine à Reims. ¹⁷Les enfants ne veulent plus rester à la ferme. . . . ¹⁸Mais j'espère bien que vous allez rester quelques jours avec nous.

ROGER *Hi, (cousin).*

MRS. DESCHAMPS *Well! Hello Roger. What a pleasant surprise.*

ROGER *May I introduce John Hughes? He's my best friend.*

MRS. DESCHAMPS *I'm very happy to meet you, sir. Roger has spoken of you (to me) very often.*

JOHN *We decided to take advantage of the fine weather to come to see you.*

MRS. DESCHAMPS *That's an excellent idea. Did you have a good trip?*

ROGER *Yes, but we are rather tired.*

MRS. DESCHAMPS *Sit down and rest. And you too, sir. Will you have something to eat or drink?*

ROGER *We'll have some beer, if you have any. . . . But where are your sons?*

MRS. DESCHAMPS *Oh! You don't know? They have both left to work in a factory in Rheims. Children no longer want to stay on the farm. . . . But I hope very much that you are going to stay with us a few days.*

JEAN [19]Nous ne voulons pas vous déranger. [20]Nous avons l'intention de repartir demain matin.

JOHN *We don't want to inconvenience you. We intend to set out again tomorrow morning.*

MME DESCHAMPS [21]Vous n'êtes pas pressés. [22]Restez au moins quelques jours. [23]Mon mari sera très heureux de vous revoir.

MRS. DESCHAMPS *You are not in a hurry. Stay at least a few days. My husband will be very glad to see you again.*

CULTURAL NOTE ◆

When introduced, one often says simply: "**Enchanté(e), monsieur (madame, mademoiselle).**" *Mme Deschamps welcomes Roger and Jean with open arms, because Roger is a member of the family. But the French are usually less inclined than we are to offer hospitality to foreigners. When they do invite you to dinner, however, they are sure to give you a memorable dinner and a delightful evening.*

Répétez les phrases suivantes en substituant les mots indiqués:

1. Nous avons décidé de profiter du beau temps pour **venir vous voir.**
   **aller à la campagne / faire une excursion en vélo / faire une promenade à bicyclette /
   jouer au tennis**
2. Nous prendrons **de la bière**, si tu en as.
   du vin / de l'eau fraîche (*cool water*) **/ du cidre / un jus de fruit**
3. Les enfants sont tous les deux partis travailler **dans une usine** à Reims.
   **dans un établissement industriel / dans une industrie mécanique /
   dans une maison de champagne / dans une fabrique d'autos**
4. Les enfants ne veulent plus **rester à la ferme.**
   travailler à la ferme / être cultivateurs / s'occuper des vignobles (*vineyards*) **/
   habiter à la campagne**
5. Nous avons l'intention de **repartir demain matin.**
   **rester jusqu'à demain matin / rester quelques jours /
   passer quelques jours avec vous / nous reposer un peu**

II   *Demandez à quelqu'un:*

1. où Jean et Roger viennent d'arriver.   2. comment s'appelle la cousine de
Roger.   3. si Mme Deschamps a entendu parler de Jean.   4. s'il a fait bon
voyage.   5. s'il veut prendre quelque chose.   6. pourquoi les enfants sont partis.
7. ce que font les enfants actuellement.   8. quand nos amis ont l'intention de
repartir.

III   *Répondez aux questions suivantes:*

1. Où Jean et Roger viennent-ils d'arriver?   2. Qui est Mme Deschamps?
3. Est-ce qu'elle attendait (*expected*) l'arrivée de Jean et Roger?   4. A-t-elle
déjà fait la connaissance de Jean?   5. Pourquoi Jean et Roger ont-ils décidé de
venir voir les Deschamps?   6. Pourquoi sont-ils fatigués?   7. Qu'est-ce que Mme
Deschamps leur demande?   8. Qu'est-ce que Roger veut prendre?   9. Où sont
les fils de Mme Deschamps?   10. Que font-ils à Reims?   11. Pourquoi sont-ils
partis?   12. Quand Jean et Roger ont-ils l'intention de repartir?

IV *Répondez à chacune des phrases suivantes:*

1. Présentez un étudiant (une étudiante) à quelqu'un.   **2.** Dites à un autre étudiant (une autre étudiante) qu'on vous a souvent parlé de lui (d'elle).   **3.** Demandez à un autre étudiant (une autre étudiante) s'il (si elle) a fait bon voyage. **4.** Dites-lui de s'asseoir.   **5.** Dites-lui de se reposer.   **6.** Demandez-lui s'il (elle) veut prendre quelque chose.   **7.** Dites-lui que vous prendrez de la bière s'il (elle) en a.   **8.** Dites-lui de rester au moins jusqu'à demain.

V *Mettez chacune des phrases suivantes au temps passé convenable:*

Il est presque quatre heures de l'après-midi quand Jean et Roger arrivent à la ferme des Deschamps. Roger présente son ami à sa cousine, qui dit à Jean que Roger lui a souvent parlé de lui et qu'elle est heureuse de faire sa connaissance. Elle invite les deux jeunes gens à se reposer un peu, car ils sont sans doute fatigués. Puis elle leur demande s'ils désirent prendre quelque chose. Roger répond à sa cousine qu'il prendra volontiers de la bière, si elle en a. Mme Deschamps offre aussi de la bière à Jean. Mais ce dernier la remercie, en lui disant que par cette chaleur, il n'y a rien de plus rafraîchissant qu'un bon verre d'eau fraîche. Il boit son eau, Roger sa bière, et, en attendant le retour de M. Deschamps, ils causent avec Mme Deschamps des travaux de la ferme et des occupations du ménage (*housekeeping*).

VI Dictée d'après la Conversation 31, pp. 276–277

VII Causerie

Vous faites une promenade en vélo et vous vous arrêtez à une ferme pour demander un verre d'eau (*a glass of water*). La fermière vous dit d'entrer et de vous reposer un peu. Elle vous offre un verre de vin et des petits gâteaux.

CONVERSATION 33

Dans la forêt de Fontainebleau

Jean et Roger suivent une route peu fréquentée. Tout à coup, Roger aperçoit des champignons.

ROGER ¹Je vois des champignons au bord de la route. ²Il doit y en avoir beaucoup dans le bois. ³Si nous en rapportions quelques-uns à la maison?

JEAN ⁴Est-ce que tu connais les champignons?

ROGER ⁵Quelques–uns d'entre eux. ⁶Ramasse seulement ceux-ci. ⁷Le dessus est brun et le dessous est jaune. ⁸Il n'y a pas moyen de se tromper.

JEAN ⁹Est-ce que celui-ci est bon?

ROGER ¹⁰Oui.

JEAN ¹¹Et celui-là?

ROGER ¹²Excellent.

JEAN ¹³Oh! J'en vois beaucoup au pied de cet arbre.

Il s'apprête à les ramasser.

ROGER ¹⁴Fais attention! ¹⁵Est-ce que tu veux empoisonner toute la famille?

JEAN ¹⁶Mais ces champignons ressemblent à ceux que tu m'as montrés.

ROGER *I see some mushrooms on the side of the road. There must be lots of them in the woods. Suppose we take a few of them (back) home (How about taking a few of them home)?*

JOHN *Do you know mushrooms?*

ROGER *Some of them. Just pick these. The upper surface is brown and the under side is yellow. You can't go wrong.*

JOHN *Is this one good?*

ROGER *Yes.*

JOHN *And that one?*

ROGER *Excellent.*

JOHN *Oh! I see lots of them at the foot of this tree.*

He is about to pick them.

ROGER *Watch out! Do you want to poison the entire family?*

JOHN *Well, these mushrooms look like those you showed me.*

294

ROGER [17]Malheureusement, les mauvais champignons ressemblent beaucoup aux bons.

JEAN [18]Tu aurais dû me dire ça plus tôt.

ROGER [19]J'ai eu tort de ne pas te prévenir. [20]En tout cas, il vaut mieux laisser ceux dont on n'est pas sûr. . . .

ROGER *Unfortunately, the poisonous mushrooms look very much like the good ones.*

JOHN *You should have told me that sooner.*

ROGER *I was wrong not to warn you. In any case, it is better to leave those you are not sure of. . . .*

I Substitutions

Répétez les phrases suivantes en substituant les mots indiqués:

1. Je vois des champignons **au bord de la route.**
   le long de la route / à côté de la route / de l'autre côté de la route /
   tout près de la route

2. J'en vois beaucoup **au pied** de cet arbre.
   devant / derrière *(behind)* / sous / près de

3. Si nous en rapportions quelques-uns **à la maison?**
   à ma cousine / à nos cousins / pour le dîner / pour ce soir

4. J'ai eu tort **de ne pas te prévenir.**
   de ne pas vous dire au revoir / de ne pas faire mes courses /
   de ne pas travailler hier soir / de ne pas écrire à mon père

5. Il vaut mieux **ramasser seulement ceux dont on est sûr.**
   ne pas ramasser ceux qu'on ne connaît pas / laisser ceux qu'on ne connaît pas /
   être sûr de ceux qu'on ramasse / ne pas se tromper

6. Tu aurais dû *(should have)* **me dire ça plus tôt.**
   me prévenir / venir me voir / revenir / rentrer / commencer à travailler

II *Demandez à quelqu'un:*

1. s'il (si elle) connaît les champignons. **2.** s'il (si elle) va quelquefois ramasser des champignons à la campagne. **3.** ce que Roger voit au bord de la route. **4.** si on peut ramasser tous les champignons qu'on trouve. **5.** de quelle couleur est le dessus des champignons dont parle Roger. **6.** de quelle couleur est le dessous des champignons dont il s'agit. **7.** pourquoi il faut faire attention en ramassant des champignons. **8.** si les mauvais champignons ressemblent beaucoup aux bons.

III *Répondez en français à chacune des questions suivantes:*

1. Qu'est-ce que Roger voit au bord de la route? **2.** Qu'est-ce qu'il propose de faire? **3.** Est-ce que Roger connaît les champignons? **4.** Est-ce que Roger dit à Jean de ramasser tous les champignons? **5.** Qu'est-ce que Jean trouve au pied d'un arbre? **6.** Est-ce qu'il en voit beaucoup? **7.** Pourquoi Roger lui dit-il de faire attention? **8.** Est-ce que Jean veut empoisonner toute la famille? **9.** Alors, pourquoi a-t-il ramassé de mauvais champignons? **10.** Qu'est-ce que Roger aurait dû lui dire plus tôt? **11.** Est-ce qu'il a eu raison de ne pas lui dire cela plus tôt? **12.** Est-ce qu'il vaut mieux laisser les champignons dont on n'est pas sûr?

IV Exercices d'application

A. *Remplacez* **il y a** *par* **il doit y avoir** (there must be) *dans chacune des phrases suivantes:*

EX. —Il y a des champignons dans le bois.
     —**Il doit y avoir des champignons dans le bois.**

1. Il y a beaucoup de champignons dans le bois. **2.** Il y en beaucoup dans le bois. **3.** Il y en a quelques-uns dans le bois. **4.** Il y a un train cet après-midi. **5.** Il y en a un cet après-midi. **6.** Il y en a plusieurs cet après-midi.

B. *Répétez, en remplaçant l'impératif par* **si nous** *avec l'imparfait:*

EX. —Rapportons des champignons à la maison.
     —**Si nous rapportions des champignons à la maison?**

1. Ramassons des champignons. **2.** Ramassons des fraises des bois (*wild strawberries*). **3.** Allons à la campagne pour le week-end. **4.** Allons chercher des fleurs sauvages. **5.** Partons ce soir. **6.** Quittons la maison de bonne heure.

C. *Répondez négativement aux questions suivantes:*

1. Ressemblez-vous à votre père? **2.** Les enfants ressemblent-ils toujours à leurs parents? **3.** Est-ce que votre frère vous ressemble? **4.** Est-ce que votre sœur vous ressemble? **5.** Est-ce que les jumeaux (*twins*) se ressemblent toujours?

V *Répondez en français aux questions personnelles suivantes:*

1. Aimez-vous les champignons? **2.** Connaissez-vous les champignons? **3.** Y en a-t-il beaucoup où vous habitez? **4.** En avez-vous jamais ramassés? **5.** Est-ce que les mauvais champignons ressemblent beaucoup aux bons?

VI Exercice sur **dessus, dessous,** *etc.*

Le dessus (*upper surface*) and **le dessous** (*lower surface*) are of course nouns. Note the adverbs that correspond to these words: **là-dessus** (*on that, thereon*),

là-dessous (*under that, under there*). Compare also: **là-haut** (*up there*), **là-dedans** (*in there*), **là-bas** (*over there, down there*).

Répétez les phrases suivantes en substituant les mots indiqués:

1. Je vais les mettre **dans ce sac** (*bag*).
   là-dedans / **sur cette table** / **là-dessus** / **dans cette casserole** (*sauce pan*)
2. J'ai laissé le panier (*basket*) **dans la cuisine**.
   dans ma chambre / **là-haut** / **sur la table** / **là-dessus** / **sous la table** / **là-dessous**

VII Dictée d'après la Conversation 32, p. 290

VIII Causerie

Racontez ce que vous avez vu au cours d'une promenade dans une forêt. Vous avez vu des fleurs, des animaux sauvages, des oiseaux (*birds*), etc. Vous avez remarqué que les écureuils (*squirrels*) sont moins communs en France que chez nous.

298

Irregular verbs in -re

91 *First group: past participle in* -u

A. connaître* (*to know, to be acquainted with*)

—**Connaissez-vous** Roger Duplessis?	*Do you know* Roger Duplessis?
—Oui, **je** le **connais** un peu.	Yes, *I know* him slightly.
—Où **l'avez-vous connu?**	Where *did you know* him?
—**Je l'ai connu** à Paris.	*I knew* him in Paris.

PRÉSENT: Je connais, tu connais, il connaît, nous connaissons, vous connaissez, ils connaissent.

IMPARFAIT: Je connaissais. PASSÉ COMPOSÉ: J'ai connu. FUTUR: Je connaîtrai.

B. croire (*to believe*)

—**Croyez-vous** ce que disent les journaux?	*Do you believe* what the papers say?
—**Je ne crois pas** tout ce qu'ils disent.	*I do not believe* all they say.
—**Je n'ai pas cru** ce qu'il m'a dit.	*I did not believe* what he told me.

PRÉSENT: Je crois, tu crois, il croit, nous croyons, vous croyez, ils croient.
IMPARFAIT: Je croyais. PASSÉ COMPOSÉ: J'ai cru. FUTUR: Je croirai.

C. boire (*to drink*)

—**Buvez-vous** du café?	*Do you drink* coffee?
—Non, **je** ne **bois** que du lait.	No, *I drink* only milk.
—Qu'est-ce que Jean **a bu?**	What *did* John *drink?*
—**Ils ont bu** de la bière.	*They drank* some beer.

PRÉSENT: Je bois, tu bois, il boit, nous buvons, vous buvez, ils boivent.
IMPARFAIT: Je buvais. PASSÉ COMPOSÉ: J'ai bu. FUTUR: Je boirai.

* For use of **connaitre** see p. 74.

D. lire (*to read*)

—**Lisez-vous** *la Nouvelle Revue Française?*	*Do you read* the NRF?
—Oui, **je la lis** quelquefois.	Yes, *I read* it sometimes.
—**Avez-vous lu** des romans de Balzac?	*Have you read* any novels of Balzac?
—Oui, j'en **ai lu** deux ou trois.	Yes, *I have read* two or three (of them).

PRÉSENT: Je lis, tu lis, il lit, nous lisons, vous lisez, ils lisent.
IMPARFAIT: Je lisais. PASSÉ COMPOSÉ: J'ai lu. FUTUR: Je lirai.

92 *Second group: past participle in* -i, -is, *or* -it

A. dire (*to say, to tell*)

—Qu'est-ce que **vous dites?**	What's that (What *do you say*)?
—**Je dis** que je ne crois pas ce que le marchand m'a **dit.**	*I say* I don't believe what the storekeeper *told me*.

PRÉSENT: Je dis, tu dis, il dit, nous disons, vous dites, ils disent.
IMPARFAIT: Je disais. PASSÉ COMPOSÉ: J'ai dit. FUTUR: Je dirai.

B. écrire (*to write*)

—**Écrivez-vous** souvent à vos parents?	*Do you write* to your parents often?
—**Je** ne leur **écris** pas souvent.	*I do* not *write* to them often.
—Mais **je** leur **ai écrit** dimanche dernier.	But *I wrote* to them last Sunday.

PRÉSENT: J'écris, tu écris, il écrit, nous écrivons, vous écrivez, ils écrivent.
IMPARFAIT: J'écrivais. PASSÉ COMPOSÉ: J'ai écrit. FUTUR: J'écrirai.

C. suivre (*to follow, to take a course*)

—**Suivez-vous** les conseils de vos parents?	*Do you follow* the advice of your parents?
—Oui, **je les suis** toujours.	Yes, *I always follow* it (them).
—**Avez-vous suivi** un cours d'histoire?	*Did you take* a history course?
—Oui, j'en **ai suivi** plusieurs.	Yes, *I took* several (of them).

PRÉSENT: Je suis, tu suis, il suit, nous suivons, vous suivez, ils suivent.
IMPARFAIT: Je suivais. PASSÉ COMPOSÉ: J'ai suivi. FUTUR: Je suivrai.

D. prendre (*to take*)

—Est-ce que **vous prenez** l'autobus?	*Are you taking* the bus?
—Non, **je prends** l'avion.	No, *I am taking* the plane.

—**J'ai** déjà **pris** mon billet.   *I have* already *gotten* (taken) my ticket.
—**Prenez-vous** du sucre?   *Do you take* sugar?
—Non, **je prends** un peu de crème.   No, *I take* a little cream.

PRÉSENT: Je prends, tu prends, il prend, nous prenons, vous prenez, ils prennent.
IMPARFAIT: Je prenais. PASSÉ COMPOSÉ: J'ai pris. FUTUR: Je prendrai.

E. **(1) mettre** (*to put, to put on*)

—**Où mettez-vous** votre argent?   Where *do you put* your money?
—**Je** le **mets** dans mon porte-monnaie.   *I put* it in my pocketbook.
—Je ne sais pas où **j'ai mis** mon stylo.   I do not know where *I put* my fountain pen.
—Marie **a mis** sa nouvelle robe.   Marie *put on* her new dress.

(2) se mettre à (*to begin*)

—**Nous nous sommes mis à** travailler à une heure et demie.   *We started* to work at 1:30.
—**Il se met à** pleuvoir.   It *is beginning* to rain.

PRÉSENT: Je mets, tu mets, il met, nous mettons, vous mettez, ils mettent.
IMPARFAIT: Je mettais. PASSÉ COMPOSÉ: J'ai mis. FUTUR: Je mettrai.

93 Faire (*to do, to make*), etc.

A. *Normal uses of* **faire**

—Qu'est-ce que **vous faites** (prés.) ce soir?   What *are you doing* tonight?
—Je ne sais pas ce que **je ferai** (fut.).   I don't know what *I shall do.*
—Je n'ai rien à **faire.**   I have nothing *to do.*
—Cela ne **fait** rien.   That *makes* no difference.

B. *Special uses of* **faire**

(1) Impersonal:

—**Il fait** beau.   *It's* fine weather.
—**Il fait** bon (jour, nuit, etc.).   *It's* pleasant (light, dark, etc.).

(2) **faire** + an infinitive = *to have* + past participle:

—Qui **a fait construire** ce château?   Who *had* this chateau *built?*
—**J'ai fait réparer** ma montre.   *I had* my watch *repaired.*
—Elle **a fait venir** un agent de police.   *She sent for* a policeman.

(3) **s'en faire,** (*to worry*)

—Ne **vous en faites** pas.   Don't *worry.*

PRÉSENT: Je fais, tu fais, il fait, nous faisons, vous faites, ils font.
IMPARFAIT: Je faisais. PASSÉ COMPOSÉ: J'ai fait. FUTUR: Je ferai.

94 Plaindre (*to pity*); se plaindre (*to complain*)

—De quoi **vous plaignez-vous?**   What *are you complaining* about?
—**Je ne me plains pas.**   *I am not complaining.*

PRÉSENT: Je plains, tu plains, il plaint, nous plaignons, vous plaignez, ils plaignent.
IMPARFAIT: Je plaignais, etc. PASSÉ COMPOSÉ: J'ai plaint, etc. FUTUR: Je plaindrai,
   etc.

Craindre, *to fear,* is conjugated like **plaindre.** EX.: Qu'est-ce que **vous craignez?**
Je ne **crains** rien.
   A few verbs ending in **-eindre** and **-oindre** are conjugated like **plaindre** except
that the vowels **e** and **o** of the ending remain **e** and **o** respectively: **atteindre,**
to reach, to attain; **éteindre,** *to extinguish;* **peindre,** *to paint;* **rejoindre,** *to meet,*
to catch up with; etc.

—**Éteignez** le feu.   *Put out* the fire.
—**Je** l'ai déjà **éteint.**   *I have* already *put it out.*
—**Qui a peint** ce tableau?   *Who painted* that picture?
—**Je vous rejoins** tout de suite.   *I'll be with you* right away.

I Substitutions

Répétez les phrases suivantes en substituant les mots indiqués:

   1. J'ai fait réparer **ma montre.**
      ma bicyclette / mon auto / mes lunettes / ma motocyclette
   2. Elle a fait venir **l'architecte.**
      le cuisinier (*cook*) / la cuisinière / la dactylo (*typist*) /
      la femme de ménage (*cleaning woman*)
   3. Je ne prends pas **de café.**
      de crème / de sucre / de lait chaud / de thé
   4. **Je crois** tout ce qu'il a dit.
      Je n'ai pas cru / Nous ne croyons pas / Croyez-vous / Avez-vous cru

5. Je suis (*I follow*) **toujours** les conseils de mes parents.

quelquefois / parfois / de temps en temps / de temps à autre / la plupart du temps

6. **Je suis** ses conseils.

Il suit / Suivez-vous / Avez-vous suivi / Je suivrai

II   Exercices d'application

A.   *Répondez aux questions suivantes en employant la première personne du singulier.*

EX.   —Connaissez-vous?
      —**Je connais.**

1. Croyez-vous?   **2.** Lisez-vous?   **3.** Connaissez-vous?   **4.** Buvez-vous?
5. Dites-vous?   **6.** Écrivez-vous?   **7.** Suivez-vous?   **8.** Prenez-vous?   **9.** Mettez-vous?   **10.** Faites-vous?   **11.** Plaignez-vous?   **12.** Vous plaignez-vous?
13. Craignez-vous?   **14.** Peignez-vous?   **15.** Rejoignez-vous?

B.   *Mettez les phrases suivantes au passé composé:*

EX.   —Je suis un cours de chimie.
      —**J'ai suivi un cours de chimie.**

1. Je ne bois pas de café.   **2.** Je ne prends pas de crème.   **3.** Je ne crois pas ce qu'il m'a dit.   **4.** Nous ne lisons pas le journal.   **5.** Qu'est-ce que vous lui dites?
6. Nous ne disons rien.   **7.** À qui écrivez-vous?   **8.** Que faites-vous?   **9.** Qu'est-ce que vous craignez?   **10.** Où rejoignez-vous vos amis?   **11.** Il suit mes conseils.

C.   *Mettez les phrases suivantes à l'imparfait en commençant par* **À ce moment-là:**

EX.   —Je ne connais pas Paris.
      —**À ce moment-là, je ne connaissais pas Paris.**

1. Je crois tout ce qu'on me dit.   **2.** Je ne bois pas de vin.   **3.** Je ne lis pas le journal.   **4.** Il n'écrit pas beaucoup.   **5.** Il suit les conseils de ses parents.
6. Il ne prend pas de café.   **7.** Il fait du ski.   **8.** Il se plaint tout le temps.

D.   *Répétez en remplaçant* **commencer** *par* **se mettre à:**

EX.   —Je commence à travailler à huit heures.
      —**Je me mets à travailler à huit heures.**

1. Il commence à travailler à huit heures. 2. Elle a commencé à lire. 3. Nous avons commencé à écrire des lettres. 4. Il a commencé à pleuvoir. 5. Ils ont commencé à ramasser des champignons.

E. *Mettez les phrases suivantes au pluriel:*

EX. —Tu connais ma cousine?
    —Vous connaissez ma cousine?

1. Je ne bois pas de café. 2. Il prend le train à dix-sept heures. 3. Je suis un cours de chimie. 4. Elle fait des courses. 5. Je peins ma voiture. 6. Je me mets à travailler de bonne heure. 7. Je vous rejoins tout de suite. 8. Je ne crains rien. 9. Qu'est-ce que tu crains? 10. Je lis le journal tous les matins. 11. À qui écris-tu? 12. De quoi te plains-tu?

III *Demandez à quelqu'un:*

EX. —s'il (si elle) prend du sucre dans son café.
    —Prenez-vous du sucre dans votre café?

1. s'il (si elle) connaît Versailles. 2. s'il (si elle) croit qu'il va pleuvoir. 3. s'il (si elle) boit du lait. 4. s'il (si elle) lit beaucoup de romans. 5. ce qu'il (qu'elle) dit. 6. s'il (si elle) écrit beaucoup de lettres. 7. quels cours il (elle) suit. 8. ce qu'il (qu'elle) prend comme dessert. 9. où il (elle) met son argent. 10. s'il (si elle) se plaint. 11. s'il (si elle) craint la pluie. 12. ce qu'il (qu'elle) fait le dimanche. 13. quel temps il faisait hier. 14. à quelle heure il fait nuit en hiver. 15. où Roger a fait réparer sa montre. 16. ce qu'on fait réparer dans un garage.

IV *Employez* **faire** *avec l'infinitif dans les phrases suivantes:*

EX. —J'ai réparé ma voiture.
    —J'ai fait réparer ma voiture.

1. Il a réparé son vélo. 2. Il a construit ce château. 3. Il a peint sa maison. 4. Elle a nettoyé (*cleaned*) la maison. 5. J'ai coupé l'herbe. 6. J'ai lavé (*washed*) ma voiture. 7. Nous avons planté des arbres.

V Thème d'imitation

As[1] they were bicycling in the Fontainebleau Forest, Roger saw some mushrooms on the side of the road. "I'm crazy about[2] mushrooms", he said to John.

304

"Let's pick some. I'll give them to my cousin, and we'll eat them this evening."
"Eat all the mushrooms you wish", answered John. "*I* shall not eat any." "Why?"
asked Roger. "There is no danger[3] when you just pick the mushrooms you know."
"Do you think so?"[4] said John. "In America, my father knew a professor of
botany[5] who had spent his life studying[6] mushrooms. Do you know how the poor
man died? He died of mushroom poisoning[7]. . . ."

[1]*as*, **comme.** [2]*to be crazy about*, **adorer.** [3]*danger*, **le danger.** [4]**Vous croyez?** [5]*botany*,
la botanique. [6]**à étudier.** [7]*lit.* poisoned by mushrooms.

À l'église du village

Arrivés au village, Jean et Roger sonnent à la porte du presbytère.

ROGER [1]Bonjour, monsieur le curé.

LE CURÉ [2]Bonjour, mes amis. [3]Entrez donc. [4]J'étais en train de travailler dans mon jardin quand vous avez sonné.

JEAN [5]Nous nous excusons de vous déranger.

LE CURÉ [6]Vous ne me dérangez pas du tout. [7]Je viens de tailler mes rosiers, [8]et je suis à votre disposition.

ROGER [9]Nous avons entendu dire que vous avez une très belle église romane. [10]Nous avons grande envie de la visiter.

LE CURÉ [11]Je me ferai un plaisir de vous accompagner dans votre visite. [12]Je crains pourtant que vous (ne*) soyez un peu déçus. [13]Bien qu'elle soit classée «monument historique», [14]c'est une simple église de village.

JEAN [15]J'ai lu quelque part qu'elle date du douzième siècle.

LE CURÉ [16]Une partie seulement de l'édifice actuel date de l'époque romane.°

ROGER [17]J'ai entendu parler des vitraux de votre église. [18]On dit qu'ils sont très vieux.

ROGER *Good morning, sir (or Father).*

THE PRIEST *Good morning, my friends. Do come in. I was busy working in my garden, when you rang.*

JOHN *We apologize for bothering you.*

THE PRIEST *You aren't bothering me at all. I have just trimmed my rosebushes, and I'm at your service.*

ROGER *We have heard that you have a very beautiful Romanesque church. We are very eager to go through it.*

THE PRIEST *I shall take pleasure in showing you through it. I'm afraid, however, that you'll be a little disappointed. Although it is classified as a "historical monument," it's a simple village church.*

JOHN *I have read somewhere that it dates from the XIIth century.*

THE PRIEST *Just a part of the present building dates from the Romanesque period.*

ROGER *I have heard of the stained-glass windows of your church. They say they are very old.*

* When a subordinate clause depends upon **craindre** used affirmatively (and a few other expressions), the subordinate clause is often introduced by **que . . . ne** instead of **que** alone. This pleonatic **ne**, as it is called, is meaningless and is frequently omitted in conversation.

LE CURÉ [19]Je ne crois pas qu'il y ait plus de deux ou trois vitraux vraiment anciens. [20]La plupart d'entre eux* sont relativement modernes. . . . [21]Voulez-vous bien entrer par cette porte? [22]L'intérieur de l'église est un peu sombre, [23]mais vos yeux s'habitueront vite à l'obscurité.

THE PRIEST *I don't believe there are more than two or three really old stained-glass windows. Most of them are relatively modern. . . . Will you come in through this door? The inside is a little dark, but your eyes will quickly get used to the darkness.*

* Note that you say **la plupart d'entre eux,** not *la plupart d'eux.* The same is true for **beaucoup, quelques-uns, plusieurs.**

CULTURAL NOTE ◆

The oldest French churches date from the **époque romane** *(romanesque period), that is, from the tenth to the twelfth centuries. The architecture of this period is characterized by the frequent use of the semicircular arch. The walls are very thick and only rarely have windows, which explains the darkness of the interiors of these churches.*

I   Substitutions

Répétez les phrases suivantes en substituant les mots indiqués:

1. J'étais en train de **travailler dans mon jardin** quand vous avez sonné.
   tailler mes rosiers / lire le journal / réparer mon auto / écrire des lettres

2. Je viens de **tailler mes rosiers.**
   tailler mes crayons / cultiver mes rosiers / cueillir (*pick*) **des roses /**
   visiter une vieille église gothique

3. **Nous nous excusons de** vous déranger quand vous êtes occupé.
   Nous regrettons de / Nous sommes fâchés de / Nous ne voulons pas /
   Nous regrettons vivement de

4. Nous avons entendu dire que **vous avez une très belle église.**
   les Brown sont de retour / Louise Bedel va se marier /
   elle va habiter dans notre quartier / cette église a été construite au douzième siècle

5. J'ai entendu parler **des vitraux de votre église.**
   des fontaines de Versailles / des vitraux de Notre-Dame / de lui / d'elle

6. Vous vous habituerez vite **à l'obscurité.**
   à aller à bicyclette / à boire du café noir / à la cuisine française / à faire la cuisine

II   *Demandez en français à quelqu'un:*

1. ce que faisait le curé quand Roger a sonné.   2. de quoi Jean s'excuse.   3. ce que Roger a entendu dire à propos de cette église.   4. ce que le curé offre de faire.   5. si cette église est classée monument historique.   6. ce que le curé vient de faire.   7. si tous les vitraux sont anciens.

III   *Répondez en français à chacune des questions suivantes:*

1. Qu'est-ce que Roger a dit quand le curé a ouvert la porte?   2. Que faisait le curé quand Roger a sonné?   3. De quoi Jean s'excuse-t-il?   4. Qu'est-ce que le curé répond?   5. Que vient-il de faire dans son jardin?   6. Qu'est-ce que Roger a entendu dire à propos de l'église?   7. Pourquoi Jean et Roger sont-ils venus voir le curé?   8. Qu'est-ce que le curé offre de faire?   9. Pourquoi le curé dit-il: «Je crains que vous ne soyez un peu déçus?»   10. Est-ce que cette église est classée «monument historique»?   11. Où Roger a-t-il lu que l'église date de l'époque romane?   12. Est-ce que Roger a entendu parler des vitraux de l'église?   13. Qu'est-ce qu'il a entendu dire à leur sujet?   14. Est-ce que la plupart des vitraux de l'église sont anciens?   15. Est-ce que la plupart d'entre

eux sont modernes? **16.** Est-ce que l'intérieur de l'église est sombre? **17.** Est-ce que les yeux de Jean et de Roger s'habitueront vite à l'obscurité?

IV *Répétez les phrases suivantes en remplaçant le nom par le pronom personnel:*

    EX. —La plupart des vitraux sont relativement modernes.
        —La plupart d'entre eux sont relativement modernes.

1. Quelques-uns des vitraux sont relativement modernes. **2.** Plusieurs des vitraux sont relativement modernes. **3.** La plupart des statues (*f.*) sont relativement modernes. **4.** Quelques-unes des statues sont anciennes. **5.** Plusieurs des statues sont relativement modernes.

V *Répétez les phrases suivantes en employant l'expression indiquée:*

A. Je crains que . . . (ne)

1. J'ai peur que vous ne soyez un peu déçu(e). **2.** J'ai peur que vous ne soyez un peu fatigué(e). **3.** J'ai peur que vous ne soyez un peu en retard. **4.** J'ai peur que vous ne soyez en avance.

B. Bien qu'elle soit

1. Même si elle est classée monument historique, c'est une simple église de village. **2.** Même si elle est fatiguée, Marie ira à la bibliothèque ce soir. **3.** Même si elle est occupée, elle sera heureuse de vous voir. **4.** Même si elle est en retard, elle ne se dépêche pas.

C. Avoir envie de (*Employez le présent de l'indicatif*)

1. Nous voudrions visiter votre église. **2.** Je voudrais voir les vitraux. **3.** Voudriez-vous visiter Pékin et Tokyo? **4.** Roger voudrait visiter l'église. **5.** Je voudrais travailler dans mon jardin.

VI *Répondez en français aux questions personnelles suivantes:*

1. Avez-vous jamais visité une vieille église? **2.** Avez-vous vu la cathédrale de New York? **3.** Que pensez-vous de l'architecture moderne? **4.** Croyez-vous qu'il faut conserver tous les bâtiments classés «monuments historiques»? **5.** Que

pensez-vous des gratte-ciel (*skyscrapers*)? **6.** Aimeriez-vous avoir un appartement en haut d'un gratte-ciel?

VII **Révision de l'impératif**

Dites à quelqu'un:

1. d'entrer. **2.** de ne pas entrer. **3.** de s'asseoir. **4.** de ne pas s'asseoir. **5.** de se dépêcher. **6.** de ne pas se dépêcher. **7.** de ne pas se déranger. **8.** de vous excuser. **9.** de prendre l'autobus. **10.** de faire attention. **11.** de s'en aller. **12.** de ne pas partir.

VIII **Dictée d'après la Conversation 33, pp. 294–295**

IX **Dialogue**

Vous demandez des renseignements à un guide au sujet d'un château de la Renaissance que vous voulez visiter (date de construction, nom de l'architecte, jours et heures de visite, etc.).

Au jardin

Armée d'une paire de ciseaux, Mme Deschamps sort de la maison.

MME DESCHAMPS ¹Il faut que j'aille au jardin cueillir des fleurs.

ROGER ²Veux-tu que nous t'aidions?

MME DESCHAMPS ³Oui, mais fais attention de bien fermer la porte derrière toi. ⁴Je ne veux pas que les poules puissent entrer. ⁵Elles mangent à peu près toute ma salade.

Ils entrent dans le jardin.

ROGER ⁶Quelles fleurs vas-tu cueillir?

MME DESCHAMPS ⁷J'ai besoin de roses et d'œillets. ⁸J'en ferai un bouquet pour la salle à manger.

ROGER ⁹Tu as un très beau jardin.

MME DESCHAMPS ¹⁰Je devrais m'en occuper davantage, ¹¹mais je n'ai pas le temps.

JEAN ¹²Est-ce que vous avez du maïs?

MME DESCHAMPS ¹³Non, je n'en ai pas. ¹⁴D'ailleurs, l'été est un peu trop frais ¹⁵pour que le maïs puisse mûrir ici.

ROGER ¹⁶Regarde ces pois, ces *haricots verts et ces choux. ¹⁷Tes légumes poussent à merveille.

MRS. DESCHAMPS *I must go to the garden to pick some flowers.*

ROGER *Do you want us to help you?*

MRS. DESCHAMPS *Yes, but be careful to close the garden gate (properly) behind you. I don't want the hens to be able to get in. They eat practically all my salad greens.*

They enter the garden

ROGER *What flowers are you going to pick?*

MRS. DESCHAMPS *I need roses and carnations. I'll make a bouquet of them for the dining room.*

ROGER *You have a very fine garden.*

MRS. DESCHAMPS *I ought to take care of it better (more), but I haven't the time.*

JOHN *Have you got any corn?*

MRS. DESCHAMPS *No, I haven't any. Anyway, the summer is a little too cool for corn to ripen here.*

ROGER *Look at those peas, green beans, and cabbages. Your vegetables certainly are growing well.*

* The **h** of **haricots** is aspirate.

MME DESCHAMPS [18]Oui, mais il n'a guère plu cette année.

ROGER [19]Veux-tu que nous les arrosions?

MME DESCHAMPS [20]Je crois qu'il vaut mieux attendre [21]jusqu'à ce qu'il fasse moins chaud. . . .

MRS. DESCHAMPS *Yes, but it hasn't rained much this year.*

ROGER *Do you want us to water them?*

MRS. DESCHAMPS *I think it's better to wait till it's cooler. . . .*

I Substitutions

Répétez les phrases suivantes en substituant les mots indiqués:

1. Fais attention **de bien fermer la porte.**
   de ne pas laisser **la porte** ouverte / de ne pas laisser entrer les poules /
   de ne pas être en retard / de ne pas manquer ton avion (*plane*)
2. (a) J'ai besoin **de roses et d'œillets.**
   de papier à lettres et d'enveloppes / d'une nouvelle bicyclette / d'un stylo / d'argent
   (b) Elle a besoin d'aller au jardin **cueillir des fleurs.**
   cueillir des roses / ramasser des légumes / arroser ses fleurs / cueillir des haricots verts
3. Je devrais **m'en occuper** davantage, mais je n'ai pas le temps.
   me reposer / m'amuser / travailler / dormir
4. Je crois qu'il vaut mieux attendre jusqu' **à la nuit.**
   à demain / à la semaine prochaine / à l'été prochain / à dimanche
5. Je crois qu'il vaut mieux attendre jusqu'à ce qu'il fasse **moins chaud.**
   plus chaud / moins froid / plus froid / beau

II *Répondez en français à chacune des questions suivantes:*

1. Pourquoi faut-il que Mme Deschamps aille au jardin? 2. Est-ce qu'elle veut que Jean et Roger l'aident? 3. Pourquoi faut-il qu'ils fassent attention de bien fermer la porte du jardin? 4. Pourquoi Mme Deschamps ne veut-elle pas que les poules puissent entrer dans son jardin? 5. Quelles fleurs veut-elle cueillir? 6. Qu'est-ce qu'elle fera de ces fleurs? 7. Comment Roger trouve-t-il le jardin de Mme Deschamps? 8. Est-ce que Mme Deschamps devrait s'occuper davantage de son jardin? 9. Pourquoi ne peut-elle pas s'en occuper davantage? 10. Est-ce que Mme Deschamps a du maïs dans son jardin? 11. Pourquoi le maïs ne peut-il pas mûrir dans le Nord de la France? 12. Quels légumes y a-t-il dans le jardin? 13. Est-ce qu'il a beaucoup plu cette année-là? 14. Qu'est-ce que Roger propose de faire? 15. Savez-vous vous occuper d'un jardin? 16. Est-ce qu'il vaut mieux arroser le matin ou le soir? 17. Est-ce qu'on peut avoir un beau jardin si on ne s'en occupe pas?

III *Demandez à quelqu'un en employant, quand il convient, la forme familière:*

1. s'il (si elle) doit aller au jardin cueillir des fleurs. 2. s'il (si elle) veut bien fermer la porte. 3. s'il (si elle) veut bien vous aider. 4. quelles fleurs Mme Deschamps veut cueillir. 5. s'il (si elle) sait s'occuper d'un jardin. 6. s'il vaut mieux arroser les légumes quand il fait chaud ou quand il fait frais.

314

IV Exercices d'application

A. *Répétez les phrases suivantes en remplaçant* **Je vais** *par* **Il faut que j'aille:**

1. Je vais au jardin cueillir des fleurs.   **2.** Je vais à la gare.   **3.** Je vais au restaurant.   **4.** Je vais en ville faire des courses.   **5.** Je vais voir ce nouveau film.
6. Je vais à la banque toucher un chèque.   **7.** Je vais au bureau de tabac chercher
un journal.   **8.** Je vais mettre une lettre à la poste (*mail a letter*).   **9.** Je vais à
la maison pour le week-end.

B. *Répétez les phrases suivantes en remplaçant* **ne . . . pas** *par* **ne . . . guère:**

1. Il n'a pas plu cette année.   **2.** Je n'ai pas travaillé aujourd'hui.   **3.** Je n'ai
pas dormi la nuit dernière.   **4.** Il n'a pas neigé cet hiver.   **5.** Je ne me suis pas
amusé(e) cet hiver.   **6.** Je ne me suis pas reposé(e) pendant le week-end.   **7.** Je
n'ai pas l'habitude d'aller à bicyclette.   **8.** Je n'ai pas le temps de m'occuper de
mon jardin.

V *Répondez en français aux questions personnelles suivantes:*

1. Savez-vous vous occuper d'un jardin?   **2.** Aimez-vous vous occuper d'un
jardin?   **3.** Quelles fleurs connaissez-vous?   **4.** Quels légumes connaissez-vous?
5. Est-ce que le maïs peut mûrir partout?   **6.** Que faut-il faire quand il ne pleut
pas?

VI Dictée d'après la Conversation 34, pp. 306–307

VII Causerie

Un ami vient vous voir et vous l'invitez à voir votre jardin. Il y a dans votre
jardin des choux (*m.*), des tomates (*f.*), des asperges (*f.*) (*asparagus*), des pommes
de terre (*f.*), de la laitue (*lettuce*), des pivoines (*f.*) (*peonies*), des marguerites (*f.*)
(*daisies*), des violettes (*f.*) et des pensées (*f.*) (*pansies*).

À la campagne

Ce matin, Jean et Roger ont quitté Paris de bonne heure pour aller voir des cousins de Roger, les Deschamps, qui habitent dans un petit village près de Fontainebleau. Ils ont pris le train jusqu'à Melun. Là, ils ont descendu leurs bicyclettes du fourgon, pour faire à bicyclette le reste du voyage. À dix heures du matin, ils sont en train de pédaler le long d'une jolie route, heureux de l'ombre des arbres qui la bordent, car la journée est chaude et le soleil haut dans le ciel.

—Voilà une auberge qui a l'air sympathique, dit Jean à Roger au moment où ils traversent la place d'un village. Si nous nous arrêtions pour prendre quelque chose, un bon verre de bière bien fraîche par exemple? Je meurs de soif et j'ai un peu mal aux jambes, car je n'ai pas l'habitude d'aller à bicyclette.

—Ne veux-tu pas attendre jusqu'à ce que nous soyons arrivés chez mes cousins? répond Roger. Nous serons à leur ferme dans un quart d'heure. Si tu bois maintenant un verre de bière, tu auras encore plus chaud qu'auparavant et tes jambes t'abandonneront tout à fait.

—Eh bien, répond Jean avec résignation, j'attendrai jusque-là.

Un quart d'heure plus tard, nos deux amis arrivent à la grille de la ferme. Mme Deschamps, qui les voit arriver, vient à leur rencontre. Les présentations faites, elle conduit les visiteurs dans la vaste cuisine, qui depuis les temps les plus anciens est la salle familiale des fermes françaises. Jean remarque la haute cheminée et les vieux ustensiles de cuivre accrochés au mur. On les distingue à peine dans la demi-obscurité, car Mme Deschamps tient les volets fermés à cause de la chaleur.

—Vous allez prendre quelque chose, n'est-ce pas? leur dit-elle. Par cette chaleur, vous devez en avoir besoin.

316

Jean boit enfin son verre de bière.

—Il faut que j'aille au jardin chercher des légumes et cueillir
des fleurs, dit Mme Deschamps aux jeunes gens lorsqu'ils sont un
peu reposés de leur fatigue. Voulez-vous m'accompagner?

Comme beaucoup de jardins en France, le jardin des Deschamps
est entouré de murs et ces murs sont couverts d'espaliers d'où

pendent des poires magnifiques. Le jardin lui-même est divisé en carrés séparés les uns des autres par de petites allées.

—Cette symétrie, ces arbres taillés en espalier, ces fleurs, ces allées de sable, tout cela me rappelle un peu Versailles, dit en riant Jean à Mme Deschamps.

—Après tout, pourquoi ne pas joindre l'utile à l'agréable? répond-elle.

On se partage le travail. Tandis que Mme Deschamps cueille des roses et des œillets, Jean cueille des haricots verts et Roger choisit quelques pieds de salade.

Puis tout le monde revient à la maison attendre le retour de M. Deschamps. Il est avec son tracteur dans un champ près du village et il a promis de revenir avant la tombée de la nuit. Au moment de la moisson, les cultivateurs sont très occupés, vous savez.

Questions

1. Qui sont les Deschamps? 2. Comment Jean et Roger sont-ils allés à Melun? 3. Comment font-ils le reste du voyage? 4. Qu'est-ce que Jean propose à Roger de faire au moment où ils traversent la place d'un village? 5. Pourquoi voudrait-il boire un verre de bière bien fraîche? 6. Pourquoi Roger lui dit-il d'attendre jusqu'à ce qu'ils soient arrivés à la ferme? 7. Qui vient à leur rencontre? 8. Où Mme Deschamps conduit-elle ses visiteurs? 9. Pourquoi tient-elle fermés les volets de la cuisine? 10. Pourquoi faut-il que Mme Deschamps aille à son jardin? 11. Qu'est-ce qu'il y a sur les murs du jardin? 12. À quelle heure M. Deschamps a-t-il promis de revenir?

The subjunctive

95 *Present subjunctive of* **être** *and* **avoir,** *and of regular verbs*

A. **Être**

que je sois, que tu sois, qu'il soit, que nous soyons, que vous soyez, qu'ils soient.

B. **Avoir**

que j'aie, que tu aies, qu'il ait, que nous ayons, que vous ayez, qu'ils aient.

C. *Regular verbs*

donner: que je donne, que tu donnes, qu'il donne, que nous donnions, que vous donniez, qu'ils donnent.

finir: que je finisse, que tu finisses, qu'il finisse, que nous finissions, que vous finissiez, qu'ils finissent.

répondre: que je réponde, que tu répondes, qu'il réponde, que nous répondions, que vous répondiez, qu'ils répondent.

(1) The endings of the present subjunctive of all verbs (except **être** and **avoir**) are: **-e, -es, -e, -ions, -iez, -ent.**

(2) The stem of the present subjunctive of regular verbs is the same as that of the first person plural of the present indicative. EX.: PRES. IND. **Nous finiss-ons.** PRES. SUBJ. **je finiss-e,** etc.

96 *Commonest use of the present subjunctive*

A.   —Il faut que **je donne** mon adresse à   I must give my address to the con-
          la concierge.   cierge.
       —Il faut qui **je finisse** mon travail.   I must finish my work.

—Il faut que **je réponde** à cette lettre.
I must answer this letter.

—Il faut que **je sois** à la gare à 16 heures.
I must be at the station at 4:00 o'clock.

—Il vaut mieux que **vous finissiez** votre travail.
It's better for you to finish (that you finish) your work.

The subjunctive is used in subordinate clauses introduced by **que** and depending upon **falloir** (**il faut**) and **valoir mieux** (**il vaut mieux**). Note, however, that if the dependent verb has no expressed subject, the infinitive is normally used instead of the subjunctive clause. EX.:

—Il faut **travailler** davantage. (*inf.*)
It is necessary to work harder.

—Il faut que **vous travailliez** davantage. (*subj.*)
You must work harder.

—Il vaut mieux **partir** tout de suite. (*inf.*)
It is better to leave right away.

—Il vaut mieux que **vous partiez** tout de suite. (*subj.*)
It is better for you to leave (that you leave) right away.

B.

—Voulez-vous que nous **vous aidions?**
Do you want us to help you?

—J'aime mieux qu'**il attende** jusqu'à ce soir.
I prefer that he wait until this evening.

—Je regrette que **vous ayez** mal à la tête.
I'm sorry you have a headache.

—J'ai peur que **vous** ne **soyez** un peu déçu.
I'm afraid you will be a little disappointed.

—Je doute qu'**il vienne** ce soir.
I doubt that he will come this evening.

The subjunctive is used in subordinate clauses introduced by **que** and depending upon certain verbs that express *wishing, wanting, desiring; joy, sorrow, happiness, regret, doubt, fear;* etc. Among the verbs of this group that take the subjunctive, the following are the ones most frequently used: **vouloir, désirer, souhaiter** (*to wish*); **aimer mieux, préférer; douter** (*to doubt*), **craindre** (*to fear*); **être content, être heureux, regretter, avoir peur,** etc. In the above examples, the subject of the verb of the dependent clause is different from that of the main clause. Note that when the main verb and the subordinate verb have the same subject, the infinitive is used instead of the subjunctive clause.

(*Subjunctive*):
—**Je** regrette que **nous** soyons en retard.
I'm sorry that *we* are late.

(*Infinitive*):
—Nous regrettons d'être en retard.
We are sorry to be late.

320

(*Subjunctive*):
—J'aime mieux qu'**il attende** jusqu'à ce soir.

I prefer that *he* wait until this evening.

(*Infinitive*):
—Il aime mieux attendre jusqu'à ce soir.

He prefers to wait until this evening.

C. —Bien qu'**elle soit classée** monument historique . . .

Although *it is classed* as a historical monument . . .

—Je vais attendre jusqu'à ce qu'**il ait fini** de lire le journal.

I am going to wait until *he has finished* reading the paper.

The subjunctive must be used in clauses introduced by certain conjunctive expressions of which the following are the most frequently used: **à moins que,** *unless;* **avant que,** *before;* **bien que,** *although;* **jusqu'à ce que,** *until;* **pour que,** *so that;* **de peur que,** *for fear that;* etc.

D. —C'est le meilleur roman que **j'aie lu.**
    —Henri est le seul étudiant qui **soit** absent.

That's the best novel *I've read.*
Henry is the only student who *is* absent.

The subjunctive is used in relative clauses whose antecedent is modified by a superlative or by the word **seul.**

E. —Croyez-vous qu'il **y ait** de la place dans l'autobus?

Do you think *there will be* room in the bus?

—Je ne pense pas que **vous soyez** en retard.

I don't think *you'll be* late.

The subjunctive is not always used after **croire, penser** and **espérer.** For these verbs and others that express *belief* or *certainty* (**être sûr, il me semble,** etc.), it is necessary to observe:

(1) the indicative is always used in clauses depending upon affirmative forms: (**Je crois qu'il y aura de la place. J'espère que vous viendrez**);

(2) either the indicative or the subjunctive may be used in clauses depending upon interrogative or negative forms. In such clauses, the subjunctive expresses a greater degree of uncertainty. However, the difference between **Croyez-vous qu'il y aura de la place?** (*indicative*) and **Croyez-vous qu'il y ait de la place?** (*subjunctive*) is scarcely perceptible.

In conversation most people simply use the indicative after all forms of **croire, penser** and **espérer.**

—Il faut que **j'aille** à un de mes champs.	I must *go* to one of my fields.
—Je ne veux pas que les poules **puissent** entrer.	I don't want the hens *to be able* to get in.
—Il vaut mieux attendre jusqu'à ce qu'il **fasse** moins chaud.	It's better to wait until *it is* cooler.
—Je ne crois pas qu'il **sache** mon adresse.	I don't think *he knows* my address.

A. *The commonest irregular verbs whose present subjunctive has two stems*

aller: aille, ailles, aille, **allions, alliez,** aillent.
boire: boive, boives, boive, **buvions, buviez,** boivent
croire: croie, croies, croie, **croyions, croyiez,** croient
envoyer: envoie, envoies, envoie, **envoyions, envoyiez,** envoient
prendre: prenne, prennes, prenne, **prenions, preniez,** prennent
recevoir: reçoive, reçoives, reçoive, **recevions, receviez,** reçoivent
tenir: tienne, tiennes, tienne, **tenions, teniez,** tiennent
venir: vienne, viennes, vienne, **venions, veniez,** viennent
voir: voie, voies, voie, **voyions, voyiez,** voient
vouloir: veuille, veuilles, veuille, **voulions, vouliez,** veuillent

B. *The commonest irregular verbs whose present subjunctive has a single irregular stem*

faire: fasse, fasses, fasse, fassions, fassiez, fassent
pouvoir: puisse, puisses, puisse, puissions, puissiez, puissent
savoir: sache, saches, sache, sachions, sachiez, sachent

C. *The commonest irregular verbs whose present subjunctive follows the pattern of regular verbs and can be found from the first person plural of the present indicative (see paragraph 95)*

connaître	écrire	partir	servir
dire	lire	plaindre	sortir
dormir	mettre	sentir	suivre

98 *Formation and use of the* **passé composé*** *of the subjunctive*

A. **Formation**

The **passé composé** of the subjunctive is composed of the present subjunctive of the auxiliary verb and the past participle of the verb. EX.:

* As the imperfect and pluperfect subjunctive are purely literary tenses, they will appear only in the verb tables in the Appendix.

322

être: j'aie été, tu aies été, il ait été, nous ayons été, vous ayez été, ils aient été.

avoir: j'aie eu, tu aies eu, etc.

donner: j'aie donné, tu aies donné, etc.

arriver: je sois arrivé(e), tu sois arrivé(e), etc.

B. *Use*

Generally speaking, the **passé composé** of the subjunctive is used like the present subjunctive except that it expresses actions that have already taken place.

—Je regrette que l'accident **ait eu** lieu.	I am sorry the accident *took* place.
—Nous sommes contents qu'il **soit arrivé.**	We are glad he *has arrived.*
—Je ne crois pas que vous **ayez lu** ce roman.	I don't think you *have read* this novel.

I Substitutions

Répétez les phrases suivantes en substituant les mots indiqués:

1. Il faut **que je sois à l'heure.**

   que j'aie de la patience / que nous déjeunions de bonne heure /

   que nous finissions notre travail / que nous répondions à ce télégramme

2. Voulez-vous **que nous allions au cinéma?**

   que je prenne un taxi / que nous prenions un taxi / que je vienne vous voir /

   que nous venions vous voir

3. Je doute **qu'il fasse beau demain.**

   que nous puissions jouer au tennis aujourd'hui /

   que vous sachiez mon numéro de téléphone / que nous soyons à l'heure /

   que vous ayez le temps d'aller à la campagne cet après-midi / que nous sortions ce soir

4. Nous sommes contents **qu'il soit venu nous voir.**

   que l'accident n'ait pas été grave / que vous ayez lu ce roman de Balzac /

   que vous ayez vu ce film / qu'il se soit levé de bonne heure.

II Exercices d'application

Dites en français chacune de phrases suivantes en employant **Il faut que** *et le subjonctif:*

1. Je donne mon adresse à la concierge.   2. Vous donnez votre adresse à la concierge.   3. Je finis mon travail à onze heures.   4. Nous finissons notre travail à minuit.   5. Je réponds à la lettre de mon cousin.   6. Vous répondez à la lettre de votre cousin.   7. Je suis toujours à l'heure.   8: Il est toujours à

l'heure. 9. Nous sommes toujours à l'heure. 10. Vous vous couchez de bonne heure. 11. Je vais à la bibliothèque. 12. Je vais chercher un journal.

III *Dites en français chacune des phrases suivantes, en employant l'expression indiquée et le subjonctif:*

A. Il vaut mieux que

1. Nous parlons français. 2. Vous finissez votre travail avant de vous coucher.
3. Nous attendons l'arrivée du train. 4. Vous buvez un verre d'eau fraîche.
5. Il prend une tasse de café. 6. Il se sert de mon auto. 7. Vous dormez jusqu'à huit heures 8. Je suis les conseils de mes parents. 9. Nous sommes toujours à l'heure.

B. Voulez-vous que

1. Nous arrosons le jardin. 2. Nous lui envoyons des fleurs. 3. Nous rentrons de bonne heure. 4. Nous prenons nos billets aujourd'hui. 5. Je viendrai vous voir dimanche. 6. Je tiens la porte ouverte.

C. Il faut que

1. Vous parlez français. 2. Nous ne parlons pas anglais. 3. Vous choisissez votre écharpe. 4. Vous commencez tout de suite. 5. Vous n'êtes pas en retard.

D. J'ai peur que . . . ne (or ne . . . pas)

1. Vous serez un peu déçu. 2. Il n'y aura pas de place dans l'autobus. 3. Il est malade. 4. Il fera froid demain. 5. Il boit trop de café. 6. Il ne croit pas ce que je lui dis. 7. Nous avons suivi la mauvaise route. 8. Nous sommes en retard.

E. Je regrette que

1. Vous avez mal à la tête. 2. Votre mère est malade. 3. Vous n'êtes pas venu me voir. 4. Il ne m'a pas écrit. 5. L'accident a eu lieu. 6. Vous avez répondu à cette lettre. 7. Il n'a pas pu s'arrêter à temps.

F. Je ne crois pas que

1. Il peut aller en ville. 2. Il a lu tous les romans de Balzac. 3. Il est allé voir le Panthéon. 4. Il sait le grec (*Greek*). 5. Vous pouvez finir aujourd'hui.
6. Il recevra ma dépêche (*telegram*) avant six heures.

324

IV *Répétez les phrases suivantes en remplaçant l'infinitif par* **que vous** *et le subjonctif:*

EX. —Je regrette d'être en retard.
—**Je regrette que vous soyez en retard.**

1. Je suis content(e) d'être ici. [Je suis content(e) que vous . . . . . . ici.] **2.** Je suis content(e) de voir Versailles. **3.** Je ne veux pas être en retard. **4.** Je ne veux pas faire cela. **5.** Je ne crois pas pouvoir finir aujourd'hui. **6.** J'ai peur de ne pas avoir le temps. **7.** Il faut venir me voir. **8.** Il faut être toujours à l'heure. **9.** Il vaut mieux aller à l'hôpital. **10.** J'aime mieux boire du lait.

V *Répétez les phrases suivantes en employant la forme superlative de l'adjectif et en terminant par* **que je connaisse:**

EX. —C'est un château intéressant.
—**C'est le château le plus intéressant que je connaisse.**

(a) adjective follows noun **1.** C'est un château pittoresque. **2.** C'est un disque populaire. **3.** C'est une personne agréable. **4.** C'est un roman passionnant. **5.** C'est un acteur célèbre.
(b) adjective precedes noun **1.** C'est un beau château. **2.** C'est une belle ville. **3.** C'est une vieille cathédrale. **4.** C'est une jolie jeune fille. **5.** C'est un bon restaurant.

VI Thème d'imitation

Mrs. Deschamps said to Roger and John, "Do you want to come to the garden. with me? I have to pick some green beans. It is already six o'clock. If I do not hurry, dinner will never be ready by[1] seven o'clock and my husband[2] will not be happy." Roger opened the garden gate. 'What a[3] fine garden (you have), cousin! How do you find the time to take care of it, with all the work of the harvest (**la moisson**)?" "I get up every morning at five o'clock to water my garden. . . . Be careful to close the gate behind you, Roger. If you leave it open, the hens get into the garden. Look at that one over there! She is busy[4] eating my salad greens! Please chase her out.[5] I am no longer young and I do not like to chase hens." Roger shooed the hen out. Then he began[6] to pick green beans so that[7] dinner would be ready on time and so that Mr. Deschamps would be happy.

---

[1]i.e., at seven oclock. [2]*husband,* **le mari.** [3]After **quel** the noun is used without an article. [4]**en train de.** [5]**Veux-tu bien la chasser?** [6]**se mettre à.** [7]**pour que.**

Une Partie de pêche

Non sans peine, Roger décide Jean à aller à la pêche demain matin.

ROGER ¹Si nous allions à la pêche demain matin?

ROGER *How about going fishing tomorrow morning?*

JEAN ²À quoi bon? Nous n'attraperons rien.

JOHN *What's the use? We won't catch anything.*

ROGER ³Ça ne fait rien.

ROGER *That doesn't make any difference.*

JEAN ⁴Pourquoi vas-tu à la pêche, alors?

JOHN *Why do you go fishing, then?*

ROGER ⁵J'y vais parce que j'aime être à la campagne, au bord de l'eau, où l'air est pur, où personne n'est pressé. ⁶N'aimes-tu pas être en plein air?

ROGER *I go because I like to be in the country, by the water, where the air is pure, where no one is in a hurry. Don't you like to be in the open air?*

JEAN ⁷Si. Mais je ne prends jamais de poissons.

JOHN *Yes, I do. But I never catch any fish.*

ROGER ⁸Moi non plus, mais qu'est-ce que cela fait? ⁹Si on en prend, tant mieux, ¹⁰si on n'en prend pas, tant pis.

ROGER *Neither do I, but what difference does it make? If you catch some, so much the better, if you don't catch any, too bad (so much the worse).*

JEAN ¹¹Dis-moi où tu veux aller. ¹²J'irai avec toi.

JOHN *Tell me where you want to go. I'll go with you.*

ROGER ¹³Je connais un endroit sous le vieux pont, ¹⁴de l'autre côté de la rivière, ¹⁵où il y a des poissons gros comme ça! (*Il indique de la main la grosseur des poissons.*)

ROGER *I know a place under the old bridge, on the other side of the river, where there are fish that big!* (He indicates the size of the fish with a gesture.)

JEAN ¹⁶À quelle heure as-tu l'intention de partir?

JOHN *What time do you plan to leave?*

ROGER ¹⁷Je compte partir de bonne heure. Il faudra que nous nous levions à 4 heures du matin.

ROGER *I intend to leave early. We'll have to get up at four A.M.*

JEAN [18]Mais il ne fait pas encore jour à cette heure-là!

ROGER [19]Justement! Nous verrons le soleil se lever sur la rivière. [20]De quoi te plains-tu?

JEAN [21]Je ne me plains pas. [22]Toutefois, j'aime mieux dormir dans mon lit que dormir sur l'herbe —si les poissons ne mordent pas.

JOHN *But it isn't yet daylight at that hour!*

ROGER *That's right! We'll see the sun rise over the river. What are you complaining about?*

JOHN *I'm not complaining. And yet, I prefer to sleep in my bed rather than sleeping on the ground—if the fish don't bite.*

I Substitutions

Répétez les phrases suivantes en substituant les mots indiqués:

1. J'y vais parce que j'aime être **à la campagne.**
   au bord de l'eau / où l'air est pur / où personne n'est pressé / en plein air
2. **Moi** non plus, mais qu'est-ce que cela fait?
   Toi / Lui / Elle / Eux
3. Si on en **prend,** tant mieux, si on n'en **prend** pas, tant pis.
   attrape / voit / a pour le dîner / rapporte à la maison
4. Il faudra que **nous nous levions** de bonne heure.
   nous nous couchions / nous quittions la maison / nous nous mettions en route /
   nous nous mettions à pêcher
5. Je compte **partir** de bonne heure.
   aller à la pêche / y aller / me mettre en route / revenir
6. Si les poissons ne mordent pas, nous pourrons **dormir sur l'herbe.**
   faire un somme (*take a nap*) / **nager** (*swim*) **dans la rivière** / prendre un bain de soleil /
   regarder couler (*flow*) l'eau claire

II *Demandez à quelqu'un:*

1. s'il (si elle) aime voir le soleil se lever sur la rivière.   2. s'il (si elle) aime voir
le soleil se coucher sur le lac.   3. s'il (si elle) a jamais attrapé des poissons.
4. s'il (si elle) connaît un endroit où il y a de gros poissons.   5. s'il (si elle) croit
tout ce que disent les pêcheurs.   6. à quelle heure il (elle) compte partir.   7 de
quoi il (elle) se plaint.   8. s'il fait jour à quatre heures du matin.   9. à quelle
heure il fait jour au mois de mai.   10. s'il vaut mieux pêcher le matin ou le soir.

III *Répondez en français:*

1. Où Roger propose-t-il d'aller demain matin?   2. Est-ce que Jean espère
attraper quelque chose?   3. Est-ce que Roger va à la pêche pour attraper quelque chose?   4. Alors, pourquoi y va-t-il?   5. A-t-il l'habitude de prendre beaucoup
de poissons?   6. Est-ce que Roger est content quand il prend des poissons?
7. Est-ce qu'il est mécontent (*unhappy*) quand il n'en prend pas?   8. Est-ce qu'il
connaît un endroit où il y a de gros poissons?   9. Où se trouve cet endroit?
10. À quelle heure faudra-t-il qu'ils se lèvent?   11. Est-ce qu'il fait déjà jour à
cette heure-là?   12. Pourquoi Roger veut-il partir de si bonne heure?   13. Que
fera Jean si les poissons ne mordent pas?   14. Croyez-vous toujours ce que disent
les pêcheurs?

IV *Répétez chacune des phrases suivantes en remplaçant les mots en italique par l'adverbe* y:

EX. —Êtes-vous allé(e) *à la pêche?*
    —**Y êtes-vous allé)e)?**

328

1. Êtes-vous allé(e) *à la pêche* ce matin?   2. Allez-vous souvent *à la pêche?*
3. Êtes-vous jamais allé(e) *à la pêche?*   4. N'êtes-vous jamais allé(e) *à la pêche?*
5. Voulez-vous aller *en ville* cet après-midi?   6. Voulez-vous que j'aille *en ville*
avec vous?   7. Croyez-vous que les Brown soient allés *en Angleterre* cet été?
8. Sont-ils jamais allés *au bord de la mer?*   9. Ne sont-ils pas allés *au bord de la
mer?*   10. Ne sont-ils jamais allés *au bord de la mer?*   11. Allons *à la pêche.*
12. N'allez pas *au cinéma* ce soir.

V   *Répondez négativement en employant* ne . . . jamais:

1. Avez-vous jamais vu Versailles?   2. Avez-vous jamais lu *Les Trois Mousquetaires?*   3. Avez-vous jamais été à l'hôpital?   4. Avez-vous jamais entendu parler
des vitraux de Chartres?   5. Êtes-vous jamais allé(e) à Marseille?   6. Vous êtes-
vous jamais occupé(e) d'un jardin?

VI   Révision de quelques expressions

Répétez les phrases suivantes en substituant les mots indiqués:

1. Je ne prends jamais **de poissons.**
   d'aspirine / de médicaments / d'autobus / de taxi
2. J'ai manqué **mon avion.**
   le train / le match de football / mon autobus /
   un poisson gros comme ça (*A fish that big got away.*)
3. Cela m'est égal.
   lui (*m*) / lui (*f*) / nous / leur

VII   *Répondez en français aux questions personnelles suivantes:*

1. Aimez-vous aller à la pêche?   2. Y allez-vous souvent?   3. Y êtes-vous allé(e)
dernièrement?   4. Avez-vous jamais attrapé un gros poisson?   5. Aimez-vous
mieux pêcher dans une rivière ou dans un lac?   6. Qu'est-ce que vous faites des
poissons que vous attrapez?   7. Aimez-vous les faire cuire (*to cook them*)?
8. Aimez-vous les manger?

VIII   Dictée d'après la Conversation 35, pp. 312–313

IX   Causerie

Vous parlez d'une partie de pêche que vous avez faite ou d'un week-end que
vous avez passé à la campagne.

Arrivée à la gare de Lyon

Marie est venue à la gare attendre Jean et Roger qui reviennent de leur voyage.

MARIE [1]Bonjour, Jean. Bonjour, Roger. Je suis heureuse que vous soyez de retour.

JEAN [2]Nous aussi, nous sommes enchantés de vous revoir, Marie. [3]Vous nous avez manqué beaucoup, vous savez.

MARIE [4]Flatteur! (*Roger l'embrasse sur les deux joues. Jean lui donne une poignée de main.*)°

ROGER [5]C'est gentil de ta part d'être venue nous attendre à la gare.

MARIE [6]Je me demande si vous vous rendez compte que j'ai fait pour vous un grand sacrifice. [7]Je devais jouer au tennis ce matin.

ROGER [8]Quand as-tu reçu ma dépêche?

MARIE [9]Il y a à peu près une heure. [10]Mais tu aurais dû me dire l'heure exacte de ton arrivée.

ROGER [11]Nous ne la savions pas nous-mêmes. [12]Nous n'étions pas sûrs d'attraper le train de huit heures et demie.

MARIE [13]Jean, votre concierge m'a téléphoné qu'un télégramme pour vous est arrivé ce matin.

JEAN [14]Oh! Je sais ce que c'est. [15]Hélène Frazer doit arriver ces jours-ci.

MARIE [16]Tiens, tiens! Qui est cette Hélène?

JEAN [17]C'est une jeune Américaine de mes amies qui est actuellement à Londres. [18]Elle m'a demandé de lui servir de guide à Paris.

MARIE *Hello, John. Hello, Roger. I am glad (that) you are back.*

JOHN *We are delighted to see you again too, Marie. We have missed you very much, you know.*

MARIE *Flatterer! (Roger kisses her on both cheeks. Jean shakes hands with her.)*

ROGER *It's nice of you to have come to meet us at the station.*

MARIE *I wonder if you realize that I made a great sacrifice for you. I was supposed to play tennis this morning.*

ROGER *When did you get my wire?*

MARIE *About an hour ago. But you should have told me the exact time of your arrival.*

ROGER *We didn't know it ourselves. We were not sure of catching the eight-thirty train.*

MARIE *John, your concierge telephoned me that a wire came for you this morning.*

JOHN *Oh! I know what it is. Helen Frazer is to arrive some time soon.*

MARIE *Aha! Who is this Helen?*

JOHN *She is a friend of mine, an American girl who is in London at present. She has asked me to act as her guide (Lit. as guide for her) in Paris.*

CULTURAL NOTE

When a Frenchman shakes hands, he clasps your hand firmly, lifts it slightly, and gives one (and only one) downward shake.

I Substitutions

Répétez les phrases suivantes en substituant les mots indiqués:

1. (a) **Marie** m'a manqué beaucoup. (*I missed Marie very much. Lit. Marie has been missing to me.*)

   Elle / Mon chien (*dog*) / Il / Ma famille

   (b) J'ai manqué **à ma mère.** (*My mother missed me. Lit. I have been missing to my mother.*)

   à mon père / à ma famille / à mes amis / à mon chien

2. (a) C'est gentil de votre part **d'être venu(e) nous attendre à la gare.**

   de nous inviter à dîner / de nous avoir invités à dîner / de m'avoir envoyé des fleurs/ d'être venu(e) nous chercher

   (b) C'est gentil de sa part (*of him, of her*) **de venir nous voir.**

   de nous prêter son appartement / de nous offrir ce tableau / de vous donner sa place/ de nous accompagner

3. **Je sais** ce que c'est.

   Je me demande / Savez-vous / Ne savez-vous pas / Je ne sais pas / Ils ne savent pas

4. C'est **une** de mes amies.

   une Américaine / une jeune Américaine / une jeune fille américaine / une jeune étudiante américaine

II *Répondez en français à chacune des questions suivantes:*

1. À quelle gare Jean et Roger arrivent-ils? 2. Qui est venu les attendre à la gare? 3. Comment Marie savait-elle qu'ils allaient arriver ce matin-là? 4. Savait-elle l'heure exacte de leur arrivée? 5. Quand a-t-elle reçu leur dépêche? 6. Pourquoi Jean et Roger n'ont-ils pas indiqué l'heure exacte de leur arrivée? 7. Qu'est-ce que Marie devait faire ce matin-là? 8. Est-ce que Jean et Roger se rendent compte du sacrifice qu'elle a fait? 9. Étaient-ils sûrs d'attraper le train de huit heures et demie? 10. Comment Marie a-t-elle appris qu'il y a un télégramme pour Jean? 11. Quand ce télégramme est-il arrivé? 12. Est-ce que Jean sait ce que c'est? 13. Quand Hélène doit-elle arriver? 14. Qu'est-ce que Marie dit quand elle entend parler d'Hélène? 15. D'où vient Hélène? 16. Qu'est-ce qu'elle a demandé à Jean? 17. Où est-elle actuellement?

III Exercices d'application

A. *Répétez en remplaçant la forme négative du passé composé par* **Je devais** (*I was supposed to*) *et l'infinitif:*

EX.   —Je n'ai pas joué au tennis ce matin.
      —Je devais jouer au tennis ce matin.

1. Je ne suis pas allé(e) au bal.   **2.** Je n'ai pas travaillé hier soir.   **3.** Je n'ai pas vu ce film.   **4.** Je ne suis pas rentré(e) à midi.   **5.** Je ne me suis pas levé(e) de bonne heure.   **6.** Je ne suis pas parti(e) hier soir.

B.   *Répétez en remplaçant la forme négative du passé composé par* **Vous auriez dû** (You should have) *et l'infinitif:*

EX.   —Vous ne m'avez pas dit l'heure exacte de votre arrivée.
      —Vous auriez dû me dire l'heure exacte de votre arrivée.

1. Vous ne m'avez pas donné votre adresse.   **2.** Vous ne m'avez pas téléphoné.
3. Vous ne m'avez pas prévenu.   **4.** Vous n'avez pas écrit à votre mère.   **5.** Vous ne m'avez pas indiqué le jour de votre arrivée.   **6.** Vous n'êtes pas parti(e) hier soir.

IV   *Répétez les phrases suivantes en commençant par:* Je me demande si vous vous rendez compte que:

1. J'ai fait pour vous un grand sacrifice.   **2.** Je devais jouer au tennis ce matin.
3. Je n'ai pas le temps d'aller à la pêche.   **4.** Hélène doit arriver à Paris ces jours-ci.   **5.** Un télégramme pour vous est arrivé ce matin.   **6.** Il est minuit passé.

V   *Répondez en français à chacune des questions personnelles suivantes:*

1. Aimez-vous voyager?   **2.** Comment voyagez-vous d'habitude?   **3.** Où allez-vous passer vos vacances?   **4.** Avez-vous jamais fait un long voyage?   **5.** Où êtes-vous allé(e)?   **6.** Combien de temps votre voyage a-t-il duré?   **7.** Voudriez-vous aller au Mexique?   **8.** Aimez-vous voyager en avion?

VI   Dictée d'après la Conversation 36, pp. 326–327

VII   Causerie

Racontez ce que vous avez fait au cours d'un séjour dans une ferme. Dans cette ferme il y avait des vaches (*f.*) (*cows*), des cochons (*m.*) (*pigs*), des bœufs (*m*). (*oxen*), des chèvres (*goats*), des moutons (*m.*) (*sheep*), des oies (*f.*) (*geese*), un âne (*a donkey*). Dans les champs, dont le sol (*soil*) était très fertile, il y avait du blé (*wheat*), du foin (*hay*), de l'avoine (*f.*) (*oats*), des betteraves à sucre (*sugar beets*), etc.

GRAMMAR UNIT 23

Irregular verbs in -oir

99 *Remarks about verbs in* -oir

The characteristics of this group are that they have two stems in the present indicative (**pouvoir: peu-pouv-**), an irregular future (**je pourrai**), and a past participle in **-u** (except **s'asseoir**).

    Devoir corresponds to English *must, should, ought, have to, was to, should have, ought to have,* and so on (!), and it is necessary to study with the greatest attention the use and meaning of the different tenses of this verb. **Pouvoir** and **vouloir** are also very tricky for English-speaking students.

100 Devoir*

    A. *Présent*

The present tense is used to express:

(1) probability

—**Il doit** être chez lui en ce moment.	*He must* be (*probably is*) at home now.
—**Il doit** y avoir un train vers 8 heures.	*There must* be a train around 8:00.

(2) an action that one expects to fulfill.

—Quand est-ce que **vous devez** être de retour?	When *are you supposed to* be back?
—**Je dois** être de retour demain.	*I am supposed to* be back tomorrow.
—**Vous devez** changer de train à Épernay.	*You have to* change trains at Epernay.

    * **Devoir** is also used as a transitive verb meaning *to owe*. EX.: Vous me **devez** mille francs.

B. *Imparfait*

The imperfect is most commonly used to express an action that was expected to take place but which did not necessarily take place:

—**Je devais** jouer au tennis ce matin, mais j'ai décidé de venir vous attendre à la gare.

I was to (was expecting to) play tennis this morning but I decided to come to meet you at the station.

C. *Passé composé*

The **passé composé** is most commonly used to express probability (past):

—Où est votre livre?
—Je ne sais pas. **J'ai dû** le laisser dans l'autobus.

Where is your book?
I don't know. *I must have* left it in the bus.

D. *Conditionnel*

(1) The conditional is used to express the speaker's judgment as to the desirability or propriety of a present or future action:

—**Vous devriez** travailler davantage.
—**Vous ne devriez pas** faire cela.

You should work harder.
You ought not to do that.

(2) The conditional perfect is used to express the desirability or propriety of a past action:

—**Vous n'auriez pas dû** faire cela.
—**Tu aurais dû** me dire l'heure exacte de ton arrivée.

You ought not to have done that.
You should have told me the exact time of your arrival.

PRÉSENT: Je dois, tu dois, il doit, nous devons, vous devez, ils doivent.
IMPARFAIT: Je devais, etc. PASSÉ COMPOSÉ: J'ai dû, etc. FUTUR: Je devrai, etc.
CONDITIONNEL: Je devrais, etc.

101 Pouvoir (*to be able*)

PRÉSENT: *may, can*

—Est-ce que **je peux** voir la chambre?

May I see the room? OR
Can I see the room?

—Oui, **vous pouvez** la voir.

Yes, *you may* see it.

PASSÉ COMPOSÉ: *could, was able to*

—**Je n'ai pas pu** trouver une place dans   *I couldn't* find a seat in the bus.
l'autobus.

FUTUR: *may, can*

—**Vous pourrez** revenir dans huit jours.   *You may* come back in a week.

CONDITIONNEL: *could, might*

—**Vous pourriez** lui envoyer un mot.   *You could* write to him (to her).

PRÉSENT: Je peux, tu peux, il peut, nous pouvons, vous pouvez, ils peuvent.
I may; I can; I am able, etc.
IMPARFAIT: Je pouvais, etc. *I was able, I could, etc* PASSÉ COMPOSÉ: J'ai pu,
etc., *I have been able, I could, etc.*
FUTUR: Je pourrai, etc. *I shall be able, I can, I may, etc.* CONDITIONNEL: Je
pourrais, etc. *I could, I might, etc.*

102   Vouloir (*to want*)

PRÉSENT: *want*

—**Voulez-vous** essayer ce manteau?   *Do you want* to try on this coat?
—Roger **veut** aller à la pêche.   Roger *wants* to go fishing.
—Jean **ne veut pas** y aller.   John *refuses* to go.

IMPARFAIT: *wanted*

—**Je voulais** faire une promenade hier, mais   *I wanted to* (but didn't necessarily
il a plu toute la journée.   act on my desire) take a walk, but
          it rained all day.

PASSÉ COMPOSÉ: *wanted, decided*

—**J'ai voulu** profiter du beau temps.   *I decided* to take advantage of the
          fine weather (and did so).
—Marie **n'a pas voulu** sortir.   Marie *refused* to go out.

CONDITIONNEL: *would like, want*

—**Je voudrais** un billet aller et retour pour   *I would like* a round-trip ticket to
Reims.   Rheims.
—**Je voudrais** partir le plus tôt possible.   *I would like* to leave as soon as
          possible.

PRÉSENT: Je veux, tu veux, il veut, nous voulons, vous voulez, ils veulent. *I want; I will* (i.e. *I insist*), *etc.*

IMPARFAIT: Je voulais, etc. *I wanted, I intended, etc.* PASSÉ COMPOSÉ: J'ai voulu, etc. *I wanted, I decided, etc.*

FUTUR: Je voudrai, etc. *I shall want, etc.* CONDITIONNEL: Je voudrais, etc. *I would like, I want, etc.*

103 *Expressions with* vouloir

A. **vouloir bien** (*to be willing*)

—**Je veux bien.**	*I am willing.*
—**Voulez-vous bien** vous asseoir.	*Will you please sit down?*
—**Voulez-vous bien** monter?	*Will you please go up?*
—**Je voudrais bien** avoir ma montre le plus tôt possible.	*I would like* to have my watch as soon as possible.

B. **vouloir dire** (*to mean*)

—Que **voulez-vous dire?**	*What do you mean?*
—Que **veut dire** «déçu»?	*What does "déçu" mean?*

104 Falloir (*to have to, must*), *etc.: impersonal*

(1) **Falloir** (*necessity*)

—**Il faut que** j'aille en ville faire des courses.	*I must* go downtown to do some errands.
—**Il a fallu que** nous attendions la correspondance.	*We had to* wait for the connection.
—**Il faudra que** nous nous levions de bonne heure.	*We shall have to* get up early.
—**Il ne faut pas** faire cela.	*You must not* do that.

(2) **Falloir** (*it takes*), *etc.*

—**Il faut** une heure pour aller de Paris à Versailles.	*It takes* an hour to go from Paris to Versailles.
—**Il a fallu** plus de 300 ans pour construire le Louvre.	*It took* more than 300 years to build the Louvre.

PRÉSENT: Il faut (*must*). IMPARFAIT: Il fallait (*had to, should have*). PASSÉ COMPOSÉ: Il a fallu (*had to*). FUTUR: Il faudra (*will have to*).

105 Valoir* mieux *(to be better): impersonal*

—**Il vaut mieux** laisser ceux dont on n'est pas sûr.

It is better to leave the ones about which you are not sure.

—**Il vaudrait mieux** faire venir un agent de police.

It would be better to send for a policeman.

PRÉSENT: Il vaut mieux (*It is better*). IMPARFAIT: Il valait mieux. PASSÉ COMPOSÉ: Il a mieux valu. FUTUR: Il vaudra mieux.

106 Pleuvoir *(to rain): impersonal*

—**S'il pleut,** je prendrai un taxi.

If it rains, I'll take a taxi.

—**Il pleuvait** quand j'ai quitté la maison.

It was raining when I left the house.

—**Il a plu** cette nuit.

It rained last night.

PRÉSENT: Il pleut. *It rains, it is raining.* IMPARFAIT: Il pleuvait. *It was raining.* PASSÉ COMPOSÉ: Il a plu. *It rained.* FUTUR: Il pleuvra. *It will rain.*

107 Voir *(to see)*

—**Vous voyez** ce village là-bas?

You see that village over yonder?

—**Je vois** des champignons au bord de la route.

I see some mushrooms on the side of the road.

—Il y a longtemps que **je ne vous ai pas vu.**

I haven't seen you in a long time.

—**Je vois venir** le facteur.

I see the postman *coming.*

PRÉSENT: Je vois, tu vois, il voit, nous voyons, vous voyez, ils voient, *I see, etc.* IMPARFAIT: Je voyais, etc. *I saw, etc.* PASSÉ COMPOSÉ: J'ai vu, etc. *I saw, I have seen, etc.* FUTUR: Je verrai, etc. *I shall see, I'll see, etc.*

108 Savoir *(to know, to know how)***

—**Savez-vous** quand vivait Jeanne d'Arc?

Do you know when Joan of Arc lived?

—**Je sais** qu'elle est morte à Rouen en 1431.

I know that she died in Rouen in 1431.

* **Valoir** is also used as a transitive verb meaning *to be worth.* Ex.: Cette montre **vaut** mille francs.
** Cf. note on **savoir** and **connaître** on p. 72.

—Je vous le dirai aussitôt que **je le saurai.**   *I shall tell you as soon as I find out.*

—**Vous ne sauriez pas** où j'ai mis mon portefeuille?   *You wouldn't know where I put my wallet, would you?*

—**Savez-vous** conduire une auto?   *Do you know how to drive a car?*

PRÉSENT: Je sais, tu sais, il sait, nous savons, vous savez, ils savent. *I know, etc.*
IMPARFAIT: Je savais, etc. *I knew, etc.* PASSÉ COMPOSÉ: J'ai su, etc. *I knew, I found out, etc.* FUTUR: Je saurai, etc. *I shall know how, I shall find out.*

I Substitutions

Répétez les phrases suivantes en substituant les mots indiqués:

1. **Je peux** lui envoyer un mot.
   Je pourrais / Je veux / Je voudrais / Je voulais
2. **Il faut** profiter du beau temps.
   Il fallait / Il faudra / Il vaut mieux / Il valait mieux
3. **Je sais** qu'elle était à Paris à ce moment-là.
   Je savais / Je ne savais pas / Savez-vous . . .? / Saviez-vous . . .?
4. **Je vois** venir le facteur.
   J'ai vu / Je crois voir / J'ai cru voir / Je crois avoir vu

II Exercices d'application

A. *Répondez affirmativement:*

EX. —Voulez-vous?
   —**Je veux.**

1. Pouvez-vous? 2. Pourriez-vous? 3. Avez-vous pu? 4. Voudriez-vous?
5. A-t-il voulu? 6. Devez-vous? 7. Deviez-vous? 8. Devriez-vous?
9. Auriez-vous dû? 10. Voyez-vous? 11. Savez-vous? 12. Saviez-vous?

B. *Remplacez le présent par le passé composé:*

1. Je peux. 2. Nous pouvons. 3. Je veux. 4. Nous voulons. 5. Je dois.
6. Nous devons. 7. Il vaut mieux. 8. Il faut. 9. Vous voulez. 10. Vous voyez. 11. Vous ne savez pas. 12. Vous pouvez.

C. *Remplacez l'imparfait par le conditionnel:*

1. Je voulais. 2. Il voulait bien. 3. Je ne pouvais pas. 4. Il fallait. 5. Il pleuvait. 6. Je savais. 7. Il savait. 8. Il voyait.

III Emploi du verbe *devoir*

A. *Répétez en remplaçant le présent du verbe et* **sans doute** *par le présent de* **devoir** *et l'infinitif:*

EX. —Il est sans doute chez lui en ce moment.
  —**Il doit être chez lui en ce moment.**

1. Il arrive sans doute ce soir. 2. La poste est sans doute ouverte en ce moment. 3. Elle est sans doute à la maison. 4. Ils sont sans doute en vacances. 5. Il y a sans doute des champignons dans le bois. 6. Il y a sans doute un train vers 8 heures.

B. *Répétez en remplaçant le passé composé du verbe et* **sans doute** *par le passé composé de* **devoir** *et l'infinitif:*

EX. —J'ai sans doute laissé mon livre dans l'autobus.
  —**J'ai dû laisser mon livre dans l'autobus.**

1. Elle a sans doute attrapé un rhume. 2. Nous avons sans doute pris la mauvaise route. 3. J'ai sans doute laissé mon portefeuille à la maison. 4. Ils ont sans doute manqué leur train. 5. Il a sans doute plu cette nuit. 6. Elle a sans doute reçu* un chèque de son père.

C. *Répétez en remplaçant* **Je crois** *et le présent de* **devoir** *par le conditionnel de* **devoir:**

EX. —Je crois que vous devez répondre à cette lettre.
  —**Vous devriez répondre à cette lettre.**

1. Je crois que vous devez travailler davantage. 2. Je crois que vous ne devez pas sortir ce soir. 3. Je crois qu'elle doit s'occuper davantage de son jardin. 4. Je crois que nous devons partir de bonne heure. 5. Je crois que nous devons nous mettre en route tout de suite. 6. Je crois qu'elle doit partir plus tôt.

D. *Répétez en remplaçant le conditionnel de* **devoir** *et* **aujourd'hui** *par le conditionnel passé de* **devoir** *et* **hier.**

EX. —Vous devriez répondre à cette lettre aujourd'hui.
  —**Vous auriez dû répondre à cette lettre hier.**

---

* For the forms of **recevoir** (*to receive*) see p. 459.

340

1. Vous devriez travailler aujourd'hui.   2. Vous ne devriez pas sortir aujourd'hui.
3. Il devrait rester à la maison aujourd'hui.   4. Nous devrions partir aujourd'hui.
5. Ils devraient se mettre en route aujourd'hui.   6. Vous ne devriez pas boire tant de café aujourd'hui.

IV   *Répondez en français:*

1. Savez-vous conduire une auto?   2. Savez-vous jouer au tennis?   3. Pouvez-vous jouer au tennis avec moi cet après-midi?   4. Avez-vous lu le journal d'aujourd'hui?   5. Quand est-ce que vous verrez Paris?   6. Quand est-ce que vous reverrez vos parents?   7. Est-ce que vous recevez souvent des nouvelles de vos amis?   8. Est-ce que vous avez jamais reçu des cartes postales de Paris?
9. Est-ce que vous devez aller à la campagne pour le week-end?   10. Qu'est-ce que Marie devait faire le jour où elle a reçu la dépêche de Roger?

V   *Répétez les phrases suivantes en remplaçant le présent du verbe par le conditionnel:*

EX.   —Je veux un billet pour Reims. (*I want . . .*)
   —**Je voudrais un billet pour Reims.** (*I would like . . .*)

1. Est-ce que je peux voir la chambre?   2. Pouvez-vous me dire l'heure?
3. Je peux vous le faire envoyer?   4. Il vaut mieux faire venir un agent de police.
5. Voulez-vous attendre un instant?   6. Voulez-vous prendre quelque chose?
7. Savez-vous son numéro de téléphone?   8. Il faut partir de bonne heure.

VI   Thème d'imitation

"I must tell you what happened to me last Saturday, John. That day I went fishing near the old bridge on the other side of the river. You know the place, don't you? . . . Suddenly, I felt a fish on the end of my line.[1] I was going to take him out[2] of the water, when a fish *that big*, which was following mine, opened its enormous mouth,[3] took my fish, and went away with it."[4] "You ought to put that in the paper," said John. "You caught the big fish, didn't you?" "No," Roger replied, "he broke my line." "That's really too bad." said John. "It's the sad story of the big fish that gets away."[5]

[1]*on the end of my line,* **au bout de ma ligne.**   [2]*take out,* **sortir.** (**Sortir** is used either as a transitive or intransitive verb).   [3]*its enormous mouth,* **une bouche énorme.**   [4]Omit *it.* Never mind if your sentence ends with **avec.** In such phrases, **avec** is regarded by grammarians as an adverb.   [5]*lit.:* that one misses.

À la terrasse d'un café

Jean et Hélène s'arrêtent à la terrasse d'un café, près du Panthéon.

JEAN ¹Asseyons-nous ici. ²Nous pourrons voir passer les gens.

JOHN *Let's sit down here. We can see the people go by.*

HÉLÈNE ³Quel est ce bâtiment là-bas, au bout de la rue?

HELEN *What is that building over there at the end of the street?*

JEAN ⁴Vous devriez le reconnaître. C'est le Panthéon.

JOHN *You ought to recognize it. It's the Pantheon.*

HÉLÈNE ⁵Oh! je me rappelle maintenant. ⁶C'est l'endroit où on enterre les grands hommes, n'est-ce pas?

HELEN *Oh! now, I remember. It's the place where they bury great men, isn't it?*

JEAN ⁷Oui, quelques-uns d'entre eux. ⁸On trouve là notamment les tombeaux de Voltaire et de Victor Hugo.

JOHN *Yes, some of them. In particular, there are the tombs of Voltaire and Victor Hugo.*

HÉLÈNE ⁹Pourquoi appelle-t-on cette partie de Paris le Quartier latin?

HELEN *Why do they call this part of Paris the Latin Quarter?*

JEAN ¹⁰Parce que c'est le quartier de l'université, et que le latin était autrefois la langue de l'université.

JOHN *Because it is the quarter of the University, and (that) Latin was formerly the language of the University.*

HÉLÈNE ¹¹Où est donc la Sorbonne?

HELEN *Well, where is the Sorbonne?*

JEAN ¹²À deux pas d'ici. ¹³Nous irons tout à l'heure, si vous voulez.

JOHN *Just a few steps from here. We'll go there after a while if you wish.*

HÉLÈNE ¹⁴D'où vient ce nom Sorbonne? ¹⁵J'ai lu l'explication quelque part, mais je ne m'en souviens plus.

HELEN *Where does the name Sorbonne come from? (What is the origin of the name Sorbonne?) I read the explanation somewhere, but I don't remember it (any longer).*

JEAN [16]C'est qu'au temps de saint Louis,° un certain Robert de Sorbon a fondé une école pour les étudiants de théologie. [17]Cette école, appelée la Sorbonne, est devenue la Faculté des Lettres.

JOHN *It's that in the time of Saint Louis, a man named Robert de Sorbon founded a school for theology students. This school, called the Sorbonne, has become the Faculty of Letters.*

HÉLÈNE [18]Tous ces étudiants ont l'air sérieux et préoccupé. . . .

HELEN *All these students look serious and worried. . . .*

JEAN [19]Cela se comprend. [20]N'oubliez pas qu'ils sont en train de passer leurs examens.

JOHN *That's understandable. Don't forget that they are busy taking exams.*

CULTURAL NOTE ◆

Saint Louis (*Louis IX*), *king of France from 1226 to 1270. He founded a hospital for three hundred knights who had been blinded during the Crusades, from which was derived the name of* **Quinze-Vingts** (**Fifteen Twenties**) *given to this hospital, which still exists in Paris. He was also responsible for the construction of the* **Sainte-Chapelle,** *which is one of the most elegant examples of Gothic art. The city of* **St. Louis** *in the U.S. was named after him.*

I   Substitutions

Répétez les phrases suivantes en substituant les mots indiqués:

1. Nous pourrons **voir passer les gens.**
   voir venir l'avion / voir arriver le **train** / regarder passer les gens /
   entendre parler le Président
2. La Sorbonne a été fondée **au temps de saint Louis.**
   au treizième siècle / au cours du treizième siècle / au moment des croisades / **en 1253**
3. (a) Je ne me rappelle pas **son nom.**
   son adresse / son numéro de téléphone / la date de son anniversaire /
   le jour de son mariage
   (b) Je ne me souviens plus **de lui.**
   d'eux / d'elle / de Louise / de cette explication
4. D'où vient **ce nom Sorbonne?**
   cet avion / ce télégramme / ce vin rouge / Hélène Fraser

II   *Demandez à quelqu'un:*

1. ce que c'est que ce monument là-bas au bout de la rue.   2. quelle langue on
parlait autrefois dans les universités.   3. ce qu'est devenu l'école fondée par
Robert de Sorbon.   4. dans quel siècle la Sorbonne a été fondée.   5. s'il (si
elle) savait pourquoi on appelle l'Université de Paris «la Sorbonne».

III   *Répondez en français aux questions suivantes:*

1. Où sont assis Jean et Hélène?   2. Dans quel quartier se trouve la terrasse où
ils sont assis?   3. Quel monument voit-on de la terrasse de ce café?   4. Qu'est-
ce que c'est que le Panthéon?   5. Connaissez-vous des hommes célèbres qui sont
enterrés au Panthéon?   6. Pourquoi appelle-t-on cette partie-là de Paris le
Quartier latin?   7. Saviez-vous qu'autrefois tous les étudiants de l'université
parlaient latin?   8. En quelle langue les professeurs faisaient-ils leurs conférences
(*lectures*)?   9. Qui a fondé la Sorbonne?   10. Quand vivait Robert de Sorbon?
11. Qu'est-ce que c'était autrefois que la Sorbonne?   12. Qu'est-ce que c'est
maintenant que la Sorbonne?   13. Où Hélène a-t-elle lu l'explication du nom
«Sorbonne»?   14. Est-ce qu'elle se souvient de cette explication?   15. Pourquoi les étudiants ont-ils l'air sérieux et préoccupé?

La Sorbonne

IV Exercices d'application

A. *Répétez les phrases suivantes, en remplaçant* **être** *par* **avoir l'air:**

EX. —Il est préoccupé.
    —Il a l'air **préoccupé.**

1. Vous êtes préoccupé(e). 2. Elle est fatiguée.* 3. Ils sont heureux. 4. Tous ces étudiants sont sérieux et préoccupés. 5. Cette jeune fille est triste. 6. Les Brown sont très gentils.

B. *Répétez les phrases suivantes, en remplaçant* **avoir** *par* **avoir l'air d'avoir:**

EX. —Il a faim.
    —Il a l'air d'avoir faim.

1. Il a froid. 2. Vous avez chaud. 3. Jean a soif. 4. Il a mal à la tête. 5. Il a un rhume. 6. Les Brown ont beaucoup d'argent.

V A. *Répétez les phrases suivantes en remplaçant* **se rappeler** *par* **se souvenir de:****

1. J'ai lu l'explication quelque part, mais je ne me la rappelle pas. 2. J'ai vu cette explication quelque part, mais je ne me la rappelle pas. 3. Je savais son adresse, mais je ne me la rappelle pas. 4. Est-ce que vous vous la rappelez? 5. Je ne me la rappelle plus. 6. Je savais tout cela, mais je ne me le rappelle plus.

B. *Répétez les phrases suivantes en employant* **au, en,** *ou* **au temps de** *selon le cas:*

1. . . . . . . dix-septième siècle. 2. . . . . . . vingtième siècle. 3. . . . . . . 1657. 4. . . . . . . 1975. 5. . . . . . . Louis XIV. 6. . . . . . . saint Louis. 7. . . . . . .

---

* Either: Elle a l'air **fatigué** or **fatiguée** may be used.

** While **se souvenir de** and **se rappeler** both mean *to remember,* they are not quite interchangeable: **se rappeler** takes a direct object and is used primarily to refer to things rather than to persons. **Se souvenir de** refers to either persons or things:

Je me souviens de mon grand-père.   Je me souviens de lui.
Je me souviens de ses conseils.   Je m'en souviens.
Je me rappelle ses conseils.   Je me les rappelle.

1237.   **8.** ...... treizième siècle.   **9.** ...... François Premier.   **10.** ......
Victor Hugo.   **11.** ...... 1980.   **12.** ...... vingtième siècle.

VI   Révision

Mettez les phrases suivantes au futur:

1. Jean va au cinéma ce soir.   **2.** Hélène vient cet après-midi.   **3.** Elle s'en va
la semaine prochaine.   **4.** Elle fait des courses demain matin.   **5.** Je vous envoie
un mot cet après-midi.   **6.** Il faut payer la facture un de ces jours.   **7.** Elle doit
aller en ville aujourd'hui.   **8.** Vous aurez l'appartement quand vous voulez.
9. Elle ne sait pas à quelle heure part le train.   **10.** Elle a vu la tour Eiffel.
11. Il a plu cet après-midi.   **12.** Elle se souvient avec plaisir de son séjour à
Paris.

VII   *Répondez en français à chacune des questions suivantes:*

1. Vous êtes-vous jamais assis(e) à la terrasse d'un café?   **2.** Est-ce l'habitude de
faire cela en Amérique?   **3.** Pourquoi les Français aiment-ils le faire?   **4.** Est-ce
qu'ils y vont souvent avec leurs amis?   **5.** À quel moment de la journée y vont-
ils? [Le soir] **6.** Aimez-vous voir passer les gens?

VIII   Dictée d'après la Conversation 37, p. 330

CONVERSATION 39

Le Long des quais

Sur les quais, Hélène voit les étalages des bouquinistes.°

HÉLÈNE ¹Que vendent ces gens-là, le long de la Seine?

JEAN ²Toutes sortes de choses. ³Les uns vendent de vieilles estampes, d'autres des timbres, d'autres de vieilles pièces de monnaie, mais la plupart d'entre eux font le commerce des livres d'occasion.

HÉLÈNE ⁴Mon frère m'a demandé de lui envoyer des timbres. ⁵Traversons la rue. ⁶Nous pourrons jeter un coup d'œil sur les étalages.

JEAN ⁷Savez-vous quels timbres votre frère veut se procurer?

HÉLÈNE ⁸Oui, j'ai dans mon sac une liste qu'il a préparée.

HÉLÈNE (*au bouquinsite*) ⁹Avez-vous les timbres indiqués sur cette liste?

LE BOUQUINISTE ¹⁰Voyons un peu . . . (*Il regarde la liste.*) ¹¹Oui, mademoiselle. Je crois les avoir tous, sauf les timbres du Second Empire. ¹²Il ne m'en reste aucun.

HÉLÈNE ¹³Tant pis.

LE BOUQUINISTE ¹⁴Voulez-vous consulter cet album? ¹⁵Vous y trouverez peut-être certains timbres qui vous intéressent.

HELEN *What do those people sell, along the Seine?*

JOHN *All sorts of things. Some sell old prints, others stamps, others old coins, but most of them deal in second-hand books.*

HELEN *My brother asked me to send him some stamps. Let's cross the street. We can take a look at the displays.*

JOHN *Do you know what stamps your brother wants to get?*

HELEN *Yes. I have, in my bag, a list which he prepared.*

HELEN (*to the old-book dealer*) *Have you the stamps noted on this list?*

THE OLD-BOOK DEALER *Let's take a look . . . (He looks at the list.) Yes, miss. I think I have them all, except the Second Empire stamps. I haven't a one of them left.*

HELEN *Too bad.*

THE OLD-BOOK DEALER *Do you want to look at this album? You will perhaps find in it certain stamps that interest you.*

HÉLÈNE **16**Je ne connais pas grand-chose aux timbres-poste.

JEAN **17**Vous n'avez qu'à choisir les plus jolis!

HÉLÈNE **18**Oh non! Il y a quelque temps, j'ai envoyé plusieurs timbres à mon frère. **19**J'avais choisi les plus jolis. **20**Mais il avait déjà la plupart d'entre eux, et il m'a dit que mon choix ne valait* rien.

HELEN *I don't know much about postage stamps.*

JOHN *All you have to do is choose the prettiest (ones).*

HELEN *Oh no! Some time ago, I sent several stamps to my brother. I had chosen the prettiest. But he already had most of them and he told me my selection was no good (was worth nothing).*

* From **valoir,** used here as transitive verb meaning *to be worth.*

CULTURAL NOTE ◆

Along the banks of the Seine as it flows through the center of Paris, there are numbers of people, mostly old women, who sell old books, old prints, coins, stamps, magazines, and even new books and prints. They have their little stalls, which are fastened firmly to the embankment above the river. When the weather is fair, they unlock their stocks in the morning and keep an eye on them all day, gossiping with their neighbors and occasionally speaking to passers-by who seem interested in their wares. In the "good old days" an expert could pick up a rare first edition or a rare postage stamp for a franc or two. But today, when certain old books or postage stamps are worth hundreds or even thousands of dollars, the merchants make it a point to know the value of what they sell, and they are not likely to part with really valuable items for a few francs.

I Substitutions

Répétez les phrases suivantes, en substituant les mots indiqués:

1. Nous pourrons jeter un coup d'œil **sur les étalages.**
   sur les journaux / **sur les revues** (*magazines*) / **sur les estampes** / **sur les livres d'occasion**
2. **La plupart** d'entre eux font le commerce des livres.
   Beaucoup / **Plusieurs** / **Quelques-uns** / **Peu** (*only a few*)
3. Savez-vous **quels timbres** votre frère veut se procurer?
   quelles estampes / **quelles photos** / **quels vieux livres** / **quelles pièces de monnaie**
4. Il ne m'en reste **aucun.**
   pas / **pas beaucoup** / **plus** / **plus du tout** / **guère** / **qu'un** / **que deux**
5. Vous n'avez qu'à **choisir les plus jolis.**
   traverser la rue / **consulter cet album** / **téléphoner à vos parents** / **appeler un taxi** /
   suivre cette rue

II *Demandez à quelqu'un:*

1. ce que vendent la plupart des bouquinistes. 2. où on vend des timbres-poste. 3. s'il (si elle) connaît des gens qui font collection de vieilles estampes. 4. s'il reste au marchand des timbres du Second Empire. 5. si Hélène sait quels timbres son frère veut se procurer. 6. si Hélène s'est déjà procuré des timbres pour son frère. 7. ce qu'on met dans un album. 8. ce qu'Hélène a envoyé à son frère il y a quelque temps. 9. s'il (si elle) a déjà entendu parler des bouquinistes de Paris.

III *Répondez en français à chacune des questions suivantes:*

1. Où sont les étalages des bouquinistes? 2. Que vendent les bouquinistes?
3. Où iriez-vous si vous vouliez acheter des livres d'occasion? 4. Qui est-ce qui a demandé à Hélène de lui envoyer des timbres? 5. Pourquoi Hélène propose-t-elle de traverser la rue? 6. Comment sait-elle quels timbres son frère veut se procurer? 7. Où a-t-elle mis la liste qu'il lui a envoyée? 8. Est-ce qu'il lui reste des timbres du Second Empire? 9. Qu'est-ce que c'est qu'un album? 10. Pourquoi Hélène ne sait-elle pas quels timbres choisir dans l'album? 11. Quels timbres Jean lui dit-il de choisir? 12. Pourquoi ne suit-elle pas son conseil?

IV Exercices d'application

A. *Répétez les phrases suivantes en employant l'infinitif:*

EX.   —Je crois que je les ai tous.
     —Je crois les avoir tous.

1. Je crois que je les connais tous.   **2.** Je crois que je sais son adresse.   **3.** Je crois que je peux venir vous chercher.   **4.** Je ne crois pas que je puisse partir aujourd'hui.   **5.** Je ne crois pas que je sache son adresse.   **6.** Je ne crois pas que j'irai en ville cet après-midi.

B.   *Répétez en remplaçant* **rien** *par* **pas . . . grand-chose:**

EX.   —Il ne m'a rien dit.
     —Il ne m'a pas dit grand-chose.

1. Il ne me reste rien.   **2.** Je n'ai rien trouvé.   **3.** Il n'a rien à faire.   **4.** Je ne connais rien aux timbres.   **5.** Nous ne connaissons rien à l'art gothique.
6. Nous n'avons rien fait.

C.   *Employez* **la plupart** *dans chacune des expressions suivantes:*

EX.   —Beaucoup de bouquinistes.
     —La plupart des bouquinistes.

1. Beaucoup de gens.   **2.** Beaucoup d'entre eux.   **3.** Beaucoup d'églises gothiques.   **4.** Beaucoup d'entre elles.   **5.** Quelques-uns des timbres.   **6.** Quelques-uns d'entre eux.   **7.** Plusieurs des estampes.   **8.** Plusieurs d'entre elles.

V   **A.**   *Répétez les phrases suivantes en remplaçant le mot* **près de** *par* **le long de:**

1. Près des quais.   **2.** Près de la Seine.   **3.** Près de la rue de Rivoli.   **4.** Près des Grands Boulevards.   **5.** Près de la rue du Faubourg Saint-Honoré.   **6.** Près de la rue du Docteur Roux.   **7.** Près de la rivière.   **8.** Près du boulevard Pasteur.   **9.** Près des Champs-Élysées.

B.   *Répétez en employant le verb* **valoir:**

EX.   —La plupart des timbres n'ont pas de valeur.
      —**La plupart des timbres ne valent rien.**

1. Ce vieux livre n'a aucune valeur.   **2.** Mon choix n'était pas bon.   **3.** Savez-vous la valeur de ce timbre? [Savez-vous ce que vaut ce timbre?]   **4.** Cette peinture n'a pas de valeur.   **5.** Il est préférable de partir plus tôt.   **6.** Je crois qu'il est préférable de le prévenir.   **7.** Il sera préférable de la prévenir.

VI   *Répondez en français aux questions personnelles suivantes:*

1. Est-ce que vous faites collection de timbres?   **2.** De quoi faites-vous collection? [De timbres, d'estampes, de disques, de photos, etc.]   **3.** Est-ce que votre collection a beaucoup de valeur?   **4.** Avez-vous jamais acheté des livres d'occasion?   **5.** Vous intéressez-vous à la philatélie (*stamp collecting*)?   **6.** Vous intéressez-vous aux timbres?   **7.** Les vieux timbres ont-ils tous beaucoup de valeur?   **8.** Quand a-t-on commencé à faire usage des timbres? [Vers 1850].

VII   Dictée d'après la Conversation 38, pp. 342–343

VIII   Causerie

Vous avez vu à la devanture (*shop window*) d'un magasin où on vendait des objets d'art, une série de gravures (*engravings*) représentant des coins du vieux Paris. Vous avez demandé des renseignements sur l'auteur de ces gravures, la date, etc., et discuté des prix avec le marchand. Ces prix étaient si élevés que vous n'avez rien acheté du tout.

GRAMMAR UNIT 24

Indefinite adjectives and pronouns; use of articles and prepositions summarized

109 *Indefinite adjectives and pronouns*

The word "indefinite" when applied to adjectives and pronouns means that the adjective or pronoun concerned does not define or determine the person or thing to which it refers. The corresponding indefinite adjectives and pronouns in English are: *each, every, several, all, no, none, such, same,* etc.

110 *Commonest indefinite adjectives and pronouns that have the same form*

ADJECTIVES
—Avez-vous **tous** ces timbres?
—J'ai envoyé **plusieurs** timbres à mon frère.
—Il ne me reste **aucun** timbre du Second Empire.
—Avez-vous **d'autres** journaux?

PRONOUNS
Oui, je crois les avoir **tous.**
Je lui en ai envoyé **plusieurs.**
Il ne m'en reste **aucun.**

Non, je n'en ai pas **d'autres.**

The forms of these adjectives and pronouns are:

tout, toute, tous, toutes: *all, every*
plusieurs: *several*
aucun, aucune: ADJ. *no, not a;* PRON. *none, not a one*
autre, autres: ADJ. *other;* PRON. *another one, others*
même, mêmes: ADJ. *same;* PRON. *same one, same ones*

(1) When **aucun** is used with a verb, the verb must be preceded by **ne**. Note, however, that **pas** is not used with **aucun**.

(2) When **tous** is used as a pronoun, the final s is pronounced: Je crois les avoir presque **tous** [tus]. BUT: Avez-vous **tous** [tu] ces timbres?

111 *Commonest indefinite adjectives and pronouns whose corresponding forms are different*

ADJECTIVES	PRONOUNS
Chaque timbre vaut 10 francs.	**Chacun** de ces timbres vaut 10 francs.
Si nous rapportions **quelques** champignons?	Si nous en rapportions **quelques-uns?**
J'ai passé **quelque** temps à Lyon.	Est-ce que **quelqu'un** est venu?

(1) The corresponding forms of these adjectives and pronouns are:

ADJECTIVE: chaque, *each*
PRONOUN: chacun, chacune, *each, each one*
ADJECTIVE: quelque, quelques, *some, a few*
PRONOUN: quelqu'un, quelques-uns, quelques-unes, *someone, somebody; some, a few*

(2) They of course agree in gender and number with the noun to which they refer; but **quelqu'un** in the singular is usually thought of as neither masculine or feminine.

(3) When **quelque chose** or **rien** is followed by an adjective, the adjective is preceded by **de** and has the masculine form. EX.: **quelque chose de bon**, *something good;* **rien d'intéressant**, *nothing interesting.*

(4) It is curious to note that while **quelque** is an *adjective* and **chose** is a *noun,* when they are used together (**quelque chose**) they form a *pronoun!*

112 *Indefinite pronouns that have no corresponding indefinite adjective*

—Est-ce qu'**on** est venu me voir?	Did *anyone* come to see me?
—Non, **personne** n'est venu vous voir.	No, *no one* came to see you.
—Avez-vous trouvé **quelque chose** d'intéressant?	Did you find *anything* interesting?

—Non, je n'ai **rien** trouvé d'intéressant.	No, I didn't find *anything* interesting.
—Oui, j'ai trouvé **quelque chose** d'intéressant.	Yes, I found *something* interesting.
—Avez-vous **quelque chose** à faire?	Have you *anything* to do?
—Non, je n'ai **rien** à faire. **Rien** du tout.	No, I have *nothing* to do. *Nothing at all.*
—Est-ce que les magasins sont ouverts ce soir?	Are the stores open this evening?
—Pas tous. **Les uns** sont ouverts, **les autres** sont fermés.	Not all. *Some* are open, *others* are closed.
—**Les uns** vendent de vieilles estampes, **d'autres** des timbres, **d'autres** des livres d'occasion.	*Some* sell old prints, *others* stamps, *others* old books.
—Avez-vous ces deux timbres?	Do you have these two stamps?
—Non, je n'ai ni **l'un** ni **l'autre.**	No, I don't have *either of them.*

(1) The forms of these pronouns are:

l'un, l'une, les uns, les unes, *the one, the ones*
on, *one, they, people, someone, anybody,* etc.
personne, *no one, nobody*

Note that **l'un, l'une,** etc., are always used in opposition to **l'autre,** etc. For **celui qui,** *the one who,* see pp. 271–272.

(2) When **rien** or **personne** is used with a verb, the verb is preceded by **ne. Pas** is not used with **rien** or **personne.**

(3) In giving a negative answer to a question in which the subject is **on** or **quelqu'un,** you say **personne;** if the subject is **quelque chose,** the answer is **rien.**

113   *Use of definite article in French contrary to English usage*

A.   *With nouns that indicate profession or official function*

—**Le docteur Lambert** n'a pas pu s'arrêter à temps.	*Doctor Lambert* couldn't stop in time.
—Bonjour, **monsieur le curé.**	Good morning, *sir* (or *Father*).

B.   *With parts of the body, when the person concerned is clearly identified by the context*

—Elle a **les yeux bleus.**	She has *blue eyes.*
—Je commence à avoir mal **aux jambes.**	*My legs* are beginning to hurt.
—Je me suis lavé **les mains.**	I washed *my hands.*

—Il a mal **à la tête.** He has *a headache.*
—Il s'est cassé **la jambe.** He broke *his leg.*

C. *With the names of the days of the week, to indicate habitual occurrence*

—Je vais à la pêche **le samedi.** I *usually* go fishing *on Saturday.*
                BUT:
—Je vais à la pêche samedi. I am going fishing Saturday (i.e. next Saturday).

D. *In the expressions* **le matin, l'après-midi, le soir, la nuit,** *meaning in the*

—Je me lève **le matin** de bonne heure. I get up early *in the morning.*
—Je vais au laboratoire **l'après-midi.** I go to the laboratory *in the afternoon.*

E. *With expressions of measure in specifying the price*

—Les œufs coûtent trois francs **la douzaine.** Eggs cost three francs *a dozen.*
—Le lait coûte soixante centimes **le litre.** Milk costs sixty centimes *a liter.*
—Ce tabac coûte deux francs cinquante **le paquet.** This tobacco costs two francs fifty *a package.*
—Cette étoffe coûte dix francs **le mètre.** This material costs ten francs *per meter.*
—Le beurre coûte quatre francs cinquante **la livre.** Butter costs four francs fifty *per pound.*

Note that you say **deux francs pièce,** *two francs apiece* or *each;* and that with the expressions of time, you use **par** when the price is being specified. EX.:
—Quel est le loyer? —Deux cent cinquante francs **par mois.**

F. *With nouns taken in a general sense*

—**L'homme** est mortel. *Man* is mortal.
—Vive **la liberté!** Hurrah for *liberty!*
—**La vie** est chère. *Living* is high.
—Comme **le temps** passe! How *time* flies!
—Je n'aime pas **le café.** I don't like *coffee.*

114   *Omission of indefinite article in French contrary to English usage*

A.   **When a noun, especially a proper name, is followed by a second noun which is added to explain the first one, the second noun ordinarily has no article**

—Vous êtes bien M. Jean Hughes,
   ingénieur-chimiste?

Are you (indeed) Mr. John Hughes,
   a chemical engineer?

—C'est le Louvre, ancien palais royal.

It is the Louvre, *a* former royal
   palace.

B. *When a noun (or personal pronoun) referring to a person is followed by the*
verb **être** *and a noun indicating profession or nationality, the latter is used*
without an article:

—Il est Américain, mais sa femme est
   Française.

He is *an* American, but his wife is
   French.

—M. Brown est banquier.

Mr. Brown is *a* banker.

But remember that a noun following **c'est** always has a modifier. EX.: **C'est**
un banquier. **C'est un** Américain. **C'est ma** bicyclette.

115 *Use of prepositions and definite articles with geographical names*

A. *With names of continents and countries that are feminine*

—J'irais **en** Suisse et **en** Belgique.

I would go *to* Switzerland and *to*
   Belgium.

—J'irais **en** Amérique et **en** Afrique.

I would go *to* America and *to*
   Africa.

—Les olives viennent **de** France,
   d'Espagne et **d'Afrique**.

Olives come *from* France, Spain
   and Africa.

With the name of a continent or a country that is feminine, you use **en** without
an article to express *to* or *in*, and **de** without an article to express *from:* **en**
France, **de** France. If the geographical name has a modifier (l'Amérique **du Sud**),
careful speakers often use **dans** WITH THE ARTICLE to express *to* or *in* and **de** WITH
THE ARTICLE to express *from*; but **en** and **de** (without the article) are also used:

—Ces oranges viennent **de** l'Afrique du
   Nord *or* **d'Afrique** du Nord.

These oranges come *from* North
   Africa.

—Un de mes oncles habite **dans** l'Amérique
   du Sud *or* **en** Amérique du Sud.

One of my uncles lives *in* South
   America.

B. *With names of countries that are masculine*

—Il demeure **au** Canada.

He lives *in* Canada.

—Il vient **du** Mexique.

He comes *from* Mexico.

—J'irais **aux** États-Unis voir les chutes du
   Niagara.

I would go *to the* United States to
   see NiagaraFalls.

You always use the article in combination with **à** or **de** with the names of countries that are masculine.

C.   *With names of cities*

—Il demeure à Clermont-Ferrand.　　　He lives *in* Clermont-Ferrand.
—Je suis né(e) à Rouen.　　　　　　　I was born *in* Rouen.
—Mon père vient **de** Paris.　　　　　My father comes *from* Paris.
—Êtes-vous allé(e) à Versailles?　　　Have you been *to* Versailles?

You never use an article with the name of a city except with **Le Havre** and a few other cities in which the article is a part of the name. EX.: —Connaissez-vous **Le Havre?** Êtes-vous allé(e) à **La Nouvelle-Orléans?**

I   **Substitutions**

Répétez les phrases suivantes en substituant les mots indiqués:

1. J'ai trouvé quelque chose **d'intéressant.**
   d'amusant / de sensationnel / de très chic / d'extraordinaire
2. Elle doit passer quelques jours **à Londres.**
   Paris / Rome / (le) Havre / (le) Mans
3. Elle est actuellement **en Angleterre.**
   **(la) Normandie / (l') Italie / (la) Suisse / (le) Canada / (les) États- Unis /
   (le) Mexique / (le) Japon**
4. Elle revient ces jours-ci **d'Angleterre.**
   **Bretagne / Italie / Allemagne / Rome / Paris / Amsterdam / (le) Canada /
   (les) États-Unis / (le) Mexique / (le) Havre**
5. Il ne m'en reste **aucun.**
   pas beaucoup / pas d'autres / pas un seul / pas
6. Roger est allé **plusieurs fois** à Versailles.
   deux fois / une fois / parfois / quelquefois
7. Il va à la pêche **le samedi.**
   samedi / toutes les semaines / tous les soirs en été / tous les huit jours

II   *Demandez à quelqu'un:*

1. si le marchand avait tous les timbres qu'Hélène cherchait.   **2.** s'il les avait tous.   **3.** si Hélène achète des timbres tous les jours.   **4.** si elle a acheté autre

chose ce matin. **5.** si elle a trouvé quelque chose d'intéressant le long des quais. **6.** ce qu'elle a acheté d'intéressant. **7.** si les œufs coûtent trois francs la douzaine. **8.** si le sucre coûte quarante centimes la livre. **9.** si le lait coûte cinquante centimes le litre. **10.** si la viande est chère actuellement. **11.** si la pension à l'hôtel du Cheval blanc coûte soixante-dix francs par jour. **12.** si l'appartement de Jean coûte cinq cents francs par mois.

III   Exercices d'application

A. *Répondez affirmativement à chacune des questions suivantes, en employant le pronom indéfini convenable:*

EX.   —Est-ce qu'il reste au marchand des timbres du Second Empire?
—Oui, il lui en reste quelques-uns.

1. Est-ce qu'Hélène a envoyé plusieurs timbres à son frère? **2.** Est-ce que le marchand a tous les timbres qu'Hélène voudrait acheter? **3.** A-t-il d'autres timbres? **4.** Avez-vous trouvé toutes les estampes que vous vouliez acheter? **5.** Avez-vous vu quelques-unes des estampes de Daumier? **6.** Est-ce qu'il reste au marchand des timbres de la Martinique?

B. *Répondez négativement à chacune des questions suivantes, en employant le pronom indéfini convenable:*

EX.   —Avez-vous acheté quelque chose au Prisunic?
—Non, je n'ai rien acheté au Prisunic.

1. Est-ce qu'il vous reste des timbres du Second Empire? **2.** Est-ce que le marchand a tous les timbres qu'Hélène voudrait acheter? **3.** Est-ce qu'il a d'autres timbres à vendre? **4.** Avez-vous vu quelqu'un devant la maison? **5.** Est-ce que quelqu'un a téléphoné? **6.** Avez-vous quelque chose à faire ce soir? **7.** Avez-vous trouvé quelque chose d'intéressant?

IV   Thème d'imitation

Along the Seine, especially near the Île de la Cité, are[1] the displays of the old-book dealers. Those dealers in old books are ordinarily elderly people. Each of them has one or two boxes[2] which he opens in the morning and closes in the evening. Nearly all of them buy and sell secondhand books. A hundred years ago, you could buy rare books for almost nothing. But things have changed a great deal

since. Rare books are becoming rarer and rarer[3] and the dealers in old books know the value of what they sell. However, you still find things worth buying[4] in their displays, which are a part of[5] the Parisian landscape[6] like Notre-Dame or the Eiffel Tower.

[1]Use **se trouver.**   [2]*box,* **la boîte.**   [3]*rarer and rarer,* **de plus en plus rares.**   [4]*worth buying,* **intéressant**   [5]*to be a part of,* **faire partie de.**   [6]*landscape,* **le paysage.**

Aux Tuileries

Hélène et Jean entrent dans le Jardin des Tuileries,° près de la place de la Concorde.°

JEAN ¹Que pensez-vous de ce coin de Paris?

JOHN *What do you think of this section of Paris?*

HÉLÈNE ²Je suis étonnée de trouver tant d'espace au cœur même de la ville. ³Je n'avais pas la moindre idée de l'étendue de la place de la Concorde. ⁴Mais, dites-moi, quel est ce grand bâtiment devant nous?

HELEN *I am astonished to find so much (open) space in the very heart of the city. I didn't have the slightest idea of the size of the Place de la Concorde. But, tell me, what is this great building in front of us?*

JEAN ⁵C'est le Louvre, ancien palais royal.°

JOHN *It's the Louvre, a former royal palace.*

HÉLÈNE ⁶Est-ce que c'est là qu'est le musée du Louvre?

HELEN *Is that where the Louvre Museum is?*

JEAN ⁷Oui, le musée occupe la plus grande partie de l'édifice. ⁸Il possède d'immenses collections.

JOHN *Yes, the museum occupies most of the building. It has immense collections.*

HÉLÈNE ⁹Regardez cette petite fille qui pleure, Jean. ¹⁰Le vent a emmené son bateau à voile au milieu du bassin. ¹¹Est-ce que vous pouvez l'aider?

HELEN *Look at this little girl who is crying, John. The wind has carried her sailboat to the middle of the pool. Can you help her?*

JEAN ¹²J'aurais beau faire. ¹³Le bateau est trop loin pour que je puisse l'atteindre. ¹⁴Le vent finira sans doute par le ramener au bord.

JOHN *Whatever I would do would be in vain. The boat is too far for me to be able to reach it. The wind will finally bring it back to the edge, no doubt.*

HÉLÈNE ¹⁵J'ai envie de cueillir une de ces fleurs comme souvenir de notre promenade.

HELEN *I wish I could pick one of those flowers as a souvenir of our walk.*

JEAN ¹⁶Gardez-vous-en bien. ¹⁷Si un agent de police vous voyait, il pourrait bien vous faire un procès-verbal!

JOHN *Don't do anything of the kind. If a policeman should see you, he might very well give you a ticket!*

CULTURAL NOTES ◆

Le jardin des Tuileries *was once the garden of a palace, and is now a public park. Palace and garden were designed in the 16th century; later the palace was the residence of Napoleon. When the Palace of the Tuileries was destroyed by fire after the Franco-Prussian War (1871), the space it had occupied was added to the gardens so that they now extend all the way from the* **Louvre** *to the* **Place de la Concorde.** *They have been decorated with many statues, including several by the twentieth-century sculptor* **Aristide Maillol.** *There is also a monument to* **Charles Perrault,** *the author of the* **Contes de ma mère l'Oie (Mother Goose Stories)** *(1697), thanks to whose influence the gardens were opened to the public.*

The vast **Place de la Concorde,** *in the center of which there is an Egyptian obelisk, is surrounded by statues or monuments which symbolize the principal cities of France.*

The construction of the present **Louvre,** *which was begun in the sixteenth century, was only completed at the end of the nineteenth century.*

I Substitutions

Répétez les phrases suivantes, en substituant les mots indiqués.

1. **Je n'avais pas la moindre idée** de l'étendue de la place de la Concorde.
   Je n'avais pas idée / Je n'avais aucune idée / Je ne me rendais pas compte /
   Je ne me rendais pas du tout compte
2. (a) Est-ce que c'est là qu'est **le Musée du Louvre?**
   la Joconde (*Mona Lisa*) / la Victoire de Samothrace / la Vénus de Milo / la collection
   des Impressionnistes
   (b) Il possède d'immenses collections de **peintures.**
   de sculptures / de gravures / de dessins (*drawings*) / d'objets d'art
3. Le vent a emmené son bateau à voile **au milieu du bassin.**
   au beau milieu du bassin / de l'autre côté du bassin / loin du bord / près de l'autre
   bord
4. Le vent finira sans doute par le ramener **au bord.**
   près du bord / de notre côté / près de nous / de ce côté

II *Répétez en employant* finir par *avec l'infinitif:*

EX. —J'irai en Europe.
—**Je finirai par aller en Europe.**

1. Je trouverai mon porte-monnaie.   2. Elle ira en France.   3. Vos yeux s'habitueront à l'obscurité.   4. Il a répondu à ma lettre.   5. J'ai trouvé le timbre
que je cherchais.   6. La jeune fille que j'attendais est venue.   7. J'ai trouvé un
taxi.   8. L'autobus est arrivé.   9. Je me suis souvenu de son adresse.

III *Répondez en français à chacune des questions suivantes:*

1. Où Jean et Hélène entrent-ils?   2. Qu'est-ce que c'est que le jardin des
Tuileries?   3. De quoi Hélène est-elle étonnée?   4. Est-ce qu'elle croyait que
la place de la Concorde était aussi vaste?   5. Quel est le grand bâtiment qu'elle
voit devant elle?   6. Qu'est-ce que c'est que le Louvre?   7. Où se trouve le
musée du Louvre?   8. Est-ce que le musée occupe tout l'édifice?   9. Qu'est-ce
que le musée possède?   10. Pourquoi la petite fille pleure-t-elle?   11. Qu'est-ce
qu'Hélène demande à Jean de faire?   12. Qu'est-ce que Jean répond?
13. Pourquoi ne peut-il pas atteindre le petit bateau?   14. Comment le bateau
reviendra-t-il au bord?   15. Pourquoi Hélène a-t-elle envie de cueillir une fleur?
16. Pourquoi Jean lui dit-il de ne pas le faire?

IV *Répondez en français à chacune des questions suivantes:*

1. Avez-vous vu des photos du Louvre? 2. Avez-vous jamais entendu parler du Jardin des Tuileries? 3. Connaissez-vous des tableaux qui sont au Louvre? 4. Dans quel musée de Paris se trouve la collection des Impressionnistes? 5. Avez-vous jamais visité un musée en Amérique? 6. Avez-vous l'habitude de visiter des musées quand vous voyagez? 7. Avez-vous jamais cueilli des fleurs dans un jardin public? 8. Est-ce qu'un agent de police vous a jamais fait un procès-verbal? 9. Êtes-vous jamais allé(e) dans un bateau à voile? 10. Aimez-vous faire de la voile?

V Substitutions

Répétez les phrases suivantes en substituant les mots indiqués:

A. avoir beau faire (*to try in vain . . .*)

1. **J'aurais** beau faire. (Try as I might, I wouldn't succeed OR Whatever I would do would be in vain.)
   Tu aurais / Nous aurions / Il aurait / Elle aurait
2. **J'ai eu** beau faire. (Try as I did, I didn't succeed.)
   Nous avons eu / Il a eu / Elle a eu / Ils ont eu

Le Louvre

3. **J'aurai** beau faire. (Try as I will, I won't succeed.)
   Nous aurons / Vous aurez / Tu auras / Il aura

B. Même exercice avec **avoir beau essayer** (*to try in vain . . .*)

C. Emploi ou omission de l'article

1. Voilà monsieur Duval, **ancien ministre.**
   ancien sénateur / architecte célèbre / professeur à la Sorbonne / philanthrope connu
2. Je viens de lire *Le père Goriot,* roman de Balzac.
   La Cousine Bette / Le Cousin Pons / Le Lys dans la Vallée / Les Paysans
3. Vive **la liberté!** (Hurrah for liberty!)
   la bonne cuisine / le bon vin / la paix universelle / la vie en plein air

VI *Mettez le passage suivant au passé en employant* le passé composé, l'imparfait, le
conditionnel *selon le cas:*

Un jour qu'ils se promènent dans le jardin des Tuileries, Hélène et Jean voient
près du bassin une petite fille qui pleure. Hélène s'approche d'elle et lui demande ce qu'elle a. La petite fille répond que le vent a emmené son bateau à
voile au milieu du bassin et qu'elle ne peut pas l'atteindre. Jean lui dit de ne pas
pleurer, que son bateau n'est pas perdu, que le vent finira sûrement par le
ramener au bord. Quelques minutes plus tard, la petite fille court de l'autre
côté du bassin. Aux pleurs qui coulent de ses yeux succède un sourire de bonheur.

VII Dictée d'après la Conversation 39, pp. 348–349

VIII Causerie

L'autre jour vous êtes allé(e) au Louvre. En entrant vous avez vu la magnifique
Victoire de Samothrace, figure ailée destinée à commémorer la victoire remportée
à Salamis sur la flotte de Ptolémée. Ensuite vous avez visité les Galeries de
Peinture où vous avez vu la Joconde (*Mona Lisa*) et beaucoup d'autres peintures
italiennes, espagnoles et françaises. Vous avez cherché aussi la Vénus de Milo et
les belles sculptures anciennes, mais vous avez eu beau les chercher. Finalement
un des gardiens vous a dit où les trouver.

À Notre-Dame

Hélène et Jean arrivent dans l'Île de la Cité.

JEAN ¹Nous sommes maintenant dans l'Île de la Cité.°

HÉLÈNE ²Je reconnais, à droite, les tours de Notre-Dame. ³Si nous visitions Notre-Dame?

JEAN ⁴Pourquoi pas? Traversons la place et entrons dans la cathédrale.

HÉLÈNE ⁵Attendez que je prenne une photo.

Dans Notre-Dame

HÉLÈNE ⁶Comme l'intérieur est vaste et silencieux! ⁷On ose à peine parler, même à voix basse. ⁸Je voudrais bien assister à une messe à Notre-Dame.

JEAN ⁹Si vous voulez, nous reviendrons dimanche prochain.

HÉLÈNE ¹⁰Est-ce qu'on peut monter en *haut des tours?

JEAN ¹¹Rien de plus facile, à condition d'avoir de bonnes jambes. ¹²Cet escalier en colimaçon nous y conduira. ¹³En arrivant en haut, vous pourrez prendre d'autres photos.

En haut d'une des tours de Notre-Dame
HÉLÈNE ¹⁴Je suis essoufflée. . . . ¹⁵Mais quel panorama! On voit Paris tout entier.

JOHN *We are now on the Island of the City.*

HELEN *I recognize on the right the towers of Notre-Dame. Suppose we visit Notre-Dame.*

JOHN *Why not? Let's cross the square and go into the cathedral.*

HELEN *Wait for me to take a picture.*

In Notre-Dame

HELEN *How large and silent the interior is! You hardly dare speak, even in a low voice. I would like to go to a service at Notre-Dame.*

JOHN *If you want to, we will come back next Sunday.*

HELEN *Can you go up to the top of the towers?*

JOHN *Nothing is easier, if you have good legs. This spiral staircase will take us up there. When we get up to the top, you can take some more pictures.*

At the top of one of the towers of Notre-Dame
HELEN *I am out of breath. . . . But what a panorama! You can see all of Paris.*

* Aspirate **h.**

JEAN [16]Devant vous, vous avez la Sainte-Chapelle, le Louvre et les Champs-Élysées; sur la rive gauche, le Quartier latin et la Sorbonne; et sur la rive droite, les Grands Boulevards et Montmartre.

HÉLÈNE [17]J'ai hâte de visiter les quartiers de Paris que je ne connais pas encore.

JOHN *In front of you, you have the Saint-Chapelle, the Louvre and the Champs Élysées; on the left bank, the Latin Quarter and the Sorbonne; and on the right bank, the Grands Boulevards and Montmartre.*

HELEN *I am very eager to visit the parts of Paris I don't know yet.*

CULTURAL NOTE ◆

The word **Cité** *is used in Paris, as the word* **City** *is in London, to designate the oldest and most central part of the town.*

La Sainte-Chapelle

I Substitutions

Répétez les phrases suivantes, en substituant les mots indiqués:

1. Je voudrais bien assister **à une messe à Notre-Dame.**
   à une représentation à la Comédie-Française / à un concert à la salle Pleyel / à une conférence à la Sorbonne / aux courses à Chantilly

2. Ils ont assisté* **à une représentation à l'Opéra.**
   au match de football / au mariage de Louise / à la cérémonie / à la messe de minuit

3. Je voudrais bien aller **à Notre-Dame.**
   à la Comédie-Française / à l'Opéra / à la Sorbonne / au Louvre

4. Mon oncle est allé **à l'école en France.**
   au lycée Henri IV / à l'université de Rennes / à la Sorbonne / au Collège de France

II *Répondez en français à chacune des questions suivantes:*

1. Où sont Jean et Hélène maintenant? 2. Qu'est-ce qu'Hélène reconnaît à droite? 3. Qu'est-ce qu'elle propose de faire? 4. Qu'est-ce qu'Hélène veut faire avant d'entrer dans la cathédrale? 5. Comment trouve-t-elle l'intérieur de la cathédrale? 6. À quoi Hélène voudrait-elle assister? 7. Quand Jean propose-t-il de revenir? 8. Pourquoi propose-t-il de revenir ce jour-là? 9. Est-ce qu'on peut monter en haut des tours de Notre-Dame? 10. Comment y monte-t-on? 11. Qu'est-ce qu'Hélène pourra faire en arrivant en haut? 12. Comment se sent-elle en arrivant en haut? 13. Qu'est-ce qu'on voit du haut des tours de Notre-Dame? 14. Qu'est-ce qu'on voit sur la rive gauche? 15. Qu'est-ce qu'on voit sur la rive droite? 16. Qu'est-ce qu'Hélène a hâte de visiter?

III *Demandez à quelqu'un:*

1. s'il (si elle) voudrait assister à une messe à Notre-Dame. 2. s'il (si elle) voudrait voir la place de la Concorde. 3. s'il (si elle) voudrait voir le Musée du Jeu de Paume. 4. s'il (si elle) voudrait visiter le musée du Louvre. 5. s'il (si elle) sait conduire une auto. 6. s'il (si elle) aime bien conduire une auto. 7. s'il (si elle) voudrait conduire une auto à Paris.

IV Exercices d'application

A. *Répétez les phrases suivantes, en remplaçant* **craindre** **(que)** **(ne)** *par*

* Note that **assister** à means *to go to* or *to attend* a specific event or performance but that you don't use **assister** à with places, schools, etc.

(1) **avoir peur que:**

1. Je crains que vous ne soyez déçu(e).   **2.** Je crains que vous ne soyez en retard.
3. Je crains que vous ne soyez pas à l'heure.   **4.** Nous craignons que vous ne soyez un peu déçu(e)s.   **5.** Nous craignons que vous ne soyez pas content(e)s.

(2) **avoir peur de:**

1. Je crains la pluie.   **2.** Il craint le froid.   **3.** Elle ne craint rien.   **4.** Qu'est-ce que vous craignez? [De quoi . . .]   **5.** Je crains d'être en retard.   **6.** Je crains de ne pas arriver à l'heure.   **7.** Vous craignez tout.

B.   *Répétez les phrases suivantes, en employant* **attendez que** *et le subjonctif:*

EX.   —Je vais prendre une photo.
      —**Attendez que je prenne une photo.**

1. Je vais acheter des timbres.   2. Je vais jeter un coup d'œil sur le journal.
3. Je vais finir cette histoire.   4. Je vais boire mon café.   5. Je vais finir mon
travail.   6. Je vais ouvrir la fenêtre.

C.   *Répétez en remplaçant* **avoir envie** (to want to) *par* **avoir hâte** (to be eager to):

1. J'ai envie de visiter les quartiers de Paris que je ne connais pas encore.   2. J'ai
envie d'aller à la campagne.   3. J'ai envie de partir en vacances.   4. Nous avons
envie de déjeuner.   5. Nous avons envie de voir la Sainte-Chapelle.   6. Nous
avons envie d'assister à une représentation à la Comédie-Française.

V   Révision

Répétez les phrases suivantes en substituant les mots indiqués:

1. Un de mes amis **a construit** une maison.
   a fait construire / a fini par construire / a fini par faire construire /
   a voulu faire construire
2. Il **a planté** beaucoup d'arbres.
   a fait planter / a voulu planter / a fini par planter / a fini par faire planter

VI   *Répondez en français à chacune des questions personnelles suivantes:*

1. Voudriez-vous visiter la cathédrale de Notre-Dame?   2. Avez-vous souvent vu
des photos de cette cathédrale?   3. Voudriez-vous monter en haut des tours?
4. Aimeriez-vous prendre des photos du haut des tours de Notre-Dame?
5. Avez-vous entendu parler de Montmartre?   6. Pourquoi Montmartre est-il
surtout connu?   7. Si vous étiez à Paris qu'est-ce que vous voudriez voir surtout?
8. Saviez-vous que le Pont-Neuf (*the New Bridge*) a près de 300 ans?

VI   Dictée d'après la Conversation 40, p. 362

VII   Causerie

Vous montez avec un ami (une amie) en haut d'un gratte-ciel de New York. Vous
prenez l'ascenseur (*elevator*). Arrivé(e) en haut, vous attirez l'attention de votre
ami(e) sur le port, les grands bateaux, les ponts (*bridges*), le musée Métropolitain,
le Parc Central, etc.

De retour à Paris

—Si nous visitions le Panthéon? dit un jour Jean à Roger. Je n'y suis jamais allé.

Les deux jeunes gens se dirigent donc vers le Panthéon. À quelque distance, ils s'arrêtent un instant pour regarder la façade de l'édifice.

—Tu vois là-haut la Patrie entre la Liberté et l'Histoire en train de distribuer des prix aux grands hommes, explique Roger. Lis l'inscription: AUX GRANDS HOMMES LA PATRIE RECONNAISSANTE.

Tout en montant l'escalier, Roger lui dit un mot de l'histoire du Panthéon. C'est une ancienne église du dix-huitième siècle que la Révolution a transformée en temple destiné à servir de lieu de sépulture à ses grands hommes. La Révolution y a mis Voltaire et Rousseau. On y a enterré ensuite des hommes politiques ou des écrivains plus ou moins continuateurs de la tradition révolutionnaire, Hugo et Zola par exemple.

À l'intérieur, un guide explique aux visiteurs les peintures murales qui représentent des scènes de la vie de sainte Geneviève. Elle vivait il y a quinze cents ans, et selon la légende, elle a sauvé Paris d'Attila et de ses Huns. Ces Barbares inspiraient à tous une telle crainte qu'à leur approche, les Parisiens voulaient fuir loin de leur ville pour se réfugier au fond des bois. C'est une jeune fille, sainte Geneviève, qui les calma, les apaisa. La légende a fait d'elle une bergère. L'erreur vient d'une ancienne gravure où l'on voit sainte Geneviève en prière au milieu des habitants de Paris représentés par des moutons, alors qu'en dehors de la ville, les Huns sont représentés par des loups. Symbolisme assez clair. En tout cas, elle est restée la patronne de la ville. Le Panthéon est une ancienne église construite en son honneur, et on appelait autrefois tout le quartier de l'Université la Montagne Sainte–Geneviève.

—Voilà une montagne facilement accessible, dit Jean à son ami. Le boulevard Saint-Michel vous mène tout droit au sommet.

—Rappelle-toi qu'une partie du vignoble champenois est sur des collines appelées la Montagne-de-Reims. Il y a montagnes et montagnes, des grandes et des petites. . . .

—Après tout, Mount Vernon n'est qu'une simple colline.

Le guide conduit ensuite les visiteurs dans la galerie souterraine où se trouvent les tombeaux. D'une voix monotone, il récite des phrases apprises par cœur. Arrivé devant le tombeau de Jean-

Jacques Rousseau, il explique que «par la porte entr'ouverte du tombeau sort une main tenant une torche allumée». Symbolisme assez lugubre, pense Jean, mais fort clair.

Après leur visite, les deux jeunes gens descendent le boulevard Saint-Michel jusqu'à la Seine. Arrivés en vue de Notre-Dame, ils tournent à gauche. Les rues le long de la Seine dominent le fleuve, et c'est sur le parapet du fleuve, à l'ombre des arbres, que les bouquinistes ont installé leurs boîtes. Jean s'étonne un peu du choix de cet endroit.

—Tu as peut-être vu de vieilles estampes représentant le Pont-Neuf tel qu'il était il y a trois siècles, avec des boutiques de chaque côté, explique Roger. Le pont était toute la journée couvert de monde et c'était naturellement un excellent endroit pour le commerce des livres, des modes, etc. Chassés du pont, les commerçants se sont installés au bord du fleuve.

Tout en marchant, Jean jette un coup d'œil sur les étalages. Il voit là toute sorte de choses, livres anciens et modernes, timbres–poste et vieilles pièces de monnaie pour les collectionneurs. Dans une boutique du quai Malaquais, il achète une paire de vieux pistolets — «pour ma chambre en Amérique», explique-t-il à Roger. Il met l'un des pistolets dans la poche droite, l'autre dans la poche gauche de son pardessus.

—Attention! lui dit en riant son ami. Si un agent de police te voyait, il pourrait bien te faire un procès-verbal pour port d'armes prohibées!

—Ces pistolets ne sont pas des armes prohibées. Ce sont articles de collectionneur. Tu essaies de me faire peur. . . .

Les deux amis continuent leur promenade, traversent la Seine, la place de la Concorde et finissent l'après-midi à la terrasse d'un café sur les Grands Boulevards.

Questions

1. Quelle est l'inscription sur la façade du Panthéon? 2. Connaissez-vous des grands hommes qui sont enterrés au Panthéon? 3. Que représentent les peintures murales à l'intérieur du Panthéon? 4. Quand vivait sainte Geneviève? 5. Pourquoi est-elle devenue la patronne de Paris? 6. Où le guide conduit-il les visiteurs? 7. Où les bouquinistes ont-ils installé leurs boîtes? 8. Qu'est-ce qu'il y avait autrefois de chaque côté du Pont-Neuf? 9. Qu'est-ce que Jean achète dans une boutique du quai Malaquais? 10. Où met-ils les pistolets qu'il achète? 11. Pourquoi Roger lui dit-il de faire attention? 12. Comment les deux amis finissent-ils l'après-midi?

Use of infinitives and present participles

116 *Verbs that may take infinitives*

A. *Verbs and verbal expressions followed by the preposition* **de** *that may take infinitives*

—**Permettez-moi de** vous présenter mon ami Jean Hughes.
Allow me to introduce my friend John Hughes.

—**Vous serez obligé de** passer la nuit à Épernay.
You will be obliged to spend the night at Épernay.

—**Je regrette d'**être en retard.
I am sorry to be late.

—**Nous avons décidé de** profiter du beau temps.
We decided to take advantage of the fine weather.

—**J'ai demandé** à mon père **de** m'envoyer un chèque.
I asked my father *to* send me a check.

—**Il m'a dit de** ne pas l'attendre.
He told me not *to* wait for him.

—**Il m'a conseillé de** me reposer.
He advised me *to* rest.

(1) The commonest verbs followed by **de** that may take infinitives are: **conseiller de, décider de, demander de, refuser de, se dépêcher de, dire de, essayer de, être obligé de, permettre de, refuser de,** etc., and such expressions as **avoir besoin de, avoir l'habitude de, être en train de,** etc.

(2) You have seen that some of these verbs may govern a subordinate clause.

EX.: —**Il m'a dit qu'il reviendrait.** (indicative) **Je regrette qu'il soit venu.** (subjunctive)

B. *Verbs followed by the preposition* **à** *that may take infinitives*

—**Il a commencé à** pleuvoir.
It began to rain.

—**Il s'est mis à** pleuvoir.
It began to rain.

—**Avez-vous appris à** parler français?
Have you learned to speak French?

—**Nous avons continué à** marcher.
We kept on walking.

—**Vous n'avez qu'à** traverser la rue.
You have only to cross the street.

The commonest verbs followed by the preposition à that may take infinitives are: **aider à,** *to help;* **apprendre à,** *to learn;* **commencer à,** *to begin;* **réussir à,** *to succeed;* **inviter à,** *to invite;* **se mettre à,** *to begin;* **avoir à,** *to have to,* etc.

C. *Verbs that may take infinitives without a preposition*

—**Je vais faire** des courses cet après-midi.	*I am going to do* some errands this afternoon.
—**Pouvez-vous** me **donner** votre adresse?	*Can you give* me your address?
—**Savez-vous jouer** au bridge?*	*Do you know* how *to play* bridge?
—**Savez-vous jouer** de la guitare?*	*Do you know* how *to play* the guitar?
—**Je dois partir** par le train de sept heures.	*I am to leave* by the seven o'clock train.
—**Voulez-vous faire** une promenade avec moi?	*Do you want to take* a walk with me?
—**Faut-il changer** de train en route?	*Must one change* trains on the way?

The commonest verbs that may take an infinitive without a preposition are: **aller; devoir; faire; falloir (il faut,** etc); **oser,** *to dare;* **pouvoir; savoir; venir; vouloir.**

117 *Forms of the verb used after prepositions*

A. *Present infinitive after prepositions* **par, pour, sans,** *and expressions such as* **avant de:**

—Il m'a envoyé une dépêche **avant de partir.**	He sent me a wire *before leaving.*
—Il est parti **sans dire** au revoir.	He left *without saying* good-bye.
—Le vent finira **par le ramener** au bord.	The wind will finally *bring it back* to the edge.
—Nous ne l'attendrons pas **pour déjeuner.**	We will not wait lunch for him (We will not wait for him *to have lunch*).
—**Pour arriver** à l'heure j'ai quitté la maison à sept heures.	*So as to arrive* on time, I left home at seven o'clock.
—Il faut manger **pour vivre** . . .	You must eat *to live* . . .

Pour is generally used with an infinitive to express the idea *so as to* or *in order to;* but when it is used after **aller** with an infinitive, it has the meaning *for the express purpose of.*

* Note that playing games is **jouer** à but playing a musical instrument is **jouer de.**

—Je vais en ville **faire** des courses.	I am going downtown *to do* some errands.
—Je vais en ville **pour faire** des courses.	I am going downtown *for the express purpose of doing* some errands.

B. *Perfect infinitive after* **après:**

—**Après avoir visité** Versailles, nous sommes allé(e)s à Fontainebleau.	*After visiting (having visited)* Versailles, we went to Fontainebleau.
—**Après être allé** en Normandie, Jean est allé en Bretagne.	*After going (having gone)* to Normandy, John went to Brittany.

C. *Present participle after* **en:**

—**En partant** à cinq heures, vous serez chez vous à sept heures.	*By leaving* at five o'clock, you will be home at seven.
—**En arrivant** en haut, vous pourrez prendre d'autres photos.	*On arriving* at the top, you can take some more pictures.

The present participle of verbs may be found by adding the ending **-ant** to the stem of the first person plural of the present indicative, except for the verbs **avoir, être,** and **savoir** whose present participles are, respectively, **ayant, étant,** and **sachant.**

I   Substitutions

Répétez les phrases suivantes en substituant les mots indiqués:

1. Il **a décidé** de partir ce soir.
   a refusé / a été obligé / a regretté / m'a demandé / m'a dit
2. Elle **a besoin** de faire des courses.
   a l'habitude / est en train / est contente / a envie
3. Nous avons **commencé** à parler français.
   continué / réussi / appris
4. Savez-vous jouer **au bridge?**
   du piano / au tennis / de la clarinette / aux cartes / de la harpe

II   Exercices d'application

A. *Répétez les phrases suivantes, en remplaçant le passé composé, et le mot* **puis** *par le passé de l'infinitif avec* **après:**

EX. —Nous avons visité Versailles, puis nous sommes allé(e)s à Fontainebleau
— **Après avoir visité Versailles, nous sommes allé(e)s à Fontainebleau.**

1. Elle a visité l'Angleterre, puis elle est allée en France.   2. Elle est allée à Rouen, puis elle est allée à Paris.   3. Elle a déjeuné, puis elle a jeté un coup d'œil sur le journal.   4. Il a regardé les étalages des bouquinistes, puis il a acheté des timbres.   5. Il s'est couché, puis il s'est endormi tout de suite.

B. *Employez le participe présent dans chacune des phrases suivantes:*

EX. —Si vous partez à cinq heures, vous serez chez vous à sept heures.
— **En partant à cinq heures, vous serez chez vous à sept heures.**

1. Si nous partons maintenant, nous arriverons à l'heure.   2. Quand nous irons au Panthéon, nous verrons le Quartier latin.   3. Quand je regardais les étalages des bouquinistes, j'ai trouvé une belle estampe.   4. Quand nous irons à l'Île de la Cité, nous traverserons le Pont-Neuf.*   5. Quand nous traverserons le Pont-Neuf, nous jetterons un coup d'œil sur la Seine.   6. Quand vous arriverez en haut de la tour, vous pourrez prendre d'autres photos.

III   *Répondez en français:*

1. Vous êtes-vous dépêché(e) de déjeuner ce matin?   2. Avez-vous regretté de ne pas vous être levé(e) plus tôt?   3. Avez-vous l'habitude de vous dépêcher le matin?   4. Qu'est-ce que vous avez à faire cet après-midi?   5. Prenez-vous l'autobus pour rentrer chez vous?   6. Est-ce que vous attendez qu'il fasse chaud pour aller nager (*to swim*)?   7. Avez-vous l'intention d'aller en France un de ces jours?   8. Est-ce qu'Hélène a réussi à trouver les timbres qu'elle cherchait? 9. Seriez-vous content(e) de passer quelques jours dans une ferme?   10. Quels quartiers de Paris Hélène a-t-elle vus avant de visiter Notre-Dame?

IV   Révision

Répétez les phrases suivantes en substituant les mots indiqués:

1. Mon père **m'a demandé de** suivre des cours de science.
     m'a dit de / m'a permis de / m'a prié de / m'a proposé de / m'a aidé à / m'a encouragé à

* **Le Pont-Neuf** (*The New Bridge*) is the best known of the Paris bridges. Although it was built in the seventeenth century, it is still called the new bridge.

2. Nous avons **commencé** à parler français.

Nous nous sommes mis à / Nous avons réussi à / Nous avons appris à /
Nous avons essayé de

V *Répétez les expressions suivantes en remplaçant* si on a *par* à condition d'avoir:

EX. —Rien de plus facile, si on a de bonnes jambes.
—Rien de plus facile, à condition d'avoir de bonnes jambes.

1. si on a beaucoup d'argent.   **2.** si on a le temps.   **3.** si on n'a rien à faire.
4. si on n'a rien de mieux à faire.

VI *Lisez le passage suivant, en le complétant — ou non — par la préposition
convenable* (**à, de, en, pour, sans, avant de, après**):

J'ai envie . . . . . .aller au Japon . . . . . .passant par Honolulu. Je voudrais
. . . . . . aller aussi . . . . . .Manille. . . . . . .avoir visité le Japon, je suis invité(e)
. . . . . . passer quelques jours . . . . .Shanghai. Mais . . . . . .aller . . . . . .Chine,
je tiens . . . . . .aller . . . . . .T'ai-wan, car je ne voudrais pas . . . . . .passer par
là . . . . . .visiter Taipeh, ...voir le musée d'antiquités chinoises. Et je
voudrais voir beaucoup . . . . . .autres pays. C'est un des avantages de notre
époque que de nous permettre . . . . . .voir toute sorte . . . . . .pays étrangers.

Appendix

Reference Materials

Table of Sounds of the French Language

		Bi-labial	Labio-dental	Dental and Alveolar	Palato-alveolar	Palatal	Velar	Uvular
CONSONANTS	Plosive	p b		t d			k g	
	Nasal	m		n		ɲ		
	Resonants			l				R
	Fricative		f v	s z	ʃ ʒ			
	Semi-vowels	w ɥ				j (ɥ)	(w)	
VOWELS	Close					*Front Central Back* i y	u	
	Half-close					e ø ə o õ		
	Half-open					ɛ ɛ̃ œ œ̃ ɔ		
	Open					a ɑ ɑ̃		

How to Get a Good French Accent

Introduction

In this section, and in the vocabulary, we indicate the pronunciation of French words by symbols of the International Phonetic Alphabet. It looks confusing at first: indeed, when you see that **Bonjour, monsieur,** for example, is pronounced [bõʒuʀ məsjø] you may think that the transcription is worse than the French spelling! But at least you can see clearly and immediately that the **n** of **bon** is not sounded, that **mon** is not pronounced **mŏn,** that **sieur** is not pronounced **shur,** and so on. With a little practice, you will find that the transcriptions are invaluable for pronunciation exercises. If you refer to the Key whenever you do not understand what a symbol indicates, you will quickly learn what each of the 36 symbols represents. In the Key, we use only French words to illustrate the sounds that the symbols represent instead of trying to explain the sounds of French in terms of

English. The reason for this is (1) it is misleading, if not downright false, to say that any French sound is the same as any English sound, and (2) the easiest and most direct way of knowing what a given symbol represents is to hear it in a familiar word or phrase. (The key can be found on p. 388.

You don't need to memorize the symbols before you begin using them — any more than you would memorize all the diacritical marks in an English dictionary before looking up a word. And you don't need to write in phonetic symbols any more than you need to be able to write diacritical marks in English — at least not at first.

A. THE FIRST STEP

The first step in getting a good French accent is to *hear* how French phrases really sound. If you listen carefully to your instructor and the voices on the tapes, you will quickly realize that the rhythm and intonation of French phrases are entirely different from English. In saying "Where is the restaurant?" for example, most of us would put strong accents on *where* and on the syllable *rest-*, and we would enunciate the *e* in the accented syllables quite clearly; but we would pronounce the rest of the syllables of the phrase with so little stress that the vowels *e*, *au*, and *a* would all sound very much alike. A French person who is not familiar with our system of accented and unaccented syllables, however, would say something like: "Wear eez zee res-tau-rant?" in six syllables of equal length. You are so used to hearing certain syllables stressed and others unstressed, that you would *think* the Frenchman is merely accenting the wrong syllables. But that is not what he is doing: he is really giving each syllable equal stress as he would in speaking French — *where there are no accented syllables and consequently, no unaccented ones*. To make things even worse, he is using French sounds because in French there is no *wh* (as in *where*), no *i* (as in *is*), and no *th* (as in *the*). Moreover the French "R" is entirely different from ours.

Once you accept the idea that French people really give equal stress to each pronounced syllable, you can quickly catch the rhythm of simple French phrases and you are ready to do the first rhythm exercises. Don't worry about the individual sounds for the moment. It will be much easier to learn them after you catch the rhythm of a few complete phrases.

B. A NOTE ON FRENCH INTONATION

French intonation differs from English intonation in at least three ways. The following sentences, based on the vocabulary of Conversation 5, will roughly illustrate all three differences. (The intonations that follow are free from word emphasis.)

French:

Mon père / / habite / à Philadelphie.

Mais la sœur / de mon père / / est en France.

English:

My father / / lives / in Philadelphia.

But my father's / sister / / is in France.

First difference. To express continuation, to indicate that a statement is not finished, French sense-groups, such as **Mon père, habite, Mais la sœur, de mon père,** *rise* to the last syllable: . . . **père,** . . . **-bite,** . . . **sœur,** . . . **père:** whereas English sense-groups, such as *My father lives, But my father's sister,* tend to *fall after the stressed syllable:* . . . *father,* . . . *lives,* . . . *father's,* . . . *sister.*

Second difference. To express finality, to indicate that a sentence is ending, French intonation falls continuously, starting with the very *first* syllable of the last sense-group: . . . **Philadelphie,** . . . **est en France;** whereas English intonations falls only *after* the last stressed syllable of the last sense-group: . . . **Philadelphia,** or after the beginning of the last stressed syllable: . . . **France.**

Note 1. The contrast between continuation and finality is well marked in French since continuation is rising and finality falling. In English, both continuation and finality are falling—the difference is only a matter of degree: finality falls lower than continuation.

Third difference. In the rising curves of continuation, French makes a clear distinction between the high rise of *major* continuation, as in **Mon père, de mon père,** and the moderate rise of *minor* continuation, as in **habite, Mais la sœur.** English does not make this distinction, or does not stress it to the same extent as French. Between the falling curves of *father* and *lives* of *father's* and *sister,* no significant difference is made.

Note 2. The continuity of the fall, for finality, and of the rise, for continuation, applies to all the other types of falling or rising intonations in French. For instance, falling questions, such as the following always begin to fall at the very first syllable:

386

Comment vous appelez-vous?

Où êtes-vous né?

Quel âge avez-vous?

Quelle est votre nationalité?

In English, such questions tend to fall only after the last syllable:

What is your name?

Where were you born?

How old are you?

What is your nationality?

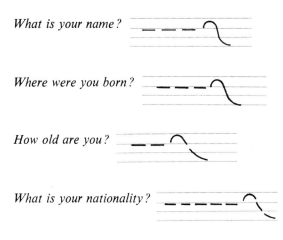

Similarly, rising questions, such as:

Avez-vous des parents?

rise continuously, from the first to the last syllable.
    In English, rising questions, such as:

Have you any relatives?

tend to rise only after the last stressed syllable.

C. KEY TO PHONETIC ALPHABET

CONSONANTS

[p] *as in* **p**arlez-vous?
[b] *as in* **b**onjour
[t] *as in* **t**out droit
[d] *as in* ma**d**ame
[k] *as in* **c**omment?
[g] *as in* la **g**are
[m] *as in* **m**onsieur
[n] *as in* une ba**n**ane
[ɲ] *as in* à la campa**gn**e
[l] *as in* **l**e château
[ʀ] *as in* bonjou**r**
[f] *as in* en **f**ace
[v] *as in* au re**v**oir
[s] *as in* **s**'il vous plaît
[z] *as in* mu**s**ée
[ʃ] *as in* à gau**ch**e
[ʒ] *as in* **j**e vais

VOWELS

[i] *as in* voi**ci**
[y] *as in* **su**r la place
[e] *as in* **a**llez-vous?
[ø] *as in* un p**eu**
[ə] *as in* un**e** lettre pour vous
[ɛ[*as in* **ê**tes-vous?
[ɛ̃] *as in* v**in**
[œ] *as in* **on**ze heures
[œ̃] *as in* **un** restaurant
[a] *as in* à la g**a**re
[ɑ] *as in* l**à**-bas
[ã] *as in* **en** France
[ɔ] *as in* le bureau de p**o**ste
[o] *as in* l'h**ô**tel
[õ] *as in* b**on**jour
[u] *as in* bonj**ou**r

SEMI-VOWELS

[w] *as in* **ou**i   [j] *as in* b**i**en   [ɥ] *as in* h**ui**t

D. THE TRANSCRIPTION AND THE TAPES

In the phonetic transcription, we have tried to follow the normal usage of conservative people from the region around Paris. For example, we distinguish between the back "a" [ɑ] (as in **pas**) and the front "a" [a] (as in **la table**) even though many people are failing, more and more, to make this distinction. And we use the open "e" [ɛ] in **est, -ais, -ait, -aient, -et,** although there is a strong tendency to pronounce the "e" in **est** like the "é" in **été**.

We have tried to have the voices on the tapes follow patterns of intonation, pronunciation, and linking fairly consistently; but it should be observed that no one is absolutely consistent and that it is perfectly natural for anyone to utter a phrase one way one time and another the next. We have preferred natural variation rather than perfect consistency, since we aim to teach the normal speech of educated Parisians rather than an artificial language that no one speaks.

Phonetic Transcriptions of Conversations and Pronunciation Exercises

CONVERSATION 1

IPA transcription of dialog

1. bõʒuʀ, məsjø. **2.** bõʒuʀ, madam. **3.** ɛtvu məsjø yg? **4.** wi, madam, ʒəsɥi ʒɑ̃ yg. **5.** kɔmɑ̃talevu, məsjø? **6.** bjɛ̃, mɛʀsi. **7.** evu mɛm? **8.** pɑmal, mɛʀsi. **9.** paʀlevu ɑ̃glɛ? **10.** nõ, ʒɑn paʀlə pɑ(z)ɑ̃glɛ. **11.** mɛ vu paʀle fʀɑ̃sɛ, nɛspa? **12.** wi, madam, ʒpaʀl œ̃pø fʀɑ̃sɛ. **13.** vwasi yn lɛtʀə puʀ vu. **14.** mɛʀsi boku. **15.** ɔʀvwaʀ, madam. **16.** ɔʀvwaʀ, məsjø.

I. Exercices de rhythme (Rhythm exercises):

The first exercise contains phrases of four syllables. You first listen to the instructor or the voices on the tape. Then you establish the rhythm for yourself by tapping four sharp, even taps on the table or repeating four times a syllable such as *toc, toc, toc, toc*. Then you repeat the phrases several times in the same rhythm without accenting any syllable and without slighting any syllable.

A. *Repeat in four short, equally stressed syllables:*

1. Bonjour monsieur (madam¢).	[bõ ʒuʀ mə sjø (ma dam).]
2. Merci monsieur (madam¢).	[mɛʀ si mə sjø.]
3. Au r¢voir monsieur (madam¢).	[oʀ vwaʀ mə sjø.]

B. *Repeat in five short, equally stressed syllables:*

(*a*) **1.** Bonjour mad¢moisell¢.	[bõ ʒuʀ mad mwa zɛl.]
2. Merci mad¢moisell¢.	[mɛʀ si mad mwa zɛl.]
3. Au r¢voir mad¢moisell¢.	[oʀ vwaʀ mad mwa zɛl.]
(*b*) **1.** Êtes-vous monsieur Hughes?	[ɛt vu mə sjø yg?]
2. Comment allez-vous?	[kɔ mɑ̃ ta le vu?]
3. Parlez-vous français?	[paʀ le vu fʀɑ̃ sɛ?]
4. Parlez-vous anglais?	[paʀ le vu ɑ̃ glɛ?]
5. J¢ parl¢ un peu français.	[ʒpaʀl œ̃ pø fʀɑ̃ sɛ.]
6. J¢ parl¢ un peu anglais.	[ʒpaʀl œ̃ pø ɑ̃ glɛ.]

C. Repeat in six short, equally stressed syllables:

1. Merci beaucoup monsieur.   [mɛʀ si bo ku mə sjø.]
2. Merci beaucoup madam¢.   [mɛʀ si bo ku ma dam.]
3. Mais vous parlez français.   [me vu paʀ le fʀɑ̃ sɛ.]
4. Mais vous parlez anglais.   [me vu paʀ le ɑ̃ glɛ.]

D. Repeat in seven short, equally stressed syllables:

1. Vous parlez français n'est-c¢ pas?   [vu paʀ le fʀɑ̃ sɛ nɛs pɑ?]
2. Vous parlez anglais n'est-c¢ pas?   [vu paʀ le ɑ̃ glɛ nɛs pɑ?]
3. J¢ parl¢ un peu français monsieur.   [ʒpaʀl œ̃ pø fʀɑ̃ sɛ mə sjø.]
4. J¢ parl¢ un peu français madam¢.   [ʒpaʀl œ̃ pø fʀɑ̃ sɛ ma dam.]
5. J¢ parl¢ un peu anglais monsieur.   [ʒpaʀl œ̃ pø ɑ̃ glɛ mə sjø.]
6. J¢ parl¢ un peu anglais madam¢.   [ʒpaʀl œ̃ pø ɑ̃ glɛ ma dam.]
7. Voici un¢ lettre pour vous.   [vwa si yn lɛ tʀə puʀ vu.]

E. Repeat in eight short equally stressed syllables:

1. Je n¢ parle pas français monsieur.   [ʒən paʀ lə pɑ fʀɑ̃ sɛ mə sjø.]
2. Je n¢ parle pas français madam¢.   [ʒən paʀ lə pɑ fʀɑ̃ sɛ ma dam.]
3. Je n¢ parle pas anglais monsieur.   [ʒən paʀ lə pɑ ɑ̃ glɛ mə sjø.]
4. Je n¢ parle pas anglais madam¢.   [ʒən paʀ lə pɑ ɑ̃ glɛ ma dam.]

II. Pronunciation exercises.

A. *French uvular "R".*

Your natural reaction to the letter "r" is to turn the tip of your tongue up as you do in pronouncing an **r** in English; but if you turn the tip of your tongue up, you will simply ... produce an English **r**! So in learning the French uvular "ʀ", you first put the tip of your tongue against your lower front teeth and *hold it there firmly.* Then you pronounce the English words *Ah!* and *agog*, noting that the "g" is pronounced in the back of your mouth by raising the back of your tongue until it touches your palate. Next you move your tongue a little farther back than the position in which you pronounce this [g] and pronounce very lightly each of the following French words: **art** [aʀ], **rat** [ʀa], **gare** [gaʀ], **rare** [ʀaʀ]. Repeat this series a dozen times, keeping the tip of your tongue down, using as little breath as possible, and pronouncing the "ʀ" as lightly as you can. Avoid gargling the "ʀ"! Many French people pronounce it so lightly that Americans can scarcely hear it at all.

Now repeat three times each of the following words and expressions — giving equal stress to each syllable and producing the uvular "ʀ" with care:

1. Une lettre [yn lɛtRə]. **2.** Voilà une lettre pour vous [vwa la yn lɛtRə puR vu]. **3.** Bonjour [bõ ʒuR]. **4.** Au revoir [oR vwaR]. **5.** Merci [mɛR si]. **6.** A votre service [a vɔtRə sɛRvis]. **7.** Parlez-vous français? [paR le vu fRɑ̃ sɛ?]. **8.** Je parle un peu français [ʒpaRl œ̃ pø fRɑ̃ sɛ].

Repeat this exercise several times each day until you can produce the [R] lightly, elegantly, and unselfconsciously. Never under any circumstances substitute an American **r** or a Spanish **r** for the uvular "R". If you pronounce French words and phrases wrong even *a few times*, it makes it much more difficult to get a good French accent.

B. *Exercise on the French* **"u"**. (*Represented by the symbol* [y]).

When you see the letter "u" you will naturally put your tongue in position to say "oo" as in English; but if you put your tongue in that position, you will just say "oo." So in learning to pronounce the French [y], the first step is to put your tongue in the position to say "e" in English or [i] in French *and keep it there.*

Now you say: **Voici, i, i, i** several times, keeping the vowel [i] short.

Next you say [i] several times and round your lips while repeating the sound [i]. If you do this, you will produce a proper French [y].

Now repeat several times: [i], [y], [i], [y] moving your lips but without moving your tongue.

Now say: Voici une lettre pour vous [vwa si yn lɛ tRə puR vu] several times.

If you still have trouble producing the French [y], you put your hands at the corners of your mouth, say **i, i, i, i**, while moving your lips forward and backwards so that you can't help saying [i] [y], [i] [y].

Repeat this exercise daily until you can produce this sound easily. Always think of the sound [i] as in **voici** and avoid thinking of [u] as in **vous.**

CONVERSATION 2

IPA Transcription of Dialog

a la gaR

1. paRdõ məsjø. u ɛ lʃato, silvuplɛ? **2.** (ynɑ̃plwaje) tudRwa, məsjø. **3.** elmyze? **4.** lmy ze ɛ dɑ̃ lʃato. **5.** jatil œ̃RɛstɔRɑ̃ pRɛ dy ʃato? **6.** wi, məsjø. ilja œ̃ bõ RɛstɔRɑ̃ ɑ̃ fas dy ʃato. **7.** mɛRsi boku.

8. (a œ̃pɑsɑ̃) paʀdõ, məsjø. u ɛl byʀod pɔst? **9.** la pɔst ɛ syʀ la plas, la bɑ, a goʃ. **10.** jati lœ̃ byʀod taba pʀedisi? **11.** mɛ wi, məsjø. ilja œ̃ byʀod taba la bɑ a dʀwat. **12.** mɛʀsi boku.

I. Exercices de rhythme.

A. *Répétez en quatre syllabes:*

1. Où est lɇ château?	[u ɛ lʃɑ to?]
2. Où est lɇ musée?	[u ɛ lmy ze?]
3. Où est la gare?	[u ɛ la gaʀ?]

B. *Répétez en cinq syllabes:*

1. Où est lɇ bureau dɇ postɇ?	[u ɛ lby ʀod pɔst?]
2. Où est lɇ restaurant?	[u ɛ lʀɛs tə ʀɑ̃?]
3. Sur la placɇ, monsieur.	[syʀ la plas mə sjø.]

C. *Répétez en six syllabes:*

1. Où est lɇ bureau dɇ tabac?	[u ɛ lby ʀod ta ba?]
2. Y a-t-il un restaurant . . .?	[ja ti lœ̃ ʀɛs tə ʀɑ̃ . . .?]
3. Il y a un restaurant . . .	[i lja œ̃ ʀɛs tə ʀɑ̃ . . .]
4. La poste est sur la place.	[la pɔst ɛ syʀ la plas.]

II. Exercices de prononciation.

A. *Exercise on* **e** [e] *as in* **allez-vous** *and* **eu** [ø] *as in* **un peu.**

1. *Say* [e] as in allez; **e, e, e.** Keep the vowel short and clear.

Répétez: (1) Comment allez-vous? (2) un employé. (3) le musée. (4) **et** vous? (5) un étudiant. (6) une étudiante. (7) une employée.

2. *Say* [e], [e], [e]. Keep repeating this sound, holding the tip of your tongue against your lower front teeth and rounding your lips until you produce the sound [ø] as in **un peu.**

Répétez: [e], [e], [e]; [ø], [ø], [ø]. (1) un **peu.** (2) mons**ieur.** (3) **deux.**

B. *Review the exercises on* [R] *and* [y] *in Conversation 1.*

III. Note on linking (*la liaison*):

When a final consonant that is normally silent is pronounced with the initial vowel sound of the following word, linking (*liaison*) is said to take place: you say, of course, **les/Français** (without linking) but **les Américains** (with linking). It is important to note at once that linking does not automatically take place before all words that begin with a vowel sound, but only between words that are naturally grouped together — such as a noun and its modifiers, or the verb and personal pronouns immediately associated with it.

Nevertheless, linking is very tricky: while in certain cases it *must* be made and in others it would be a dreadful mistake to make it, there are many cases where linking is correct in formal speaking and inappropriate in everyday, friendly conversation. In the transcriptions of the dialogs, we have tried to indicate the way the dialogs would be spoken in a friendly, natural, and correct conversation. Here are a few additional suggestions for those who are interested:

A. *Linking takes place:*

NOUNS: between articles and nouns, between articles and adjectives that precede nouns, and between nouns and the adjectives that precede them:

les étudiants, les bons étudiants, des étudiants, deux étudiants, un autre étudiant, mes étudiants, mon étudiant.

PRONOUNS: between personal pronouns (including **y** and **en**) and verbs, and between pronouns:

ils ont, ont-ils? vous êtes, vous allez. Je les ai achetés.
Nous en avons. Donnez-nous en. Allez-y.

PREPOSITIONS: between preposition and object:

dans un mois, en Italie, en hiver, sans effort, chez eux.

ADVERBS: between certain adverbs (the short ones) and adjectives:

très agréable, plus amusant, moins utile, bien aimable.

B. *Linking does not normally take place:*

NOUNS: between nouns and adjectives that follow them:

un étudiant/américain, des revues/américaines.

VERBS: between noun subject and verb:

> Le temps/arrive. Ce Français/habite à Paris. Paris/est une belle ville.
> Mes parents/aiment les sports.

C. *Linking is impossible:*

(*a*) before the word **huit** (tous les/huit jours); before the word **oui** (mais/oui, il a dit/oui); after the word **et** (Jean/et/Hélène); in the number **cent/un.** You do not link **les/onze** or **dans/onze.**

(*b*) before nouns beginning with aspirate "h":

> des/hors-d'œuvre, en/haut de l'escalier

D. *Linking is optional in innumerable cases.*

However, optional linkings are generally to be avoided except in formal conversation, in singing, and in reading poetry. For example, we do not recommend that the following optional linkings after verbs be made in everyday conversation:

> Je vais/à la gare.   Je suis/à la maison.   Vous parlez/anglais.
> Je ne parle pas/anglais.   Vous avez/un frère.

Even if you prefer to make such linkings after the verb, you should avoid linking after the inverted form between a personal pronoun and prepositions, nouns, or articles:

> Allez-vous/à la gare?   Parlez-vous/anglais?   Avez-vous/un frère?

Such linkings would sound bookish or affected to many French people today. You will notice that on the tapes, the French voices are not consistent in their use of linking: one will make a *liaison* in a phrase and another will fail to make it in the same phrase. This is as it *should* be, because this is what you hear in France all the time. (For a detailed treatment of optional linking, see three articles of Pierre Delattre in the *French Review*, XXX (1956), pp. 48–54; XXIX (1955), pp. 42–49; XXI (1947), pp. 148–157.)

CONVERSATION 3

IPA transcription of dialog

> dɑ̃laʀy

1. paʀdɔ̃, uɛ lotɛl dyʃvalblɑ̃? **2.** syʀlaplas, məsjø. **3.** ɛskəsɛ lwɛ̃disi? **4.** nɔ̃, snɛpɑ lwɛ̃disi. **5.** sɛtœ̃ bɔnotɛl? **6.** wi, məsjø, sɛtœ̃ tʀɛ bɔnotɛl. **7.** ɛskə la kɥizin ɛ bɔn? **8.** sɛrtɛnmɑ̃, məsjø. la kɥizin ɛtɛksɛlɑ̃t. **9.** mɛʀsi boku.

a lotɛl dyʃvalblɑ̃

10. kɛ lɛ lpʀi d la pɑ̃sjõ. **11.** swasɑ̃tdi fʀɑ̃ parʒuʀ, məsjø. **12.** avɛk ləpti deʒøne, ldeʒøne el dine. **13.** e laʃɑ̃bʀə bjɛ̃nɑ̃tɑ̃dy.

I. Exercice de rhythme:

Répétez en six syllabes:

1. Est-c¢ que c'est près d'ici?	[ɛs kə sɛ pʀe di si?]
2. Est-c¢ que c'est loin d'ici?	[ɛs kə sɛ lwɛ̃ di si?]
3. Est-c¢ que c'est près d¢ la gar¢?	[ɛs kə sɛ pʀe dla gaʀ?]
4. Est-c¢ que c'est loin d¢ la gar¢?	[ɛs kə sɛ lwɛ̃ dla gaʀ?]
5. Est-c¢ que c'est sur la plac¢?	[ɛs kə sɛ syʀ la plas?]

II. Exercices de prononciation:

A. *Exercise on the mute* **e**:

Répétez en deux syllabes:

L¢ musée	[lmy ze]
L¢ château	[lʃɑ to]

Répétez en trois syllabes:

L¢ bureau d¢ poste.	[lby ʀod pɔst]
L¢ prix des r¢pas	[lpʀi de ʀpa]

Répétez en cinq syllabes:

Quel est l¢ prix des r¢pas?	[kɛ lɛ lpʀi de ʀpa?]
J¢ parl¢ un peu français.	[ʒpaʀ lœ̃ pø fʀɑ̃ sɛ.]

B. *Exercise on French* **"ui"** (*Represented by the symbols* [ɥi]).

When you see the letters **ui,** you will probably want to put your lips in position to pronounce a [w] as in English words *suite, cuirass,* etc. So you must consciously avoid advancing your lips; because if you advance your lips as if to say [w], it will be difficult not to say [w].

To pronounce the French [ɥi], you first repeat several times:

[i] [y], [i] [y].

Then you say, several times:

$$[y] [i], [y] [i]$$

without pausing between the two sounds and without pronouncing a [w].

Then you pronounce the two sounds in one syllable several times and you will get a proper [ɥi]. This sound is very close to the sound (yē) that is often heard in English phrases such as "Are you eating?" which, when pronounced rapidly, sounds something like (yeeting?).

Now repeat each of the following, taking care not to insert a [w] after the "s":

Je suis Jean Hughes.	[ʒə sɥi ʒã yg.]
Je nɇ suis pas Jean Hughes.	[ʒən sɥi pɑ ʒã yg.]
Je suis Américain.	[ʒə sɥi(z) a me ʀi kɛ̃.]
Je nɇ suis pas Américain.	[ʒən sɥi pɑ a me ʀi kɛ̃.]

CONVERSATION 4

IPA transcription of dialog

alotɛl

1. kɔmã sa va, məsjø? **2.** sa va bjɛ̃, mɛʀsi. **3.** kɛ lœ ʀe til? **4.** ilɛ õzœʀ.
5. ɛskəldeʒœne ɛ pʀɛ? **6.** nõ, məsjø, pazãkɔʀ. **7.** a kɛl œʀ vulevu deʒœne?
8. a õzœʀ e dmi. **9.** a kɛlœʀalevu a la gaʀ? **10.** ʒvea la gaʀ a midi. **11.** lə tʀɛ̃
puʀ paʀi aʀiv a midi e kaʀ, nɛspɑ? **12.** nõ, məsjø. ilaʀiv a døzœʀ mwɛ̃lkaʀ.
13. a bõ alɔʀ, ʒve deʒœne a midi, kɔm dabityd. **14.** ɛskəl byʀod pɔst ɛtuveʀ
sɛtapʀemidi? **15.** sɛʀtɛnmã, məsjø. **16.** ʒyska sɛt œ ʀ dy swaʀ.

I. Exercice de rhythme:

A. *Répétez en sept syllabes:*

Est-cɇ que lɇ déjeuner est prêt?	[ɛs kə lde ʒœ ne ɛ pʀɛ?]
Jɇ vais à la gare à midi.	[ʒve a la ga ʀa mi di.]
Jɇ vais déjeuner à midi.	[ʒve de ʒœ ne a mi di.]

B. *Répétez en huit syllabes:*

Est-cɇ que lɇ bureau dɇ postɇ est ouvert?	[ɛs kə lby ʀod pɔst ɛ tu vɛʀ?]

C. *Répétez en onze syllabes:*

Est-c¢ que l¢ bureau d¢ post¢ est   [ɛs kə lby ʀod pɔst ɛ tu veʀ
ouvert ce matin?   sə ma tɛ̃?]

II. Exercice de prononciation: [ɛ] (**qu<u>e</u>lle**) and [œ] (**h<u>eu</u>re**)

A. *Répétez:*

Quelle heure est-il?

B. *Dites:*

Quelle, [ɛ], [ɛ], [ɛ]. Keep the vowel short and avoid saying [keəl].

C. *Répétez:*

1. Cet après-midi.   **2.** N'est-ce pas?   **3.** Sept.   **4.** Prêt.   **5.** Près d'ici.

D. *Dites:*

Quelle heure . . . ? [œ], [œ], [œ]. (*Keep the tip of your tongue down!*)

E. *Répétez:*

1. Quelle heure est-il? [kɛ lœʀ ɛ til?]   **2.** Neuf heures [nœ vœʀ].   **3.** Neuf [nœf].
4. L¢ déjeuner [lde ʒœ ne].   **5.** J¢ vais déjeuner [ʒvɛ de ʒœ ne].

GRAMMAR UNIT 1

III. Exercise on the French [t]

The first step in learning to pronounce the French [t] is to *hear* (1) that at the beginning of a word it is produced with much less flow of air than the corresponding English sound and (2) that in other positions it is completely articulated. Compare English *tent* and French **tente**: in *tent*, the first "t" is produced with a puff of air and the second one is hardly articulated at all; in **tente**, the first "t" is pronounced without the puff of air and the second is clearly articulated.

Next, note that the English "t" is produced with the tip of the tongue against the alveolar (the ridge behind the front teeth) but that the French "t" is produced with the tip of the tongue against the front teeth and the upper surface of the tongue against the alveolar.

Now hold your hand (or a strip of paper) in front of your mouth and say the following pairs of words, moving your tongue back for each English word and forward for each French word. Use as little breath as possible for the French words. (*a*) tobacco, **le tabac.** (*b*) tea, **le thé.** (*c*) two, **tout.** (*d*) toot, **toute.** (*e*) toe, **-teau.** Repeat this exercise until you can say the French words without feeling a puff of air on your hand (or seeing the paper move).

Finally, repeat each of the following, pronouncing the "t" with as little breath as possible:

1. une lettre.   **2.** le restaurant.   **3.** les hôtels.   **4.** le petit hôtel.   **5.** le petit déjeuner.   **6.** le château.   **7.** près du château.   **8.** tout droit.   **9.** à droite.   **10.** il est ouvert.   **11.** huit heures du matin.   **12.** Comment allez-vous?

CONVERSATION 5

IPA transcription of dialog

a la pʀefɛktyʀd pɔlis

1. kɔmã vuzaplevu, məsjø?   **2.** ʒmapɛl ʒã yg.   **3.** kɛ lɛ vɔtʀə nasjɔnalite?
4. ʒsɥi(z)ameʀikɛ̃.   **5.** u ɛt vu ne?   **6.** ʒsɥi ne a filadɛlfi.   **7.** kɛl ɑʒ avevu?
8. ʒe vɛ̃teɑ̃nã.   **9.** kɛ lɛ vɔtʀə pʀɔfesjõ?   **10.** ʒsɥizɛ̃ʒen jœʀ ʃimist.   **11.** udmœʀevu?
12. ʒədmœʀ a paʀi.   **13.** kɛ lɛ vɔtʀ adʀɛs a paʀi?   **14.** kɛz, avnyd lɔpsɛʀvatwaʀ.
15. u abit vo paʀɑ̃?   **16.** mõ pɛʀ abit a filadɛlfi.   **17.** ʒne ply ma mɛʀ.   **18.** vuzave de paʀɑ̃ ã fʀɑ̃s?   **19.** nõ, ʒnepɑd paʀɑ̃ ã fʀɑ̃s.   **20.** vwala vɔtʀə kaʀtə də travaj.
21. mɛʀsi, madmwazɛl.

Exercise on the French [l] **l'hôtel**

The French "l", like the French "t" is produced with the tip of the tongue against the front teeth.

Compare English *eel* (ēŭl) in two syllables and French **il** [il] in one syllable.

Now pronounce English *eel* and French **il** several times, moving the tongue forward for the French word each time and giving the French word a very brief, light utterance.

Now pronounce the following with the tongue against the front teeth for all the *t's* and *l's:*

1. l'hôtel.   **2.** la lettre.   **3.** Pas mal.   **4.** la place.   **5.** l'hôtel Continental.
6. l'hôtel du Cheval blanc.   **7.** Quelle heure est-il?   **8.** Comment s'appelle-t-il?
9. Comment s'appelle-t-elle?   **10.** Quel âge a-t-il?   **11.** Quel âge a-t-elle?

CONVERSATION 6

IPA transcription of dialog

 lədeʒœne

1. ilε midi e ʒe fɛ̃. **2.** mwa osi. **3.** alõ deʒœne. **4.** vwasi œ̃ ʀεstɔʀɑ̃. ɑ̃tʀõ.
5. vwala yn tablə libʀ. asεjõnu. **6.** vwasilakaʀt, mesjø. **7.** vulevu de ɔʀdœvʀ?
8. wi, apɔʀte nu de ɔʀdœvʀ. **9.** kεskə vuvule kɔm pladvjɑ̃d? **10.** dø biftεk fʀit.
11. vulevu dy vɛ̃ blɑ̃ u dy vɛ̃ ʀuʒ? **12.** dy vɛ̃ ʀuʒ. **13.** e kεskə vuvule kɔm desεʀ?
14. kεskə vuzave? **15.** nuzavõ de fʀɥi, depɔm, de banan, de pwaʀ e de pεʃ.
16. apɔʀte mwa yn pwaʀ. **17.** ʒvε pʀɑ̃dʀə yn pεʃ. **18.** vulevu dy kafe? **19.** wi,
dɔnemwa œ̃kafenwaʀ. **20.** nõmεʀsi ʒnempɑl kafe. (plytaʀ) **21.** mɔsjø ladisjõ,
silvuplε. **22.** tutsɥit, mɔsjø.

Exercise on the front [a] (**la gare**), and the back [ɑ] (**pas**).

A. *Répétez:*

la gare, [a], [a], [a].

B. *Répétez:*

1. la carte. **2.** la table. **3.** la banane. **4.** la poire. **5.** à la gare.
6. quatre heures et quart. **7.** le café noir.

C. *Répétez:*

n'est-ce pas? [ɑ], [ɑ], [ɑ].

D. *Répétez:*

1. trois. **2.** là-bas [la bɑ]. **3.** le château. **4.** pas encore. **5.** tout droit.
6. Quel âge avez-vous?

GRAMMAR UNIT 2

I. Exercices de rhythme:

Répétez:

A. QUATRE SYLLABES.

J'ai du café.	[ʒe dy ka fe.]
Jȼ n'ai pas dȼ café.	[ʒne pɑd ka fe.]
J'ai dȼ la monnaie.	[ʒed la mɔ nɛ.]
Jȼ n'ai pas dȼ monnaie.	[ʒne pɑd mɔ nɛ.]

B. SIX SYLLABES.

J'ai des parents en France.	[ʒe de pa ʀɑ̃ ɑ̃ fʀɑ̃s.]
Jȼ n'ai pas dȼ parents en France.	[ʒne pɑd pa ʀɑ̃ ɑ̃ fʀɑ̃s.]

C. HUIT SYLLABES.

J'ai unȼ carte d'identité.	[ʒe yn ka ʀtə di dɑ̃ ti te.]
Jȼ n'ai pas dȼ carte d'identité.	[ʒne pɑd ka ʀtə di dɑ̃ ti te.]

II. Exercices de prononciation sur [ɔ] (**la p<u>o</u>mme**) et [o] (**l'h<u>ô</u>tel**).

A. *Répétez:* la pomme [ɔ], [ɔ], [ɔ].

Répétez:

1. un rest**au**rant. **2.** le bureau de p**o**ste. **3.** c**o**mme d'habitude. **4.** v**o**tre pr**o**fession. **5.** v**o**tre nationalité. **6.** l'**o**bservatoire. **7.** la m**o**nnaie. **8.** **o**ctobre. **9.** pas enc**o**re. **10.** al**o**rs. **11.** h**o**rs-d'œuvre.

Note that the **o**'s in **octobre** are both [ɔ] [ɔk tɔʀ], that they are not pronounced like either of the o's in English *October*. The nearest English equivalent is the short **u** in Eng. *duck*.

B. *Répétez:* l'hôtel, [o], [o], [o]. Keep the vowel short and clear.

Répétez:

1. be**au**coup. **2.** l'**au**tre. **3.** le ch**â**te**au**. **4.** le bure**au**. **5.** l'hô**te**l. **6.** v**o**s parents. **7.** **au**jourd'hui. **8.** de l'e**au**. **9.** l'hô**te**lier.

CONVERSATION 7

IPA transcription of dialog

vwaja ʒaʀwɑ̃.

1. kɛlʒuʀ sɔmnu oʒuʀdɥi? **2.** sɛtoʒuʀdɥi lə vɛt sɛptɑ̃bʀ. **3.** kɑ̃vaty amaʀsej?

4. lə mwa pRɔʃɛ̃. **5.** ʒkɔ̃t paRtiR lə kɛ̃zɔktɔbR **6.** erəvniR lə pRəmje nɔvɑ̃bR.
7. ɛskə tye libR alafɛ̃ dlasmɛn? **8.** wi, ʒsɥi librə vɑ̃dRədi, samdi, e dimɑ̃ʃ.
9. vøtyvniR aRwɑ̃ avɛk mwa? **10.** vɔlɔ̃tje. **11.** kɛlʒuR paR ty? **12.** ʒe lɛ̃tɑ̃sjɔ̃d-
paRtiR ʒødiswaR. **13.** akelœR? **14.** ʒəkRwa kəltRɛ̃ paR a dizɥitœR. **15.** ilaRiv
a Rwɑ̃ døzœR plytaR. **16.** paRfɛ. **17.** sɛtɑ̃tɑ̃dy dɔk. a ʒødi apRɛ midi.

Exercise on the French mute "e" as in **le cheval.**

A. *Repeat:*

le cheval [lə ʃval], [ə], [ə], [ə].
Note that the [ə] is produced with the tip of the tongue against the lower
front teeth and the lips slightly rounded.

B. *Now repeat the following expressions with a mute "e":*

1. le cheval [lə ʃval]. **2.** le repas [ləR pɑ]. **3.** le petit déjeuner [lə pti de ʒœ ne].
4. Je ne parle pas français [ʒən paRlə pɑ fRɑ̃ sɛ]. **5.** De rien, monsieur [də Rjɛ̃
mə sjø]. **6.** est-ce que [ɛskə].

C. *Repeat the following phrases and note that these mute "e's" are entirely*
silent.

1. *Répétez en quatre syllabes:*

Où est le̸ château?	[u ɛ lʃɑ to?]
Où est le̸ musée?	[u ɛ lmy ze?]
Je̸ vais à la gare.	[ʒve a la gaR.]
Je̸ n'aime̸ pas le̸ café.	[ʒnɛm pɑ lka fe.]
Le̸ bureau de̸ tabac.	[lby Rod ta ba.]
Je̸ m'appelle̸ Jean Hughes.	[ʒma pɛlʒɑ̃ yg.]

2. *Répétez en cinq syllabes:*

Où est le̸ bureau de̸ poste̸?	[u ɛ lby Rod pɔst?]
Je̸ parle̸ un peu français.	[ʒpaR lœ̃ pø fRɑ̃ sɛ.]
Je̸ déjeune̸ à midi.	[ʒde ʒœ na mi di.]
Je̸ dîne̸ au restaurant.	[ʒdi no Rɛs tɔ Rɑ̃.]
L'hôtel du Che̸val blanc.	[lo tɛl dy ʃval blɑ̃.]

NOTE. Don't imagine it is difficult to pronounce French words such as **Je déjeune, Je m'appelle, Je n'aime pas,** *etc.,* without sounding the mute e's. You produce these — and more difficult — combination in English all the time without thinking about it. You have no trouble saying something like: "Zydad back" for "Is your dad back?" or "Dymother come" for "Did your mother come?" or "Zyname Percy?" for "Is your name Percy?" and so on. And don't imagine it is sloppy French pronunciation! This follows the very best usage. It would sound schoolteacherish to say «**Le bureau de tabac**» in six syllables.

NASAL VOWELS

As English is very rich in nasal vowels, the only difficulty the French nasal vowels present is that they must be sounded without actually pronouncing the consonant **n** — except, of course, in linking.

I. Exercice sur [ɛ̃] (**ingé**n**ieur**).

Répétez:

1. Très bien [ɛ], [ɛ̃]. **2.** bien. [ɛ̃], [ɛ̃], [ɛ̃]. **3.** loin. **4.** de rien. **5.** cinq heures moins le quart. **6.** vingt-cinq. **7.** Améric**ain**.

II. Exercice sur [ɑ̃] (**par**e**nts**).

Répétez:

1. Des parents en France. [ɑ̃]. [ɑ̃], [ɑ̃]. **2.** cent francs. **3.** cent ans. **4.** le restaurant. **5.** du vin blanc. **6.** un plat de viande. **7.** l'anglais. **8.** entendu.

III. Exercice sur [ɔ̃] (**non**).

Répétez:

1. Pardon! [ɔ̃], [ɔ̃], [ɔ̃]. **2.** bonjour. **3.** à onze heures. **4.** allons. **5.** entrons. **6.** votre professi**on**. **7.** le garçon. **8.** un bon dîner. **9.** nous avons. **10.** ils ont.

IV. Exercice sur [œ̃] (<u>un</u> **restaurant**).

Répétez:

1. un restaurant [œ̃], [œ̃], [œ̃]. **2. un** musée. **3. un** agent de police. **4. lun**di. **5. un** an.

Note that many French people usually substitute [ɛ̃] for [œ̃] so that **un** rhymes with **vin**. We do not recommend that students follow this practice but that they be prepared to understand words like [ɛ̃fʀɑ̃] (**un franc**) or [lɛ̃di] (**lundi**) when they hear them.

CONVERSATION 8

IPA transcription of dialog

dɑ̃ la ʀy

1. uvaty? **2.** ʒvɛ aʃte œ̃ʒuʀnal. **3.** u vɑ̃tɔ̃ deʒuʀno? **4.** ɔ̃ vɑ̃deʒuʀno obyʀodtaba u o kjɔsk. **5.** avevudeʒuʀno, madam? **6.** mɛwi məsjø. le vwala. **7.** dɔnemwa lfigaʀo silvuplɛ. **8.** ləvwasi, məsjø. **9.** sɛ kɔ̃bjɛ̃? **10.** sɛ̃kɑ̃t sɑ̃tim, məsjø. **11.** avevu deʀvy ameʀikɛn? **12.** ʒɔʀɡʀɛt boku. **13.** nu navɔ̃ pɑd ʀəvy ameʀikɛn. **14.** kɔ̃bjɛ̃ kut sə plɑ̃dpaʀi? **15.** si fʀɑ̃, məsjø. **16.** ilɛ tʀezytil, mɛm puʀ le paʀizjɛ̃. **17.** ʒne kœ̃ bijɛd sɑ̃ fʀɑ̃. **18.** avevudlamɔne? **19.** ʒəkʀwakəwi. **20.** ɛskə sɛ tu, məsjø? **21.** wi, ʒəkʀwa ksɛ tu puʀoʒuʀdɥi.

Exercise on [ʃ] as in le **châ**teau and [ʒ] as in le **dé**jeuner.

These sounds are so much like those we produce in the words s*h*allow and ple*asu*re, that most students never bother to pronounce them as the French do. But if the tip of the tongue is turned up — as in English, it is very difficult to pronounce correctly such words as **je, juin, chercher,** etc.

Repeat the following words, trying hard to keep the tip of the tongue DOWN:

A. [ʃ] **1.** chercher. **2.** le château. **3.** la chambre. **4.** la chaise. **5.** je cherche.

B. [ʒ] **1.** le déjeuner. **2.** je déjeune. **3.** jeudi. **4.** le huit juin. **5.** je sais (*slowly*) [ʒə sɛ]. **6.** je sais (*quickly*) [ʒsɛ]. **7.** je suis (*slowly*) [ʒə sɥi]. **8.** je suis (*quickly*) [ʒsɥi]. **9.** Je suis ingénieur-chimiste. **10.** le quatorze juillet **11.** Jeudi, je déjeune avec Jeanne. **12.** Je vais acheter un journal. **13.** Je crois que oui.

DATES, NUMBERS, COUNTING

A. In dates, street numbers, telephone numbers, in counting, etc., the cardinal numbers are pronounced as follows:

1. ɑ̃	**11.** õz	**21.** vɛ̃teɑ̃
2. dø	**12.** duz	**22.** vɛ̃tdø
3. tRwɑ	**13.** tRɛz	**23.** vɛ̃ttRwɑ
4. katR	**14.** katɔRz	**24.** vɛ̃tkatR
5. sɛ̃k	**15.** kɛ̃z	**25.** vɛ̃tsɛ̃k
6. sis	**16.** sɛz	**26.** vɛ̃tsis
7. sɛt	**17.** dissɛt	**27.** vɛ̃tsɛt
8. ɥit	**18.** dizɥit	**28.** vɛ̃tɥit
9. nœf	**19.** diznœf	**29.** vɛ̃tnœf
10. dis	**20.** vɛ̃	

30. tRɑ̃t	**31.** tRɑ̃teɑ̃	**32.** tRɑ̃tdø, etc.
40. kaRɑ̃t	**41.** kaRɑ̃teɑ̃	**42.** kaRɑ̃tdø, etc.
50. sɛ̃kɑ̃t	**51.** sɛ̃kɑ̃teɑ̃	**52.** sɛ̃kɑ̃tdø, etc.
60. swasɑ̃t	**61.** swasɑ̃teɑ̃	**62.** swasɑ̃tdø, etc.
70. swasɑ̃tdis	**71.** swasɑ̃teõz	**72.** swasɑ̃tduz, etc.

80. katRəvɛ̃	**81.** katRəvɛ̃ɑ̃, etc.
90. katRəvɛ̃dis	**91.** katRəvɛ̃õz, etc.
100. sɑ̃	**101.** sɑ̃ ɑ̃ **102.** sɑ̃ dø, etc.
500. sɛ̃sɑ̃	**501.** sɛ̃sɑ̃ ɑ̃, etc.
600. sisɑ̃	**601.** sisɑ̃ ɑ̃, etc.
700. sɛtsɑ̃	**701.** sɛtsɑ̃ ɑ̃, etc.
800. ɥisɑ̃	**801.** ɥisɑ̃ ɑ̃, etc..
900. nœfsɑ̃	**901.** nœfsɑ̃ ɑ̃

1000. mil, **1001.** mil ɑ̃, etc.	**5000.** sɛ̃mil
1100. õzsɑ̃ *or* milsɑ̃	**6000.** simil
1200. duzsɑ̃ *or* mildøsɑ̃	**7000.** sɛtmil
1300. tRɛzsɑ̃ *or* miltRwɑsɑ̃, etc.	**8000.** ɥimil
2000. dø mil	**9000.** nœfmil
2100. dømil sɑ̃	**10.000.** dimil
2200. dømildøsɑ̃	**500.000.** sɛ̃sɑ̃mil
2300. dømiltRwɑsɑ̃, etc.	**1.000.000.** ɑ̃miljõ

B. When cardinal numbers are used purely as adjectives and are immediately followed by the nouns they modify,

(1) their final consonants are linked to a word beginning with a vowel:

1.	un enfant	œ̃nɑ̃fɑ̃
2.	deux enfants	døzɑ̃fɑ̃
3.	trois enfants	trwazɑ̃fɑ̃
5.	cinq enfants	sɛ̃kɑ̃fɑ̃
6.	six enfants	sizɑ̃fɑ̃
7.	sept enfants	sɛtɑ̃fɑ̃
8.	huit enfants	ɥitɑ̃fɑ̃
9.	neuf* enfants	nœfɑ̃fɑ̃
10.	dix enfants	dizɑ̃fɑ̃

(2) the final consonant of 2, 3, 5, 6, 8, 10, is silent before a word beginning with a consonant:

1.	un franc	œ̃ frɑ̃
2.	deux francs	døfrɑ̃
3.	trois francs	trwɑfrɑ̃
5.	cinq francs	sɛ̃frɑ̃
6.	six francs	sifrɑ̃
8.	huit francs	ɥifrɑ̃
10.	dix francs	difrɑ̃

(3) The pronunciation of the final consonant of 7 and 9 before a word beginning with a consonant is optional but most people pronounce it:

7.	sept francs	sɛtfrɑ̃	*or*	sɛfrɑ̃
	dix-sept francs	dissɛtfrɑ̃		dissɛfrɑ̃
9.	neuf francs	nœffrɑ̃		nœfrɑ̃
	dix-neuf francs	diznœffrɑ̃		diznœfrɑ̃

CONVERSATION 9

IPA transcription of dialog

pətit ɛ̃terɔgɑsjõ syr listwar də frɑ̃s

1. kɔnɛsevu listwar də frɑ̃s? **2.** sɛrtɛnmɑ̃, ʒkɔnɛ ʒandark e napɔleõ. **3.** kɛskə vusaved ʒandark? **4.** pa grɑ̃ ʃoz. **5.** ʒənsepa kɑ̃tɛlɛne. **6.** mɛʒsɛ kɛlɛmɔrt a rwɑ̃. **7.** savevu u ɛ ne napɔleõ? **8.** ilɛ ne ɑ̃ kɔrs o dizɥitjem sjɛkl. **9.** e lwi katɔrz, ɑ̃ kɛlane ɛtil mɔr? **10.** ɑ̃ dissɛtsɑ̃kɛ̃z, si ʒe bɔn memwar. **11.** mɛ vu mpoze bokudkɛstjõ. **12.** ɑ̃kɔr yn. **13.** vu kɔnɛse lkatɔrz ʒɥijɛ, n'ɛspa? **14.** sɛlʒurd la fɛt nasjɔnal ɑ̃ frɑ̃s. **15.** savevu purkwa? **16.** parskə sɛlʒurd la

---

* Note, however, that in **neuf ans** and **neuf heures,** the f is pronounced v.

pRiz dəlabastij, ɑ̃ dissɛtsɑ̃ katRəvɛ̃nœf. **17.** vuvwaje kəʒsɥi bjɛ̃ Rɑ̃sɛɲe. **18.** evidamɑ̃. **19.** ʒən vɛ ply vu pozed kɛstjõ. **20.** vusavetu u pRɛsk.

Exercises on [s], [z], [d], [n].

As for the French [t] and [l], the tip of the tongue should be against or near the front teeth to pronounce [s], [z], [d], and [n], and less breath is used than in pronouncing the equivalent consonants in English.

With the tip of your tongue against or near the front teeth, repeat each of the following:

A. [s] and [z]:

1. Est-ce tout [ɛs tu]? **2.** Vous savez tout. **3.** Des cigarettes. **4.** Six cents. **5.** Seize cents. **6.** dix-sept [dis sɛt]. **7.** Ils sont [il sõ]. **8.** Ils ont [il zõ].

B. [d] and [n]:

1. des bananes. **2.** la date. **3.** la date de la fête nationale. **4.** bien entendu. **5.** Suzanne n'aime pas les bananes. **6.** la date de la bataille de Waterloo.

CONVERSATION 10

IPA Transcription of dialog

maRjaʒ dynami

1. kɔnɛsevu lwiz bədɛl? **2.** nõ, ʒən la kɔnɛ pɑ. **3.** mɛ si. **4.** ʒəkRwa kvuzave fɛ sa kɔnɛsɑ̃s ʃe sɥzan samdidɛRnje. **5.** ɛs yn pətit ʒœnfij bRyn? **6.** mɛ nõ. sɛtyn gRɑ̃d blõd. **7.** o, vupaRle dla ʒœnfij, **8.** ki a ʒwed la gitaR e ki ʃɑ̃t si bjɛ̃? **9.** wi, avɛk leʃvø lõ, lə tɛ̃ klɛR, e də gRɑ̃zjø blø. **10.** e bjɛ̃? kɛski lɥi aRiv? **11.** ɛl vasmaRje ʒødi pRɔʃɛ̃. **12.** avɛk ki? **13.** avɛk ʃaRldypõ. **14.** ʒkɔnɛ tRɛbjɛ̃ ʃaRl. **15.** kɛskil fɛ? **16.** ilɛtɛ̃ʒenjœR elɛktRisjɛ̃. **17.** ʒəpɑ̃s kəʃaRl ad la ʃɑ̃s. **18.** ilɛ ʒɑ̃ti, Riʃ, e sɛ̃patik. **19.** sa fytyR fam ɛ Ravisɑ̃t e ɛl a bokud talɑ̃.

CONVERSATION 11

IPA transcription of dialog

yn pRɔmnad

1. vule vu fɛRyn pRɔmnad? **2.** ʒvø bjɛ̃. kɛltɑ̃fɛtil? **3.** ilfɛ bo. mɛ ilfɛdy vɑ̃. **4.** ɛskil fɛ fRwa? **5.** nõ, pɑdytu. **6.** ilnəfɛ ni tRɔʃo ni tRofRwa. **7.** fotil pRɑ̃dR œnɛ̃pɛʀmeabl u œ̃ paʀaplɥi? **8.** snɛ pɑ la pɛn. **9.** il nəvapɑ plœvwaʀ. **10.** ʒe pœʀ də la plɥi. **11.** vuzɛt syʀ kil nəvapɑ plœvwaʀ? **12.** bjɛ̃ syʀ. **13.** ʀgaʀde ləsjɛlblø. pɑzœ̃ nɥaʒ. **14.** sɛtœ̃tɑ fɔʀmida bl. **15.** bõ. ʒvukʀwa. **16.** kɔmtuʒuʀ, ʒe kõfjɑs ɑ̃ vu.

ynœʀ ply taʀ

17. il plø, il plø aso. **18.** ʒəsɥi tʀɑ̃pe ʒyskozo. **19.** sɛ vɔtʀə fot. **20.** ma fot? kɔmɑ̃ sla? **21.** vusave bjɛ̃. ʒne ply kõfjɑs ɑ̃vu.

Exercise on [u] (**vous**) and [y] (**sûr**).

A. *Repeat each of the following words and phrases, making it a point to sound the* [u] *clearly — without sounding an* **i** *or* **e** *before the* [u] *or* [ŭ] *after it.*

1. Bonjour. **2.** beaucoup. **3.** C'est tout? **4.** Où allez-vous?

B. *Repeat the following, putting the tip of your tongue against your lower front teeth for each* [y] *sound.*
1. [i] [y]. **2.** une lettre. **3.** une voiture. **4.** une rue. **5.** du vin.

C. *Repeat the following, moving your tongue forward for each* [y] *sound and back for each* [u].
1. [y] [u]. **2.** pas du tout. **3.** la rue du Louvre. **4.** du vin rouge.

CONVERSATION 12

IPA transcription of dialog

le sɛzõ

1. ʀgaʀd laneʒ! **2.** tjɛ̃! sɛ lapʀəmjɛʀ fwa kilneʒ sɛtane. **3.** ʒnɛm pɑdytu livɛʀ. **4.** puʀkwapɑ? **5.** livɛʀ a se plɛziʀ, kɔm lezotʀə sɛzõ. **6.** õ pø patine, fɛʀdyski, ale oteɑtʀ, ubjɛ̃ ekute de disk, ʀgaʀde la televizjõ. . . . **7.** wi, mɛ livɛʀ dyʀ tʀo lõtɑ̃. **8.** kɛl sezõ pʀefɛʀty, alɔʀ? **9.** ʒə kʀwa kəʒ pʀefɛʀ lete. **10.** ʒɛm naʒe, pʀɑ̃dʀə de bɛ̃dsɔlɛj, fɛʀdyvelo, ale a la kɑ̃paɲ. **11.** mɛ la kɑ̃paɲ ɛtosiagʀeabl ɑ̃notɔn kɑnete. **12.** syʀtu, il fɛ mwɛ̃ʃo. **13.** wi lotɔn kɔmɑ̃s bjɛ̃. **14.** mɛ il fini mal. **15.** mwa ʒɛmmjø lpʀɛ̃tɑ̃. **16.** tya ʀɛzõ. **17.** tulmõd ɛtøʀød vwaʀ vəniʀ lə pʀɛ̃tɑ̃.

Exercise on [p], [f], [k].

These consonants are much like their English equivalents except that they are pronounced with noticeably less breath.

Pronounce each of the following with as little breath as possible:

A. [p]: **1.** le papier. **2.** on peut. **3.** on ne peut pas. **4.** Et puis, on peut patiner. **5.** On peut patiner un peu. **6.** un peu plus tard.

B. [f]: **1.** des fleurs. **2.** faire du ski. **3.** je préfère. **4.** des feuilles. **5.** la première fois.

C. [k]: **1.** Quelle heure est-il? **2.** la campagne. **3.** le café. **4.** Quelle est votre profession? **5.** Quand allez-vous à Caen [kɑ̃]? **6.** Quand allez-vous à Cannes [kan]?

CONVERSATION 13

IPA transcription of dialog

ʒɑ̃ fɛ dekuʀs

1. ʒedekuʀsafɛʀ. **2.** ʒvødabɔʀ aʃte dypɛ̃. **3.** õvɑ̃dypɛ̃ alepisʀi, nɛspa? **4.** nõ. ilfotale ala bulɑ̃ʒʀi. **5.** ɑ̃sɥit, ʒvø(z)aʃted lavjɑ̃d. **6.** kɛlɛspɛs dəvjɑ̃d? **7.** dybœf e dypɔʀ. **8.** puʀ ləbœf, ale(z)ala buʃʀi. **9.** puʀ ləpɔʀ, ale(z)ala ʃaʀkytʀi. **10.** fotil ale a dø magazɛ̃ difeʀɑ̃? **11.** wi. ɑ̃fʀɑ̃s, leʃaʀkytje vɑ̃d dypɔʀ. **12.** lebuʃe vɑ̃d lezotʀəzɛspɛs dəvjɑ̃d. **13.** ʒe bəz wɛ̃ osi də papje a lɛtʀ. **14.** õvɑ̃ dypapjealɛtʀ alafaʀmasi, nɛspa? **15.** nõ. lefaʀmasjɛ̃n vɑ̃d kədemedikamɑ̃. **16.** u fotilale alɔʀ? **17.** ale(z)ala paptʀi *or* papetʀi u o byʀodtaba. **18.** ɛ̃si, lebuʃen vɑ̃d pɑdpɔʀ, lefaʀmasjɛ̃n vɑ̃d kə demedikamɑ̃, e õvɑ̃ dypapjealɛtʀ dɑ̃lebyʀodtaba! **19.** vu puvezale o sypɛʀmaʀʃe, si vuvule. **20.** o nõ! ʒem bjɛ̃ koze avɛk lemaʀʃɑ̃.

CONVERSATION 14

IPA transcription of dialog

ynɛ̃vitasjõ

1. ʒsɥizɛ̃vite ʃe le bʀun. ty le kɔne? **2.** nõ, ʒõnle kɔne pɑ. **3.** ɛskil sõtameʀikɛ̃? **4.** məsjø bʀun ɛtameʀikɛ̃, mɛ safam ɛ fʀɑ̃sez. **5.** kɑ̃ səməsjø bʀun ɛtil vəny ɑ̃ fʀɑ̃s? **6.** ʒõn sɛpa(z)o ʒyst. **7.** ʒəkʀwa kilɛvny ɑ̃ fʀɑ̃s ilja sɛ̃ku sizɑ̃. **8.** il a pɑse dø(z)utʀwazɑ̃ ɑ̃nɑ̃glətɛʀ. **9.** kɛskilɛvny fɛʀ ɑ̃ fʀɑ̃s? **10.** ilɛ bɑ̃kje. **11.** sa bɑ̃k sətʀuv pʀɛd ləpeʀa. **12.** ilabit pʀɛdy bwad bulɔɲ. **13.** ɛskil paʀlə fʀɑ̃sɛ? **14.** tʀɛ kuʀamɑ̃, mɛ, elas, avɛk œ̃ fɔʀtaksɑ̃ ameʀikɛ̃. **15.** tyl kɔnɛdpɥi lõtɑ̃?

16. sɛtæ̃ vjejamid mõpɛʀ.   17. ʒle vy suvã ʃenu a filadɛlfi.   18. sa famɛlɥi õ tuʒuʀ ete tʀɛ ʒɑ̃ti puʀ mwa.

CONVERSATION 15

IPA transcription of dialog

ynʀɔb sãsasjɔnɛl

1. u ɛtvuzale sɛtapʀemidi?   2. ʒsɥizale ãvil.   3. kɛskə vuzavefɛ?   4. ʒe fɛ de kuʀs.   5. kɛskə vuzave(z)aʃte dəbo?   6. pɑ mal də ʃoz. ʒsɥi dabɔʀ ale o pʀizynik.   7. æ̃ pʀizynik? kɛskəsɛksa?   8. sɛtæ̃ magazɛ̃ u õ vɑ̃ dətu a bõ maʀʃe.   9. avevufɛ də bɔnzafɛʀ?   10. e kɔmɑ̃! ʒe dekuvɛʀ yn ʀɔb sãsasjɔnɛl e osi səpɑ̃talõ pɑ ʃɛʀ dytu.   11. kɔmɑ̃ lətʀuvevu?   12. il vu va aʀaviʀ.   13. ʒe maʀʃe tu lapʀemidi. ʒsɥizæ̃pø fatige.   14. vuzɛt(z)ale ãvil a pje?   15. wi, ʒe vuly pʀɔfite dybotɑ̃.   16. ɑ̃ tu kɑ, sɛt pʀɔmnad mafɛ bokud bjɛ̃.   17. syʀtu, ʒe tʀuve yn ʀɔb kimplɛ boku — ɛgzaktəmɑ̃ skəʒvulɛ.

CONVERSATION 16

IPA transcription of dialog

ʒɑ̃ lu æ̃napaʀtəmɑ̃

1. bõʒuʀ madam. vuzave æ̃napaʀtəmɑ̃ mœble a lwe, nɛspɑ?   2. mɛwi məsjø. ʒɑ̃ne æ̃opʀəmje.   3. ɛskəʒ pøl vwaʀ?   4. sɛʀtenmɑ̃ məsjø. ʒve vulmõtʀe. paʀisi silvuplɛ.   5. sɛ la pʀəmjɛʀ pɔʀt adʀwat, ɑ̃ od lɛskalje.   6. vulevu bjɛ̃ mõte?   7. vɔlõtje.   8. vwasi lapaʀtəmɑ̃. kɔmɑ̃ltʀuve vu?   9. ʒəltʀuv vʀɛmɑ̃ tʀezagʀeabl.   10. e ilɛ tʀetʀɑ̃kil, məsjø.   11. ilnja ʒamɛdbʀɥi dɑ̃lkaʀtje.   12. tɑ̃mjø.   13. vwasi la saldəbɛ̃. nuzavõl ʃofaʒ sɑ̃tʀal, bjɛ̃nɑ̃tɑ̃dy, e loʃod tutlaʒuʀne.   14. kɛlɛl(ə)lwaje, silvuplɛ?   15. ɥisãsɛ̃kɑ̃t fʀɑ̃ paʀ mwa məsjø.   16. ʒəkʀwak sɛtapaʀtəmɑ̃ nu kõvjɛ̃dʀa tutafɛ.   17. mõnami vjɛ̃dʀal(ə)vwaʀ dəmɛ̃.   18. ɛskədmɛ̃ vu kõvjɛ̃?   19. mewi məsjø, paʀfɛtmɑ̃. ʒvuzatɑ̃dʀe.

CONVERSATION 17

IPA transcription of dialog

maʀi va ãvil

1. u iʀevu sɛtapʀemidi?   2. ʒiʀe ãvil.   3. kɛskə vufʀe?   4. ʒəfʀe de kuʀs.

5. ʒaʃetʀe kɛlkəʃoz puʀ ʀɔʒe — œ̃ pylover u otʀəʃoz. **6.** sɛdmɛ̃ sõnanivɛʀsɛʀ.
7. kɔmɑ̃ iʀevu ɑ̃vil? **8.** ʒiʀe a pje, silfɛbo. **9.** vusʀe bjɛ̃to fatige. **10.** puʀkwan
pʀənevu pɑl metʀo? **11.** ʒnɛmpɑ pʀɑ̃dʀəl metʀo. **12.** ozœʀ dəpwɛ̃t, ilja
tʀodmõd. **13.** kɛskəvufʀe sil plø? **14.** sil plø, ʒpʀɑ̃dʀe œ̃ taksi. **15.** ʒəʀɑ̃tʀəʀed
bɔnœʀ. **16.** nublije pɑ kənuzalõ tu letʀwɑ o sinema sə swaʀ. **17.** nəvuzɑ̃fɛtpɑ.
ʒnubliʀe pɑ. **18.** akɛlœʀ ʀɔʒe vjɛ̃dʀatil vu ʃɛʀʃe? **19.** ilvjɛ̃dʀam ʃɛʀʃe aɥitœʀ
pʀesiz, ditil. **20.** vəne dõk vɛʀ ɥitœʀ. **21.** ɑ̃tɑ̃dy, asəswaʀ.

If you can produce a French uvular [ʀ] easily and naturally before and after
all the vowels you do not need to do the following exercise. But if you are still
having a little trouble with it, this is the point beyond which you should no longer
postpone mastering it.

A. *Review the exercise on* [ʀ] *from the first pronunciation exercise on pp.*
   390–391.

B. *Repeat carefully each of the following:*

1. le rat, l'art, la gare, rare, une orange.
2. près, très, rester, l'air, la guerre.
3. répéter, je ferai, je serai, rentrer, je rentrerai.
4. Paris, Américain, j'écrirai, j'irai, je rirai (*I shall laugh*).
5. l'heure, l'aurore, l'horreur, des roses, la route.
6. la rue, le fruit, le bruit, on construit, je crois, j'ai cru.
7. (*a*) À quelle heure finirez-vous votre travail?
   (*b*) Je rentrerai de bonne heure.
   (*c*) Je n'oublierai pas notre rendez-vous.

CONVERSATION 18

IPA transcription of dialog

vwajaʒa ʀɛ̃s

o giʃe, a la gaʀ də lɛst

1. ʒvudʀe œ̃ bije ale ɛʀtuʀ puʀ ʀɛ̃s. **2.** kɛl klɑs, məsjø? **3.** s(ə)gõd, silvuple.
4. kõbjɛ̃dtɑsbije ɛtilbõ? **5.** kɛ̃z ʒuʀ, məsjø. **6.** ɛskəʒdwa ʃɑ̃ʒedtʀɛ̃ ɑ̃ʀut?
7. wi, vudve ʃɑ̃ʒe a epɛʀnɛ. **8.** kõbjɛ̃dtɑ fotilatɑ̃dʀə lakɔʀɛspõdɑ̃s? **9.** vuzɔʀe
apøpʀe yn dəmi œ̃ʀ a epɛʀnɛ.

syʀ ləke a epɛʀnɛ

10. l(ə)tʀɛ̃ ɛtilalœʀ? **11.** wi məsjø. ɑ̃ fʀɑ̃s, letʀɛ̃nsõʒamɛ ɑ̃ʀtaʀ. **12.** o vʀɛmɑ̃? ɑ̃skala, ɛskə ʒɔʀɛltɑ̃ dale obyfɛ? **13.** vupuve(z)esɛje, mɛ depeʃevu. **14.** l(ə)tʀɛ̃ saʀɛt sœlmɑ̃ tʀwɑ minyt. **15.** sivumɑ̃kestʀɛ̃, vusʀe(z)ɔbliʒed pɑselanɥi a epɛʀnɛ.

CONVERSATION 19

IPA transcription of dialog

omyze dy ʒõd pom

1. vulevu ʒ(ə)te ɶ̃ kudœj syrləmyze dy ʒõd pom? **2.** kɛskəsɛksa? **3.** sɛlgʀɑ̃ myze dezɛ̃pʀɛsjɔnist, manɛ, mɔnɛ, ʀɔnwaʀ e boku dotʀ. **4.** puʀkwa apɛltõ se ʒɑ̃la dezɛ̃pʀɛsjɔnist? **5.** akoz dɶ̃tablo dmɔnɛ ɛ̃tityle ɛ̃pʀɛsjõ. **6.** il ʀɔpʀezɑ̃t lə ləve dy sɔlɛj o bɔʀd la mɛʀ. **7.** ɶ̃ kʀitik, kinɛmɛpɑ le nuvo pɛ̃tʀ, lœʀ a dɔnel nõ dɛ̃pʀɛsjɔnist. **8.** elnõ ɛ ʀɛste.

a la sɔʀti dy myze

9. õ vɑ̃ isi de ʀɔpʀɔdyksjõ. **10.** ɛskəsla vuzɛ̃teʀɛs? **11.** mɛ wi. vwasi ʒystəmɑ̃ ɶ̃ tablod manɛ kimplɛ boku. (il ʀɔgaʀd lətitʀ) **12.** lədeʒœne syʀ lɛʀb. (a la vɑ̃døz) **13.** sekõbjɛ̃? **14.** sɛ̃kɑ̃tfʀɑ̃məsjø. **15.** bõ, dɔnel mwa. (amaʀi) **16.** ʒvel metʀ syʀləmyʀ də ma ʃɑ̃bʀ.

CONVERSATION 20

IPA transcription of dialog

alaʀɛdlotɔbys

1. tjɛ̃, bõʒuʀ maʀi, kɛskətyfɛ isi? **2.** tyvwa, ʒatɑ̃ lotɔbys. **3.** ilya bjɛ̃ ɶ̃ kaʀdœʀ kəʒ latɑ̃. **4.** vʀɛmɑ̃? **5.** ɶ̃ notɔbys ɛ pase iljadi minyt. **6.** ʒne pɑ py mõte. **7.** pɑdplas. **8.** kõple. **9.** ɑ̃ vwasiɶ̃kiaʀiv. **10.** ʒvwa de ʒɑ̃dbu. **11.** sanfɛʀjɛ̃. mõtõ tudmɛm. (dɑ̃lotɔbys) **12.** õnɛtɶ̃pø sɛʀe, bokumɛm. **13.** il jɔʀa pøtetʀ dəlaplas plylwɛ̃, kɑ̃leʒɑ̃kɔmɑ̃sʀõ adesɑ̃dʀ. **14.** ɛspeʀõ lə. **15.** udesɑ̃ty? **16.** alaʀɛdla ʀydʀivɔli. **17.** ʒve fɛʀ dezɑ̃plɛt. **18.** mwaʒve ʃel kwafœʀ, ʀydy katʀə septɑ̃bʀ. **19.** sity võ, ʒəfʀe ɶ̃ ptibud ʃəmɛ̃ avɛktwa. **20.** fɔʀ bjɛ̃. səsʀa ʒɑ̃ti dətapaʀ.

IPA transcription of dialog

kɑ̃ʒaveduzɑ̃

1. akɛlekɔl alɛty kɑ̃ tyave duzɑ̃? **2.** ʒalɛ(z)okɔleʒ, sɛtadiʀ alekɔl sgõdɛʀ. **3.** u abitɛty a smɔmɑ̃la? **4.** ʒabitɛ(z)yn pətitvil dezalp. **5.** i ɛtyʒamɛʀtuʀne? **6.** wi, ʒi sɥiʀtuʀne ilja kɛlkɔzane. **7.** õni a kõstʀɥi ynyzin dəpʀɔdɥi ʃimik. **8.** apaʀsa, la vilapøʃɑ̃ʒe. **9.** ɛletɑ̃kɔʀ apøpʀe tɛl kəʒə la kɔnɛse. **10.** kɛskə ty fɔze alekɔl? **11.** ʒətʀavaje ɥitœʀ paʀ ʒuʀ. **12.** ləpiʀ, sɛte livɛʀ, kɑ̃tilfəzɛfʀwa e kiljaved laneʒ. **13.** etje vu nõbʀø dɑ̃ sɛtekɔl? **14.** nõ, ilnjavɛ gɛʀply dyn sɑ̃tendelɛv. **15.** ʒəkʀwakõtʀavaje tʀo dɑ̃ tõnekɔl. **16.** malgʀetu, ʒəkʀwa kə sɛtekɔl mafɛ bokud bjɛ̃.

IPA transcription of dialog

ɶ̃ ʀym

1. bõʒuʀ maʀi. ʒən vuzepɑ vy ʃele bədɛl samdi swaʀ. **2.** ʒɛspeʀɛ puʀtɑ̃ vuziwaʀ. **3.** ʒsɥi ʀɛste alamɛzõ səswaʀla. **4.** ʒənmə sɑ̃tɛpɑ tʀɛbjɛ̃. e ʒɔm sɥi kuʃe dbɔnœʀ **5.** ʒɛspeʀ kə sla netɛ ʀjɛ̃. **6.** ʒlɛspeʀɛ osi. **7.** mɛl(ə) lɑ̃dmɛ̃, ʒtuse ʒavezɶ̃ pødfjevr e ʒave malalagɔʀʒ. **8.** avevufɛvniʀ ləmedsɛ̃? **9.** fɛʀvəniʀ ləmedsɛ̃? vu plɛzɑ̃te. **10.** mɛtnɑ̃, il fotale l(ə)vwaʀ vumɛm. **11.** nõ, ʒə lɥi e paʀle o telefɔn. **12.** sɛtɛ tusɛ̃pləmɑ̃ ɶ̃ ʀym. **13.** il makõseje də pʀɑ̃dʀə də laspiʀin. **14.** ləʀmɛd ynivɛʀsel, səlɥi ki gɛʀitu — upʀɛsk! **15.** ʒsɥi ʀɛste alamɛzõ døʒuʀ, aliʀ o kwɛ̃ dyfø. **16.** mɛtnɑ̃, ʒvɛ boku mjø. **17.** mɛ kɔmɑ̃ ave vu(z)atʀape sa? **18.** ʒnɑ̃se ʀjɛ̃dytu. **19.** ɑ̃ tu kɑ, vufʀe bjɛ̃ də vuʀpoze. **20.** swaɲe vu bjɛ̃. **21.** o! ʒnɑ̃ muʀe pɑ.

IPA transcription of dialog

uɛmõneʃaʀpəʀuʒ?

1. səʀaty bjɛ̃to pʀɛt, mamɑ̃? **2.** nusəmzɛ̃vite puʀ sɛtœʀedmi, tysɛ. **3.** ilɛ pʀɛskəlœʀd paʀtiʀ. **4.** wi, tutalœʀ. **5.** ʒəʃɛʀʃ mõneʃaʀpəʀuʒ. **6.** ʒe ʃɛʀʃe paʀtu. **7.** ʒənsepɑ uʒlemiz. **8.** ʒpø təpʀɛte yn de mjɛn sityvø. **9.** ʒɑ̃ne yn ki

Rəsɑ̃blala tjen.   **10.** mɛʀsi ɛ̃finimɑ̃.   ɛlfəʀa lafeʀ, ʒəkʀwa. (mɛtɑ̃ leʃaʀp.)
11. akɛlœʀ ʀɔʒe vjɛtil nu ʃɛʀʃe?   **12.** a sɛtœʀekaʀ.   **13.** ilvjɛ̃ nuʃɛʀʃe dɑ̃ sa
nuvɛl vwatyʀ. (ʀgaʀdɑ̃ paʀlafnɛtʀ)   **14.** vwala yn ɔto kisaʀɛt dəvɑ̃ lapɔʀt.
15. də kɛl kulœʀ ɛ la sjen?   **16.** sɛtyn vwatyʀ gʀiz.   **17.** sɛ sɑ̃ dut lɥi.   **18.** mɛ̃tnɑ̃,
uɛ mõ sak? (ʀiɑ̃)   **19.** ʒpøtəpʀetelmjɛ̃, sity vø.   **20.** a! vwalal mjɛ̃.   **21.** mɛʀsi-
puʀtɑ̃ də mɔfʀiʀ lətjɛ̃.   **22.** vwala ski sapɛl ɛtʀ ynfij devwe.

CONVERSATION 24

IPA transcription of dialog

ʀətuʀ də vakɑ̃s

1. tjɛ̃, bõswaʀ, maʀi! vuzɛt dəʀtuʀ?   **2.** ʒsɥi kõtɑ̃d vuʀvwaʀ.   **3.** avevupased-
bɔnvakɑ̃s dənɔɛl ɑ̃bʀɔtaɲ?   **4.** wi, ɛksɛlɑ̃t, mɛʀsi; mɛ tʀokuʀt, kɔm tutlevakɑ̃s.
5. kɑ̃etvu ʀəvny?   **6.** jɛʀswaʀ a vɛ̃ttʀwazʀœʀ.   **7.** avevu fɛbõvwajaʒ?   **8.** o! nə
mɑ̃ paʀlepɑ!   **9.** a ʀen, lɛkspʀɛsdəpaʀi etɛbõde.   **10.** ʒe apɛn pytʀuve ynplas.
11. e pɥi, leʒɑ̃fymɛ.   **12.** e ilfəze(t)ɔʀiblɔmɑ̃ ʃo dɑ̃lkõpaʀtimɑ̃.   **13.** vunave
padʃɑ̃s.   **14.** ʒedine ovagõ ʀɛstɔʀɑ̃.   **15.** sɛtynfasõd pɑse yndəmiœʀ.   **16.**
kɛskəvuzavefɛ l(ə)ʒuʀ dənɔɛl?   **17.** skõfɛ paʀtu səʒuʀlɑ.   **18.** nusɔmzale
alamɛsdəminɥi.   **19.** nuzavõfɛlʀevɛjõ ʃe le kɛʀgelɛn.   **20.** ʒəmsɥi bjɛ̃namyze.

CONVERSATION 25

IPA transcription of dialog

siʒetɛʀiʃ

1. kɛskətyfɑʀɛ sityete ʀiʃ. ʀɔʒe?   **2.** ʒənsepɑ(z)oʒyst.   **3.** ʒəvudʀɛ sɑ̃dut vizite
plyzjœʀ peji etʀɑ̃ʒe.   **4.** u irɛty?   **5.** ʒiʀe(z)ɑ̃ nitali vizite flɔʀɑ̃se ʀɔm.   **6.** ɑ̃neʒipt,
vwaʀ lə nil e le piʀamid.   **7.** ɑ̃ ʃin e oʒapõ vwaʀ ski spɑs la bɑ.   **8.** ɛskə sɛtu?
9. nõ, ʒaʃɛtʀe yn gʀos vwatyʀ e ʒiʀe mamyze obɔʀd lamɛʀ.   **10.** ty sʀe vit
fatiged tusla.   **11.** pøtɛtʀ.   **12.** ɑ̃tuka, siʒete ʀiʃ, ʒəsʀe filɑ̃tʀɔp.   **13.** ʒvjɛ̃dʀɛ
a lɛd de malœʀø, de dezeʀite.   **14.** kɛskətyfɑʀɛ, paʀ ɛgzɑ̃pl?   **15.** ʒmɔkypʀɛ
de pʀɔblɛm də lœʀ aktɥel.   **16.** dəla syʀpɔpylasjõ, də la pɔlysjõdə lɛʀ, də lyzaʒ
dedʀɔg, ɛtsɛteʀa.   **17.** nublije pɑ spɑdɑ̃ kə la vi ete bjɛ̃ ply penibl otʀəfwa
koʒuʀdɥi.   **18.** sepɔsibl. ʒə sypoz kə ʃak ʒeneʀasjõ a se pʀɔpʀə pʀɔblɛm.

IPA transcription of dialog

a vɛʀsaj

1. ʒən kʀwajɛ pɑ vɛʀsaj si gʀɑ̃. **2.** tut ɛ maʒestɥø: le vastə saldypalɛ, le lõgzaledypaʀk, le ʒaʀdɛ̃, le fõtɛn. **3.** sɛ lwikatɔʀz ki, kɔmtylsɛ, a fɛ kõstʀɥiʀ vɛʀsaj. **4.** ilafɛ tʀavajɛ isi sɛ̃kɑ̃tɑ̃, plyzumwɛ̃. **5.** kɛskəsɛksɛt pjɛs do labɑ, dɑ̃lə lwɛ̃tɛ̃? **6.** õlapɛl lapjɛsdo de sɥis. **7.** otɑ̃ dy gʀɑ̃ʀwa, iljavɛ la tutynflɔt. **8.** lɛswaʀ dete, ilvənɛ kɛlkəfwa sə pʀɔmne ɑ̃ bato, alalymjɛʀ detɔʀʃ avɛk de myzisjɛ̃, e natyʀɛlmɑ̃ laful də se kuʀtizɑ̃. **9.** tuslɑ ɛ bjɛ̃ fini. **10.** elɑs wi. **11.** mɛ fotil lɔʀgʀɛte? **12.** iljavɛ tɑ̃dmizɛʀ dɑ̃ sõ ʀwajom. **13.** ʀgaʀd sɛt maɲifik vy syʀ lə paʀk, avɛk se gʀɑ̃zaʀbʀ. **14.** ila lɛʀ də kõtinɥel palɛ. **15.** il lə kõtiny ɑ̃nefɛ. **16.** lakɔʀ ɛ paʀfɛ ɑ̃tʀəl palɛ, le ʒaʀdɛ̃ elpaʀk. **17.** sɛtyn vy inubliabl. **18.** apʀɛzavwaʀ ɑ̃tɑ̃dy paʀle si suvɑ̃d vɛʀsaj, ʒəsɥi vʀɛmɑ̃ tʀɛzøʀø detʀəvənyisi.

IPA transcription of dialog

kɛskətya?

1. kɛskətya, maʀi? **2.** ʒneʀjɛ̃ dytu, ʒtasyʀ. **3.** mɛsi, tyakɛlkəʃoz. **4.** tya lɛʀtʀist. **5.** akwa pɑ̃sty? **6.** ʒpɑ̃s aʒan. **7.** ki es? **8.** sɛtyndəmekuzin. **9.** tya tɑ̃dkuzin. **10.** lakɛldətekuzin es? **11.** sɛl kidmœʀaʀɛs. **12.** o wi! tymadeʒa parledɛl. **13.** ʒeʀsy jɛʀ ynlɛtʀə dəmatɑ̃t ɛʀnɛstin. **15.** ɛlmekʀi k(ə)ʒan vasmaʀjɛ ʒødipʀɔʃɛ̃. **15.** kwa? ɛskə sɛtnuvɛltəʀɑ̃ tʀist? tyeʒaluz? **16.** nõ, ʒən sɥi nitʀist niʒaluz. **17.** kɛskitɑ̃nɥi, alɔʀ? **18.** sɛkə ʒənpuʀepɑzale asõmaʀjaʒ. **19.** sɛdəmaʒ, ɑ̃nefɛ. **20.** avɛk ki takuzin s(ə)maʀitel? **21.** avɛk œ̃ʒœnaʀʃitekt kəʒkɔnɛsɛ kɑ̃tilavedizɑ̃. **22.** kɔm lətɑ̃pɑs!

IPA transcription of dialog

o kɔmisaʀjadpɔlis

1. (lkɔmisɛʀ d(ə) pɔlis) vuzet bjɛ̃ məsjø ʒɑ̃ yg, ɛ̃ʒenjœʀʃimist, **2.** dəmœʀɑ̃ ɥit ʀydydɔktœʀ ʀu?   **3.** wi, məsjølkɔmisɛʀ.   **4.** jeʀapʀɛmidi, vuzavezete temwɛ̃dlaksidɑ̃   **5.** okuʀdykɛl lədɔktœʀ lɑ̃bɛʀ aeteblɛse?   **6.** wi, məsjø lkɔmisɛʀ.   **7.** u etjevu omɔmɑ̃ dəlaksidɑ̃?   **8.** ʒetedvɑ̃ lɛ̃stity pastœʀ.   **9.** kɔmɑ̃ laksidɑ̃ atilyljø?   **10.** laʃose ete tʀɛglisɑ̃t, kaʀ ilavɛply.   **11.** lədɔktœʀlɑ̃bɛʀ, dɔ̃lotoalɛ tʀevit,   **12.** napɑpy saʀete atɑ̃.   **13.** akɛlvitɛs ləkamjɔ̃ alɛtil?   **14.** kɑ̃ laksidɑ̃ ayljø?   **15.** a ɑ̃viʀɔ̃ tʀɑ̃t kilɔmɛtʀalœʀ.   **16.** ʒvuʀmɛʀsi, məsjø.   **17.** skə- vuvneddiʀ   **18.** ɛdakɔʀ avɛk leʀɑ̃seɲmɑ̃k nuzavɔ̃ deʒa.

CONVERSATION 29

IPA transcription of dialog

ʃe lɔʀlɔʒe

1. vudeziʀe, məsjø?   **2.** ʒvudʀɛ fɛʀ ʀepaʀe sɛt mɔ̃tʀ.   **3.** ʒle lesetɔ̃be jeʀ, **4.** e ɛlnəmaʀʃə ply.   **5.** u avevuzaʃtesɛtmɔ̃tʀəla?   **6.** ʒleaʃte ɑ̃namɛʀik.   **7.** ʒmɑ̃- dute.   **8.** se lapʀəmjeʀ fwa kəʒvwa yn mɔ̃tʀə də sɛt maʀk.   **9.** dəkwa saʒitil? **10.** ilsaʒi dynʀepaʀɑsjɔ̃ sɛpl.   **11.** me ʒəsʀe obliʒed fɛʀvəniʀ œ̃ʀsɔʀ.   **12.** puve- vumdiʀ kɑ̃ mamɔ̃tʀəsʀapʀet?   **13.** vwajɔ̃ . . . ʒvɛkɔmɑ̃de oʒuʀdɥi ləʀsɔʀ dɔ̃ʒebəzwɛ̃.   **14.** ʒəlʀəsəvʀe sɑ̃dut vɛʀ ləmiljødlasmɛnpʀoʃen.   **15.** ʒvudʀɛ bjɛ̃(n)avwaʀ mamɔ̃tʀ lə plyto pɔsibl.   **16.** ʀəvne dəmaʀdiɑ̃ ɥit.   **17.** bɔ̃. ʒatɑ̃dʀe ʒyskə la.

CONVERSATION 30

IPA transcription of dialog

ogalʀi lafajet

1. vudeziʀe, madmwazɛl?   **2.** ʒvudʀɛ yn eʃaʀp.   **3.** ʃwazise, madmwazɛl. nuzavɔ̃ œ̃nɛksɛlɑ̃ ʃwa.   **4.** yn də mezami ɑ̃nayn kə ʒɛm boku.   **5.** ɛl la aʃte isi, ʒəkʀwa.   **6.** də kɛl kulœʀ ɛ sɛl dəvɔtrami?   **7.** sɛtyneʃaʀp də swa blɑ̃ʃ. **8.** kəpɑ̃sevu də sɛlsi, madmwazɛl?   **9.** kɔ̃bjɛ̃ ɛs?   **10.** kaʀɑ̃t fʀɑ̃.   **11.** e sɛl la? **12.** swasɑ̃tsɛ̃ fʀɑ̃.   **13.** sɛtœ̃pøʃɛʀ.   **14.** avevu kɛlkəʃoz də mɛjœʀ maʀʃe?   **15.** me wi, madmwazɛl. sɛlsinkut kə tʀɑ̃t dø fʀɑ̃.   **16.** ʒəkʀwak ʒɛm mjø sɛl kəvumave mɔ̃tʀe tutalœʀ.   **17.** lakel?   **18.** sɛlsi.   **19.** vulevu bjɛ̃ lamɛtʀə dɑ̃zœ̃kaʀtɔ̃? **20.** vɔlɔ̃tje. deziʀevu otʀə ʃoz, madmwazɛl?   **21.** se gɑ̃ sɔtɑ̃sɔld.   **22.** søsin kut kə kɛz fʀɑ̃.   **23.** sɛtynəkazjɔ̃ maɲifik.   **24.** nɔ̃, mɛʀsi. səsʀa tu puʀoʒuʀdɥi.

IPA transcription of dialog

εkskyʀsjõ ala kᾶpaɲ

1. ilja pʀεskədøzœʀ kənuzavõkite məlœ̃. **2.** ʒkɔmᾶs a avwaʀ maloʒᾶb. **3.** ʒne ply labityd dəfeʀdy velo. **4.** ʒe lẽpʀεsjõ kə nuzavõ pʀi la mɔvεz ʀut. **5.** mwa osi, ʒᾶnebjẽ pœʀ. **6.** vwala ᾶnɔm kitʀavaj dᾶsõʃᾶ. **7.** ilpuʀa nudɔne deʀᾶsεɲmᾶ. **8.** (alɔm) εskə nu sɔm lwẽdfõtεnblo? **9.** mεwi, mõpovʀ məsjø. **10.** ʒsɥifaʃed vuzapʀᾶdʀ. **11.** kə vuvuzεt tʀõpe dʀut. **12.** kɔmᾶ i vatõ, alɔʀ? **13.** vuvwajes vilaʒ, labɑ? **14.** sε baʀbizõ. alezi. **15.** alasɔʀti, pʀɔnel pʀɔmje ʃmẽ agoʃ. **16.** il vu mεnʀa afõtεnblo. **17.** a kεldistᾶs εsdisi? **18.** sεtasεt u ɥi kilɔmεtʀ. **19.** zytalɔʀ! paʀsεtʃalœʀ, snεpɑdʀol! **20.** sivuzaveʃo e sivuzaveswaf, **21.** vupuʀe vuzaʀεte a baʀbizõ. **22.** sεmafam ki tjẽ ləpti cafe. **23.** ʒyst ᾶfas dəleglíz.

IPA transcription of dialog

aʀive ala fεʀm dedeʃᾶ

1. bõʒuʀ, makuzin. **2.** tjẽ! bõʒuʀ, ʀɔʒe. **3.** kεl bɔnsyʀpʀiz! **4.** ʒtəpʀezᾶt ʒᾶ yg. **5.** sε mõ mεjœʀ ami. **6.** tʀεzœʀøz dəfεʀ vɔtʀəkɔnεsᾶs, məsjø. **7.** ʀɔʒe masuvᾶ paʀledvu. **8.** nuzavõdesided pʀɔfite dybotᾶ puʀ vəniʀvuvwaʀ. **9.** sεtynεksεlᾶtide. **10.** avevu fεbõvwajaʒ? **11.** wi. mε nusɔmzasefatige. **12.** asjetwa εʀpoztwa. e vu(z)osi məsjø. **13.** vulevu pʀᾶdʀə kεlkəʃoz? **14.** nu-pʀᾶdʀõdla bjεʀ, si tyᾶna . . . **15.** mε u sõ te fis? **16.** o! tynse pɑ? il sõ paʀti tu le də tʀavaje dᾶzynyzin a ʀẽs. **17.** lezᾶfᾶn vœl ply ʀεste a la fεʀm . . . **18.** mε ʒεspεʀ bjẽ kə vuzale ʀεste kεlkəʒuʀ avεk nu. **19.** nunvulõ pɑ vudeʀᾶʒe. **20.** nuzavõ lẽtᾶsjõd ʀəpaʀtiʀ dəmẽ matẽ. **21.** vu nεt pɑ pʀese. **22.** ʀεste o mwẽ kεlkəʒuʀ. **23.** mõ maʀi sʀa tʀεzøʀød vu ʀvwaʀ.

IPA transcription of dialog

dᾶ lafɔʀed fõtεnblo

1. ʒvwa deʃᾶpiɲõ obɔʀdlaʀut. **2.** il dwatjᾶnavwaʀ boku dᾶl bwɑ. **3.** si nuzɑ̃rapərtjõ kɛlkəzɶ̃ alamɛzõ? **4.** ɛskətykɔnɛ leʃɑ̃piɲõ? **5.** kɛlkəzɶ̃ dɑ̃tʀø. **6.** ʀamɑs sɶlmɑ̃ søsi. **7.** lədsy ɛ bʀɶ̃ e lədsu ɛ ʒon. **8.** ilɲapɑ mwajɛ̃d sətʀõpe. **9.** ɛskə səlɥisi ɛbõ? **10.** wi. **11.** e səlɥila? **12.** ɛksɛlɑ̃. **13.** o! ʒɑ̃vwaboku opjedsɛtaʀbʀ. **14.** fɛatɑ̃sjõ! **15.** ɛskətyvø(z)ɑ̃pwazɔne tutlafamij? **16.** mɛ seʃɑ̃piɲõ ʀəsɑ̃bl a søktyma mõtʀe. **17.** maløʀøzmɑ̃ lemɔve ʃɑ̃piɲõ ʀəsɑ̃bl(ə) boku obõ. **18.** tyɔʀedym diʀsa plyto. **19.** ʒe y tɔʀ dən pɑ tə pʀevniʀ. **20.** ɑ̃tukɑ, ilvomjø lɛse sø dõtõnɛpɑsyʀ.

CONVERSATION 34

IPA transcription of dialog

a legliz dyvilaʒ

1. bõʒuʀ, məsjølkyʀe. **2.** bõʒuʀ, mezami. **3.** ɑ̃tʀedõ(k). **4.** ʒetɛzɑ̃tʀɛd tʀavaje dɑ̃mõʒaʀdɛ̃ kɑ̃vuzavesɔne. **5.** nunuzɛkskyzõd vudeʀɑ̃ʒe **6.** vun mədeʀɑ̃ʒe pɑdytu. **7.** ʒvjɛ̃d taje meʀozje, **8.** eʒsɥi(z)a vɔtʀə dispozisjõ. **9.** nuzavõzɑ̃tɑ̃dydiʀ kəvuzave yn tʀɛbɛlegliz, **10.** nuzavõgʀɑ̃dɑ̃vid lavizite. **11.** ʒɶ̃mfʀe ɶ̃plɛziʀ dəvuzakõpaɲe dɑ̃vɔtʀ(ə)vizit. **12.** ʒkʀɛ̃ puʀtɑ̃k vu(n)swaje ɶ̃pødesy. **13.** bjɛ̃kɛl swaklase mɔnymɑ̃istərik, **14.** sɛtyn sɛ̃plegliz dəvilaʒ. **15.** ʒely kɛlkəpaʀ kɛl datdyduzjɛmsjɛkl. **16.** ynpaʀti sɶlmɑ̃ dəledifisaktɥɛl dat də lepɔkʀɔman. **17.** ʒeɑ̃tɑ̃dy paʀle devitʀo dvɔtʀegliz. **18.** õdi kilsõ tʀɛvjø. **19.** ʒɔ̃nkʀwapɑ kiljɛplyd dø(z) utʀwɑvitʀo vʀɛmɑ̃ ɑ̃sjɛ̃. **20.** laplypaʀdɑ̃tʀø sõ ʀ(ə)lativmɑ̃ mɔdɛʀn. **21.** vulevubjɛ̃ ɑ̃tʀe paʀsetpɔʀt? **22.** lɛ̃teʀjɶʀ d(e)legliz ɛtɶ̃pøsõbʀ, **23.** mɛ vozjø sabityʀõvit alɔpskyʀite.

CONVERSATION 35

IPA transcription of dialog

o ʒaʀdɛ̃

1. ilfok(ə)ʒajoʒaʀdɛ̃ kɶjiʀdeflɶʀ. **2.** vøtykənutɛdjõ? **3.** wi, mɛfɛ atɑ̃sjõd bjɛ̃fɛʀmelapɔʀt dɛʀjɛʀtwa. **4.** ʒɑ̃nvøpak lepul pɥisɑ̃tʀe. **5.** ɛlmɑ̃ʒapøpʀɛ tutmasalad. **6.** kɛlflɶʀ vatykɶjiʀ? **7.** ʒe bəzwɛ̃ dʀoz e dɶje. **8.** ʒɑ̃fʀe ɶ̃buke puʀ lasalamɑ̃ʒe. **9.** tya ɶ̃tʀeboʒaʀdɛ̃. **10.** ʒədvʀɛ mɑ̃nɔkype davɑ̃taʒ. **11.** mɛ ʒne pɑltɑ̃. **12.** ɛskəvuzave dymais? **13.** nõ, ʒnɑ̃nepa. **14.** dajɶʀ, lete ɛtɶ̃pøtʀofʀe. **15.** puʀkəl mais pɥis myʀiʀisi. **16.** ʀgaʀd(ə) sepwɑ, seaʀikoveʀ eseʃu.

17. telegym pus amɛʀvɛj. 18. wi, mɛ ilnagɛʀply sɛtane. 19. vøtyk(ə) nulezaʀozjõ? 20. ʒə kʀwakil vomjø(z)atãdʀə, 21. ʒyskaskilfas mwẽʃo.

IPA transcription of dialog

yn paʀtid pɛʃ

1. si nuzaljõ a la pɛʃ dəmẽmatẽ? 2. a kwabõ? nu natʀapʀõ ʀjẽ. 3. sanfɛʀjẽ. 4. puʀkwa vaty a la pɛʃ alɔʀ? 5. ʒive paʀskə ʒɛm ɛtʀa la kãpaɲ, o bɔʀdəlo, u lɛʀ ɛ pyʀ, u pɛʀsɔn nɛ pʀɛse. 6. nɛmtypɑzɛtʀã plɛnɛʀ? 7. si. mɛ ʒənpʀã ʒamɛd pwasõ. 8. mwa nõply. mɛ kɛskə slafɛ? 9. si õnã pʀã, tã mjø, 10. si õnãpʀã pɑ, tã pi. 11. dimwa u ty vø ale. 12. ʒiʀe avɛk twa. 13. ʒkɔne ɛ̃nãdʀwa sulvjøpõ, 14. də lotʀə koted la ʀivjɛʀ, 15. u ilja de pwasõ gʀo kɔmsa! 16. a kɛlœʀ aty lẽtãsjõd paʀtiʀ? 17. ʒəkõtpaʀtiʀ də bɔnœʀ. il fodʀak nu nu ləvjõ a katʀœʀ dy matẽ. 18. mɛ il nə fɛ pazãkɔʀ ʒuʀ a sɛtœʀ la. 19. ʒystəmã! nuvɛʀõl sɔlɛj səlve syʀ la ʀivjɛʀ. 20. dəkwa təplẽty? 21. ʒənmə plẽ pɑ. 22. tutfwa, ʒɛm mjø dɔʀmiʀ dã mõ li kə dɔʀmiʀ syʀ lɛʀb — si le pwasõn mɔʀdəpɑ.

IPA transcription of dialog

aʀive alagaʀ dəljõ

1. bõʒuʀ, ʒã. bõʒuʀ, ʀɔʒe. ʒsɥizœʀøz kəvuswaje dəʀtuʀ. 2. nu(z)osi, nusɔmzãʃãted vuʀvwaʀ, maʀi. 3. vunuzave mãke boku, vusave. 4. flatœʀ! 5. seʒãtid ta paʀ dɛtʀ(ə) vny nuzatãdʀalagaʀ. 6. ʒəmdəmãd sivuvuʀãdekõt kə ʒe fɛ puʀ vu ɶ gʀã sakʀifis. 7. ʒədve ʒwe otɛnis s(ə)matẽ. 8. kã atyʀsy ma depɛʒ? 9. ilja apøpʀe ynœʀ. 10. mɛtyɔʀedym diʀ lœʀɛgzakt dətõnaʀive. 11. nun lasavjõpɑ numɛm. 12. nunetjõpɑsyʀ datʀapeltʀẽ də ɥitœʀedmi. 13. ʒã, vətʀəkõsjɛʀʒ matelefɔne kɶ telegʀam puʀvu ɛtaʀivesmatẽ. 14. o! ʒsɛskɑsɛ. 15. elɛnfʀazɛʀdwataʀive seʒuʀsi. 16. tjẽ, tjẽ! ki ɛ sɛt elɛn? 17. sɛtynʒœnameʀikɛn dəmezami kiɛtaktɥelmã a lõdʀ. 18. ɛlmadmãded lɥisɛʀviʀdəgid apaʀi.

418

CONVERSATION 38

IPA transcription of dialog

alatɛʀas dœ̃kafe

1. asɛjõnuisi. **2.** nupuʀõ vwaʀpɑse leʒɑ̃. **3.** kɛl esbatimɑ̃ labɑ, obudlaʀy?
4. vudəvʀije ləʀkɔnɛtʀ. sɛl pɑ̃teõ. **5.** o! ʒəmʀapɛl mɛ̃tnɑ̃. **6.** selɑ̃dʀwa u
õnɑ̃tɛʀ legʀɑ̃zɔm, nɛspɑ? **7.** wi, kɛlkəzɑ̃̃ dɑ̃tʀø. **8.** õtʀuvla nɔtamɑ̃ letõbo-
dvɔltɛʀ ed viktɔʀygo. **9.** puʀkwa apɛltõ setpaʀtidpaʀi l(ə) kaʀtjelatɛ̃? **10.** paʀskə selkaʀtjedlynivɛʀsite, eklələtɛ̃ etɛtotʀəfwa la lɑ̃gdə lynivɛʀsite. **11.** u ɛ dõk
lasɔʀbɔn? **12.** adøpɑ disi. **13.** nuziʀõ tutalœʀ, sivuvule. **14.** duvjɛ̃ sə nõ
sɔʀbɔn? **15.** ʒely lɛksplikɑsjõ kɛlkəpaʀ, mɛ ʒən mɑ̃suvjɛ̃ply . . . **16.** sɛkotɑ̃d
sɛlwi, œ̃sɛʀtɛ̃ ʀɔbɛʀd(ə) sɔʀbõ afõde ynekɔl puʀ lezetydjɑ̃d teɔlɔʒi. **17.** sɛtekɔl,
aple lasɔʀbɔn, ɛ dəvny lafakyltedelɛtʀə. **18.** tusezetydjɑ̃ õlɛʀ seʀjø e pʀe-
ɔkype . . . **19.** slaskõpʀɑ̃. **20.** il sõtɑ̃tʀɛ̃d pɑse lœʀz ɛgzamɛ̃.

CONVERSATION 39

IPA transcription of dialog

ləlõdeke

1. kəvɑ̃d seʒɑ̃la, ləlõd lasɛn? **2.** tutsɔʀtdəʃoz. **3.** lezœ̃vɑ̃d dəvjejzɛstɑ̃p, dotʀə
detɛ̃bʀə, dotʀə dəvjej pjesdəmɔnɛ, mɛlaplypaʀ dɑ̃tʀø fõlkɔmɛʀs delivʀ(ə) dəkazjõ.
4. mõfʀɛʀ madmɑ̃ded lųi ɑ̃vwaje detɛ̃bʀ. **5.** tʀavɛʀsõlaʀy. **6.** nupuʀõ̃ʒte
œ̃kudœj syʀlezetalaʒ. **7.** savevu kɛltɛ̃bʀə vɔtʀ(ə) fʀɛʀ vøspʀɔkyʀe? **8.** wi,
ʒedɑ̃mõsak ynlist kila pʀepaʀe. **9.** (*o bukinist*) avevu letɛ̃bʀɛ̃dike syʀsɛt list?
10. vwajõzœ̃pø . . . **11.** wi, madmwazɛl. ʒkʀwa lezavwaʀ tus, sof letɛ̃bʀə
dysgõtɑ̃piʀ. **12.** il nəmɑ̃ʀest okœ̃. **13.** tɑ̃pi. **14.** vulevu kõsylte sɛtalbɔm?
15. vuzitʀuvʀe pøtetʀ seʀtɛ̃ tɛ̃bʀ kivuzɛ̃terɛs. **16.** ʒənkɔnɛpɑ gʀɑ̃ʃoz otɛ̃-
bʀəpɔst. **17.** vunaveka ʃwazir leplyʒɔli. **18.** o nõ! iljakɛlkətɑ̃, ʒe ɑ̃vwaje
plyzjœʀ tɛ̃bʀ amõfʀɛʀ. **19.** ʒaveʃwazi leplyʒɔli. **20.** mɛ ilavɛ deʒa laplypaʀ
dɑ̃tʀø, e ilmadik mõʃwan valɛʀjɛ̃.

IPA transcription of dialog

o tɥilʀi

1. kə pãsevudsəkwɛ̃d paʀi? **2.** ʒsɥizetəned tʀuve tãdɛspas okœʀmɛm dəlavil. **3.** ʒnavɛ pɑ lamwɛ̃dʀided(ə) letãdyd laplasd(ə)lakõkɔʀd. **4.** mɛ, ditmwa, kɛlɛsgʀãbatimãdvãnu? **5.** sɛl(ə)luvʀ, ãsjɛ̃palɛ ʀwajal. **6.** ɛskəsɛla kɛ lmyzedy luvʀ? **7.** wi, lmyze ɔkyp laplygʀãdpaʀtid ledifis. **8.** il pɔsɛd dimãskɔlɛksjõ. **9.** ʀ(ə)gaʀde sɛt pətitfij kiplœr, ʒã. **10.** ləvã a ãmne sõbatoavwal omiljø dybasɛ̃. **11.** ɛskəvupuve lɛde? **12.** ʒɔʀɛ bo fɛʀ. **13.** l(ə)bato ɛtʀolwɛ̃ puʀkəʒpɥis latɛ̃dʀ. **14.** ləvã finiʀa sã dut paʀ ləʀamneobɔʀ. **15.** ʒe ãvidkœjiʀ yndəseflœʀ kəmsuvniʀ dənɔtʀ(ə) pʀɔmnad. **16.** gaʀdevuzã bjɛ̃. **17.** si ɛ̃naʒãdpɔlis vuvwajɛ, ilpuʀɛ vufɛʀ ɛ̃pʀɔsɛvɛʀbal.

IPA transcription of dialog

anɔtʀədam

1. nusɔm mɛ̃tnã dã lildəlasite. **2.** ʒɔʀkɔnɛ, adʀwat, letuʀ d(ə) nɔtʀədam. **3.** sinuvizitjõ nɔtʀədam? **4.** puʀkwapɑ? tʀavɛʀsõ laplas e ãtʀõ dãlakatedʀal. **5.** atãdekəʒpʀɛn ynfɔto.

dã nɔtʀədam

6. kɔm lɛ̃teʀjœʀ ɛvast esilãsjø! **7.** õnozapɛnpaʀle, mɛmavwabɑs. **8.** ʒvudʀɛbjɛ̃ asiste aynmɛs anɔtʀədam. **9.** sivuvule, nuʀvjɛ̃dʀõ dimãʃpʀɔʃɛ. **10.** ɛskõpømõte ã o detuʀ? **11.** ʀjɛ̃d plyfasil, akõdisjõdavwaʀdəbɔnʒãb. **12.** sɛteskalje ãkɔlimasõ nuzikõdɥiʀa. **13.** ãnaʀivã ã o, vupuʀepʀãdʀə dotʀəfɔto.

ã o dyndetuʀ dənɔtʀədam

14. ʒsɥizesufle . . . **15.** mɛ kɛlpanɔʀama! õvwapaʀi tutãtje. **16.** dəvãvu, vuzave la sɛ̃t∫apɛl, ləluvʀ ele∫ɑ̃zelize; syʀlaʀivgo∫, ləkaʀtjelatɛ̃ e lasɔʀbɔn; esyʀlaʀiv dʀwat, legʀɑ̃bulvaʀ emõmaʀtʀ. **17.** ʒe ɑt dəvizite lekaʀtjedpaʀik(ə) ʒən kɔnεpɑzɑ̃kɔʀ.

<h1 style="text-align:center">The Relation Between French Spelling
and French Pronunciation</h1>

When students first begin to read French on their own, they sometimes seem to forget all they have learned about French pronunciation. They often even mispronounce words they have been using and pronouncing correctly for several weeks.

In order to combat this tendency, it is useful to explain what reading in a foreign language means (pp. xiv-xiii, Introduction) and give the students information about diacritical marks and about the way the various combinations of vowels and consonants are pronounced. The following section contains the material we have found most effective. Useful as this information may be, however, rather than have students study the entire section at once, we try to introduce each item at a moment when it will actually clarify a difficulty which comes up in a reading exercise. For example, the moment at which the student will perhaps be most receptive to the statement that **-ien** is pronounced [jɛ̃] as in **bien, rien, le chien** is when he stumbles on the pronunciation of a form such as **Je viendrai.**

Diacritical Signs

The following typographical signs are used (*a*) to distinguish between two or more possible pronunciations of a letter, or (*b*) to distinguish between two words which are pronounced alike, and, except for the diacritical marks, are spelled alike. *In no case do these signs indicate that a syllable should be stressed.*

A. The acute accent (´) (**accent aigu**) is used only on the letter **e: l'été, espérer.** The **é** is usually pronounced [e].

B. The grave accent (`) (**accent grave**) is used mostly on **e** followed by a final **s** or **-re: très, près, après-midi; père, frère, j'espère, ils allèrent.** The **è** is always pronounced [ɛ].

   This accent is also used on the **a** in the preposition **à,** *to,* to distinguish it from the third person singular of the present indicative of **avoir.** Likewise it is used on the **a** of the adverb **là,** *there,* to distinguish it from the article **la,** *the,* as well as on the **u** of the adverb **où,** *where,* to distinguish it from the conjunction **ou,** *or.*

C. The circumflex accent (^) (**accent circonflexe**) is found on all the vowels (except the semi-vowel **y**): **âme, même, île, hôtel, sûr.** An **â** is usually pronounced [ɑ], **ê** [ɛ], **î** [i], **ô** [o], **û** [y]. It used to indicate a lengthening of the vowel (resulting from the fall of a consonant) but today this lengthening is observed only in the most conservative usage.

D. The cedilla (ₔ) (**cédille**) under **c** indicates that the letter is pronounced [s].

E. When a diaresis (··) (**tréma**) is placed over the second of two vowels, it indicates that the vowel so marked begins a new syllable. **Noël, naïf.** Note, however, that the name **Saint-Saëns** is pronounced [sɛ̃ sɑ̃s].

Elision

When a vowel is dropped and replaced by an apostrophe before a word beginning with a vowel or mute **h,** elision (**élision**) is said to take place. You can't just assume that *any* final vowel is elided before all initial vowels. Elision takes place in the following cases:

A. When the article **le** or **la** is immediately followed by a noun or adjective beginning with a vowel sound, the **e** (or **a**) of the article is elided.

B. When **je, me, te, se, ce, le, la, ne, que** are immediately followed by a verb that begins with a vowel sound or the word **y** or **en,** the **e** is elided.

C. The **i** of **si** is elided when it is followed by **il, ils.** This vowel is not elided elsewhere: you write (and say) **si elle, si un homme, si on,** etc.

D. When **que, parce que, puisque, lorsque** are followed by a pronoun beginning with a vowel, the final **e** is elided: **parce qu'elle, lorsqu'il.**

Note that before the words **huit** and **onze, le** is not elided: **le huit** septembre, **le onze** mars.

Remember also that the demonstrative adjective **ce** is not elided but is replaced by the form **cet** before nouns beginning with a vowel sound.

For Linking (Liaison) see pp. 393–394.

Syllabication

In dividing French words into syllables, in so far as possible each syllable should begin with a consonant and end in a vowel.

A. When a single consonant stands between two vowels, the consonant goes with the vowel which follows it: **bu-reau, ta-bac, hô-tel, ga-rage, vou-lez.**

B. When a double consonant letter (**tt, dd, pp,** etc.) stands between two vowels: (1) in most cases it represents a single sound and is pronounced with the following vowel: **donnez** [dɔ-ne], **allez** [a-le]. **addition** [a-di-sjõ], **intelligent** [ɛ̃tɛ-liʒã];

(2) in some cases it represents two consonants, both of which are pronounced with the following vowel: **accident** [a-ksi-dã], **suggérer** [sy-gʒe-ʀe].

C. When two or more different consonants stand between vowels:

(1) one consonant may go with the vowel that precedes and one with the one that follows: **mer-ci, par-lez, res-tau-rant, cul-ture;**

(2) two consonants may form a consonant cluster* and stand together at the beginning of the following syllable: **a-près, ta-bleau, pa-trie, é-crit;**

(3) one consonant may go with the preceding vowel and a consonant cluster* may stand together at the beginning of the next syllable: **mal-gré, ins-truit, ex-trême.**

The digraphs **ch, ph, th, gn** (each of which of course represents a single sound) always stand with the vowel that follows.

Repeat the following pairs of words and note especially the way the French words are divided: *American,* **A-mé-ri-cain;** *nationality,* **na-tio-na-li-té;** *profession,* **pro-fes-sion;** *democratic,* **dé-mo-cra-tique;** *Philadelphia,* **Phi-la-del-phie.**

Note that **n, m** behave one way when they are followed by a vowel (**i-nutile**) and another when they are not (**in-telligent, j'ai faim**), but in both cases the principle that syllables tend to begin with a consonant and end with a vowel is preserved: [i-ny-til], [ɛ̃-tɛ-li-ʒã], [ʒe fɛ̃].

Consonants

LETTER   PRONUNCIATION

b   [b]   *in practically all cases:* une banane, le bébé.

    [p]   *when followed by* **t** *or* **s:** absurde, absent, absolument, obtenir.

        silent when final: les soldats de plomb.

---

* The following are the consonant clusters which occur most commonly: **bl, cl, fl, gl, pl; br, cr, dr, gr, pr, tr, vr.**

LETTER	PRONUNCIATION	
c	[k]	*when followed by* **a, o, u,** *or* **l, r:** le café, le corps, la curiosité, je crois.
	[s]	*when followed by* **e, i, y:** c'est, certainement, ici, la bicyclette.
	[k]	*usually when final:* avec, le sac.
		silent in: le tabac, franc, blanc, le porc.
	[g]	*in:* second, secondaire, anecdote.
ç	[s]	*used only before* **a, o, u:** le français, le garçon, j'ai reçu.
cc	[k]	*except when followed by* **e, i, y:** accorder.
	[ks]	*when followed by* **e, i, y:** accepter, accident.
ch	[ʃ]	*usually:* chercher, le chimiste, chez, Charles.
	[k]	*sometimes:* un orchestre, le chœur.
d	[d]	*in practically all cases:* dans, l'addition, madame, le sud.
		usually silent when final: le pied, le nid, le hasard, le nord.
	[t]	*in:* tout de suite, le médecin, quand il . . .
f	[f]	*in practically all cases:* franc, le café.
	[f]	*usually when final:* le chef, neuf, le rosbif, un œuf.
		silent in: les œufs, les bœufs, la clef.
	[v]	*in:* neuf heures, neuf ans.
g	[g]	*when followed by* **a, o, u,** *or* **l, r:** la gare, grand.
	[ʒ]	*when followed by* **e, i, y:** gentil, les gens, la girafe, le gymnase.
gg	[gʒ]	*when followed by* **e, i, y:** suggérer.
gn	[ɲ]	la campagne, la Bretagne, la vigne.
gu	[g]	*in:* la guerre, le guide.
	[gɥ]	*in:* aiguille.
	[gy]	*in:* aigu.
h		*always silent:* l'homme, l'hôtel, les hors-d'œuvre.
j	[ʒ]	janvier, je déjeune.
k	[k]	le kilo, un biftek.
l	[l]	*usually pronounced even when final:* l'hôtel, le cheval.
		silent in: gentil, le fusil, le fils [fis], le pouls [pu].
	[j]	*when preceded by* **ai** *or* **ei:** le travail, le soleil, vieil, *etc.*
ll	[j]	*when preceded by* **ai, ei, ui:** travailler, vieille.
	[j]	*usually when preceded by* **i:** la fille, gentille, juillet, la famille.
	[l]	*in:* ville, village, mille, tranquille, illustrer, *etc.*
m	[m]	*when followed by a vowel letter:* aimer, madame, calme.
		when not followed by a vowel letter, **m** *causes the preceding vowel to be nasalized but is not otherwise pronounced:* faim [fɛ̃], chambre [ʃɑ̃bʀ], ensemble [ɑ̃sɑ̃bl], important [ɛ̃pɔʀtɑ̃].

424

LETTER	PRONUNCIATION	
mm	[m]	l'homme, comment, femme, évidemment.
n	[n]	*when followed by a vowel letter:* nous, une, inutile.
		when not followed by a vowel letter, **n** *nasalizes a preceding vowel but is not otherwise pronounced:* bon [bõ], vingt [vɛ̃], enfant [ãfã], intelligent [ɛ̃teliʒã], la France [lafʀãs].
		silent in **-ent** *verb endings*
nn	[n]	bonne, sonner, donnez, l'année, solennel.
p	[p]	*in practically all cases:* le papier, le départ, l'aptitude, le pneu, la psychologie, le psaume.
		usually silent when final: trop, beaucoup.
		silent in: le temps, compter, la sculpture, sept, *etc.*
q, qu	[k]	*in practically all cases:* qui, que, quel, le coq.
qu	[kw]	*in:* une aquarelle, un aquarium.
r	[ʀ]	*in practically all cases:* la rue, très, l'art, vers.
		pronounced when final in: le fer, la mer, fier, cher, car, pour, l'hiver, *etc.*
		silent in infinitive ending **-er,** *and in:* boucher, boulanger, charcutier, épicier, monsieur, léger, premier, volontiers, *etc.*
s	[s]	*at the beginning of a word or when preceded or followed by a consonant:* absent, sang, aspects, *etc.*
	[z]	*when between vowels:* la raison, la maison, les roses.
	[z]	*when linked:* vous‿avez.
		usually silent when final: les, tables, lesquels.
	[s]	*in:* le fils, mars, le sens, tous (*pronoun*), omnibus, autobus, Reims, Saint-Saëns, *etc.*
sc	[sk]	*when followed by* **a, o, u,** *or* **l, r:** la sculpture, scolaire.
	[s]	*when followed by* **e, i, y:** la science, le scénario.
ss	[s]	assez, aussi, essayer.
t	[t]	*at beginning of a syllable:* le temps, l'été, l'amitié.
		silent when final in verb forms (except in linking) and in most nouns and adjectives: le lit, élégant, différent, cent, vingt, tout, ils disent, il disait, il dit.
	[t]	*in:* l'est, l'ouest, net, la dot, Brest, tact, intact, exact.
th	[t]	le thé, le théâtre.
ti	[s]	*in* **-tion** *ending* (nation), *and in:* démocratie, initial, patience, *etc.*
v	[v]	*in all cases:* voulez-vous? avez-vous?
w	[v]	*in:* le wagon, Waterloo.
	[w]	*in:* le tramway, le sandwich.

LETTER	PRONUNCIATION	
x	[ks]	*in:* excellent, le luxe, l'index.
	[gz]	*in:* exact, exemple, examen.
	[s]	*in:* soixante; *and in* dix, six *when final in a phrase.*
	[z]	*in:* dix, six *when linked:* dix enfants.
		silent in: dix, six, *when followed by a word beginning with a pronounced consonant:* dix francs; *and in:* paix, voix, *etc.*
y	[j]	*in:* les yeux, il y a, asseyez-vous.
z	[z]	le zéro, le gaz, zut!
		silent in **-ez** *verb ending and in:* chez (*except in linking*).

Vowels

LETTER	PRONUNCIATION	
a, à	[a]	*in most cases:* la gare, l'accident, la table, à Paris.
	[ɑ]	*in:* pas, phrase, vase, *etc.*
â	[ɑ]	*in most cases:* âge, âme, pâle, château.
ai	[e]	*when final:* j'ai, j'irai.
	[ɛ]	*except when final:* j'avais, il avait, il fait, ils avaient.
	[ə]	*in:* nous faisons, je faisais, tu faisais, etc.
au	[o]	*in most cases:* au Canada, haut, il faut, chaud.
	[ɔ]	*in:* j'aurai, le restaurant, Paul.
ay	[ɛj]	*in:* essayer, payer, ayez.
	[ei]	*in:* le pays.
	[aj]	*in:* La Fayette.
è, ê	[ɛ]	je me lève, le père, la tête, vous êtes.
é	[e]	l'été, espérer, allé.
e	[ɛ]	*when followed by two consonants or in final syllable when followed by a single pronounced consonant:* rester, verte, avec, mettre; *and in:* il est.
	[e]	*in final syllable when followed by silent* **d, f, r, z:** pied, la clef, le boucher, allez; *and in:* et, *and* les, mes, *etc.*
	[ə]	*in the words* je, me, te, se, ce, le, de, ne, que; *and before a single pronounced consonant:* venir, demander, demain, cheval, parlement, comprenez.
		This [ə] *is usually omitted in conversation if it is preceded by no more than one pronounced consonant in the phrase:* seulement [sœlmã], la petite [laptit].
		silent in words of more than one syllable when final or when followed by silent **s** *or* **nt:** ville, robes, parle, parles, parlent.

LETTER	PRONUNCIATION	
eau	[o]	le bureau, l'eau, le veau.
ei	[ɛ]	la neige, la peine.
eu	[œ]	*in most cases when followed in the same syllable by a pronounced consonant:* neuf, leur, jeune, ils veulent;
	[ø]	*when final of a syllable or when followed by the sound* [z] *or a silent final consonant:* un peu, deux, il veut, les yeux, heureuse, jeudi, deuxième.
	[y]	*in passé simple, imperfect subjunctive and past participle of* avoir: j'eus, *etc.*; il eût, *etc.*; il a eu, *etc.*
i	[i]	*normally:* ici, il finit.
	[j]	*when followed by a vowel but not preceded by a consonant cluster:* hier, papier, vieux, nation, question, banquier, janvier.
	[i-j]	*when followed by a vowel and preceded by a consonant cluster:* vous oubliez [vuzublije], il pria [il pri-ja], février [fevʀije].
o	[ɔ]	*except when followed by a silent final consonant or the sound* [z] *or* [sj]: notre, joli, l'école, objet, hors-d'œuvre, les pommes, la note, la dot, la robe.
	[o]	*when followed by a silent final consonant or the sound* [z] *or* [sj]: mot, dos, nos, gros, la rose, poser, motion.
ô	[o]	le nôtre, table d'hôte, ôter.
œu	[œ]	*when followed in the same word by a pronounced consonant:* la sœur, hors-d'œuvre, un œuf, le bœuf.
	[ø]	*in the plural forms* œufs [ø], bœufs [bø].
oi	[wa]	moi, une poire, la boîte, une fois.
	[wɑ]	trois, le mois, le bois, les pois, froid.
ou, où	[u]	nous, voulez-vous? toujours, où? ou.
oui	[wi]	Louis, oui.
oy	[waj]	loyer, soyons, voyons.
u	[y]	sur, plus, une, la rue, du café.
ua	[ɥa]	nuage, nuance, suave
ue	[ɥɛ]	actuel, actuellement.
ui	[ɥi]	puis, huit, je suis, la nuit, lui, le bruit, juillet.
uy	[yj]	gruyère.
	[ɥij]	fuyez, ennuyer, appuyer.
y	[i]	*in:* j'y vais, la bicyclette, Égypte, Yves, le système.

Nasal Vowels

A. Generally speaking, when vowels are followed by **m, n,** the vowel is nasalized and the **m, n** are not pronounced unless they stand before a vowel-letter or a second **n** or **m.**

LETTER	PRONUNCIATION	
a	[ɑ̃]	quand, sans, grand, l'anglais, la chambre, allemand.
ae	[ɑ̃]	Caen, Saint-Saëns.
ai	[ɛ̃]	le pain, le bain, la faim, la main.
ao	[ɑ̃]	Laon, le paon.
e	[ɑ̃]	en, ensemble, le temps, le membre, la dent, vendre, emmener [ɑ̃mne], l'ennui, évident.
	[ɛ̃]	l'examen, l'européen, le citoyen, le troyen
i	[ɛ̃]	la fin, le vin, vingt, impossible.
ie	[jɛ̃]	bien, rien, le chien, ancien, il tient, vous viendrez, *etc.*
	[i]	*in:* ils étudient.
	[jɑ̃]	*in:* patience, orient, science.
o	[ɔ̃]	on, bon, non, sont, onze, l'oncle, le nom, le nombre, compter.
	[ə]	*in:* monsieur.
oi	[wɛ̃]	loin, moins, le coin, le point.
u	[œ̃]	un, chacun, lundi, le parfum.
	[ɔ]	*in a few Latin words:* album, postscriptum, maximum.
ui	[ɥɛ̃]	juin.

B. Vowels followed by **mn, nn** are usually not nasalized.

a	[a]	année, constamment, élégamment.
e	[ɛ]	ennemi, prennent, tiennent, viennent.
	[a]	évidemment, solennel, la femme.
o	[ɔ]	comme, comment, bonne, sonner, l'homme, nommer, le sommeil, Sorbonne, la monnaie.

Regular Verbs

118 *Formation of regular verbs from key forms*

All the forms of regular verbs can be derived from the following key forms: the present infinitive, the present indicative, the past participle, and the *passé simple*. The following paragraphs contain an explanation of the way the various forms can be derived.

119 *Forms that can be derived from the infinitive*

A. To form the future tense, add to the infinitive* the endings: **-ai, -as, -a, -ons, -ez, -ont.** Examples:

donner	je donner**ai**	*I shall give*
finir	je finir**ai**	*I shall finish*
vendre	je vendr**ai**	*I shall sell*

B. To form the present conditional, add to the infinitive* the endings: **-ais, -ais, -ait, -ions, -iez, -aient.** Examples:

donner	je donner**ais**	*I should* or *would give*
finir	je finir**ais**	*I should* or *would finish*
vendre	je vendr**ais**	*I should* or *would sell*

120 *Forms that can be derived from the present indicative* **

A. To form *the present participle*, drop the **-ons** of the first person plural of the present indicative and add the ending **-ant.** Examples:

nous donnons	donn**ant**	*giving*
nous finissons	finiss**ant**	*finishing*
nous vendons	vend**ant**	*selling*

---

* For infinitives of the third conjugation, the **-e** of the **-re** ending is omitted. Ex.: je vendrai, je répondrai, etc.

** For the formation of the present indicative of regular verbs, see paragraph 14 (C); paragraph 33 (1); and paragraph 35 (1).

B. To form *the imperfect indicative*, drop the **-ons** of the first person plural of the present indicative and add the endings: **-ais, -ais, -ait, -ions, -iez, -aient.** Examples:

nous donnons	je donn**ais**	*I was giving*, etc.
nous finissons	je finiss**ais**	*I was finishing*, etc.
nous vendons	je vend**ais**	*I was selling*, etc.

C. To form *the imperative*, use the following forms of the present indicative without the pronoun subject: the second person singular, the first person plural, and the second person plural. Examples:

tu donnes	**donne(s)***	*give*
tu finis	**finis**	*finish*
tu vends	**vends**	*sell*
nous donnons	**donnons**	*let's give*
nous finissons	**finissons**	*let's finish*
nous vendons	**vendons**	*let's sell*
vous donnez	**donnez**	*give*
vous finissez	**finissez**	*finish*
vous vendez	**vendez**	*sell*

D. To form *the present subjunctive* drop the **-ons** of the first person plural of the present indicative and add the endings: **-e, -es, -e, -ions, -iez, -ent.** Examples:

nous donnons	je donn**e**	*I give***
nous finissons	je finiss**e**	*I finish*
nous vendons	je vend**e**	*I sell*

121   *Forms in which the past participle *** is used*

A. The past participle is used in conjunction with the different tenses of the auxiliary verb **avoir** (in a few cases **être**, see paragraph 32) to form the compound tenses of verbs.

(1) To form the **passé composé**, use the present tense of the auxiliary verb with the past participle of the verb. Examples:

j'ai donné	*I gave, I have given*
je suis arrivé	*I arrived, I have arrived*

---

* In the verbs of the first conjugation, the **s** of the second singular ending is used only when followed by the word **y** or **en.**
** The subjunctive forms are translated in several different ways, depending upon the context.
*** For the formation of the past participle, see paragraphs 31 (C), 34 (3), 36 (2).

(2) To form *the pluperfect*, use the imperfect tense of the auxiliary verb with the past participle of the verb. Examples:

j'avais donné	*I had given*
j'étais arrivé	*I had arrived*

(3) To form *the past anterior* (a literary tense which is approximately equivalent to the pluperfect), use the **passé simple** of the auxiliary verb with the past participle of the verb. Examples:

j'eus donné	*I had given*
je fus arrivé	*I had arrived*

(4) To form *the future perfect*, use the future tense of the auxiliary verb with the past participle of the verb. Examples:

j'aurai donné	*I shall have given*
je serai arrivé	*I shall have arrived*

(5) To form *the conditional perfect*, use the present conditional of the auxiliary verb with the past participle of the verb. Examples:

j'aurais donné	*I should* or *would have given*
je serais arrivé	*I should* or *would have arrived*

(6) To form *the **passé composé** of the subjunctive*, use the present subjunctive of the auxiliary verb with the past participle of the verb. Examples:

j'aie donné	*I have given*, etc.
je sois arrivé	*I have arrived*, etc.

(7) To form *the pluperfect of the subjunctive*, use the imperfect subjunctive of the auxiliary verb with the past participle of the verb. Examples:

j'eusse donné	*I had given*, etc.
je fusse arrivé	*I had arrived*, etc.

(8) To form *the perfect infinitive*, use the present infinitive of the auxiliary verb and the past participle of the verb. Examples:

avoir donné	*to have given*
être arrivé	*to have arrived*

B. The past participle is used in conjunction with the different tenses of the auxiliary verb **être** to form the tenses of the passive voice of transitive verbs (i.e. of verbs normally conjugated with **avoir**). Examples:

PRESENT INDIC.	**je suis** flatté	*I am flattered*
IMPERFECT	**j'étais** flatté	*I was flattered*
FUTURE	**je serai** flatté	*I shall* or *will be flattered*
CONDITIONAL	**je serais** flatté	*I should* or *would be flattered*

PASSÉ COMPOSÉ	j'ai été flatté	*I was* or *have been flattered*
PLUPERFECT	j'avais été flatté	*I had been flattered*
PAST ANTERIOR	j'eus été flatté	*I had been flattered*

Although some of the forms of the passive voice look very complicated, they present no real difficulty either from the point of view of form or meaning. When broken down into their component parts and translated literally into English, they practically always make good sense *and good English*. Examples:

Il avait été tué.	*He*	*had*	*been killed.*
Vous auriez été étonné.	*You*	*would have*	*been surprised.*

The English passive voice is by no means always rendered in French by the passive voice. (See *use of* **faire** *with an infinitive* 93 (B).)

122 *Forms that can be derived from the* **passé simple** *

To form the imperfect subjunctive, drop the last letter of the first person singular of the **passé simple,** and add the endings: **-sse, -sses, -ˆt, -ssions, -ssiez, -ssent.**

PASSÉ SIMPLE		IMPERFECT SUBJ.
je donnai	*I gave*	je donn**asse**
je finis	*I finished*	je fin**isse**
je vendis	*I sold*	je vend**isse**

The vowel preceding the **t** of the third person singular of the imperfect subjunctive always has a circumflex accent. Ex.: donn**ât**, fin**ît**, vend**ît**, e**ût**, f**ût**, etc.

123 *Regular conjugations*

A. Infinitive and tenses formed on it:

FUTURE

I **donner**	II **finir**	III **vendre**
je donnerai	je finirai	je vendrai
tu donneras	tu finiras	tu vendras
il donnera	il finira	il vendra
nous donnerons	nous finirons	nous vendrons
vous donnerez	vous finirez	vous vendrez
ils donneront	ils finiront	ils vendront

---

* For the formation of the **passé simple,** see paragraph 70.

432

CONDITIONAL

donner	finir	vendre
je donnerais	je finirais	je vendrais
tu donnerais	tu finirais	tu vendrais
il donnerait	il finirait	il vendrait
nous donnerions	nous finirions	nous vendrions
vous donneriez	vous finiriez	vous vendriez
ils donneraient	ils finiraient	ils vendraient

B. Present indicative and tenses that can be formed from it:

PRESENT INDICATIVE

je donne	je finis	je vends
tu donnes	tu finis	tu vends
il donne	il finit	il vend
nous **donnons**	nous **finissons**	nous **vendons**
vous donnez	vous finissez	vous vendez
ils donnent	ils finissent	ils vendent

IMPERATIVE

donne(s)	finis	vends
donnons	finissons	vendons
donnez	finissez	vendez

PRESENT PARTICIPLE

donnant	finissant	vendant

IMPERFECT

je donnais	je finissais	je vendais
tu donnais	tu finissais	tu vendais
il donnait	il finissait	il vendait
nous donnions	nous finissions	nous vendions
vous donniez	vous finissiez	vous vendiez
ils donnaient	ils finissaient	ils vendaient

PRESENT SUBJUNCTIVE

je donne	je finisse	je vende
tu donnes	tu finisses	tu vendes
il donne	il finisse	il vende
nous donnions	nous finissions	nous vendions
vous donniez	vous finissiez	vous vendiez
ils donnent	ils finissent	ils vendent

C. Past participle and tenses in which past participle appears:

(1) Verbs conjugated with **avoir:**

PAST PARTICIPLE

donné	fini	vendu

PASSÉ COMPOSÉ

| j'ai donné, etc. | j'ai fini, etc. | j'ai vendu, etc. |

PLUPERFECT

| j'avais donné, etc. | j'avais fini, etc. | j'avais vendu, etc. |

PAST ANTERIOR

| j'eus donné, etc. | j'eus fini, etc. | j'eus vendu, etc. |

FUTURE PERFECT

| j'aurai donné, etc. | j'aurai fini, etc. | j'aurai vendu, etc. |

CONDITIONAL PERFECT

| j'aurais donné, etc. | j'aurais fini, etc. | j'aurais vendu, etc. |

PASSÉ COMPOSÉ SUBJUNCTIVE

| j'aie donné, etc. | j'aie fini, etc. | j'aie vendu, etc. |

PLUPERFECT SUBJUNCTIVE

| j'eusse donné, etc. | j'eusse fini, etc. | j'eusse vendu, etc. |

PERFECT INFINITIVE

| **avoir donné** | avoir fini | avoir vendu |

PERFECT PARTICIPLE

| ayant donné | ayant fini | ayant vendu |

(2) Verbs conjugated with **être:**

	arrivé (*from* **arriver**)
PAST PARTICIPLE	
PASSÉ COMPOSÉ	je suis arrivé(e), etc.
PLUPERFECT	j'etais arrivé(e), etc.
PAST ANTERIOR	je fus arrivé(e), etc.
FUTURE PERFECT	je serai arrivé(e), etc.
CONDITIONAL PERFECT	je serais arrivé(e), etc.
PASSÉ COMPOSÉ SUBJUNCTIVE	je sois arrivé(e), etc.
PLUPERFECT SUBJUNCTIVE	je fusse arrivé(e), etc.
PERFECT INFINITIVE	être arrivé(e)(s)
PERFECT PARTICIPLE	étant arrivé(e)(s)

D. Passé simple and imperfect subjunctive:

PASSÉ SIMPLE

je donnai	je finis	je vendis
tu donnas	tu finis	tu vendis
il donna	il finit	il vendit
nous donnâmes	nous finîmes	nous vendîmes
vous donnâtes	vous finîtes	vous vendîtes
ils donnèrent	ils finirent	ils vendirent

IMPERFECT SUBJUNCTIVE

je donnasse	je finisse	je vendisse
tu donnasses	tu finisses	tu vendisses
il donnât	il finît	il vendît
nous donnassions	nous finissions	nous vendissions
vous donnassiez	vous finissiez	vous vendissiez
ils donnassent	ils finissent	ils vendissent

124 *Verbs of the first conjugation that are regular except for a slight variation in their stem*

A. Verbs whose stem vowel is a mute e (**acheter, appeler**) have two stems.

(1) Whenever in conjugation the mute **e** of the stem vowel is followed by a syllable containing a mute **e,** the **e** of the stem vowel is pronounced [ɛ]. This occurs in the following forms: the first, second, and third person singular and the third person plural of the present indicative and the present subjunctive (**e, -es, -e, -ent**); the second person singular of the imperative (**-e** or **-es**); and the six forms of both the future and conditional (**-erai,** etc., **-erais,** etc.).

(2) Whenever the mute **e** of the stem vowel is followed by a syllable containing any vowel other than a mute **e,** it is pronounced [ə] as in the infinitive. This phenomenon is reflected in the spelling as follows:

(*a*) In **acheter,** *to buy;* **lever,** *to raise;* **mener,** *to lead;* and a few other verbs, the stem vowel is written è when followed by a syllable containing a mute **e.** Ex.: PRESENT: **J'achète, tu achètes, il achète, nous achetons, vous achetez, ils achètent;** FUTURE: **j'achèterai,** etc.; CONDITIONAL: **j'achèterais,** etc.

(*b*) In **appeler,** *to call;* **jeter,** *to throw;* and a few other verbs ending in **-eler, -eter,** the final **l** or **t** of the stem is doubled when followed by a mute syllable. Ex.: PRESENT: **J'appelle, tu appelles, il appelle, nous appelons, vous appelez, ils appellent;** FUTURE: **j'appellerai,** etc.

B. Verbs whose stem vowel is **é:**

In **espérer,** *to hope;* **céder,** *to yield;* **préférer,** *to prefer* and a few other verbs whose stem vowel is **é,** the stem vowel is written **è** and pronounced [ε] in the present indicative (and present subjunctive) when followed by a mute syllable. Ex.: PRESENT: **J'espère, tu espères, il espère, nous espérons, vous espérez, ils espèrent.** (In the future and conditional, however, the stem vowel of these verbs is written **é.** Ex.: **J'espérerai.**)

C. Verbs ending in **-cer, -ger, -yer** show a slight variation in the spelling of the stem *but not in its pronunciation.*

(1) In **commencer, avancer,** etc., the final **c** of the stem is written **ç** whenever in conjugation it is followed by an **a** or **o.** Ex.: PRESENT: **Je commence, tu commences, il commence, nous commençons, vous commencez, ils commencent;** PRESENT PART.: **commençant;** IMPERFECT: **je commençais, tu commençais, il commençait, nous commencions, vous commenciez, ils commençaient;** PASSÉ SIMPLE: **je commençai,** etc.

(2) In **manger,** *to eat,* and other verbs ending in **-ger,** you write **ge** instead of **g** whenever the following vowel is **a** or **o.** Ex.: PRESENT: **je mange, tu manges, il mange, nous mangeons, vous mangez, ils mangent;** IMPERFECT: **je mangeais,** etc.; PASSÉ SIMPLE: **je mangeai,** etc.

(3) In **ennuyer,** *to bother,* and other verbs ending in **-oyer, -uyer,** you write **i** instead of **y** whenever the following letter is a mute **e.** Ex.: **il ennuie,** *but* **nous ennuyons.**

(4) In **payer,** *to pay,* and other verbs ending in **-ayer, -eyer,** you may write **y** throughout the verb, or, if you prefer, you may write **i** instead of **y** whenever the following letter is a mute **e.** Ex.: **Je paye** *or* **je paie,** *but* **nous payons.**

Auxiliary Verbs

125 *Conjugation of auxiliary verbs* **être** *and* **avoir**

Simple tenses

INFINITIVE

être, *to be*   **avoir,** *to have*

PRESENT INDICATIVE

je suis, *I am*	j'ai, *I have*
tu es	tu as
il est	il a
nous sommes	nous avons
vous êtes	vous avez
ils sont	ils ont

IMPERFECT

j'étais, *I was*	j'avais, *I had*
tu étais	tu avais
il était	il avait
nous étions	nous avions
vous étiez	vous aviez
ils étaient	ils avaient

PASSÉ SIMPLE

je fus, *I was*	j'eus, *I had*
tu fus	tu eus
il fut	il eut
nous fûmes	nous eûmes
vous fûtes	vous eûtes
ils furent	ils eurent

FUTURE

je serai, *I shall* or *will be*	j'aurai, *I shall* or *will have*
tu seras	tu auras
il sera	il aura
nous serons	nous aurons
vous serez	vous aurez
ils seront	ils auront

être	avoir

CONDITIONAL

être	avoir
je serais, *I should* or *would be*	j'aurais, *I should* or *would have*
tu serais	tu aurais
il serait	il aurait
nous serions	nous aurions
vous seriez	vous auriez
ils seraient	ils auraient

PRESENT SUBJUNCTIVE

être	avoir
je sois, *I am*, etc.	j'aie, *I have*, etc.
tu sois	tu aies
il soit	il ait
nous soyons	nous ayons
vous soyez	vous ayez
ils soient	ils aient

IMPERFECT SUBJUNCTIVE

être	avoir
je fusse, *I was*, etc.	j'eusse, *I had*, etc.
tu fusses	tu eusses
il fût	il eût
nous fussions	nous eussions
vous fussiez	vous eussiez
ils fussent	ils eussent

IMPERATIVE

être	avoir
sois, *be*	aie, *have*
soyons	ayons
soyez	ayez

PRESENT PARTICIPLE

être	avoir
étant	ayant

Compound tenses

PAST PARTICIPLE

été	**eu**

PASSÉ COMPOSÉ

j'ai été, *I was, I have been*, etc.	j'ai eu, *I had, I have had*, etc.

PLUPERFECT

j'avais été, *I had been*, etc.	j'avais eu, *I had had*, etc.

PAST ANTERIOR

j'eus été, *I had been*, etc.	j'eus eu, *I had had*, etc.

FUTURE PERFECT

j'aurai été, *I shall have been*, etc.   j'aurai eu, *I shall have had*, etc.

CONDITIONAL PERFECT

j'aurais été, *I should* or *would have*   j'aurais eu, *I should* or *would have*
    been, etc.   had, etc.

PASSÉ COMPOSÉ SUBJUNCTIVE

j'ai été, *I have been*, etc.   j'aie eu, *I have had*, etc.

PLUPERFECT SUBJUNCTIVE

j'eusse été, *I had been*, etc.   j'eusse eu, *I had had*, etc.

PERFECT INFINITIVE

avoir été, *to have been*   avoir eu, *to have had*

PERFECT PARTICIPLE

ayant été, *having been*   ayant eu, *having had*

Irregular Verbs

126 *Formation of irregular verbs*

Although the rules for deriving the forms of regular verbs (see paragraphs 118–122) do not apply strictly to all irregular verbs, they do apply to a substantial proportion of their forms.

127 *Reference list of commonest irregular verbs*

abattre	*see* battre	131	apprendre	*see* prendre	160
s'abstenir	*see* tenir	167	assaillir	*see* cueillir	141
abstraire	*see* traire	167	s'asseoir		130
accourir	*see* courir	137	astreindre	*see* craindre	138
accueillir	*see* cueillir	141	atteindre	*see* craindre	138
acquérir		128	avoir		125
admettre	*see* mettre	152	battre		131
aller		129	boire		132
apercevoir	*see* recevoir	161	bouillir	*see* dormir	144
apparaître	*see* connaître	135	combattre	*see* battre	131
appartenir	*see* tenir	167	commettre	*see* mettre	152

élire	*see* lire	151
peindre	*see* craindre	138
percevoir	*see* recevoir	161
permettre	*see* mettre	152
plaindre	*see* craindre	138
se plaindre	*see* craindre	138
plaire		157
pleuvoir		158
poursuivre	*see* suivre	166
pourvoir	*see* voir	174
pouvoir		159
prédire	*see* dire	143
prendre		160
prescrire	*see* écrire	145
pressentir	*see* dormir	144
prévenir	*see* venir	171
prévoir	*see* voir	174
produire	*see* conduire	134
promettre	*see* mettre	152
proscrire	*see* écrire	145
provenir	*see* venir	171
recevoir		161
reconduire	*see* conduire	144
reconnaître	*see* connaître	135
recueillir	*see* cueillir	141
réduire	*see* conduire	134
rejoindre	*see* craindre	138
remettre	*see* mettre	152
renvoyer	*see* envoyer	146
repartir	*see* dormir	144
se repentir	*see* dormir	144
reprendre	*see* prendre	160
résoudre		162
ressentir	*see* dormir	144
restreindre	*see* craindre	138
retenir	*see* tenir	167
revenir	*see* venir	171

parvenir	*see* venir	171
revoir	*see* voir	174
rire		163
satisfaire	*see* faire	147
savoir		164
secourir	*see* courir	137
séduire	*see* conduire	134
sentir	*see* dormir	144
servir	*see* dormir	144
se servir de	*see* dormir	144
sortir	*see* dormir	144
souffrir	*see* ouvrir	156
soumettre	*see* mettre	152
sourire	*see* rire	163
souscrire	*see* écrire	145
soustraire	*see* traire	168
soutenir	*see* tenir	167
se souvenir	*see* venir	171
suffire		165
suivre		166
surprendre	*see* prendre	160
taire	*see* plaire	157
se taire	*see* plaire	157
teindre	*see* craindre	138
tenir		167
traduire	*see* conduire	134
traire		168
transmettre	*see* mettre	152
tressaillir	*see* cueillir	141
vaincre		169
valoir		170
venir		171
vêtir		172
vivre		173
voir		174
vouloir		175

128 acquérir *(to acquire)*

FUTURE j'acquerrai, etc.; COND. j'acquerrais, etc.

PRESENT INDICATIVE
   j'acquiers, tu acquiers, il acquiert,
   nous acquérons, vous acquérez, ils acquièrent.

IMPERATIVE
   acquiers, acquérons, acquérez.

PRES. PART.
   acquérant; IMPERFECT j'acquérais, etc.

PRES. SUBJ.
   j'acquière, tu acquières, il acquière,
   nous acquérions, vous acquériez, ils acquièrent.

PAST PARTICIPLE
   acquis; PASSÉ COMPOSÉ j'ai acquis, etc.

PASSÉ SIMPLE
   j'acquis, etc.; IMPER. SUBJ. j'acquisse, etc.

129 aller *(to go)*

FUTURE j'irai, etc.; COND. j'irais, etc.

PRESENT INDICATIVE
   je vais, tu vas, il va,
   nous allons, vous allez, ils vont.

IMPERATIVE
   va(s), allons, allez.

PRES. PART.
   allant; IMPERFECT j'allais, etc.

PRES. SUBJ.
   j'aille, tu ailles, il aille,
   nous allions, vous alliez, ils aillent.

PAST PARTICIPLE
   allé; PASSÉ COMPOSÉ je suis allé, etc.

PASSÉ SIMPLE
   j'allai, etc.; IMPERF. SUBJ. j'allasse, etc.

130 s'asseoir (*to sit down*)

FUTURE je m'assiérai, etc.; COND. je m'assiérais, etc.

PRESENT INDICATIVE
je m'assieds, tu t'assieds, il s'assied,
nous nous asseyons, vous vous asseyez, ils s'asseyent.

IMPERATIVE
assieds-toi, asseyons-nous, asseyez-vous.

PRES. PART.
s'asseyant; IMPERFECT je m'asseyais, etc.

PRES. SUBJ.
je m'asseye, tu t'asseyes, il s'asseye,
nous nous asseyions, vous vous asseyiez, ils s'asseyent.

PAST PARTICIPLE
assis; PASSÉ COMPOSÉ je me suis assis, etc.

PASSÉ SIMPLE
je m'assis, etc.; IMPERF. SUBJ. je m'assisse, etc.

Alternate form of **s'asseoir.**

FUTURE
je m'assoirai, etc. *or* je m'asseyerai, etc.

CONDITIONAL
je m'assoirais, etc. *or* je m'asseyerais, etc.

PRESENT INDICATIVE
je m'assois, tu t'assois, il s'assoit,
nous nous assoyons, vous vous assoyez, ils s'assoient.

PRES. PART.
s'assoyant; IMPERFECT je m'assoyais, etc.

PRES. SUBJ.
je m'assoie, tu t'assoie, il s'assoie,
nous nous assoyions, vous assoyiez, ils s'assoient.

asseoir, *to seat* is conjugated like **s'asseoir,** but it takes the auxiliary verb **avoir.**

131 battre (*to beat*)

All forms are regular except:

PRESENT INDICATIVE je bats, tu bats, il bat, nous battons, vous battez, ils battent.

Like **battre: abattre,** *to fell, to beat down;* **combattre,** *to fight,* and **se débattre,** *to struggle.*

132 boire (*to drink*)

FUTURE and COND. regular.

PRESENT INDICATIVE
> je bois, tu bois, il boit,
> nous buvons, vous buvez, ils boivent.

IMPERATIVE
> bois, buvons, buvez.

PRES. PART.
> buvant; IMPERFECT je buvais, etc.

PRES. SUBJ.
> je boive, tu boives, il boive,
> nous buvions, vous buviez, ils boivent.

PAST PARTICIPLE
> bu; PASSÉ COMPOSÉ j'ai bu, etc.

PASSÉ SIMPLE
> je bus, etc.; IMPERF. SUBJ. je busse, etc.

133 conclure (*to conclude*)

FUTURE and COND. regular.

PRESENT INDICATIVE
> je conclus, tu conclus, il conclut,
> nous concluons, vous concluez, ils concluent.

IMPERATIVE
> conclus, concluons, concluez.

PRES. PART.
> concluant; IMPERFECT je concluais, etc.

PRES. SUBJ.
> je conclue, etc.

PAST PARTICIPLE
> conclu; PASSÉ COMPOSÉ j'ai conclu, etc.

PASSÉ SIMPLE
> je conclus, etc.; IMPERF. SUBJ. je conclusse, etc.

Like **conclure: exclure,** *to exclude,* and **inclure,** *to include,* except that the past participle of the latter is **inclus.**

444

134   conduire *(to conduct, to drive)*

FUTURE and COND. regular.

PRESENT INDICATIVE
> je conduis, tu conduis, il conduit,
> nous conduisons, vous conduisez, ils conduisent.

IMPERATIVE
> conduis, conduisons, conduisez.

PRES. PART.
> conduisant; IMPERFECT je conduisais, etc.

PRES. SUBJ.
> je conduise, etc.

PAST PARTICIPLE
> conduit; PASSÉ COMPOSÉ j'ai conduit, etc.

PASSÉ SIMPLE
> je conduisis, etc.; IMPERF. SUBJ. je conduisisse, etc.

Like **conduire: construire,** *to construct;* **déduire,** *to deduce;* **détruire,** *to destroy;* **introduire,** *to introduce;* **produire,** *to produce;* **reconduire,** *to lead back;* **réduire,** *to reduce;* **séduire,** *to seduce, to please;* **traduire,** *to translate;* etc.

135   connaître *(to know, to be acquainted with)*

FUTURE and COND. regular.

PRESENT INDICATIVE
> je connais, tu connais, il connaît,
> nous connaissons, vous connaissez, ils connaissent.

IMPERATIVE
> connais, connaissons, connaissez.

PRES. PART.
> connaissant; IMPERFECT je connaissais, etc.

PRES. SUBJ.
> je connaisse, etc.

PAST PARTICIPLE
> connu; PASSÉ COMPOSÉ j'ai connu, etc.

PASSÉ SIMPLE
> je connus, etc.; IMPERF. SUBJ. je connusse, etc.

Like **connaître: apparaître,** *to appear;* **disparaître,** *to disappear;* **paraître,** *to appear;* **reconnaître,** *to recognize;* etc.

136 coudre (*to sew*)

FUTURE and COND. regular.

PRESENT INDICATIVE
    je couds, tu couds, il coud,
    nous cousons, vous cousez, ils cousent.

IMPERATIVE
    couds, cousons, cousez.

PRES. PART.
    cousant; IMPERFECT je cousais, etc.

PRES. SUBJ.
    je couse, etc.

PAST PARTICIPLE
    cousu; PASSÉ COMPOSÉ j'ai cousu, etc.

PASSÉ SIMPLE
    je cousis, etc.; IMPERF. SUBJ. je cousisse, etc.

137 courir (*to run*)

FUTURE je courrai, etc.; COND. je courrais, etc.

PRESENT INDICATIVE
    je cours, tu cours, il court,
    nous courons, vous courez, ils courent.

IMPERATIVE
    cours, courons, courez.

PRES. PART.
    courant; IMPERFECT je courais, etc.

PRES. SUBJ.
    je coure, etc.

PAST PARTICIPLE
    couru; PASSÉ COMPOSÉ j'ai couru, etc.

PASSÉ SIMPLE
    je courus, etc.; IMPERF. SUBJ. je courusse, etc.

Like **courir: accourir,** *to hasten;* **discourir,** *to discourse;* **parcourir,** *to go over;* **secourir,** *to help;* etc.

446

138 craindre (*to fear*)

FUTURE and COND. regular.

PRESENT INDICATIVE

je crains, tu crains, il craint,
nous craignons, vous craignez, ils craignent.

IMPERATIVE

crains, craignons, craignez.

PRES. PART.

craignant; IMPERFECT je craignais, etc.

PRES. SUBJ.

je craigne, etc.

PAST PARTICIPLE

craint; PASSÉ COMPOSÉ j'ai craint, etc.

PASSÉ SIMPLE

je craignis, etc.; IMPERF. SUBJ. je craignisse, etc.

Like **craindre: astreindre**, *to compel;* **atteindre**, *to attain;* **contraindre**, *to compel;* **dé- peindre**, *to depict;* **déteindre**, *to fade;* **enfreindre**, *to infringe;* **éteindre**, *to extinguish;* **feindre**, *to feign;* **geindre**, *to groan;* **joindre**, *to join;* **peindre**, *to paint;* **plaindre**, *to pity;* **se plaindre**, *to complain;* **rejoindre**, *to rejoin, to meet;* **restreindre**, *to restrain;* **teindre**, *to dye;* etc.

139 croire (*to believe*)

FUTURE and COND. regular.

PRESENT INDICATIVE

je crois, tu crois, il croit
nous croyons, vous croyez, ils croient.

IMPERATIVE

crois, croyons, croyez.

PRES. PART.

croyant; IMPERFECT je croyais, etc.

PRES. SUBJ.

je croie, tu croies, il croie,
nous croyions, vous croyiez, ils croient.

PAST PARTICIPLE

cru; PASSÉ COMPOSÉ j'ai cru, etc.

PASSÉ SIMPLE

je crus, etc.; IMPERF. SUBJ. je crusse, etc.

140   croître *(to grow)*

FUTURE and COND. regular.

PRESENT INDICATIVE

    je crois, tu crois, il croît,
    nous croissons, vous croissez, ils croissent.

IMPERATIVE

    crois, croissons, croissez.

PRES. PART.

    croissant; IMPERFECT je croissais, etc.

PRES. SUBJ.

    je croisse, etc.

PAST PARTICIPLE

    crû; PASSÉ COMPOSÉ j'ai crû, etc.

PASSÉ SIMPLE

    je crûs, etc.; IMPERF. SUBJ. je crusse, etc.

141   cueillir *(to pick, to gather)*

FUTURE je cueillerai, etc.; COND. je cueillerais, etc.

PRESENT INDICATIVE

    je cueille, tu cueilles, il cueille,
    nous cueillons, vous cueillez, ils cueillent.

IMPERATIVE

    cueille(s), cueillons, cueillez.

PRES. PART.

    cueillant; IMPERFECT je cueillais, etc.

PRES. SUBJ.

    je cueille, etc.

PAST PARTICIPLE

    cueilli; PASSÉ COMPOSÉ j'ai cueilli, etc.

PASSÉ SIMPLE

    je cueillis, etc.; IMPERF. SUBJ. je cueillisse, etc.

Like **cueillir: accueillir,** *to welcome;* and **recueillir,** *to gather, to collect.*

Assaillir, *to assail* and **tressaillir,** *to start,* etc. are like **cueillir** except that the future and
    conditional are regular.

142 devoir *(must, etc.)*

FUTURE je devrai, etc.; COND. je devrais, etc.

PRESENT INDICATIVE
je dois, tu dois, il doit,
nous devons, vous devez, ils doivent.

IMPERATIVE
——

PRES. PART.
devant; IMPERFECT je devais, etc.

PRES. SUBJ.
je doive, tu doives, il doive,
nous devions, vous deviez, ils doivent.

PAST PARTICIPLE
dû; PASSÉ COMPOSÉ j'ai dû, etc.

PASSÉ SIMPLE
je dus, etc.; IMPERF. SUBJ. je dusse, etc.

143 dire *(to say)*

FUTURE and COND. regular.

PRESENT INDICATIVE
je dis, tu dis, il dit,
nous disons, vous dites, ils disent.

IMPERATIVE
dis, disons, dites.

PRES. PART.
disant; IMPERFECT je disais, etc.

PRES. SUBJ.
je dise, etc.

PAST PARTICIPLE
dit; PASSÉ COMPOSÉ j'ai dit, etc.

PASSÉ SIMPLE
je dis, etc.; IMPERF. SUBJ. je disse, etc.

Like **dire: redire,** *to say again.*

The following verbs are like **dire** except that the 2nd person plural of the present indicative ends in **-disez: contredire**, *to contradict;* **se dédire**, *to retract;* **interdire**, *to prohibit;* **médire**, *to slander;* **prédire**, *to predict.*

Maudire, *to curse* is conjugated like **finir**.

144 dormir (*to sleep*)

FUTURE and COND. regular.

PRESENT INDICATIVE
   je dors, tu dors, il dort,
   nous dormons, vous dormez, ils dorment.

IMPERATIVE
   dors, dormons, dormez.

PRES. PART.
   dormant; IMPERFECT je dormais, etc.

PRES. SUBJ.
   je dorme, etc.

PAST PARTICIPLE
   dormi; PASSÉ COMPOSÉ j'ai dormi, etc.

PASSÉ SIMPLE
   je dormis, etc.; IMPERF. SUBJ. je dormisse, etc.

Like **dormir: endormir**, *to put to sleep;* **s'endormir**, *to fall asleep;* etc.

The following verbs are conjugated like **dormir** but the present indicative of each is given in full:

bouillir, *to boil:* bous, bous, bout, bouillons, bouillez, bouillent.

mentir, *to lie*, and **démentir**, *to contradict:* mens, mens, ment, mentons, mentez, mentent.

partir, *to leave*, and **repartir**, *to leave again:* pars, pars, part, partons, partez, partent. (Conjugated with auxiliary **être**.)

se repentir, *to repent:* repens, repens, repent, repentons, repentez, repentent.

sentir, *to feel, to smell;* **consentir**, *to consent;* **pressentir**, *to have a presentiment;* **ressentir**, *to feel:* sens, sens, sent, sentons, sentez, sentent.

servir, *to serve;* **se servir de**, *to use:* sers, sers, sert, servons, servez, servent.

sortir, *to go out:* sors, sors, sort, sortons, sortez, sortent. (Conjugated with auxiliary **être**.)

145 écrire (*to write*)

FUTURE and COND. regular.

PRESENT INDICATIVE
> j'écris, tu écris, il écrit,
> nous écrivons, vous écrivez, ils écrivent.

IMPERATIVE
> écris, écrivons, écrivez.

PRES. PART.
> écrivant; IMPERFECT j'écrivais, etc.

PRES. SUBJ.
> j'écrive, etc.

PAST PARTICIPLE
> écrit; PASSÉ COMPOSÉ j'ai écrit, etc.

PASSÉ SIMPLE
> j'écrivis, etc.; IMPERF. SUBJ. j'écrivisse, etc.

Like **écrire: décrire,** *to describe;* **inscrire,** *to inscribe;* **prescrire,** *to prescribe;* **proscrire,** *to proscribe;* **souscrire,** *to subscribe;* etc.

146 envoyer (*to send*)

FUTURE j'enverrai, etc.; COND. j'enverrais, etc.

PRESENT INDICATIVE
> j'envoie, tu envoies, il envoie,
> nous envoyons, vous envoyez, ils envoient.

IMPERATIVE
> envoie(s), envoyons, envoyez.

PRES. PART.
> envoyant; IMPERFECT j'envoyais, etc.

PRES. SUBJ.
> j'envoie, tu envoies, il envoie,
> nous envoyions, vous envoyiez, ils envoient.

PAST PARTICIPLE
> envoyé; PASSÉ COMPOSÉ j'ai envoyé, etc.

PASSÉ SIMPLE
> j'envoyai, etc.; IMPERF. SUBJ. j'envoyasse, etc.

Like **envoyer: renvoyer,** *to send back*, *to send away*.

147   faire (*to do, to make*)

FUTURE je ferai, etc.; COND. je ferais, etc.

PRESENT INDICATIVE
>   je fais, tu fais, il fait,
>   nous faisons, vous faites, ils font.

IMPERATIVE
>   fais, faisons, faites.

PRES. PART.
>   faisant; IMPERFECT je faisais, etc.

PRES. SUBJ.
>   je fasse, etc.

PAST PARTICIPLE
>   fait; PASSÉ COMPOSÉ j'ai fait, etc.

PASSÉ SIMPLE
>   je fis, etc., IMPERF. SUBJ. je fisse, etc.

Like **faire: contrefaire,** *to imitate;* **défaire,** *to undo;* **satisfaire,** *to satisfy;* etc.

148   falloir (*must, etc.*) [impersonal]

FUTURE il faudra; COND. il faudrait.

PRESENT INDICATIVE
>   il faut.

IMPERATIVE
>   ——

PRES. PART.
>   ——; IMPERFECT il fallait.

PRES. SUBJ.
>   il faille.

PAST PARTICIPLE
>   fallu; PASSÉ COMPOSÉ il a fallu.

PASSÉ SIMPLE
>   il fallut; IMPERF. SUBJ. il fallût.

149   fuir (*to flee*)

FUTURE and COND. regular.

PRESENT INDICATIVE
>je fuis, tu fuis, il fuit,
>nous fuyons, vous fuyez, ils fuient.

IMPERATIVE
>fuis, fuyons, fuyez.

PRES. PART.
>fuyant; IMPERFECT je fuyais, etc.

PRES. SUBJ.
>je fuie, tu fuies, il fuie,
>nous fuyions, vous fuyiez, ils fuient.

PAST PARTICIPLE
>fui; PASSÉ COMPOSÉ j'ai fui, etc.

PASSÉ SIMPLE je fuis, etc.; IMPERF. SUBJ. je fuisse, etc.

Like **fuir: s'enfuir,** *to flee, to escape.*

150   *haïr (*to hate*)

FUTURE and COND. regular.

PRESENT INDICATIVE
>je hais, tu hais, il hait,
>nous haïssons, vous haïssez, ils haïssent.

IMPERATIVE
>hais, haïssons, haïssez.

PRES. PART.
>haïssant; IMPERFECT je haïssais, etc.

PRES. SUBJ.
>je haïsse, etc.

PAST PARTICIPLE
>haï; PASSÉ COMPOSÉ j'ai haï, etc.

PASSÉ SIMPLE
>je haïs, tu haïs, il haït,
>nous haïmes, vous haïtes, ils haïrent.

IMPERF. SUBJ. je haïsse, tu haïsses, il haït, etc.

---

* The **h** is aspirate in all the forms of **haïr.**

151   lire (*to read*)

FUTURE and COND. regular

PRESENT INDICATIVE
> je lis, tu lis, il lit,
> nous lisons, vous lisez, ils lisent.

IMPERATIVE
> lis, lisons, lisez.

PRES. PART.
> lisant; IMPERFECT je lisais, etc.

PRES. SUBJ.
> je lise, etc.

PAST PARTICIPLE
> lu; PASSÉ COMPOSÉ j'ai lu, etc.

PASSÉ SIMPLE je lus, etc.; IMPERF. SUBJ. je lusse, etc.

Like **lire: élire,** *to elect.*

152   mettre (*to put*)

FUTURE and COND. regular.

PRESENT INDICATIVE
> je mets, tu mets, il met,
> nous mettons, vous mettez, ils mettent.

IMPERATIVE
> mets, mettons, mettez.

PRES. PART.
> mettant; IMPERFECT je mettais, etc.

PRES. SUBJ.
> je mette, etc.

PAST PARTICIPLE
> mis; PASSÉ COMPOSÉ j'ai mis, etc.

PASSÉ SIMPLE je mis, etc.; IMPERF. SUBJ. je misse, etc.

Like **mettre: admettre,** *to admit;* **commettre,** *to commit;* **compromettre,** *to compromise;* **émettre,** *to put out, to emit;* **omettre,** *to omit;* **permettre,** *to permit;* **promettre,** *to promise;* **remettre,** *to put back, to hand to;* **soumettre,** *to submit;* **transmettre,** *to transmit;* etc.

153 mourir (*to die*)

FUTURE je mourrai, etc.; COND. je mourrais, etc.

PRESENT INDICATIVE
je meurs, tu meurs, il meurt,
nous mourons, vous mourez, ils meurent.

IMPERATIVE
meurs, mourons, mourez.

PRES. PART.
mourant; IMPERFECT je mourais, etc.

PRES. SUBJ.
je meure, tu meures, il meure,
nous mourions, vous mouriez, ils meurent.

PAST PARTICIPLE
mort; PASSÉ COMPOSÉ je suis mort(e), etc.

PASSÉ SIMPLE
je mourus, etc.; IMPERF. SUBJ. je mourusse, etc.

154 mouvoir (*to move*)

FUTURE je mouvrai, etc.; COND. je mouvrais, etc.

PRESENT INDICATIVE
je meus, tu meus, il meut,
nous mouvons, vous mouvez, ils meuvent.

IMPERATIVE
meus, mouvons, mouvez.

PRES. PART.
mouvant; IMPERFECT je mouvais, etc.

PRES. SUBJ.
je meuve, tu meuves, il meuve,
nous mouvions, vous mouviez, ils meuvent.

PAST PARTICIPLE
mû; PASSÉ COMPOSÉ j'ai mû, etc.

PASSÉ SIMPLE
je mus, etc.; IMPERF. SUBJ. je musse, etc.

Like **mouvoir: émouvoir,** *to stir;* **s'émouvoir,** *to be stirred;* etc., except that the past participle is **ému**—without the circumflex accent.

155 naître (*to be born*)

FUTURE and COND. regular.

PRESENT INDICATIVE
> je nais, tu nais, il naît,
> nous naissons, vous naissez, ils naissent.

IMPERATIVE
> nais, naissons, naissez.

PRES. PART.
> naissant; IMPERFECT je naissais, etc.

PRES. SUBJ.
> je naisse, etc.

PAST PARTICIPLE
> né; PASSÉ COMPOSÉ je suis né(e), etc.

PASSÉ SIMPLE je naquis, etc.; IMPERF. SUBJ. je naquisse, etc.

Like **naître: renaître,** *to be reborn.*

156 ouvrir (*to open*)

FUTURE and COND. regular.

PRESENT INDICATIVE
> j'ouvre, tu ouvres, il ouvre,
> nous ouvrons, vous ouvrez, ils ouvrent.

IMPERATIVE
> ouvre, ouvrons, ouvrez.

PRES. PART.
> ouvrant; IMPERFECT j'ouvrais, etc.

PRES. SUBJ.
> j'ouvre, etc.

PAST PARTICIPLE
> ouvert; PASSÉ COMPOSÉ j'ai ouvert, etc.

PASSÉ SIMPLE j'ouvris, etc.; IMPERF. SUBJ. j'ouvrisse, etc.

Like **ouvrir: couvrir,** *to cover;* **découvrir,** *to discover;* **entr'ouvrir,** *to open slightly;* **offrir,** *to offer, to give;* **souffrir,** *to suffer,* etc.

157 plaire (*to please*)

FUTURE and COND. regular.

PRESENT INDICATIVE
>   je plais, tu plais, il plaît,
>   nous plaisons, vous plaisez, ils plaisent.

IMPERATIVE
>   plais, plaisons, plaisez.

PRES. PART.
>   plaisant; IMPERFECT je plaisais, etc.

PRES. SUBJ.
>   je plaise, etc.

PAST PARTICIPLE
>   plu; PASSÉ COMPOSÉ j'ai plu, etc.

PASSÉ SIMPLE
>   je plus, etc.; IMPERF. SUBJ. je plusse, etc.

Like **plaire: déplaire,** *to displease.*

taire, *to say nothing about*, and **se taire,** *to be silent*, are conjugated like **plaire** except that the 3rd person singular of the present indicative is written without the circumflex accent.

158 pleuvoir (*to rain*) [impersonal]

FUTURE
>   il pleuvra; COND. il pleuvrait.

PRESENT INDICATIVE
>   il pleut.

PRES. PART.
>   pleuvant; IMPERFECT il pleuvait.

PRES. SUBJ.
>   il pleuve.

PAST PARTICIPLE
>   plu; PASSÉ COMPOSÉ il a plu.

PASSÉ SIMPLE
>   il plut; IMPERF. SUBJ. il plût.

159   pouvoir (*to be able, can, etc.*)

FUTURE je pourrai, etc.; COND. je pourrais, etc.

PRESENT INDICATIVE

je peux (je puis), tu peux, il peut,
nous pouvons, vous pouvez, ils peuvent.

PRES. PART.

pouvant; IMPERFECT je pouvais, etc.

PRES. SUBJ.

je puisse, tu puisses, il puisse,
nous puissions, vous puissiez, ils puissent.

IMPERATIVE

——— ——— ———

PAST PARTICIPLE

pu; PASSÉ COMPOSÉ j'ai pu, etc.

PASSÉ SIMPLE

je pus, etc.; IMPERF. SUBJ. je pusse, etc.

160   prendre (*to take*)

FUTURE and COND. regular.

PRESENT INDICATIVE

je prends, tu prends, il prend,
nous prenons, vous prenez, ils prennent.

IMPERATIVE

prends, prenons, prenez.

PRES. PART.

prenant; IMPERFECT je prenais, etc.

PRES. SUBJ.

je prenne, tu prennes, il prenne,
nous prenions, vous preniez, ils prennent.

PAST PARTICIPLE

pris; PASSÉ COMPOSÉ j'ai pris, etc.

PASSÉ SIMPLE

je pris, etc.; IMPERF. SUBJ. je prisse, etc.

Like **prendre: apprendre,** *to learn;* **comprendre,** *to understand;* **entreprendre,** *to undertake;*
reprendre, *to take again,* etc.; **surprendre,** *to surprise;* etc.

161 recevoir (*to receive*)

FUTURE je recevrai, etc.; COND. je recevrais, etc.

PRESENT INDICATIVE

je reçois, tu reçois, il reçoit,
nous recevons, vous recevez, ils reçoivent.

IMPERATIVE

reçois, recevons, recevez.

PRES. PART.

recevant; IMPERFECT je recevais, etc.

PRES. SUBJ.

je reçoive, tu reçoives, il reçoive,
nous recevions, vous receviez, ils reçoivent.

PAST PARTICIPLE

reçu; PASSÉ COMPOSÉ j'ai reçu, etc.

PASSÉ SIMPLE

je reçus, etc.; IMPERF. SUBJ. je reçusse, etc.

Like **recevoir: apercevoir,** *to catch a glimpse of;* **concevoir,** *to conceive;* **décevoir,** *to deceive;* **percevoir,** *to collect;* etc.

162 résoudre (*to resolve, to solve*)

FUTURE and COND. regular.

PRESENT INDICATIVE

je résous, tu résous, il résoud,
nous résolvons, vous résolvez, ils résolvent.

IMPERATIVE

résous, résolvons, résolvez.

PRES. PART.

résolvant; IMPERFECT je résolvais, etc.

PRES. SUBJ.

je résolve, etc.

PAST PARTICIPLE

résolu; PASSÉ COMPOSÉ j'ai résolu, etc.

PASSÉ SIMPLE

je résolus, etc.; IMPERF. SUBJ. je résolusse, etc.

163   rire *(to laugh)*

FUTURE and COND. regular.

PRESENT INDICATIVE
    je ris, tu ris, il rit,
    nous rions, vous riez, ils rient.

IMPERATIVE
    ris, rions, riez.

PRES. PART.
    riant; IMPERFECT je riais, etc.

PRES. SUBJ.
    je rie, tu ries, il rie,
    nous riions, vous riiez, ils rient.

PAST PARTICIPLE
    ri; PASSÉ COMPOSÉ j'ai ri, etc.

PASSÉ SIMPLE
    je ris, etc.; IMPERF. SUBJ. je risse, etc.

Like **rire: sourire,** *to smile.*

164   savoir *(to know)*

FUTURE je saurai, etc.; COND. je saurais, etc.

PRESENT INDICATIVE
    je sais, tu sais, il sait,
    nous savons, vous savez, ils savent.

IMPERATIVE
    sache, sachons, sachez.

PRES. PART.
    sachant; IMPERFECT je savais, etc.

PRES. SUBJ.
    je sache, etc.

PAST PARTICIPLE
    su; PASSÉ COMPOSÉ j'ai su, etc.

PASSÉ SIMPLE
    je sus, etc.; IMPERF. SUBJ. je susse, etc.

165   suffire (*to suffice, to be enough*)

FUTURE and COND. regular.

PRESENT INDICATIVE
> je suffis, tu suffis, il suffit,
> nous suffisons, vous suffisez, ils suffisent.

IMPERATIVE
> suffis, suffisons, suffisez.

PRES. PART.
> suffisant; IMPERFECT je suffisais, etc.

PRES. SUBJ.
> je suffise, etc.

PAST PARTICIPLE
> suffi; PASSÉ COMPOSÉ j'ai suffi, etc.

PASSÉ SIMPLE
> je suffis, etc.; IMPERF. SUBJ. je suffisse, etc.

166   suivre (*to follow*)

FUTURE and COND. regular.

PRESENT INDICATIVE
> je suis, tu suis, il suit,
> nous suivons, vous suivez, ils suivent.

IMPERATIVE
> suis, suivons, suivez.

PRES. PART.
> suivant; IMPERFECT je suivais, etc.

PRES. SUBJ.
> je suive, etc.

PAST PARTICIPLE
> suivi; PASSÉ COMPOSÉ j'ai suivi, etc.

PASSÉ SIMPLE
> je suivis, etc.; IMPERF. SUBJ. je suivisse, etc.

Like **suivre: poursuivre,** *to pursue.*

167   tenir (*to hold*)

FUTURE je tiendrai, etc.; COND. je tiendrais, etc.

PRESENT INDICATIVE
  je tiens, tu tiens, il tient,
  nous tenons, vous tenez, ils tiennent.

IMPERATIVE
  tiens, tenons, tenez.

PRES. PART.
  tenant; IMPERFECT je tenais, etc.

PRES. SUBJ.
  je tienne, tu tiennes, il tienne,
  nous tenions, vous teniez, ils tiennent.

PAST PARTICIPLE
  tenu; PASSÉ COMPOSÉ j'ai tenu, etc.

PASSÉ SIMPLE
  je tins, tu tins, il tint,
  nous tînmes, vous tîntes, ils tinrent. IMPERF. SUBJ. je tinsse, etc.

Like **tenir**: **s'abstenir**, *to abstain;* **appartenir**, *to belong;* **contenir**, *to contain;* **détenir**, *to detain;* **entretenir**, *to keep in good condition;* **maintenir**, *to maintain;* **obtenir**, *to obtain;* **retenir**, *to retain;* **soutenir**, *to sustain.*

168   traire *(to milk)*

FUTURE and COND. regular.

PRESENT INDICATIVE
  je trais, tu trais, il trait,
  nous trayons, vous trayez, ils traient.

IMPERATIVE
  trais, trayons, trayez.

PRES. PART.
  trayant; IMPERFECT je trayais, etc.

PRES. SUBJ.
  je traie, tu traies, il traie,
  nous trayions, vous trayiez, ils traient.

PAST PARTICIPLE
  trait; PASSÉ COMPOSÉ j'ai trait, etc.

PASSÉ SIMPLE ——; IMPERF. SUBJ. ——.

Like **traire**: **abstraire**, *to abstract;* **distraire**, *to distract;* **extraire**, *to extract;* **soustraire**, *to subtract;* etc.

169 vaincre (*to conquer*)

FUTURE and COND. regular.

PRESENT INDICATIVE
je vaincs, tu vaincs, il vainc,
nous vainquons, vous vainquez, il vainquent.

IMPERATIVE
vaincs, vainquons, vainquez.

PRES. PART.
vainquant; IMPERFECT je vainquis, etc.

PRES. SUBJ.
je vainque, etc.

PAST PARTICIPLE
vaincu; PASSÉ COMPOSÉ j'ai vaincu, etc.

PASSÉ SIMPLE
je vainquis, etc.; IMPERF. SUBJ. je vainquisse, etc.

Like **vaincre: convaincre,** *to convince.*

170 valoir (*to be worth*)

FUTURE je vaudrai, etc.; COND. je vaudrais, etc.

PRESENT INDICATIVE
je vaux, tu vaux, il vaut,
nous valons, vous valez, ils valent.

IMPERATIVE
vaux, valons, valez.

PRES. PART.
valant; IMPERFECT je valais, etc.

PRES. SUBJ.
je vaille, tu vailles, il vaille,
nous valions, vous valiez, ils vaillent.

PAST PARTICIPLE
valu; PASSÉ COMPOSÉ j'ai valu, etc.

PASSÉ SIMPLE
je valus, etc.; IMPERF. SUBJ. je valusse, etc.

171   venir *(to come)*

FUTURE je viendrai, etc.; COND. je viendrais, etc.

PRESENT INDICATIVE
     je viens, tu viens, il vient,
     nous venons, vous venez, ils viennent.

IMPERATIVE
     viens, venons, venez.

PRES. PART.
     venant; IMPERFECT je venais, etc.

PRES. SUBJ.
     je vienne, tu viennes, il vienne,
     nous venions, vous veniez, ils viennent.

PAST PARTICIPLE
     venu; PASSÉ COMPOSÉ je suis venu(e), etc.

PASSÉ SIMPLE
     je vins, tu vins, il vint,
     nous vînmes, vous vîntes, ils vinrent. IMPERF. SUBJ. je vinsse, etc.

Like **venir**: **convenir**, *to agree, to suit;* **devenir**, *to become;* **intervenir**, *to intervene;* **parvenir**, *to attain;* **prévenir**, *to warn,* etc.; **provenir**, *to come from;* **revenir**, *to come back;* **se souvenir**, *to remember;* etc.

172   vêtir *(to clothe)*

FUTURE and COND. regular.

PRESENT INDICATIVE
     je vêts, tu vêts, il vêt,
     nous vêtons, vous vêtez, ils vêtent.

IMPERATIVE
     vêts, vêtons, vêtez.

PRES. PART.
     vêtant; IMPERFECT je vêtais, etc.

PRES. SUBJ.
     je vête, etc.

PAST PARTICIPLE
     vêtu; PASSÉ COMPOSÉ j'ai vêtu, etc.

PASSÉ SIMPLE
     je vêtis, etc.; IMPERF. SUBJ. je vêtisse, etc.

173 vivre (*to live*)

FUTURE and COND. regular.

PRESENT INDICATIVE
je vis, tu vis, il vit,
nous vivons, vous vivez, ils vivent.

IMPERATIVE
vis, vivons, vivez.

PRES. PART.
vivant; IMPERFECT je vivais, etc.

PRES. SUBJ.
je vive, etc.

PAST PARTICIPLE
vécu; PASSÉ COMPOSÉ j'ai vécu, etc.

PASSÉ SIMPLE
je vécus, etc.; IMPERF. SUBJ. je vécusse, etc.

174 voir (*to see*)

FUTURE je verrai, etc.; COND. je verrais, etc.

PRESENT INDICATIVE
je vois, tu vois, il voit,
nous voyons, vous voyez, ils voient

IMPERATIVE
vois, voyons, voyez.

PRES. PART.
voyant; IMPERFECT je voyais, etc.

PRES. SUBJ.
je voie, tu voies, il voie,
nous voyions, vous voyiez, ils voient.

PAST PARTICIPLE
vu; PASSÉ COMPOSÉ j' ai vu, etc.

PASSÉ SIMPLE
je vis, etc.; IMPERF. SUBJ. je visse, etc.

Like **voir: entrevoir,** *to catch sight of;* **revoir,** *to see again.*

prévoir is like **voir** except that the future and conditional are regular.

pourvoir is like **voir** except that the future and conditional are regular, the **passé simple**
is **je pourvus,** etc., and the imperfect subjunctive **je pourvusse,** etc.

175 vouloir (*to want, to will*)

FUTURE je voudrai, etc.; COND. je voudrais, etc.

PRESENT INDICATIVE

    je veux, tu veux, il veut,
    nous voulons, vous voulez, ils veulent.

IMPERATIVE

    veux, voulons, voulez, *or*
    veuille, veuillons, veuillez.

PRES. PART.

    voulant; IMPERFECT je voulais, etc.

PRES. SUBJ.

    je veuille, tu veuilles, il veuille,
    nous voulions, vous vouliez, ils veuillent.

PAST PARTICIPLE

    voulu; PASSÉ COMPOSÉ j'ai voulu, etc.

PASSÉ SIMPLE

    je voulus, etc.; IMPERF. SUBJ. je voulusse, etc.

Common Units of Measurement

FRENCH	ENGLISH
1 centimètre	= *.3937 of an inch* (less than half an inch)
1 mètre	= *39.37 inches* (about 1 yard and 3 inches)
1 kilomètre (1000 mètres)	= *.6213 of a mile* (about ⅝ of a mile)
1 gramme	= *.03527 of an ounce*
100 grammes	= *3.52 ounces* (a little less than ¼ of a pound)
500 grammes (une livre)	= *17.63 ounces* (about 1.1 pounds)
1000 grammes (un kilo)	= *35.27 ounces* (about 2.2 pounds)
1 litre	= *1.0567 quarts* (a fraction over a quart, liquid)

Vocabularies

Abbreviations

abbr	abbreviation		*inf*	infinitive
adj	adjective		*interrog*	interrogative
adv	adverb		*m*	masculine
art	article		*n*	noun
* (asterisk)	aspirate *h*		*obj*	object
cond	conditional		*p part*	past participle
conj	conjunction		*p simple*	passé simple
conjug	conjugated		*pers*	person, personal
contr	contraction		*pl*	plural
dem	demonstrative		*poss*	possessive
dir obj	direct object		*pr*	present
f	feminine		*prep*	preposition
fut	future		*pron*	pronoun
imper	imperative		*rel*	relative
imperf	imperfect		*sg*	singular
ind	indicative		*subj*	subjunctive
indir obj	indirect object			

French-English

A

a: il a [ila] *pr ind 3rd sg of* avoir
à [a] at, to, in, into, for, by; à jeudi see you Thursday
abandonner [abɑ̃dɔne] to abandon; to give out
abord: d'abord [dabɔʀ] first, at first, first of all
absent [apsɑ̃] absent
absolument [apsɔlymɑ̃] absolutely
absurde [apsyʀd] absurd
accent [aksɑ̃] *m* accent
accepter [aksɛpte] to accept
accessible [aksesibl] accessible
accident [aksidɑ̃] *m* accident
accompagner [akɔ̃paɲe] to accompany, go with, go along
accord: d'accord [dakɔʀ] in agreement (with); O.K.
accorder [akɔʀde] to agree
accrocher [akʀɔʃe] to hook, to hang
accueillir [akœjiʀ] to welcome
achat [aʃa] *m* purchase
acheter [aʃte] to buy
acte [akt] *m* act
acteur [aktœʀ] *m* actor
actif, active [aktif, aktiv] active
actuel [aktɥɛl] present; à l'heure actuelle at the present time
actuellement [aktɥɛlmɑ̃] at present
addition [adisjɔ̃] *f* bill
admettre [admɛtʀ] to admit
admirable [admiʀabl] admirable
admirablement [admiʀabləmɑ̃] admirably
admirer [admiʀe] to admire
adopter [adɔpte] to adopt
adorer [adɔʀe] to be crazy about
adresse [adʀɛs] *f* address
adroit [adʀwa] skilful
aérien [aeʀjɛ̃], aérienne [aeʀjɛn] aerial
aéroport [aeʀopɔʀ] *m* airport
affaire [afɛʀ] *f* thing; faire l'affaire, to do; bonnes affaires bargains
affirmativement [afiʀmativmɑ̃] affirmatively
Afrique [afʀik] *f* Africa; l'Afrique du Nord North Africa
âge [ɑʒ] *m* age; quel âge avez-vous? how old are you?; d'un certain âge elderly

agent [aʒɑ̃] *m* agent; agent de police policeman; agent de change stockbroker
agir: s'agir de [saʒiʀ də] *impers* to be a question of
agit: il s'agit de [ilsaʒidə] it is a question of
agréable [agʀeabl] pleasant
ai: j'ai [ʒe] *pr ind 1st sg of* avoir
aide [ɛd] *f* help
aider [ɛde] to help
aille: j'aille [ʒaj] *pr subj 1st sg of* aller
ailleurs [ajœʀ] elsewhere; d'ailleurs moreover, besides, anyway
aimable [ɛmabl] kind, nice
aimer [ɛme] to like, love; aimer bien to like, to be fond of; aimer mieux to prefer
ainsi [ɛ̃si] so, thus
air [ɛʀ] *m* air; avoir l'air to look, appear, seem; en plein air in the open
ait: il ait [ilɛ] *pr subj 3rd sg of* avoir
ajouter [aʒute] to add
album [albɔm] *m* album
alla: il alla [ilala] *p simple 3rd sg of* aller
allais: j'allais [ʒalɛ] *imperf ind 1st sg of* aller
allé [ale] *p part of* aller
allée [ale] *f* walk, path
Allemagne [almaɲ] *f* Germany
allemand [almɑ̃] German
aller [ale] *m;* aller et retour round trip
aller [ale] to go; aller bien to feel well; comment allez-vous? how are you?; cette robe vous va très bien this dress is very becoming; aller à pied to walk; aller chercher to go get; s'en aller to go away; comment ça va? how are you?
allez: vous allez [vuzale] *pr ind 2nd pl of* aller
allumé [alyme] lighted
allusion [alyzjɔ̃] *f* allusion
alors [alɔʀ] then
Alpes [alp] *f pl* Alps
altercation [altɛʀkasjɔ̃] *f* quarrel
aménager [amenaʒe] to lay out
américain [ameʀikɛ̃], américaine [ameʀikɛn] American (*takes a capital only when used as a noun referring to a person*)
Amérique [ameʀik] *f* America
ami [ami], amie [ami] friend
amusant [amyzɑ̃] amusing

amuser: s'amuser [samyze] to enjoy oneself

an [ɑ̃] *m* year; **tous les ans** every year; **le jour de l'An** New Year's Day; **l'an dernier** last year

ancien [ɑ̃sjɛ̃], **ancienne** [ɑ̃sjɛn] former, old

âne [ɑn] *m* donkey

anglais [ɑ̃glɛ], **anglaise** [ɑ̃glɛz] English (*takes a capital only when used as a noun referring to a person*)

Anglais [ɑ̃glɛ] Englishman

Angleterre [ɑ̃glətɛR] *f* England

animal [animal] *m* animal

année [ane] *f* year

anniversaire [anivɛRsɛR] *m* birthday

annoncer [anõse] to announce

antagoniste [ɑ̃tagɔnist] *m* opponent

antiquaire [ɑ̃tikɛR] *m* antique dealer

antiquités [ɑ̃tikite] *f* antiques

août [u] *m* August

apaiser [apɛze] to pacify

apercevoir [apɛRsəvwaR] to get a glimpse of

apparence [aparɑ̃s] *f* look

appartement [apaRtəmɑ̃] *m* apartment

appartenir à [apaRtəniRa] to belong to (*conjug like* **tenir**)

appel [apɛl] *m* appeal

appeler [aple] to call, name; **s'appeler** to be called, be named; **comment vous appelez-vous?** what is your name?; **je m'appelle** my name is

appellation [apɛlasjõ] *f* name

appendicite [apɛ̃disit] *f* appendicitis

appétit [apeti] *m* appetite

apporter [apɔRte] to bring; **apportez-moi** bring me

apprendre [apRɑ̃dR] to learn, to tell (*conjug like* **prendre**)

apprêter: s'apprêter [apRɛte] to get ready

appris [apRi] *p part of* **apprendre**

approcher [apRɔʃe] to approach; **s'approcher** to come close to

après [apRɛ] after; **d'après** according to

après-midi [apRɛmidi] *m* afternoon; **l'après-midi** in the afternoon

aqueduc [akdyk] *m* aqueduct

arbre [aRbR] *m* tree

arc [aRk] *m* arch; **arc de triomphe** [aRk dətRiõf] arch of triumph; **arc en demi-cercle** [aRk ɑ̃dmisɛRkl] round arch

architecte [aRʃitɛkt] *m* architect

architecture [aRʃitɛktyR] *f* architecture

argent [aRʒɑ̃] *m* money, silver

arme [aRm] *f* weapon; **arme prohibée** concealed weapon

armé [aRme] armed

armée [aRme] *f* army

arpent [aRpɑ̃] *m* acre (approx.)

arranger: s'arranger [saRɑ̃ʒe] to fit in

arrêt [aRɛ] *m* stop

arrêter: s'arrêter [saRɛte] to stop

arrivée [aRive] *f* arrival

arriver [aRive] to arrive, come; to happen; **qu'est-ce qui lui est arrivé?** what happened to him (her)?

arrondissement [aRõdismɑ̃] *m* administrative district in Paris

arroser [aRoze] to water

art [aR] *m* art

article [aRtikl] *m* article

artiste [aRtist] *m* artist

ascenseur [asɑ̃sœR] *m* elevator

aspect [aspɛ] *m* aspect

asperge [aspɛRʒ] *f* asparagus

aspirine [aspiRin] *f* aspirin

assembler: s'assembler [sasɑ̃ble] to gather

asseoir: s'asseoir [saswaR] to sit down

asseyez-vous [asɛjevu] *imper 2nd pl of* **s'asseoir**

assez [ase] enough, rather, fairly

assis [asi] *p part of* **asseoir**

assistance [asistɑ̃s] *f* attendance, spectators

assister à [asiste a] to attend

assurer [asyRe] to assure

Athènes [atɛn] Athens

Atlantique [atlɑ̃tik] *m* Atlantic

attaché [ataʃe] attached

atteindre [atɛ̃dR] to reach, attain, (*conjug like* **peindre**)

attendre [atɑ̃dR] to wait, wait for, expect, await; **s'attendre à** to expect

attention [atɑ̃sjõ] *f* attention; **faire attention** to watch out

attentivement [atɑ̃tivmɑ̃] attentively

attirer [atiRe] to attract

attitude [atityd] *f* attitude

attraper [atRape] to catch

au [o] *contr of* **à le**

auberge [obɛRʒ] *f* inn

aucun [okœ̃], **aucune** [okyn] none; **ne . . . aucun** no . . .

aujourd'hui [oʒuRdɥi] today; **d'aujourd'hui en huit** a week from today; **c'est aujourd'hui jeudi** today is Thursday

auparavant [opaʀavɑ̃] before

auquel [okɛl], **à laquelle** [alakɛl], **auxquels** [okɛl], **auxquelles** [okɛl] *prep* à + lequel, etc.

aurai: j'aurai [ʒɔʀe] *fut 1st sg of* avoir

aussi [osi] also, so, as, thus, therefore; **aussi . . . que** as . . . as

aussitôt [osito] immediately; **aussitôt que** as soon as

austère [ostɛʀ] severe

autant [otɑ̃] as much; **d'autant plus que** all the more so since; **autant que possible** in so far as possible

auteur [otœʀ] *m* author

auto [oto] *f* auto, car

autobus [otɔbys] *m* bus; **en autobus** on the bus, by bus

autocar [otɔkaʀ] *m* tourist bus

automne [otɔn] *m* fall, autumn

automobile [otɔmɔbil] *f* auto, car

automobiliste [otɔmɔbilist] *m* motorist

autour de [otuʀdə] around

autre [otʀ] other

autrefois [otʀəfwa] formerly, once

avait: il avait [ilavɛ] *imperf ind 3rd sg of* avoir; **il y avait** there was, there were

avance: à l'avance [alavɑ̃s] in advance; **en avance** early

avant [avɑ̃] before

avantage [avɑ̃taʒ] *m* advantage

avec [avɛk] with

avenir [avniʀ] *m* future

avenue [avny] *f* avenue

aveugle [avœgl] blind

avez: vous avez [vuzave] *pr ind 2nd pl of* avoir

avion [avjɔ̃] *m* plane

avis [avi] *m* opinion, advice; **être de l'avis de quelqu'un** to agree with someone

avocat [avɔka] *m* lawyer

avoine [avwan] *f* oats

avoir [avwaʀ] to have; **avoir besoin de** to need; **avoir peur** to be afraid; **avoir froid** to be cold; **avoir mal à la gorge** to have a sore throat; **avoir l'air** to seem; **avoir lieu** to take place; **qu'est-ce que vous avez?** what is the matter with you?; **avoir envie de** to feel like; **avoir l'habitude de** to be used to; **avoir faim** to be hungry; **avoir soif** to be thirsty; **avoir l'intention de** to intend to; **avoir raison** to be right; **avoir tort** to be wrong; **il y a** there is, there are; **il y a dix ans** ten years ago; **avoir beau** to be in vain, be of no avail

avril [avʀil] *m* April

ayez: vous ayez [vuzeje] *pr subj 2nd pl of* avoir

B

bagages [bagaʒ] *m pl* luggage

bain [bɛ̃] *m* bath; **salle de bains** *f* bathroom; **bain de soleil** *m* sunbath

bal [bal] *m* dance

balance [balɑ̃s] *f* scale

Balzac [balzak] French novelist (1799-1850)

banane [banan] *f* banana

banlieue [bɑ̃ljø] *f* the outskirts, suburbs

banque [bɑ̃k] *f* bank

banquier [bɑ̃kje] *m* banker

barbare [baʀbaʀ] barbarous

barbe [baʀb]: **Quelle barbe! La barbe!** What a nuisance!

Barbizon [baʀbizɔ̃] village near Fontainebleau, residence of famous French painters of the 19th century

barrage [baʀaʒ] *m* dam

bas [bɑ], **basse** [bɑs] low; **à voix basse** in a low voice

bassin [basɛ̃] *m* pool

Bastille: la Bastille [labastij] state prison, destroyed in 1789

bataille [bataj] *f* battle

bateau [bato] *m* boat

bâtiment [bɑtimɑ̃] *m* building

bâtir [bɑtiʀ] to build

beau [bo], **bel** [bɛl], **belle** [bɛl], **beaux** [bo], **belles** [bɛl] beautiful, nice; **il fait beau** the weather is nice; **avoir beau** to be in vain, to be of no avail

beaucoup [boku] much, very much

Belgique [bɛlʒik] *f* Belgium

bergére [bɛʀʒɛʀ] *f* sherphedess

besoin [bɔzwɛ̃] *m* need; **avoir besoin de** to need

bétail [betaj] *m* livestock

betterave [bɛtʀav] *f* beet; **betterave à sucre** sugar beet

beurre [bœʀ] *m* butter

bibliothèque [bibliɔtɛk] *f* library

bicyclette [bisiklɛt] *f* bicycle

bien [bjɛ̃] *adv* well, indeed, very; **eh bien?** well?; *conj* **bien que** although; **bien** [bjɛ̃] *m* good; **cette promenade m'a fait beaucoup de bien** this walk did me a lot of good; many; **bien des statues** many statues
bientôt [bjɛ̃to] soon
bière [bjɛR] *f* beer
bifteck [biftɛk] *m* minute steak
billet [bijɛ] *m* ticket, banknote, bill; **billet aller et retour** roundtrip ticket
Bizet [bizɛ] French musician (1838-1875)
blanc [blɑ̃], **blanche** [blɑ̃ʃ] white
blé [ble] *m* wheat
blesser [blese] to wound
bleu [blø] blue; **bleu marine** dark blue
blond [blõ] blond
bœuf [bœf], *pl* **bœufs** [bø] *m* ox, beef
boire [bwaR] to drink
bois [bwɑ] *m* wood; **le Bois de Boulogne** park on the outskirts of Paris
bois: je bois [ʒəbwɑ] *pr ind 1st sg of* **boire**
boîte [bwat] *f* box
bon [bõ], **bonne** [bɔn] good; **de bonne heure** early; **la bonne route** the right road
bonbon [bõbõ] *m* candy
bondé [bõde] crowded
bonheur [bɔnœR] *m* happiness
bonjour [bõʒuR] *m* good morning, good afternoon, hello
bonne [bɔn] *f* maid
bonsoir [bõswaR] *m* good evening
bord [bɔR] *m* edge, side; **au bord de la mer** at the seashore
border [bɔRde] to line
botanique [bɔtanik] *f* botany
bouche [buʃ] *f* mouth; **faire venir l'eau à la bouche** to make one's mouth water
boucher [buʃe] *m* butcher
boucherie [buʃRi] *f* butcher's shop
boulangerie [bulɑ̃ʒRi] *f* bakery
boulevard [bulvaR] *m* boulevard
Boulogne [bulɔɲ] *f* Boulogne; **Bois de Boulogne** Boulogne Park
bouquet [bukɛ] *m* bouquet
bouquiniste [bukinist] *m* dealer in old books
Bourgogne [buRgɔɲ] *f* Burgundy
bourguignon [buRgiɲõ] of Burgundy
bout [bu] *m* end; **un petit bout de chemin** a bit of the way
bouteille [butɛ:j] *f* bottle
boutique [butik] *f* shop

bras [bRɑ] *m* arm
brave [bRav] good, worthy
Bretagne [bRətaɲ] *f* Brittany
breton [bRətõ] from Brittany
bridge [bRidʒ] *m* bridge
briller [bRije] to shine
bronchite [bRõʃit] *f* bronchitis
brouillard [bRujaR] *m* mist
bruit [bRɥi] *m* noise
brûler [bRyle] to burn
brun [bRœ̃], **brune** [bRyn] brown
bu [by] *p part of* **boire**
buffet [byfɛ] *m* lunchroom (in a railroad station)
bureau [byRo] *m* office, desk
buvez: vous buvez [vubyve] *pr ind 2nd pl of* **boire**

C

c' *see* **ce**
ça [sa] (*contr of* **cela**) that; **c'est ça** that's it, that's right
cadeau [kado] *m* gift
Caen [kɑ̃] city in Normandy
café [kafe] *m* coffee, café, pub
caisse [kɛs] *f* cashier's window
caissier [kɛsje], **caissière** [kɛsjɛR] cashier
Californie [kalifɔRni] *f* California
calmer [kalme] to calm down
camion [kamjõ] *m* truck
campagne [kɑ̃paɲ] *f* country, countryside
Canada [kanada] *m* Canada
Cannes [kan] resort city on the Mediterranean
canotage [kanɔtaʒ] *m* boating
capitale [kapital] *f* capital
car [kaR] for, because
caractérisé [kaRakteRize] characterized
carnet [kaRnɛ] *m* notebook, booklet
carré [kaRe] *m* square
carte [kaRt] *f* card, menu, map; **jouer aux cartes** to play cards; **carte-postale** *f* post card
carton [kaRtõ] *m* cardboard, cardboard box
cas [kɑ] *m* case; **en tout cas** at any rate
casser [kase] to break; **se casser le bras** to break one's arm
casserole [kasRɔl] *f* saucepan
cathédrale [katedRal] *f* cathedral
cause [koz] *f* cause; **à cause de** because of

causer [koze] to chat

cave [kav] *f* cellar

ce [sə], **cet** [sɛt], **cette** [sɛt], **ces** [se] *adj* this, that; **cette écharpe-ci** this scarf; **cette écharpe-là** that scarf; **ce jour-là** that day; **ces jours-ci** some time soon

ce [sə] *pron* he, she, it, they, that; **ce qui, ce que** what

ceci [səsi] this

ceinture [sɛ̃tyʀ] *f* belt

cela [sla] that

célèbre [selɛbʀ] well-known

célébrer [selebre] to celebrate

celui [səlɥi], **celle** [sɛl], **ceux** [sø], **celles** [sɛl] the one; the ones; **celui-ci** this one; **celui-là** that one

cent [sɑ̃] a hundred

centaine [sɑ̃tɛn] *f* about a hundred

centième [sɑ̃tjɛm] hundredth

centigrade [sɑ̃tigʀad] *m* centigrade

centime [sɑ̃tim] *m* one hundredth part of one franc

centimètre [sɑ̃timɛtʀ] *m* centimeter

centre [sɑ̃tʀ] *m* center

cependant [səpɑ̃dɑ̃] however

cercle [sɛʀkl] *m* circle; **arc en demi-cercle** round arch

certain [sɛʀtɛ̃], **certaine** [sɛʀtɛn] certain

certainement [sɛʀtɛnmɑ̃] certainly

certes [sɛʀt] certainly

Cézanne [sezan] French painter (1839-1906)

chacun [ʃakɛ̃], **chacune** [ʃakyn] each, each one

chaîne [ʃɛn] *f* chain

chaise [ʃɛz] *f* chair

chaleur [ʃalœʀ] *f* heat

chambre [ʃɑ̃bʀ] *f* room

champ [ʃɑ̃] *m* field

champagne [ʃɑ̃paɲ] *m* champagne

champenois [ʃɑ̃pənwa] from Champagne

champignon [ʃɑ̃piɲɔ̃] *m* mushroom

Champs-Élysées: les Champs-Élysées [leʃɑ̃zelize] avenue in Paris

chance [ʃɑ̃s] *f* luck; **avoir de la chance** to be lucky

chandail [ʃɑ̃daj] *m* sweater

changement [ʃɑ̃ʒmɑ̃] *m* change

changer [ʃɑ̃ʒe] to change; to change trains

chanter [ʃɑ̃te] to sing

Chantilly [ʃɑ̃tiji] town in the Île-de-France

chapeau [ʃapo] *m* hat

chapelle [ʃapɛl] *f* chapel

chaque [ʃak] each

charcuterie [ʃaʀkytʀi] *f* pork butcher shop

charcutier [ʃaʀkytje] *m* pork butcher

charmant [ʃaʀmɑ̃] charming

charme [ʃaʀm] *m* charm

chasse [ʃas] *f* hunting, hunting season

chasser [ʃase] to chase, to shoo out

chasseur [ʃasœʀ] *m* hunter

château [ʃato] *m* château, palace

chaud [ʃo] warm; **il fait chaud** it is warm; **j'ai chaud** I am warm

chauffage [ʃofaʒ] *m* heating; **chauffage central** central heating

chauffeur [ʃofœʀ] *m* driver

chaussée [ʃose] *f* street, surface of a street

chaussette [ʃosɛt] *f* sock

chaussure [ʃosyʀ] *f* shoe

chef [ʃɛf] *m* chef

chemin [ʃmɛ̃] *m* road; **chemin de fer** *m* railroad; **un petit bout de chemin** a bit of the way; **en chemin** on their way

cheminée [ʃmine] *f* fireplace

chemise [ʃmiz] *f* shirt

chèque [ʃɛk] *m* check

cher [ʃɛʀ], **chère** [ʃɛʀ] expensive, dear

chercher [ʃɛʀʃe] to seek, look for; **aller chercher** to go for, go and get; **venir chercher** to come for

cheval [ʃval], *pl* **chevaux** [ʃvo] *m* horse

chevalier [ʃvalje] *m* knight

cheveu [ʃvø] *m* hair; **elle a les cheveux blonds** she has blond hair; **se faire couper les cheveux** to get a haircut

chèvre [ʃɛvʀə] *f* goat

chez [ʃe] at the house of, at the shop of; **chez moi** at my house; **chez eux** at their house; **chez le coiffeur** at the barber's

chic [ʃik] stylish

chien [ʃjɛ̃] *m* dog

chiffre [ʃifʀ] *m* number

chimie [ʃimi] *f* chemistry

chimiste [ʃimist] *m* chemist

Chine [ʃin] *f* China

chinois [ʃinwa] Chinese

chocolat [ʃɔkɔla] *m* chocolate

choisir [ʃwaziʀ] to choose

choix [ʃwa] *m* choice

chose [ʃoz] *f* thing; **quelque chose** something;

autre chose something else; **pas grand-chose** not much

chou [ʃu], *pl* **choux** [ʃu] *m* cabbage

chute [ʃyt] *f* fall; **les chutes du Niagara** Niagara Falls

cidre [sidʀ] *m* cider

ciel [sjɛl], *pl* **cieux** [sjø] *m* sky

cigare [sigaʀ] *m* cigar

cigarette [sigaʀɛt] *f* cigarette

cinéma [sinema] *m* movie

cinq [sɛ̃k] five

cinquantaine [sɛ̃kɑ̃tɛn] *f* about fifty

cinquante [sɛ̃kɑ̃t] fifty

cinquième [sɛ̃kjɛm] fifth

ciseaux [sizo] *m pl* scissors

clair [klɛʀ] clear; light colored

clarinette [klaʀinɛt] *f* clarinet

classe [klɑs] *f* classroom

classer [klɑse] to classify

client [klijɑ̃] *m* client

clinique [klinik] *f* clinic

clocher [kloʃe] *m* steeple

cochon [koʃɔ̃] *m* pig

cœur [kœʀ] *m* heart

coiffeur [kwafœʀ] *m* barber

coiffure [kwafyʀ] *f* hairdo

coin [kwɛ̃] *m* corner, part of a town

colimaçon [kolimasɔ̃]: **escalier en colimaçon** spiral staircase

collection [kolɛksjɔ̃] *f* collection; **collection de timbres** stamp collection; **faire collection** to make a collection

collectionner [kolɛksjone] to collect

collectionneur [kolɛksjonœʀ] *m* collector

collège [kolɛʒ] *m* secondary school

colline [kolin] *f* hill

collision [kolizjɔ̃] *f* collision

colonie [koloni] *f* colony

combien [kɔ̃bjɛ̃] how much, how many; **combien de temps** how long

Comédie-Française: la Comédie-Française [lakomedifʀɑ̃sɛz] theatre in Paris

commander [komɑ̃de] to order

comme [kom] as, like; **comme d'habitude** as usual

commencement [komɑ̃smɑ̃] *m* beginning

commencer [komɑ̃se] to begin

comment [komɑ̃] how; **comment allez-vous?** how are you?; **comment vous appelez-vous?** what is your name?; **comment cela?** how is

that?; **Et comment!** And how!

commerçant [komɛʀsɑ̃] *m* merchant

commerce [komɛʀs] *m* commerce, trade

commissaire de police [komisɛʀdəpolis] *m* police lieutenant

commissariat de police [komisaʀjadpolis] *m* police station

commode [komod] *adj* convenient; *f noun* dresser

commun [komœ̃] common

compagnie [kɔ̃paɲi] *f* company

compartiment [kɔ̃paʀtimɑ̃] *m* compartment

complet [kɔ̃plɛ], **complète** [kɔ̃plɛt] complete, full; **complet** [kɔ̃plɛ] *n m* man's suit

complètement [kɔ̃plɛtmɑ̃] completely

compliqué [kɔ̃plike] complicated

composer [kɔ̃poze] to compose

compréhensible [kɔ̃pʀeɑ̃sibl] comprehensible

comprendre [kɔ̃pʀɑ̃dʀ] to understand (*conjug like* **prendre**); **je comprends** I understand; **comprenez-vous?** do you understand?; **cela se comprend** that is understandable

compris: y compris [kɔ̃pʀi] including

compte [kɔ̃t]: **se rendre compte** to realize

compter [kɔ̃te] to count

compteur [kɔ̃tœʀ] *m* meter, machine for measuring (as a gas meter)

comte [kɔ̃t] *m* count

concert [kɔ̃sɛʀ] *m* concert

concierge [kɔ̃sjɛʀʒ] *m or f* janitor, caretaker

Concorde: Place de la Concorde [kɔ̃koʀd] square in Paris

conditionnel [kɔ̃disjonɛl] *m* conditional

conducteur [kɔ̃dyktœʀ] *m* driver

conduire [kɔ̃dɥiʀ] to lead; to drive a car; to take (to a place)

confection [kɔ̃fɛksjɔ̃] *f* **magasin de confection** store for ready-made clothes

conférence [kɔ̃feʀɑ̃s] *f* lecture

confiance [kɔ̃fjɑ̃s] *f* confidence

conflit [kɔ̃fli] *m* conflict

confondre [kɔ̃fɔ̃dʀ] to confuse

confortable [kɔ̃foʀtabl] comfortable

connais: je connais [ʒəkonɛ] *pr ind 1st sg of* **connaître**

connaissance [konɛsɑ̃s] *f* acquaintance, consciousness; **faire la connaissance de** to meet, become acquainted with

connaissez: vous connaissez [vukonɛse] *pr ind 2nd pl of* **connaître**

connaître [kɔnɛtR] to know, be acquainted with

connu [kɔny] *p part of* **connaître**

conseil [kõsɛj] *m* advice

conseiller [kõsɛje] to advise

consentir [kõsãtiR] to consent (*conjug like* **sentir**)

conséquent: par conséquent [paRkõsekã] therefore

constructeur [kõstRyktœR] *m* constructor

construction [kõstRyksjõ] *f* construction, building

construire [kõstRɥiR] to build; **faire construire** to have built

consul [kõsyl] *m* consul

consulter [kõsylte] to consult, look at

contempler [kõtãple] to look at

contenir [kõtniR] to contain

content [kõtã] glad

continuateur [kõtinɥatœR] *m* continuer, follower

continuer [kõtinɥe] to continue

contraire [kõtRɛR] *adj* contrary; *n m* opposite; **au contraire** on the contrary, far from it

contre [kõtR] against; **par contre** on the other hand

convenable [kõvnabl] suitable

convenir [kõvniR] to suit, be appropriate (*conjug like* **venir**)

conversation [kõvɛRsasjõ] *f* conversation

convient: il convient [ilkõvjɛ̃] *pr ind 3rd sg of* **convenir**; **cette chambre me convient** this room suits me

convocation [kõvɔkasjõ] *f* summons

copier [kɔpje] to copy

cor [kɔR] *m* horn, French horn

cordonnier [kɔRdɔɲe] *m* cobbler

Corot [kɔRo] French painter (1796-1875)

corporel [kɔRpɔRɛl] *adj* of the body

corporellement [kɔRpɔRɛlmã] physically

correspondance [kɔRɛspõdãs] *f* connection

corsaire [kɔRsɛR] *m* corsair

Corse [kɔRs] *f* Corsica

cosmopolite [kɔsmɔpolit] cosmopolitan

côte [kot] *f* rib

côté [kote] *m* side; **à côté de** near, beside; **de l'autre côté de** on the other side of

coucher: se coucher [skuʃe] to lie down, go to bed

couler [kule] to flow

couleur [kulœR] *f* color

coup: tout à coup [tutaku] suddenly

couper [kupe] to cut

couramment [kuRamã] fluently

courant [kuRã] current, common; **une expression courante** an everyday expression

courir [kuRiR] to run

courrier [kuRje] *m* mail

cours [kuR] *m* course; **au cours de** in the course of, during

course [kuRs] *f* errand, race; **faire des courses** to do errands; **course de chevaux** horse race; **champ de courses** race track

court [kuR] short

courtisan [kuRtizã] *m* courtier

cousin [kuzɛ̃], **cousine** [kuzin] cousin

couteau [kuto] *m* knife

coûter [kute] to cost

couture [kutyR] *f* dressmaking; **maison de couture** high fashion house

couturière [kutyRjɛR] *f* dressmaker

couvert [kuvɛR] covered, cloudy

couverture [kuvɛRtyR] *f* cover

couvrir [kuvRiR] to cover (*conjug like* **ouvrir**)

craindre [kRɛ̃dR] to fear (*conjug like* **plaindre**)

crains: je crains [ʒə kRɛ̃] *pr ind 1st sg of* **craindre**

crainte [kRɛ̃t] *f* fear

cravate [kRavat] *f* tie, necktie

crayon [kRejõ] *m* pencil

crème [kRɛm] *f* cream; **crème glacée** ice cream

crémerie [kRɛmRi] *f* store for dairy products

critique [kRitik] *m* critic

croire [kRwaR] to believe

crois: je crois [ʒəkRwa] *pr ind 1st sg of* **croire**

croisade [kRwazad] *f* crusade

croissant [kRwasã] *m* crescent roll

croyez: vous croyez [vukRwaje] *pr ind 2nd pl of* **croire**

cru [kRy] *p part of* **croire**

cube [kyb] *m* cube

cueillir [kœjiR] to pick

cuirassé [kɥiRase] armored

cuire [kɥiR] to cook; **faire cuire** to cook

cuisine [kɥizin] *f* food, cooking; kitchen; **faire la cuisine** to cook

cuisinier [kɥizinje] *m* cook

cuisinière [kɥizinjɛR] *f* woman cook

cuivre [kɥivR] *m* copper

cultivateur [kyltivatœʀ] *m* farmer

cultiver [kyltive] to cultivate, grow

curé [kyʀe] *m* priest

curiosité [kyʀiozite] *f* curiosity

D

d' *see* de

dactylo [daktilo] *f* secretary, typist

dame [dam] *f* lady

danger [dɑ̃ʒe] *m* danger

dangereux [dɑ̃ʒʀø], dangereuse [dɑ̃ʒʀøz] dangerous

dans [dɑ̃] in, into, on

date [dat] *f* date

dater de [datedə] to date from

Daumier [domje] French painter and etcher (1808-1879)

davantage [davɑ̃taʒ] more

de [də] of, from

debout [dəbu] standing

Debussy [dəbysi] French musician (1862-1918)

décamètre [dekamɛtʀ] *m* ten meters

décimètre [desimɛtʀ] *m* one tenth of a meter

décembre [desɑ̃bʀ] *m* December

décider [deside] to decide

déclaration [deklaʀasjõ] *f* declaration

décoration [dekɔʀasjõ] *f* decoration

découvrir [dekuvʀiʀ] to discover

décrire [dekʀiʀ] to describe

déçu [desy] disappointed

dedans [dədɑ̃] inside; là-dedans in there

dédier [dedje] to dedicate

déesse [deɛs] *f* goddess

défaire [defɛʀ] to undo (*conjug like* faire)

défaut [defo] *m* fault

degré [dəgʀe] *m* degree

dehors [dəɔʀ] outside

déjà [deʒa] already, before

déjeuner [deʒœne] *m* lunch; petit déjeuner breakfast; déjeuner [deʒœne] to lunch, have lunch

delà: au delà [odla] beyond

délicieux [delisjø] delicious

demain [dəmɛ̃] tomorrow; après-demain day after tomorrow

demande [dəmɑ̃d] *f* request

demander [dəmɑ̃de] to ask; se demander to wonder

demeure [dəmœʀ] *f* house

demeurer [dəmœʀe] to live, reside; où demeurez-vous? where do you live?; je demeure I live

demi [dəmi] half; onze heures et demie half past eleven; midi et demi half past twelve; une demi-heure a half hour

démolir [demɔliʀ] to tear down

dent [dɑ̃] *f* tooth

dentiste [dɑ̃tist] *m* dentist

départ [depaʀ] *m* departure

dépêcher: se dépêcher [sədepɛʃe] to hurry

dépenser [depɑ̃se] to spend

depuis [dəpɥi] since, for; depuis quand? depuis combien de temps? how long?; j'attends depuis un quart d'heure I have been waiting for a quarter of an hour

déranger [deʀɑ̃ʒe] to disturb, inconvenience

dernier [dɛʀnje], dernière [dɛʀnjɛʀ] last; dimanche dernier last Sunday

dernièrement [dɛʀnjɛʀmɑ̃] recently

derrière [dɛʀjɛʀ] behind

des [de] (*contr of* de les) of the, from the, some, any

descendre [desɑ̃dʀ] to go down, to take down

descriptif [deskʀiptif] descriptive

description [deskʀipsjõ] *f* description

déshérités [dezeʀite] *m pl* the disadvantaged

désigner [dezine] to designate

désirer [deziʀe] to wish, desire

dessert [desɛʀ] *m* dessert

dessin [desɛ̃] *m* drawing

dessiner [desine] to draw, draw the plans of

dessous [dəsu] under; *n m* lower side; au dessous de below; là-dessous under that, under there

dessus [dəsy] on, upon; *n m* top side; au-dessus de above; là-dessus on that, thereon

destination [dɛstinasjõ] *f* destination

destiné [dɛstine] meant, intended

détail [detaj] *m* detail

détruit [detʀɥi] destroyed

deux [dø] two

deuxième [døzjɛm] second; le deuxième (étage) the third floor

devant [dəvɑ̃] before, in front of

devanture [dəvɑ̃tyʀ] *f* shop window

développer [devlɔpe] to develop

devenir [dəvniʀ] to become (*conjug like* venir); qu'est-ce qu'il est devenu? what has become of him?

devez: vous devez [vudve] (*pr ind 2nd pl of* **devoir**) you must, you are supposed to

deviez: vous deviez [vudəvje] (*imperf ind 2nd pl of* **devoir**) you were to

deviner [dəvine] to guess

devoir [dəvwaʀ] to owe, must, be supposed to, ought to, etc.; **je dois** I must, I am supposed to; **je devais** I was supposed to; **j'ai dû** I must have, I had to; **je devrais** I should; **j'aurais dû** I should have

dévorer [devɔʀe] to devour

dévoué [devwe] devoted

devriez: vous devriez [vudəvʀije](*pr cond 2nd pl of* **devoir**) you should, you ought to

dictée [dikte] *f* dictation

dieu [djø] *m* god

différent [difeʀã] different

difficile [difisil] difficult

difficulté [difikylte] *f* difficulty

dimanche [dimãʃ] *m* Sunday; **le dimanche** on Sundays; **à dimanche** see you Sunday

dinde [dɛ̃d] *f* turkey

dîner [dine] *m* dinner; **dîner** [dine] to dine

diplomate [diplɔmat] *m* diplomat

dire [diʀ] to say, tell; **vouloir dire** to mean; **c'est-à-dire** that is to say; **cela ne veut rien dire** that is meaningless

directement [diʀɛktəmã] directly

direction [diʀɛksjõ] *f* direction

diriger: se diriger [sədiʀiʒe] to go toward

dis: je dis [ʒədi] *pr ind 1st sg of* **dire**; **se dire** to say to oneself

discuter [diskyte] to discuss

disent: ils disent [ildiz] *pr ind 3rd pl of* **dire**

disparaître [dispaʀɛtʀ] to disappear

dispos [dispo] fit, in good shape

disposer [dispoze] **(de)** to have at one's disposal

disposition [dispozisjõ] *m* disposal; **je suis à votre disposition** I am at your service

disque [disk] *m* record

distance [distãs] *f* distance; **à quelle distance?** how far?

distant [distã] distant

distraire [distʀɛʀ]: **se distraire** to relax and have a good time

dit: il dit [ildi] *pr ind 3rd sg of* **dire**

dites: vous dites [vudit] *pr ind 2nd pl of* **dire**

division [divizjõ] *f* division

dix [dis] ten

dix-huit [dizɥit] eighteen

dixième [dizjɛm] tenth

dix-neuf [diznœf] nineteen

dix-neuvième [diznœvjɛm] nineteenth

dix-sept [dissɛt] seventeen

docteur [dɔktœʀ] *m* doctor; **le docteur Lambert** Dr. Lambert

documentaire [dɔkymãtɛʀ] documentary

doigt [dwa] *m* finger

dois: je dois [ʒədwa] (*pr ind 1st sg of* **devoir**) I must, I am supposed to

dollar [dɔlaʀ] *m* dollar

dominer [dɔmine] to overlook

dommage [dɔmaʒ] *m* **c'est dommage** it's too bad

donc [dõk] then, therefore; **et moi donc!** what about me!; **entrez donc** do come in

donner [dɔne] to give

dont [dõ] whose, of whom, of which

doré [dɔʀe] gilded

dormir [dɔʀmiʀ] to sleep

dort: il dort [ildɔʀ] *pr ind 3rd sg of* **dormir**

doué [due] gifted

douloureux [duluʀø] painful

doute [dut] *m* doubt; **sans doute** no doubt, probably

douter de to doubt; **se douter de** [sədutedə] to suspect

doux, douce [du, dus] sweet, soft

douzaine [duzɛn] *f* dozen; **une demi-douzaine** half a dozen; **vingt francs la douzaine** twenty francs a dozen

douze [duz] twelve

douzième [duzjɛm] twelfth

drapeau [dʀapo] *m* flag

dresser [dʀɛse] to draw up, make out

drogue [dʀɔg] *f* narcotic

droit [dʀwa] straight, right; **tout droit** straight ahead; **à droite** to, on the right

drôle [dʀol] funny, queer

drugstore [dʀœgstɔʀ] *m* drugstore

du [dy] (*contr of* **de le**) of the, from the, some, any

dû [dy] *p part of* **devoir**

Dumas [dyma] French novelist (1803-1870)

duquel [dykɛl], **de laquelle** [dəlakɛl], **desquels** [dekɛl], **desquelles** [dekɛl] *rel pron; prep*

de + lequel, etc.

dur [dyʀ] hard

durable [dyʀabl] lasting

durer [dyʀe] to last

E

eau [o] *f* water; **eau minérale** mineral water

échafaudage [eʃafodaʒ] *m* scaffolding

écharpe [eʃaʀp] *f* scarf

échecs [eʃɛk] *m* chess

échelle [eʃɛl] *f* scale

école [ekɔl] *f* school

économie politique [ekɔnɔmi pɔlitik] *f* economics

Écosse [ekɔs] *f* Scotland

écouter [ekute] to listen

écrire [ekʀiʀ] to write; **machine à écrire** typewriter

écris: j'écris [ʒekʀi] *pr ind 1st sg of* **écrire**

écrivain [ekʀivɛ̃] *m* writer

écrivez: vous écrivez [vuzekʀive] *pr ind 2nd pl of* **écrire**

écureuil [ekyʀœj] *m* squirrel

édifice [edifis] *m* building

édition [edisjɔ̃] *f* edition

effet [efɛ] *m* effect; **en effet** indeed

effrayant [efʀejɑ̃] frightful

égal [egal] equal; **ça m'est égal** that's all the same to me

égaré [egaʀe] lost

église [egliz] *f* church

Égypte [eʒipt] *f* Egypt

égyptien [eʒipsjɛ̃], **égyptienne** [eʒipsjɛn] Egyptian

Eiffel [efɛl] French engineer (1832-1923)

électricien [elɛktʀisjɛ̃] electrical

électricité [elɛktʀisite] *f* electricity

élégance [elegɑ̃s] *f* elegance

élégant [elegɑ̃] graceful

élémentaire [elemɑ̃tɛʀ] elementary

élevé [elve] high, raised

élève [elɛv] *m or f* pupil

elle [ɛl] she, it

elles [ɛl] they

embrasser [ɑ̃bʀase] to kiss; to embrace

emmener [ɑ̃mne] to carry, take along

empêcher [ɑ̃peʃe] to prevent

empire [ɑ̃piʀ] *m* empire; **Second Empire** reign of Napoleon III (1852-1870)

emplette [ɑ̃plɛt] *f* purchase

emploi [ɑ̃plwa] *m* employment, use; **emploi du temps** *m* schedule

employé [ɑ̃plwaje] *m* employee

employer [ɑ̃plwaje] to employ, use

empoisonner [ɑ̃pwazɔne] to poison

emporter [ɑ̃pɔʀte] to take along, carry along

en [ɑ̃] *prep* in, into, at, to, by; **en** [ɑ̃] *pron* some, any, of it, of them

enchanté [ɑ̃ʃɑ̃te] delighted

encombrement [ɑ̃kɔ̃bʀəmɑ̃] *m* traffic jam, crowding

encore [ɑ̃kɔʀ] yet, still, again; **pas encore** not yet

endormir: s'endormir [sɑ̃dɔʀmiʀ] to fall asleep

endroit [ɑ̃dʀwa] *m* place

énergie [enɛʀʒi] *f* energy

enfant [ɑ̃fɑ̃] *m or f* child

ennuyer [ɑ̃nɥije] to bother, worry; **s'ennuyer** to be bored

énorme [enɔʀm] enormous

enrhumé [ɑ̃ʀyme] having a cold

enrichi [ɑ̃ʀiʃi] made wealthy

ensemble [ɑ̃sɑ̃bl] *n* whole, entirety; **vue d'ensemble** general view; *adv* together

ensuite [ɑ̃sɥit] then, afterwards

entendre [ɑ̃tɑ̃dʀ] to hear; **entendre parler de** to hear of; **entendre dire que** to hear that

entendu [ɑ̃tɑ̃dy] *p part of* **entendre**; **c'est entendu** agreed, all right; **bien entendu** of course

enterrer [ɑ̃tɛʀe] to bury

enthousiasme [ɑ̃tuzjasm] *m* enthusiasm

entier [ɑ̃tje], **entière** [ɑ̃tjɛʀ] entire, whole; **tout entier** entirely

entouré de [ɑ̃tuʀe də] surrounded with

entre [ɑ̃tʀ] between, among; **entre autres** among others

entrer [ɑ̃tʀe] to enter, go in

entresol [ɑ̃tʀəsɔl] *m* mezzanine

entr'ouvert [ɑ̃tʀuvɛʀ] partly open

enveloppe [ɑ̃vlɔp] *f* envelope

enverrai: j'enverrai [ʒɑ̃vɛʀe] *fut 1st sg of* **envoyer**

envie [ɑ̃vi] *f* envy, desire; **avoir envie de** to feel like

environ [ɑ̃viʀɔ̃] about

envoie: j'envoie [ʒɑ̃vwa] *pr ind 1st sg of* **envoyer**

envoyer [ɑ̃vwaje] to send; **envoyer chercher** to send for; **faire envoyer** to have (something) sent

épaise [epɛs] thick

épaisseur [epɛsœʀ] *f* thickness

épaule [epol] *f* shoulder

Épernay [epɛʀnɛ] town in Champagne

épicerie [episʀi] *f* grocery store

épidémie [epidemi] *f* epidemic

époque [epɔk] *f* period, time

erreur *f* mistake; **faire erreur** [ɛʀœʀ] to make a mistake

escalier [ɛskalje] *m* stairway

espace [ɛspɑs] *m* space

Espagne [ɛspaɲ] *f* Spain

espagnol [ɛspaɲɔl] Spanish (*takes a capital only when used as a noun referring to a person*)

espalier [ɛspalje] *m* fruit tree trimmed and trained to grow against a wall or trellis

espèce [ɛspɛs] *f* kind, sort

espérer [ɛspeʀe] to hope; **je l'espère** I hope so

essayer [eseje] to try, try on

essence [esɑ̃s] *f* gasoline

essoufflé [esufle] out of breath

est: il est [ilɛ] *pr ind 3rd sg of* **être**

Est [ɛst] *m* East

estampe [ɛstɑ̃p] *f* print, engraving, etc.

estomac [ɛstɔma] *m* stomach

et [e] and; **et cætera** [ɛtseteʀa] etc.

établi [etabli] established, settled

établissement (industriel) [etablismɑ̃] *m* factory

était: il était [iletɛ] *imperf ind 3rd sg of* **être**

étalage [etalaʒ] *m* display

États-Unis [etazyni] *m pl* United States

été [ete] *m* summer; **été** [ete] *p part of* **être**

éteindre [etɛ̃dʀ] to extinguish (*conjug like* **peindre**)

étendue [etɑ̃dy] *f* extent, size

éternité [etɛʀnite] *f* eternity

êtes: vous êtes [vuzɛt] *pr ind 2nd pl of* **être**

étoffe [etɔf] *f* material

étoile [etwal] *f* star

étonnant [etɔnɑ̃] astonishing

étonné [etɔne] surprised

étonner: s'étonner [setɔne] to wonder at

étranger [etʀɑ̃ʒe], **étrangère** [etʀɑ̃ʒɛʀ] foreign; *n* foreigner; **à l'étranger** abroad

être [ɛtʀ] to be; **c'est** it is; **est-ce?** is it?; **est-ce que?** is it that?; **qu'est-ce que c'est que?** what is?; **c'est-à-dire** that is to say; **il est onze heures** it is eleven o'clock; **c'est aujourd'hui jeudi** today is Thursday; **être à** to belong to

étroit [etʀwa] narrow

étudiant [etydjɑ̃] *m* **étudiante** [etydjɑ̃t] *f* student

étudier [etydje] to study

eu [y] *p part of* **avoir**

eurent; ils eurent [ilzyʀ] *p simple 3rd pl of* **avoir**

Europe [œʀɔp] *f* Europe

européen [œʀɔpeɛ̃], **européenne** [œʀɔpeɛn] European

eut: il eut [ily] *p simple 3rd sg of* **avoir**; **il y eut** there was, there were, there has been, there have been

eux [ø] they, them

évidemment [evidamɑ̃] evidently

évident [evidɑ̃] evident

éviter [evite] to avoid

exact [ɛgzakt] exact

exactement [ɛgzaktəmɑ̃] exactly

examen [ɛgzamɛ̃] *m* examination

examiner [ɛgzamine] to examine

excellent [ɛksɛlɑ̃] excellent

excès [ɛksɛ] *m* excess

exclusivement [ɛksklyzivmɑ̃] exclusively

excursion [ɛkskyʀsjɔ̃] *f* excursion

excuser: s'excuser [sɛkskyze] to apologize

exécution [ɛgzekysjɔ̃] *f* execution

exemple [ɛgzɑ̃pl] *m* example; **par exemple** for example

exercice [ɛgzɛʀsis] *m* exercise; **exercice d'application** drill

exister [ɛgziste] to exist

expérience [ɛkspeʀjɑ̃s] *f* experience

explication [ɛksplikasjɔ̃] *f* explanation

expliquer [ɛksplike] to explain

exploiter [ɛksplwate] to make use of

express [ɛkspʀɛs] *m* fast train

expression [ɛkspʀɛsjɔ̃] *f* expression

exprimer [ɛkspʀime] to express

extraordinaire [ɛkstʀaɔʀdinɛʀ] extraordinary

F

fabrique [fabʀik] *f* plant

fabriqué [fabʀike] made

façade [fasad] *f* front of a building
face [fas] *f* face; **en face de** opposite
fâché [faʃe] sorry, angry
facile [fasil] easy
facilement [fasilmɑ̃] easily
façon [fasõ] *f* way, manner
facteur [faktœʀ] *m* postman
facture [faktyʀ] *f* bill
Faculté [fakylte] *f* a division of a University
faim [fɛ̃] *f* hunger; **avoir faim** to be hungry
faire [fɛʀ] to do, make; **faire une promenade**
    to take a walk; **faire du ski** to go skiing;
    quoi faire? what for?; **faire la connaissance**
    de to meet, become acquainted with; **faire**
    venir to have . . . come; **faire envoyer** to
    have . . . sent; **faire attention** to watch out;
    quel temps fait-il? what kind of weather is
    it?; **il fait beau** the weather is nice; **il fait**
    du vent it is windy; **il fait nuit** it is dark;
    cela ne fait rien it does not make any dif-
    ference; **ne vous en faites pas** don't worry;
    se faire un plaisir de to be glad to; **faire**
    plaisir to please; **faire bien de** to do well
    to; **faire penser** to remind; **faire peur** to
    frighten; **cela m'a fait quelque chose** that
    bothered me
fais: je fais [ʒəfɛ] *pr ind 1st sg of* **faire**
faisait: il faisait [ilfəzɛ] *imperf ind 3rd sg of*
    faire; il faisait beau the weather was nice
fait [fɛ]: **tout à fait** quite, entirely
fait: il fait [ilfɛ] *pr ind 3rd sg of* **faire**
faites: vous faites [vufɛt] *pr ind 2nd pl of* **faire**
falloir [falwaʀ] *impers verb* to have to; **il faut**
    one must, it is necessary; **il fallait, il a fallu**
    it was necessary; **il faudra** it will be neces-
    sary
familial [familjal] of the family
famille [famij] *f* family; relatives
fantaisie [fɑ̃tɛzi] *f* fancy
fasse: il fasse [ilfas] *pr subj 3rd sg of* **faire**
fatigue [fatig] *f* fatigue
fatigué [fatige] tired
faut: il faut [ilfo] *pr ind 3rd sg of* **falloir**
faute [fot] *f* fault
fauteuil [fotœj] *m* armchair
faux [fo] false
favori [favɔʀi], **favorite** [favɔʀit] favorite
femme [fam] *f* woman, wife; **femme de**
    ménage cleaning woman
fenêtre [fənɛtʀ] *f* window
fer [fɛʀ] *m* iron; **chemin de fer** *m* railroad

ferai: je ferai [ʒəfʀe] *fut 1st sg of* **faire**
ferme [fɛʀm] *f* farm
fermenter [fɛʀmɑ̃te] to ferment
fermer [fɛʀme] to close
fertile [fɛʀtil] fertile
fête [fɛt] *f* celebration, holiday
feu [fø] *m* fire
feuille [fœj] *f* leaf
février [fevʀije] *m* February
fiancé, fiancée [fjɑ̃se] fiancé, fiancée
fièvre [fjɛvʀ] *f* fever
figure [figyʀ] *f* face
filet [filɛ] *m* fillet
fille [fij] *f* daughter; **jeune fille** girl; **petite fille**
    little girl
film [film] *m* film, movie
fils [fis] *m* son
fin [fɛ̃] *f* end
finalement [finalmɑ̃] finally
finir [finiʀ] to finish
finissez: vous finissez [vufinise] *pr ind 2nd pl*
    of **finir**
fixer [fikse] to decide upon
flamboyant [flɑ̃bwajɑ̃] flamboyant
flanc [flɑ̃] *m* side
flatteur [flatœʀ] *m* flatterer
fleur [flœʀ] *f* flower
fleuve [flœv] *m* river (that flows into the sea)
Florence [flɔʀɑ̃s] Florence
Floride [flɔʀid] *f* Florida
flotte [flɔt] *f* navy
foin [fwɛ̃] *m* hay
fois [fwa] *f* time; **la première fois** the first
    time; **plusieurs fois** several times; **à la fois**
    at the same time; **maintes fois** many times
foncé [fõse] dark colored; **bleu foncé** dark blue
fonctionnaire [fõksjɔnɛʀ] *m* government em-
    ployee
fond *m* **au fond des bois** [ofõdebwa] deep in
    the woods
fonder [fõde] to found
font: ils font [ilfõ] *pr ind 3rd pl of* **faire**
fontaine [fõtɛn] *f* fountain
Fontainebleau [fõtenblo] town in the Île-de-
    France
forcé [fɔʀse] forced
forêt [fɔʀɛ] *f* forest
forme [fɔʀm] *f* form
former [fɔʀme] to form
formidable [fɔʀmidabl] terrific
fort [fɔʀ] *adv* very

fort [fɔʀ] strong
fortification [fɔʀtifikasjɔ̃] f fortification
fou [fu] crazy; **un succès fou** a terrific success
foule [ful] f mob, crowd
fourchette [fuʀʃɛt] f fork
fourgon [fuʀgɔ̃] m baggage car
fragmentaire [fʀagmɑ̃tɛʀ] fragmentary
frais [fʀɛ], fraîche [fʀɛʃ] fresh, cool, cold
fraise [fʀɛz] f strawberry; **fraise des bois** wild strawberry
franc [fʀɑ̃] m franc
français [fʀɑ̃sɛ], française [fʀɑ̃sɛz] French (*takes a capital only when used as a noun referring to a person*)
France [fʀɑ̃s] f France
François Iᵉʳ [fʀɑ̃swa pʀəmje] king of France (1494-1547)
fréquent [fʀekɑ̃] frequent
fréquenté [fʀekɑ̃te] popular (frequently visited)
frère [fʀɛʀ] m brother
frit [fʀi] fried; **pommes de terre frites** French fried potatoes
frites [fʀit] f pl French fried potatoes
froid [fʀwa] cold; **il fait froid** it is cold; **avoir froid** to be cold
fromage [fʀɔmaʒ] m cheese
fruit [fʀɥi] m fruit
fuir [fɥiʀ] to flee
fumer [fyme] to smoke
furent: ils furent [ilfyʀ] p simple 3rd pl of **être**
fut: il fut [ilfy] p simple 3rd sg of **être**

G

gai [ge] gay
galerie [galʀi] f gallery, hall
gant [gɑ̃] m glove
garage [gaʀaʒ] m garage
garçon [gaʀsɔ̃] m boy, waiter
garder [gaʀde] to keep; **se garder de** to be careful not to
gardien [gaʀdjɛ̃] m guard
gare [gaʀ] f station
gâteau [gato] m cake, pastry
gauche [goʃ] f left; **à gauche** to the left
génération [ʒeneʀasjɔ̃] f generation
Geneviève: sainte Geneviève [sɛt ʒənvjɛv] patron saint of Paris
gens [ʒɑ̃] f pl people

gentil [ʒɑ̃ti], gentille [ʒɑ̃tij] nice
glace [glas] f ice, mirror; **la Galerie des Glaces** the Hall of Mirrors
glissant [glisɑ̃] slippery
glisser [glise] to slide
gorge [gɔʀʒ] f throat; **avoir mal à la gorge** to have a sore throat
gothique [gɔtik] Gothic
goût [gu] m taste
gramme [gʀam] m gram
grand [gʀɑ̃] tall, large, great
grand-mère [gʀɑ̃mɛʀ] f grandmother
grappe [gʀap] f bunch (of grapes)
gras, grasse [gʀɑ, gʀɑs] fat
gratte-ciel [gʀatsjɛl] m skyscraper
grave [gʀav] serious
gravité [gʀavite] f gravity
gravure [gʀavyʀ] f etching
grec [gʀɛk] Greek
Grèce [gʀɛs] f Greece
grille [gʀij] f iron gate
grippe [gʀip] f grippe
gris [gʀi] gray; **gris clair** light gray; **gris foncé** dark gray
gros [gʀo], grosse [gʀos] big; **en gros** roughly
grosseur [gʀosœʀ] f size
groupé [gʀupe] grouped
guère [gɛʀ]; **ne . . . guère** scarcely, hardly
guérir [geʀiʀ] to cure
guerre [gɛʀ] f war
guerrier [gɛʀje] m warrior
guichet [giʃɛ] m ticket window
guide [gid] m guide; **guide Michelin** Michelin guide book
guitare [gitaʀ] f guitar

H

(*Words beginning with an aspirate* **h** *are shown thus:* ***haricot**)
habile [abil] skillful
habilement [abilmɑ̃] skillfully
habiller [abije] to dress; **s'habiller** to get dressed
habitant [abitɑ̃] m inhabitant
habite: il habite [ilabit] pr ind 3rd sg of **habiter**
habiter [abite] to live in
habitude [abityd] f habit, practice; **comme**

d'habitude as usual; **avoir l'habitude de** to be used to; **d'habitude** usually

habituer: s'habituer à [sabitɥe a] to get used to

*haricot [aʀiko] *m* bean

harmonie [aʀmɔni] *f* harmony

*harpe [aʀp] *f* harp

*hasard [azaʀ) *m* chance; **par hasard** by chance

*hâte [ɑt] *f* haste; **avoir hâte de** to be eager to

hausser [ose] **hausser les épaules** to shrug

*haut [o] *m* top, upper part; **en haut de** at the top of; **là-haut** up there

hectomètre [ɛktɔmɛtʀ] *m* 100 meters

hélas [elɑs] alas

hélicoptère [elikɔptɛʀ] *m* helicopter

herbe [ɛʀb] *f* grass

*héros [eʀo] *m* hero

heure [œʀ] *f* hour, time; **quelle heure est-il?** what time is it?; **il est onze heures** it is eleven o'clock; **une demi-heure** a half hour; **à l'heure** on time; **de bonne heure** early; **tout à l'heure** in a while, a while ago; **à l'heure actuelle** at the present time

heureux [œʀø], **heureuse** [œʀøz] happy

hier [jɛʀ] *m* yesterday; **hier soir** last night

hippopotame [ipɔpɔtam] *m* hippopotamus

histoire [istwaʀ] *f* history, story; **l'histoire de France** French history

historique [istɔʀik] historical

hiver [ivɛʀ] *m* winter

homme [ɔm] *m* man; **jeune homme** boy, young man

honneur [ɔnœʀ] *m* honor

hôpital [ɔpital] *m* hospital

horaire [ɔʀɛʀ] *m* timetable

horloge [ɔʀlɔʒ] *f* clock

horloger [ɔʀlɔʒe] *m* jeweler

horriblement [ɔʀiblɔmɑ̃] terribly

*hors-d'œuvre [ɔʀdœvʀ] *m* hors d'œuvres

hostilité [ɔstilite] *f* hostility

hôtel [otɛl] *m* hotel

hôtelier [otɔlje] *m* hotel keeper

Hugo: Victor Hugo [viktɔʀygo] French writer (1802-1885)

*huit [ɥit] eight; **huit jours** a week; **d'aujourd'hui en huit** a week from today

*huitième [ɥitjɛm] eighth

humble [œ̃bl] humble

humide [ymid] humid

humidité [ymidite] *f* humidity

*Huns [œ̃] *m pl* Huns

I

ici [isi] here

idée [ide] *f* idea

identifier [idɑ̃tifje] to identify

identité [idɑ̃tite] *f* identity; **carte d'identité** identification card

il [il] he, it

île [il] *f* island; **Île-de-France** the region around Paris; **L'Île de la Cité** an island in the Seine, the heart of old Paris

illustration [ilystʀasjɔ̃] *f* illustration

ils [il] they

image [imaʒ] *f* picture

imaginer [imaʒine] to imagine

immense [imɑ̃s] immense

immensité [imɑ̃site] *f* immensity

immeuble [imœbl] apartment house

impair [ɛ̃pɛʀ] odd (*of numbers*)

imparfait [ɛ̃paʀfɛ] imperfect

impassible [ɛ̃pasibl] impassive

imperméable [ɛ̃pɛʀmeabl] *m* raincoat

impétueux [ɛ̃petɥø] impetuous

impliquer [ɛ̃plike] to imply

importance [ɛ̃pɔʀtɑ̃s] *f* importance

imposant [ɛ̃pozɑ̃] imposing

impression [ɛ̃pʀesjɔ̃] *f* impression; **avoir l'impression** to think

impressionné [ɛ̃pʀesjɔne] impressed

Impressionniste [ɛ̃pʀesjɔnist] Impressionist

incident [ɛ̃sidɑ̃] *m* incident

indéfini [ɛ̃defini] indefinite

indépendance [ɛ̃depɑ̃dɑ̃s] *f* independence

indication [ɛ̃dikasjɔ̃] *f* indication

indignation [ɛ̃diɲasjɔ̃] *f* indignation

indiquer [ɛ̃dike] to indicate, tell

industrie [ɛ̃dystʀi] *f* industry

industriel [ɛ̃dystʀijɛl] *m* manufacturer

infiniment [ɛ̃finimɑ̃] infinitely

ingénieur [ɛ̃ʒenjœʀ] *m* engineer

injustice [ɛ̃ʒystis] *f* injustice

inoubliable [inubliabl] unforgettable

inquiet [ɛ̃kjɛ] worried

inscription [ɛ̃skʀipsjɔ̃] *f* inscription

inspirer [ɛ̃spiʀe] to inspire

installer [ɛ̃stale] to set up; **s'installer** to settle

instant [ɛ̃stɑ̃] *m* instant; **un instant** for a moment

Institut [ɛ̃stity] *m* Institute

intelligent [ɛ̃teliʒɑ̃] intelligent

intention [ɛ̃tɑ̃sjõ] *f* intention; **avoir l'intention de** to intend to

intéressant [ɛ̃teʀɛsɑ̃] interesting, worth buying

intéresser [ɛ̃teʀɛse] to interest; **s'intéresser à** to be interested in

intérieur [ɛ̃teʀjœʀ] *m* inside; **à l'intérieur** inside

international [ɛ̃teʀnasjɔnal] international

interrogatif [ɛ̃teʀɔgatif], **interrogative** [ɛ̃teʀɔgativ] interrogative

inventer [ɛ̃vɑ̃te] to invent

invention [ɛ̃vɑ̃sjõ] *f* invention

inverse [ɛ̃vɛʀs] inverse

inversion [ɛ̃vɛʀsjõ] *f* inversion

invitation [ɛ̃vitasjõ] *f* invitation

inviter [ɛ̃vite] to invite

irai: j'irai [ʒiʀe] *fut 1st sg of* **aller**

irais: j'irais [ʒiʀɛ] *cond 1st sg of* **aller**

irlandais [iʀlɑ̃dɛ] Irish

ironique [iʀɔnik] ironical

Islande [islɑ̃d] *f* Iceland

Italie [itali] *f* Italy

italien [italjɛ̃], **italienne** [italjɛn] Italian (*takes a capital only when used as a noun referring to a person*)

ivresse [ivʀɛs] *f* intoxication

J

j' *see* **je**

jaloux, jalouse [ʒalu, ʒaluz] jealous

jamais [ʒamɛ] never, ever; **ne . . . jamais** never

jambe [ʒɑ̃b] *f* leg

jambon [ʒɑ̃bõ] *m* ham

janvier [ʒɑ̃vje] *m* January

Japon [ʒapõ] *m* Japan

jaquette [ʒakɛt] *f* jacket

jardin [ʒaʀdɛ̃] *m* garden

jaune [ʒon] yellow

je [ʒə] I

Jeanne d'Arc [ʒɑ̃daʀk] Joan of Arc (1412-1431)

jeter [ʒəte] to throw, cast; **jeter un coup d'œil sur** to take a look at

jeu [ʒø] *m* game; **vieux jeu** out of date; **Jeu de Paume** famous Paris museum

jeudi [ʒødi] Thursday

jeune [ʒœn] young; **jeune fille** girl

Joconde: la Joconde [laʒɔkõd] the Mona Lisa

joindre [ʒwɛ̃dʀ] to join

joli [ʒɔli] pretty

joue [ʒu] *f* cheek

jouer [ʒwe] to play; **jouer à, jouer de**

jour [ʒuʀ] *m* day, daylight; **par jour** a day; **huit jours** a week; **quinze jours** two weeks; **tous les jours** every day; **ces jours-ci** some time soon; **il fait jour** it is daylight

journal [ʒuʀnal], **journaux** [ʒuʀno] *m* newspaper

journée [ʒuʀne] *f* all day; **toute la journée** all day

juger [ʒyʒe] to judge

juillet [ʒɥijɛ] *m* July

juin [ʒɥɛ̃] *m* June

jumeaux [ʒymo] *m pl* twins

jupe [ʒyp] *f* skirt

jus [ʒy] *m* juice

jusqu'à [ʒyska] until, up to, as far as; **jusque-là** that far, till then; **jusqu'à ce que** until

juste [ʒyst] exactly, just; **au juste** precisely

justement [ʒystəmɑ̃] as it happens

K

kilo [kilo], **kilogramme** [kilɔgʀam] *m* kilo (2.2 lbs.)

kilomètre [kilɔmɛtʀ] *m* kilometer (about $\frac{5}{8}$ mile)

kiosque [kjɔsk] *m* stand, newsstand

klaxonner [klaksɔne] to sound a horn (on car)

L

l' *see* **le, la**

la [la] *art* the; *pron* her, it

là [la] there; **là-bas** over there; **là-haut** up there; **ce jour-là** that day

labo [labo] *m* lab

laboratoire [labɔʀatwaʀ] *m* laboratory

lac [lak] *m* lake

La Fayette [lafajɛt] French statesman (1757-1834); **Galeries Lafayette** department store in Paris

laine [lɛn] *f* wool

laisser [lɛse] to let, leave
lait [lɛ] *m* milk
laitue [lɛty] *f* lettuce
lancer [lɑ̃se] to launch, to start, to throw
langue [lɑ̃g] *f* language
laquelle *see* **lequel**
laver [lave] to wash
le [lə] *art* the; *pron* him, it
leçon [ləsõ] *f* lesson
lecture [lɛktyʀ] *f* reading
légal [legal] legal
légende [leʒɑ̃d] *f* legend
léger [leʒe] light
légume [legym] *m* vegetable
lendemain: le lendemain [ləlɑ̃dmɛ̃] the next
　　day
lentement [lɑ̃tmɑ̃] slowly
lequel [ləkɛl], **laquelle** [lakɛl], **lesquels** [lekɛl],
　　lesquelles [lekɛl] *rel pron* which; who,
　　whom; **lequel? laquelle? lesquels? les-**
　　quelles? *interrog pron* which? which one?
　　which ones?
les [le] *art* the; *pron* them
lettre [lɛtʀ] *f* letter; **papier à lettres** stationery
leur [lœʀ] *pers pron* to them, them; **leur** [lœʀ],
　　leurs [lœʀ] *poss adj* their; **le leur, la leur,**
　　les leurs *poss pron* theirs
lever: se lever [səlve] to get up, rise
lèvre [lɛvʀ] *f* lip
liberté [libɛʀte] *f* liberty
libraire [libʀɛʀ] *m* bookseller
librairie [libʀɛʀi] *f* bookstore
libre [libʀ] free
lieu [ljø] *m* place; **avoir lieu** to take place
ligne [liɲ] *f* line
limité [limite] limited
lion [ljõ] *m* lion
lire [liʀ] to read
lis: je lis [ʒəli] *pr ind 1st sg of* **lire**
Lisbonne [lisbɔn] Lisbon
lisez: vous lisez [vulize] *pr ind 2nd pl of* **lire**
liste [list] *f* list
lit [li] *m* bed
litre [litʀ] *m* litre [1.0567 qts. liquid]
littérature [liteʀatyʀ] *f* literature
livre [livʀ] *m* book
livre [livʀ] *f* pound; **deux francs la livre** two
　　francs a pound
loi [lwa] *f* law
loin [lwɛ̃] far

lointain [lwɛ̃tɛ̃], **lointaine** [lwɛ̃ten] distant;
　　dans le lointain in the distance
Londres [lõdʀ] London
long [lõ], **longue** [lõg] long; **le long de** along
longtemps [lõtɑ̃] a long time, long; **depuis**
　　longtemps for a long time
longueur [lõgœʀ] *f* length
lorsque [lɔʀsk] when
louer [lwe] to rent
Louis XIV [lwikatɔʀz] king of France (1638-
　　1715)
Louisiane [lwizjan] *f* Louisiana
loup [lu] *m* wolf
loupe [lup] *f* magnifying-glass
lourd [luʀ] heavy
Louvre: le Louvre [ləluvʀ] former royal pal-
　　ace in Paris
loyer [lwaje] *m* rent
lu [ly] *p part of* **lire**
lugubre [lygybʀ] dismal, dreadful
lui [lɥi] him; to him, to her, to it
lundi [lœ̃di] *m* Monday
lumière [lymjɛʀ] *f* light
lune [lyn] *f* moon
lunettes [lynɛt] *f pl* glasses
luxe [lyks] *m* luxury
Luxembourg [lyksɑ̃buʀ]: **Jardin du Luxem-**
　　bourg park in Paris
lycée [lise] *m* secondary school
lys [lis] *m* lily

M

M. *abbr of* **Monsieur**
ma *see* **mon**
machine [maʃin] *f* machine; **machine à**
　　écrire typewriter
madame [madam] *f* madam, Mrs.
mademoiselle [madmwazɛl] *f* Miss
magasin [magazɛ̃] *m* store
magazine [magazin] *m* magazine
magnifique [maɲifik] magnificent, splendid
mai [mɛ] *m* May
maigre [mɛgʀ] skinny
main [mɛ̃] *f* hand
maintenant [mɛ̃tnɑ̃] now
maire [mɛʀ] *m* mayor
mais [mɛ] but; **mais oui** oh yes; **mais non** oh
　　no
maïs [mais] *m* corn

maison [mɛzõ] *f* house, company; **à la maison** at home

majestueux [maʒɛstɥø], **majestueuse** [maʒɛstɥøz] majestic

mal [mal] *m* pain; **mal de tête** *m* headache; **avoir mal à la tête** to have a headache; **faire mal** to hurt; **mal** [mal] *adv* badly; **pas mal** all right; **avoir du mal à** to have trouble to

malade [malad] sick

maladie [maladi] *f* sickness

maladroit [maladrwa] clumsy, awkward

malgré [malgre] in spite of

malheureusement [malœrøzmã] unfortunately

malheureux [malœrø], **malheureuse** [malœrøz] unhappy; **les malheureux** *m pl* the unfortunate

manger [mãʒe] to eat

mannequin [mankɛ̃] *m* fashion model

manquer [mãke] to miss; **mes parents me manquent** I miss my parents

Mansart *or* **Mansard** [mãsar] French architect (1646-1708)

mansarde [mãsard] *f* garret

manteau [mãto] *m* coat, cloak

marchand [marʃã] *m* merchant, dealer, shopkeeper

marché [marʃe] *m* market; **à bon marché** cheap; **à meilleur marché** cheaper; **le Bon Marché** large department store in Paris

marcher [marʃe] to walk

mardi [mardi] *m* Tuesday

marguerite [margərit] *f* daisy

mari [mari] *m* husband

mariage [marjaʒ] *m* marriage, wedding

marié [marje] *m* groom; **mariée** *f* bride

marier: se marier [smarje] to get married

marin [marɛ̃] *m* sailor

marine [marin]: **bleu marine** dark blue

marque [mark] *f* name, brand

marron [marõ] brown; **les yeux marron** brown eyes (no agreement)

marronnier [marɔnje] *m* horse chestnut tree

mars [mars] *m* March

Marseille [marsɛj] city in southern France

Martinique [martinik] *f* Martinique

mathématiques [matematik] *f pl* mathematics

matin [matɛ̃] *m* morning; **le matin** in the morning; **tous les matins** every morning

matinée [matine] *f* morning

mauvais [mɔvɛ] or [movɛ] bad, wrong; **la mauvaise route** the wrong road

me [mə] me, to me

mécanique [mekanik] mechanical

mécontent [mekõtã] dissatisfied

médecin [metsɛ̃] *m* physician

médicament [medikamã] *m* medicine, drug

méfiance [mefiãs] *f* distrust

méfier: se méfier [sə mefje] to beware

meilleur, meilleure, meilleurs, meilleures [mɛjœr] (*compar of* **bon**) better; **le meilleur, la meilleure, les meilleurs, les meilleures** (*superl of* **bon**) the best

Melun [məlœ̃] town in the Île-de-France

même [mɛm] *adv* even, itself; **ne . . . même pas** not even; **tout de même** nevertheless, anyway; **au cœur même de Paris** in the very heart of Paris; **le même, la même, les mêmes** *adj and pron* the same

mémoire [memwar] *f* memory

ménage [menaʒ] *m* housekeeping; **femme de ménage** cleaning woman

ménager [menaʒe] to arrange

mener [məne] to lead

menu [məny] *m* menu

mer [mɛr] *f* sea

merci [mɛrsi] thank you; **merci quand même** thanks anyway

mercredi [mɛrkrədi] *m* Wednesday

mère [mɛr] *f* mother

merveille [mɛrvɛj]: **à merveille** marvelously

mes *see* **mon**

messe [mɛs] *f* mass

mesure [məzyr] *f* measure

métallique [metalik] metallic

mètre [mɛtr] *m* meter (39.37 inches)

métro [metro] *m* subway

métropolitain [metrɔpɔlitɛ̃] metropolitan

mettez: vous mettez [vumɛte] *pr ind 2nd pl of* **mettre**

mettre [mɛtr] to put, put on; **se mettre à** to begin; **mettre une lettre à la poste** to mail a letter; **se mettre en route** to set out

meuble [mœbl] *m* piece of furniture; **les meubles** furniture

meublé [mœble] furnished

Mexique [mɛksik] *m* Mexico

Michelin: guide Michelin [gidmiʃlɛ̃] Michelin guide book

midi [midi] *m* noon; **après-midi** *m* afternoon

mien: le mien [ləmjɛ̃], **la mienne** [lamjɛn], **les miens** [lemjɛ̃], **les miennes** [lemjɛn] mine

mieux [mjø] *adv* (*compar of* **bien**) better; **aimer mieux** to prefer; **tant mieux** so much the better; **le mieux** (*superl of* **bien**) the best; **de son mieux** the best he could; **je vais le mieux du monde** I couldn't be better

milieu [miljø] *m* middle; **au milieu de** in the middle of, in the midst of

mille [mil] a thousand

Millet [milɛ] French painter (1815-1865)

millième [miljɛm] *m* a thousandth

millimètre [milimɛtR] *m* millimeter

million [miljõ] *m* million

millionnaire [miljɔnɛR] *m* millionaire

mince [mɛ̃s] thin

ministère [ministɛR] *m* ministry

ministre [ministR] *m* Cabinet member

minuit [minɥi] *m* midnight

minute [minyt] *f* minute

mis [mi] *p part of* **mettre**

misère [mizɛR] *f* poverty

Mlle *abbr of* **Mademoiselle**

Mme *abbr of* **Madame**

mode [mɔd] *f* fashion; *pl* women's hats and other apparel

moderne [mɔdɛRn] modern

modiste [mɔdist] *f* milliner

moi [mwa] I, me, to me

moindre, moindres [mwɛ̃dR] lesser; **le moindre, la moindre, les moindres** the least, the slightest

moins [mwɛ̃] less; **moins . . . que** less . . . than; **à moins que** unless; **deux heures moins le quart** a quarter of two; **du moins, au moins** at least

mois [mwa] *m* month; **au mois de décembre** in December

moisson [mwasõ] *f* harvest

Molière [mɔljɛR) French playwright (1622-1673)

moment [mɔmɑ̃] *m* moment, time; **à ce moment-là** at that time; **au moment de** at the time of; **au moment où** at the time when

mon [mõ], **ma** [ma], **mes** [me] my

monde [mõd] *m* world, people; **tout le monde** everybody

mondial [mõdjal] world-wide

monnaie [mɔnɛ] *f* change; **porte-monnaie** *m* change purse

monotone [mɔnɔtɔn] monotonous

monsieur [məsjø] *m* Sir, Mr., gentleman

montagne [mõtaɲ] *f* mountain

Monte-Cristo [mõtekRisto]: **Le Comte de Monte-Cristo** a novel by Dumas

monter [mõte] to go up

Montmartre [mõmaRtR] a section of Paris

montre [mõtR] *f* watch

montrer [mõtRe] to show

Mont-Saint-Michel, le [mõ sɛ̃ miʃɛl] town built on a rock off the coat of Brittany, famous for its monastery

monument [mɔnymɑ̃] *m* monument

monumental [mɔnymɑ̃tal] monumental

moquer: se moquer de [səmɔke də] to laugh at, make fun of

mordre [mɔRdRə] to bite

mort [mɔR] *p part of* **mourir**

Moscou [mɔsku] Moscow

mot [mo] *m* word

motocyclette [mɔtosiklɛt] *f* motorcycle

mouchoir [muʃwaR] *m* handkerchief

mouillé [muje] wet

mourir [muRiR) to die

mourut: il mourut [ilmuRy] *p simple 3rd sg of* **mourir**

mousquetaire [muskətɛR] *m* musketeer; **Les Trois Mousquetaires** a novel by Dumas

mouton [mutõ] *m* sheep

moyen [mwajɛ̃] *m* means; **il n'y a pas moyen** there is no way

multiplier [myltiplije] to multiply

mur [myR] *m* wall

mural [myRal] mural

mûrir [myRiR] to ripen, mature

musclé [myskle] muscular

musée [myze] *m* museum

musicien [myzisjɛ̃] *m* musician

musique [myzik] *f* music

mutilé [mytile] mutilated

N

n' *see* **ne**

nager [naʒe] to swim

naître [nɛtR] to be born

Napoléon [napɔleõ] emperor of the French (1769-1821)

natal [natal] native
national [nasjɔnal] national
nationalité [nasjɔnalite] *f* nationality
naturel [natyʀɛl] natural
naturellement [natyʀɛlmɑ̃] naturally
ne [nə] not; no; **ne . . . pas** not, no; **ne . . . plus** no more, no longer; **ne . . . que** only; **ne . . . ni . . . ni** neither . . . nor; **ne . . . guère** hardly, scarcely; **ne . . . personne** nobody; **ne . . . aucun(e)** none
né [ne] *p part of* **naître; je suis né à Philadelphie** I was born in Philadelphia
néanmoins [neɑ̃mwɛ̃] nevertheless
négatif [negatif], **négative** [negativ] negative
négativement [negativmɑ̃] negatively
négociant [negɔsjɑ̃] *m* wholesale merchant
neige [nɛʒ] *f* snow
neiger [nɛʒe] to snow; **il neige** it is snowing
nettoyer [nɛtwaje] to clean
neuf [nœf] nine
neuf [nœf], **neuve** [nœv] new
neuvième [nœvjɛm] ninth
ni [ni] neither, nor; **ne . . . ni . . . ni** neither . . . nor; **ni l'un ni l'autre** neither
nier [nije] to deny
noblesse [nɔblɛs] *f* nobility
Noël [nɔɛl] *m* Christmas
noir [nwaʀ] black
noirci [nwaʀsi] blackened
nom [nõ] *m* name
nombre [nõbʀ] *m* number
nombreux [nõbʀø], **nombreuse** [nõbʀøz] numerous
nommé [nɔme] named
non [nõ] no; **non plus** either
Nord [nɔʀ] *m* North
Normandie [nɔʀmɑ̃di] *f* Normandy
norvégien, norvégienne [nɔʀveʒjɛ̃, nɔʀveʒjɛn] Norwegian
notamment [nɔtamɑ̃] among others, in particular
notre [nɔtʀ], **nos** [no] *adj* our; **le nôtre** [lənotʀ), **la nôtre, les nôtres** *pron* ours
nous [nu] we, us, to us
nous-mêmes [numɛm] ourselves
nouveau [nuvo], **nouvel, nouvelle** [nuvɛl], **nouveaux, nouvelles** new; **de nouveau** again, once more; **La Nouvelle-Orléans** New Orleans
nouvelle [nuvɛl] *f* piece of news
novembre [nɔvɑ̃bʀ] *m* November
nuage [nɥaʒ] *m* cloud
nuit [nɥi] *f* night, darkness; **il fait nuit** it is dark
nul [nyl], **nulle** [nyl] no, no one; **nulle part** nowhere
numéro [nymeʀo] *m* number

O

obéir [ɔbeiʀ] to obey
obélisque [ɔbelisk] *m* obelisk
objet [ɔbʒɛ] *m* object; **objet d'art** art object
obligatoire [ɔbligatwaʀ] required
obliger [ɔbliʒe] to oblige; **noblesse oblige** rank imposes obligations
obscurité [ɔpskyʀite] *f* darkness
observatoire [ɔpsɛʀvatwaʀ] *m* observatory
observer [ɔpsɛʀve] to observe
occasion [ɔkazjõ] *f* occasion, bargain; **livre d'occasion** second-hand book
occupation [ɔkypasjõ] *f* occupation
occupé [ɔkype] busy
occuper: s'occuper de [sɔkype də] to take care of
octobre [ɔktɔbʀ] *m* October
oculiste [ɔkylist] *m* oculist
œil [œj], *pl* **yeux** [jø] *m* eye; **jeter un coup d'oeil** to glance
œillet [œjɛ] *m* carnation
œuf [œf], *pl* **œufs** [ø] *m* egg
œuvre [œvʀ] *f* work
offrir [ɔfʀiʀ] to offer (*conjug like* **ouvrir)**
oie [wa] *f* goose
oiseau [wazo] *m* bird
olive [ɔliv] *f* olive
omelette [ɔmlɛt] *f* omelet
on [õ], **l'on** [lõ] one, they, someone
oncle [õkl] *m* uncle
ont: ils ont [ilzõ] *pr ind 3rd pl of* **avoir**
onze [õz] eleven
onzième [õzjɛm] eleventh
opéra [ɔpeʀa] *m* opera, opera house
opération [ɔpeʀɑsjõ] *f* operation
opposé [ɔpoze] *m* opposite
orange [ɔʀɑ̃ʒ] *f* orange
ordinaire [ɔʀdinɛʀ] ordinary; **d'ordinaire** usually
ordre [ɔʀdʀ] *m* order
oreillons [ɔʀɛjõ] *m pl* mumps

orgues [ɔʀg] f pl organ

original [ɔʀiʒinal] original, unusual

origine [ɔʀiʒin] f origin

ornement [ɔʀnəmɑ̃] m ornament

os [ɔs], pl os [o] m bone; je suis mouillé jusqu'aux os I am wet to the skin

oser [oze] to dare

ou [u] or

où [u] where, where?, in which, when; d'où le nom whence the name

oublier [ublije] to forget

oui [wi] yes

ours [uʀs] m bear

ouvert [uvɛʀ] p part of ouvrir

ouvrier [uvʀije] m worker

ouvrir [uvʀiʀ] to open

P

pain [pɛ̃] m bread

pair [pɛʀ]: nombre pair even number

paire [pɛʀ] f pair

paisible [pɛzibl] peaceful

paix [pɛ] f peace

palais [palɛ] m palace

panorama [panɔʀama] m sight, panorama

pantalon [pɑ̃talɔ̃] m pants

Panthéon: le Panthéon [ləpɑ̃teɔ̃] m monument in Paris

papeterie [papɛtʀi] or [paptʀi] f stationery store

papier [papje] m paper; papier à lettres stationery

paquet [pakɛ] m package, pack

par [paʀ] by, through; par jour a day; par ici this way

paraître [paʀɛtʀ] to seem, to appear

parapet [paʀapɛ] m parapet, low wall as a railing

parapluie [paʀaplɥi] m umbrella

parc [paʀk] m park

parce que [paʀskə] because

pardessus [paʀdəsy] m overcoat, topcoat

pardon [paʀdɔ̃] pardon me, excuse me

parent [paʀɑ̃] m parent, relative

parfait [paʀfɛ] perfect

parfaitement [paʀfɛtmɑ̃] perfectly

parfois [paʀfwa] sometimes

Paris [paʀi] m Paris

parisien [paʀizjɛ̃], parisienne [paʀizjɛn] Pari-

sian (takes a capital only when used as a noun referring to a person)

parle: je parle [ʒəpaʀl] pr ind 1st sg of parler

parler [paʀle] to speak; entendre parler de to hear of

parmi [paʀmi] among

part [paʀ] f share; quelque part somewhere; nulle part nowhere; c'est gentil de votre part it is nice of you; à part cela aside from that

partager [paʀtaʒe] to divide

particulièrement [paʀtikyljɛʀmɑ̃] particularly

partie [paʀti] f part; en partie in part; partie de pêche fishing trip

partir [paʀtiʀ] to leave; je pars I leave, I am leaving

partout [paʀtu] everywhere

pas [pɑ] not; ne . . . pas not, no; pas encore not yet; pas du tout not at all

pas [pɑ] m step; à deux pas d'ici just a step from here

passant [pɑsɑ̃] m passer-by

passer [pɑse] to spend; to go by; comme le temps passe! how time flies!; passer un examen to take an examination; se passer [spɑse] to happen, take place; passer par to go through; passer à la caisse to go to the cash window; il est minuit passé it is after midnight

Pasteur [pɑstœʀ] French scientist (1822-1895)

patience [pasjɑ̃s] f patience

patiner [patine] to skate

pâtisserie [pɑtisʀi] f pastry, pastry shop

patrie [patʀi] f fatherland

patronne [patʀɔn] f patron saint

pauvre [povʀ] poor

payer [pɛje] to pay

pays [pei] m country

paysage [peizaʒ] m landscape

paysan [peizɑ̃] m peasant

peau [po] f skin

pêche [pɛʃ] f peach

pêche [pɛʃ] f fishing; aller à la pêche to go fishing

pêcher [pɛʃe] to fish

pêcheur [pɛʃœʀ] m fisherman

peindre [pɛ̃dʀ] to paint

peine [pɛn] f trouble; ce n'est pas la peine it is not worth while, don't bother; à peine scarcely; non sans peine not without trouble peint [pɛ̃] *p part of* **peindre**

peintre [pɛ̃tʀ] *m* painter

peinture [pɛ̃tyʀ] *f* painting

Pékin [pekɛ̃] Peking

pendant [pɑ̃dɑ̃] during; **pendant que** as, while

pendre [pɑ̃dʀ] to hang

pendule [pɑ̃dyl] *f* clock

pénétrant [penetʀɑ̃] penetrating

pénible [penibl] painful

pensée [pɑ̃se] *f* pansy

penser [pɑ̃se] to think, believe; **penser à** to think of; **penser de** to have an opinion about; **faire penser** to remind

penseur [pɑ̃sœʀ] *m* thinker; **le Penseur** a statue by Rodin

pension [pɑ̃sjɔ̃] *f* room and board

perdre [pɛʀdʀ] to lose

perdu [pɛʀdy] lost

père [pɛʀ] *m* father

permettre [pɛʀmɛtʀ] to allow

permis [pɛʀmi] *m* permit; **permis de travail** working permit

permission [pɛʀmisjɔ̃] *f* permission

personne [pɛʀsɔn] *f* person; no one, nobody; **ne . . . personne** no one

personnel [pɛʀsɔnɛl] personal

perspective [pɛʀspɛktiv] *f* perspective

petit [pəti] small, little; **petit déjeuner** breakfast

peu [pø] little; **un peu** a little; **à peu près** about; **racontez-nous un peu** just tell us; **quelque peu** somewhat; **peu après** soon after

peuple [pœpl] *m* people

peur [pœʀ] *f* fear; **avoir peur de** to be afraid of; **avoir peur que** to be afraid that; **de peur que** for fear that

peut: il peut [ilpø] *pr ind 3rd sg of* **pouvoir**

peut-être [pøtɛtʀ] perhaps

pharmacie [faʀmasi] *f* drugstore

pharmacien [faʀmasjɛ̃] *m* druggist

Philadelphie [filadɛlfi] Philadelphia

philanthrope [filɑ̃tʀɔp] *m* philanthropist

photo [fɔto] *f* photograph, picture

photographie [fɔtɔgʀafi] *f* photograph, picture

phrase [fʀɑz] *f* sentence

piano [pjano] *m* piano

pièce [pjɛs] *f* coin; play; apiece; **dix francs (la) pièce** ten francs apiece; **pièce d'eau** ornamental pool; **pièce de monnaie** coin

pied [pje] *m* foot; **aller à pied** to walk; **un pied de salade,** a head of lettuce

pierre [pjɛʀ] *f* stone

pigment [pigmɑ̃] *m* pigment

pique-nique [piknik] *m* picnic; **faire un pique-nique** to go on a picnic

pire [piʀ] worse; **le pire** the worst part of it

pis [pi] worse; **tant pis** so much the worse, too bad

pistolet [pistɔlɛ] *m* pistol

pittoresque [pitɔʀɛsk] picturesque

pivoine [pivwan] *f* peony

place [plas] *f* square, space, room, seat; **il y a de la place** there is room; **à votre place** if I were you; **pas de place** no room

placer [plase] to place

plafond [plafɔ̃] *m* ceiling

plage [plaʒ] *f* beach

plaignez: vous vous plaignez [vuvuplɛɲe] *pr ind 2nd pl of* **se plaindre**

plaindre: se plaindre [səplɛ̃dʀ] to complain

plaire [plɛʀ] to please; **s'il vous plaît** please; **est-ce que mon chapeau vous plaît?** do you like my hat?

plaisir [pleziʀ] *m* pleasure; **se faire un plaisir de** to be glad to; **faire plaisir à** to please

plan [plɑ̃] *m* map

planter [plɑ̃te] to plant

plat *m* dish; **plat de viande** [pladvjɑ̃d] meat course, main course

plein [plɛ̃], **pleine** [plɛn] full; **en plein air** in the open

pleurer [plœʀe] to cry, weep

pleut: il pleut [ilplø] *pr ind 3rd sg of* **pleuvoir**

pleuvait: il pleuvait [ilplœvɛ] *imperf ind 3rd sg of* **pleuvoir**

pleuvoir [plœvwaʀ] to rain; **il pleut à verse** it is pouring

plu [ply] *p part of* **plaire** *and of* **pleuvoir**

pluie [plɥi] *f* rain

plume [plym] *f* feather, pen

plupart: la plupart [laplypaʀ] most, the greater part; **la plupart d'entre eux** most of them

pluriel [plyʀjɛl] *m* plural

plus [ply] more; **ne . . . plus** no more, no longer; **plus . . . que** more . . . than; **plus de** more than; **le plus grand** the tallest; **moi non plus** nor I either; **plus ou moins** more or less

plusieurs [plyzjœʀ] several

pneumonie [pnømɔni] *f* pneumonia

poche [pɔʃ] *f* pocket

poétique [pɔetik] poetic

poids [pwa] *m* weight

poignée [pwaɲe] *f* handful; **poignée de main** handshake

point [pwɛ̃] *m* point; **point de vue** point of view

pointe [pwɛ̃t] *f* peak; **aux heures de pointe** during rush hours

pointure [pwɛ̃tyʀ] *f* size

poire [pwaʀ] *f* pear

pois [pwɑ] *m* pea

poisson [pwasõ] *m* fish

poivre [pwavʀ] *m* pepper

police [pɔlis] *f* police; **agent de police** *m* policeman

politique [pɔlitik] political; **un homme politique** statesman

pollution [pɔlysjõ] *f* pollution

pomme [pɔm] *f* apple; **pomme de terre** *f* potato

pont [põ] *m* bridge; **le Pont-Neuf** bridge in Paris

populaire [pɔpylɛʀ] popular

porc [pɔʀ] *m* pork, pig

port [pɔʀ] *m* port

porte [pɔʀt] *f* door, gate

portefeuille [pɔʀtəfœj] *m* wallet, billfold

porte-monnaie [pɔʀtəmɔnɛ] *m* change purse

porter [pɔʀte] to carry, wear, bear

portrait [pɔʀtʀɛ] *m* portrait

poser [poze] to set, lay, place; **poser une question** to ask a question

position [pozisjõ] *f* position

posséder [pɔsede] to possess

possession [pɔsesjõ] *f* possession

possible [pɔsibl] possible

poste [pɔst] *f* post, post office

potager [pɔtaʒe] *adj* vegetable

poulet [pulɛ] *m* chicken

pour [puʀ] to, for, in order to, so as to; **pour que** in order that, so that

pourquoi [puʀkwa] why; **pourquoi pas?** why not?

pourrai: je pourrai [ʒəpuʀe] *fut 1st sg of* **pouvoir**

pourtant [puʀtɑ̃] however

pousser [puse] to grow; **faire pousser** to grow

pouvez: vous pouvez [vupuve] *pr ind 2nd pl of* **pouvoir; je n'y peux rien** I can't do anything about it

pouvoir [puvwaʀ] to be able to, can, could, may, might

pratiquement [pʀatikmɑ̃] practically

précédent [pʀesedɑ̃] preceding

précis [pʀesi] exact; **huit heures précises** exactly eight o'clock

préfecture [pʀefɛktyʀ] *f* office of a "préfet," administrator of a "département"

préférer [pʀefeʀe] to prefer

premier [pʀəmje], **première** [pʀəmjɛʀ] first; **le premier avril** the first of April; **premier** [pʀəmje] *m* second floor

prendre [pʀɑ̃dʀ] to take; **prendre quelque chose** to have something to eat or to drink

prends: je prends [ʒəpʀɑ̃] *pr ind 1st sg of* **prendre**

prenez: vous prenez [vupʀəne] *pr ind 2nd pl of* **prendre**

préoccupé [pʀeɔkype] worried

préparation [pʀepaʀasjõ] *f* preparation, making

préparer [pʀepaʀe] to prepare

près [pʀɛ] near, near by; **près de** near; **à peu près** about; **tout près** very close

presbytère [pʀezbitɛʀ] *m* curate's house

présent [pʀezɑ̃] present

présentation [pʀezɑ̃tasjõ] *f* presentation, introduction

présenter [pʀezɑ̃te] to introduce; **se présenter** to appear, introduce oneself

président [pʀezidɑ̃] *m* president

presque [pʀɛskə] almost

pressé [pʀɛse]: **être pressé** to be in a hurry

prêt [pʀɛ] ready

prêter [pʀɛte] to lend

prévenir [pʀevniʀ] to warn (*conjug like* **venir**)

prier [pʀije] to pray; **Je vous en prie** You are welcome, don't mention it

prière [pʀiɛʀ] *f* prayer

principal [pʀɛ̃sipal] principal

printemps [pʀɛ̃tɑ̃] *m* spring; **au printemps** in the spring

pris [pʀi] *p part of* **prendre**

prise [pʀiz] *f* taking, capture

Prisunic [pʀizynik] *m* ten-cent store

prix [pʀi] *m* price

probable [pʀɔbabl] probable

problème [pʀɔblɛm] *m* problem

procès-verbal [pʀɔsɛvɛʀbal] *m* police ticket

prochain [pʀɔʃɛ̃], **prochaine** [pʀɔʃɛn] next;

dimanche prochain next Sunday; **la semaine prochaine** next week

procurer: se procurer [spRɔkyRe] to get

produit [pRɔdɥi] *m* product

professeur [pRɔfɛsœR] *m* professor

profession [pRɔfɛsjõ] *f* profession

profiter de [pRɔfite də] to take advantage of

progrès [pRɔgRɛ] *m* progress

prohibé [pRɔibe] forbidden; **arme prohibée** concealed weapon

projet [pRɔʒɛ] *m* plan

promenade [pRɔmnad] *f* walk, drive; **faire une promenade** to take a walk; **promenade en bateau** boat ride

promener: se promener [spRɔmne] to take a walk

promeneur [pRɔmnœR] *m* person walking

promettre [pRɔmɛtR] to promise

pronom [pRɔnõ] *m* pronoun

proportion [pRɔpɔRsjõ] *f* proportion

proposer [pRɔpoze] to suggest

propre [pRɔpR] own; clean

propriétaire [pRɔpRietɛR] *m* owner

propriété [pRɔpRiete] *f* property, estate

prospère [pRɔspɛR] prosperous

Provence [pRɔvãs] *f* province in south of France

province [pRɔvẽs] *f* out of Paris (in the provinces)

provision [pRɔvizjõ] *f* supply; **provisions** provisions

psychologue [psikɔlɔg] *m* psychologist

public [pyblik], **publique** [pyblik] public; **jardin public** public park

puis [pɥi] then; **et puis** and besides

puisque [pɥisk] since

puissent: ils puissent [ilpɥis] *pr subj 3rd pl of* **pouvoir**

pull-over [pylovɛR] *m* sweater

pur [pyR] pure

purement [pyRmã] purely

put [py] *p part of* **pouvoir**

Pyramides [piRamid] *f* Pyramids

Pyrénées: les Pyrénées [lepiRene] *f pl* chain of mountains in southern France

Q

qu' *see* **que**

quai [ke] *m* platform, street along a river

qualité [kalite] *f* quality

quand [kã] when, when?; **depuis quand?** how long? since when?

quarante [kaRãt] forty

quart [kaR] *m* quarter; **onze heures et quart** a quarter past eleven; **onze heures moins le quart** a quarter to eleven

quartier [kaRtje] *m* quarter, part of a city

quatorze [katɔRz] fourteen

quatre [katR] four

quatre-vingt-dix [katRəvẽdis] ninety

quatre-vingts [katRəvẽ] eighty

quatrième [katRijɛm] fourth

que [kə] *rel pron* whom, which; **ce que** [skə] that which, what; **que?** [kə]; **qu'est-ce qui?** [keski]; **qu'est-ce que?** [keskə] what?; **qu'est-ce que c'est que?** what is?; **que** *conj* that

quel? quelle? quels? quelles? [kɛl] *interrog adj* what?; **quel . . .!** what a . . .!

quelque, quelques [kɛlkə] some, a few; **quelque chose** something; **ça me fait quelque chose** that moves me

quelquefois [kɛlkəfwa] sometimes

quelques-uns [kɛlkəzœ̃], **quelques-unes** (kɛlkəzyn] some, a few

quelqu'un [kɛlkœ̃] somebody, someone

question [kɛstjõ] *f* question

qui [ki] *rel pron* who, whom, which; **ce qui** [ski] what; **qui?** [ki] *interrog pron* who? whom?; **qui est-ce qui?** who?; **qui est-ce que?** whom?; **à qui est cette cravate?** whose tie is this?

quincaillerie [kẽkajRi] *f* hardware store

quinze [kẽz] fifteen; **Quinze-Vingts** [kẽz vẽ] i.e. 300, name of a hospital in Paris

quinzième [kẽzjɛm] fifteenth

quitter [kite] to leave

quoi [kwa] what, what?; **à quoi bon?** what is the use?; **il y a de quoi** there is reason for it; **il n'y a pas de quoi** you are welcome

R

raconter [Rakõte] to tell, to narrate

rafraîchissant [RafRɛʃisã] cooling

raisin [Rɛzẽ] *m* grapes; **grappe de raisins** *f* a bunch of grapes

raison [Rɛzõ] *f* reason; **avoir raison** to be right

ramasser [ʀamɑse] to pick, pick up, gather

ramener [ʀamne] to bring back; to restore

rappeler [ʀaple] to remind; **se rappeler** to remember

rapporter [ʀapɔʀte] to take back, bring back

rare [ʀaʀ] rare

rarement [ʀaʀmɑ̃] seldom

ravager [ʀavaʒe] to ravage

ravir [ʀaviʀ] to delight; **cette robe vous va à ravir** that dress looks fantastic on you

ravissant [ʀavisɑ̃] ravishing, fantastic

rayonner [ʀɛjɔne] to radiate

réalité [ʀealite] _f_ reality

récemment [ʀesamɑ̃] recently

réception [ʀesɛpsjɔ̃] _f_ reception

recevoir [ʀəsəvwaʀ] to receive

recevrai: je recevrai [ʒəʀəsəvʀe] _fut 1st sg of_ **recevoir**

réciter [ʀesite] to recite

recommander [ʀəkɔmɑ̃de] to recommend

reconnaissant [ʀəkɔnɛsɑ̃] grateful

reconnaître [ʀəkɔnɛtʀ] to recognize

reconstruire [ʀəkɔ̃stʀɥiʀ] to rebuild

reçu [ʀəsy] _p part of_ **recevoir**

réfugier: se réfugier [səʀefyje] to take refuge

refus [ʀəfy] _m_ refusal

refuser [ʀəfyze] to refuse

regarder [ʀəgaʀde] to look, look at

région [ʀeʒjɔ̃] _f_ region

règle [ʀɛgl] _f_ rule; **en règle** in order

règne [ʀɛɲ] _m_ reign

regretter [ʀəgʀɛte] to regret, be sorry for

Reims [ʀɛ̃s] Rheims, city in eastern France

reine [ʀɛn] _f_ queen

rejoindre [ʀəʒwɛ̃dʀ] to meet, catch up with

relativement [ʀəlativmɑ̃] relatively

religieux [ʀəliʒjø] religious

remarquer [ʀəmaʀke] to notice, to observe

remède [ʀəmɛd] _m_ remedy

remercier [ʀəmɛʀsje] to thank

remettre [ʀəmɛtʀ] to put back

remplacer [ʀɑ̃plase] to replace

Renaissance [ʀənɛsɑ̃s] _f_ Renaissance

rencontre [ʀɑ̃kɔ̃tʀ] _f_ meeting; **aller, venir à la rencontre** to go to meet

rencontrer [ʀɑ̃kɔ̃tʀe] to meet

rendez-vous [ʀɑ̃devu] _m_ appointment

rendre [ʀɑ̃dʀ] to render, give back; to make; **est-ce que cela vous rend triste?** does it make you sad?; **se rendre compte** to realize

rendu [ʀɑ̃dy] _p part of_ **rendre**

renseignement [ʀɑ̃sɛɲmɑ̃] _m_ information

renseigner [ʀɑ̃sɛɲe] to inform, give out information

rentrer [ʀɑ̃tʀe] to return, to return home

réparation [ʀepaʀasjɔ̃] _f_ repair

réparer [ʀepaʀe] to repair; **faire réparer** to have (something) repaired

repartir [ʀəpaʀtiʀ] to leave again, set out again

repas [ʀəpɑ] _m_ meal

répéter [ʀepete] to repeat

répondez: vous répondez [vuʀepɔ̃de] _pr ind 2nd pl of_ **répondre**

répondre [ʀepɔ̃dʀ] to answer

réponse [ʀepɔ̃s] _f_ answer

reposer: se reposer [səʀpoze] to rest

représentation [ʀəpʀezɑ̃tasjɔ̃] _f_ performance

représenter [ʀəpʀezɑ̃te] to represent

reproduction [ʀəpʀɔdyksjɔ̃] _f_ reproduction

réserver [ʀezɛʀve] to reserve

résidence [ʀezidɑ̃s] _f_ residence

résignation [ʀeziɲasjɔ̃] _f_ resignation

responsable [ʀɛspɔ̃sabl] responsible

ressembler à [ʀəsɑ̃ble a] to resemble, look like

ressort [ʀəsɔʀ] _m_ spring

restaurant [ʀɛstɔʀɑ̃] _m_ restaurant

reste [ʀɛst] _m_ rest, remainder

rester [ʀɛste] to stay; to be left, remain; **il reste** there remains, there remain

résultat [ʀezylta] _m_ result

rétabli [ʀetabli] recovered

retard [ʀətaʀ] _m_ delay, lateness; **en retard** late

retour [ʀətuʀ] _m_ return; **aller et retour** round trip; **être de retour** to be back

retourner [ʀətuʀne] to go back; **se retourner** [səʀtuʀne] to turn around

retrouver [ʀətʀuve] to find again, meet

réunion [ʀeynjɔ̃] _f_ a meeting

réussir à [ʀeysiʀ a] to succeed in

réveille-matin [ʀevɛjmatɛ̃] _m_ alarm clock

réveiller: se réveiller [səʀevɛje] to wake up

réveillon [ʀevɛjɔ̃] _m_ meal eaten on Christmas Eve at midnight

revenir [ʀəvniʀ] to return

révision [ʀevizjɔ̃] _f_ review

revoir [ʀəvwaʀ] to see again (_conjug like_ **voir**); **au revoir** good-bye

Révolution, la [Revɔlysjõ] the French Revolution

révolutionnaire [RevɔlysjɔnɛR] revolutionary

revue [Rəvy] *f* review, magazine

rez-de-chaussée [Redʃose] *m* ground floor

rhume [Rym] *m* cold; **un gros rhume** a bad cold

riant [Riɑ̃] *pres part of* **rire**

riche [Riʃ] rich

rideaux [Rido] *m pl* curtains

rien [Rjɛ̃] nothing; **ne . . . rien** nothing; **de
rien** you are welcome; **rien d'intéressant**
nothing interesting

rire [RiR] to laugh

risquer de [Riske də] to risk

rive [Riv] *f* bank; **la rive droite** the right bank
of the Seine in Paris; **la rive gauche** the left
bank

rivière [RivjɛR] *f* river, creek

riz [Ri] *m* rice

robe [Rɔb] *f* dress

Rodin [Rɔdɛ̃] French sculptor (1840-1917)

roi [Rwa] *m* king

rôle [Rol] *m* rôle, part

romain [Rɔmɛ̃] *m* Roman

roman [Rɔmɑ̃] *m* novel; **roman policier** detective story

roman [Rɔmɑ̃], **romane** [Rɔman] romanesque
(architecture)

Rome [Rɔm] Rome

Ronsard [Rõsaʀ] French poet (1524-1585)

rosbif [Rɔsbif] *m* roast beef

rose [Roz] rosy, pink

rose [Roz] *f* rose

rosier [Rozje] *m* rosebush

Rouen [Rwɑ̃] city in Normandy

rouge [Ruʒ] red

rougeole [Ruʒɔl] *f* measles

rouler [Rule] to roll along

route [Rut] *f* road; **en route** on the way; **la
bonne route** the right road; **la mauvaise
route** the wrong road; **se mettre en route**
to start out

royal [Rwajal] royal

royaume [Rwajom] *m* kingdom

rue [Ry] *f* street

ruine [Rɥin] *f* ruin; **en ruines** in ruins

russe [Rys] Russian (*takes a capital only when
used as a noun referring to a person*)

Russie [Rysi] *f* Russia

s' *see* **si** *or* **se**

sa *see* **son**

sable [sabl] *m* sand

sac [sak] *m* bag

sacrifice [sakRifis] *m* sacrifice

sain et sauf [sɛ̃ e sof] safe and sound

saint [sɛ̃] saint, holy; **la Sainte-Chapelle**
XIIIth century church in Paris; **Saint-
Germain-des-Prés** [sɛ̃ʒɛRmɛ̃ de pRe] section
of Paris near the university and popular
with students; **Saint-Malo** [sɛ̃ malo] old
city on the coast of Brittany

sais: je sais [ʒəsɛ] *pr ind 1st sg of* **savoir**

saison [sɛzõ] *f* season

sait: il sait [ilsɛ] *pr ind 3rd sg of* **savoir**

salade [salad] *f* salad; lettuce, etc.

sale [sal] dirty

salle [sal] *f* room; **salle à manger** dining
room; **salle de bain** bathroom

salon [salõ] *m* living room

samedi [samdi] *m* Saturday

sandwich [sɑ̃dwitʃ] *m* sandwich

sans [sɑ̃] without

satisfaction [satisfaksjõ] *f* satisfaction

satisfait [satisfɛ] satisfied, pleased

sauf [sof] except

sauriez: vous sauriez [vusɔRje] *cond 2nd pl of*
savoir

sauterie [sotRi] *f* small dance

sauvage [sovaʒ] wild

sauver [sove] to save

savez: vous savez [vusave] *pr ind 2nd pl of*
savoir

savoir [savwaR] to know, know how

scène [sɛn] *f* scene

science [sjɑ̃s] *f* science

sculpture [skyltyR] *f* sculpture

se [sə] oneself, himself, herself, themselves;
to oneself, etc.

seau [so] *m* bucket, pail

second [səgõ] second; **seconde** *f* second class

secrétaire [səkRetɛR] *m or f* secretary

Seine [sɛn] *f* Seine

seize [sɛz] sixteen

séjour [seʒuR] *m* stay, visit

sel [sɛl] *m* salt

selon [səlõ] according to

semaine [səmɛn] *f* week; **la semaine prochaine** next week

sembler [sɑ̃ble] to seem

Sénégal [senegal] *m* Senegal

sens [sɑ̃s] *m* sense, direction; **sens unique** one way

sensationnel [sɑ̃sasjɔnɛl] sensational, fantastic

sentiment [sɑ̃timɑ̃] *m* sentiment

sentir [sɑ̃tiʀ] to smell; **se sentir** to feel

séparer [sepaʀe] to separate

sept [sɛt] seven

septembre [sɛptɑ̃bʀ] *m* September

septième [sɛtjɛm] seventh

sépulture [sepyltyʀ] *f* burial

serai: je serai [ʒəsʀe] *fut 1st sg of* **être**

série [seʀi] *f* series

sérieux [seʀjø], **sérieuse** [seʀjøz] serious

serpent [sɛʀpɑ̃] *m* snake

serré [seʀe] crowded

sert: il sert [ilsɛʀ] *pr ind 3rd sg of* **servir**

service [sɛʀvis] *m* service; **à votre service** you are welcome

servir à [sɛʀviʀ a] to serve, be of use; **se servir de** to use; **se servir** to help oneself; **servir de** to be used as

ses *see* **son**

seul, seule [sœl] alone, single

seulement [sœlmɑ̃] only, but

si [si] if, whether, so; **si** [si] yes; **mais si** oh yes

siècle [sjɛkl] *m* century; **au treizième siècle** in the thirteenth century

sien: le sien [ləsjɛ̃], **la sienne** [lasjɛn], **les siens** [lesjɛ̃], **les siennes** [lesjɛn] *poss pron* his, hers

silencieux [silɑ̃sjø], **silencieuse** [silɑ̃sjøz] silent

silhouette [silwɛt] *f* figure

simple [sɛ̃pl] simple

simplement [sɛ̃pləmɑ̃] simply, merely

simplicité [sɛ̃plisite] *f* simplicity

singe [sɛ̃ʒ] *m* monkey

situé [sitɥe] situated

six [sis] six

sixième [sizjɛm] sixth

ski [ski] *m* ski; **faire du ski** to go skiing

société [sɔsjete] *f* society

sœur [sœʀ] *f* sister

soie [swa] *f* silk

soif [swaf] *f* thirst; **avoir soif** to be thirsty

soigner [swaɲe]: **se soigner** to take care of oneself

soir [swaʀ] *m* evening; **le soir** in the evening; **hier soir** last night

soirée [swaʀe] *f* evening, evening party

soit: il soit [ilswa] *pr subj 3rd sg of* **être**; **soit . . . soit** either . . . or

soixante [swasɑ̃t] sixty

soixante-dix [swasɑ̃tdis] seventy

sol [sɔl] *m* soil, ground

solde: en solde [ɑ̃ sɔld] *f* on sale

soldat [sɔlda] *m* soldier

sole [sɔl] *f* a choice fish, which is different from the common flounder—referred to in the expression "fillet of sole"

soleil [sɔlɛj] *m* sun, sunshine; **il fait du soleil** the sun is shining

solidité [sɔlidite] *f* solidity

sombre [sɔ̃bʀ] dark

somme [sɔm] *m* nap; **faire un somme** to take a nap

somme: en somme in a word

sommeil [sɔmɛj] *m* sleep

sommes: nous sommes [nusɔm] *pr ind 1st pl of* **être**

somptueux [sɔ̃ptɥø], **somptueuse** [sɔ̃ptɥøz] sumptuous

son [sɔ̃], **sa** [sa], **ses** [se] *poss adj* his, her, its

sonner [sɔne] to ring

sont: ils sont [ilsɔ̃] *pr ind 3rd pl of* **être**

Sorbon [sɔʀbɔ̃] founder of the Sorbonne (1201-1274)

Sorbonne: la Sorbonne [lasɔʀbɔn] Division of Humanities of the University of Paris

sort [sɔʀ] *m* fate

sorte [sɔʀt] *f* sort, kind; **de sorte que** so that

sortie [sɔʀti] *f* exit, going out

sortir [sɔʀtiʀ] to go out

soufflé [sufle] *m* soufflé

souffrir [sufʀiʀ] to suffer (*conjug like* **ouvrir**)

souhaiter [swɛte] to wish

soulier [sulje] *m* shoe

souligné [suliɲe] underlined

soupe [sup] *f* soup

sourire [suʀiʀ] *m* smile

sous [su] under

sous-sol [susɔl] *m* basement

souterrain [sutɛʀɛ̃] underground

souvenir [suvniʀ] *m* souvenir

souvenir: se souvenir [səsuvniʀ] to remember (*conjug like* **venir**)

souvent [suvã] often

soyez: vous soyez [vuswaje] *pr subj 2nd pl of* **être**

spécialement [spesjalmã] especially

spécialité [spesjalite] *f* specialty

spectacle [spɛktakl] *m* spectacle

spectateur [spɛktatœʀ] *m* spectator

spirituel [spiʀitɥɛl] spiritual

spirituellement [spiʀitɥɛlmã] mentally

splendeur [splãdœʀ] *f* splendor

stade [stad] *m* stadium

station-service [stasjõsɛʀvis] *f* service station

statue [staty] *f* statue

stupéfiants [stypefjã] *m* drugs

style [stil] *m* style

stylo [stilo] *m* pen

substantif [sypstãtif] *m* noun

succéder [syksede] to follow, to be followed

succès [syksɛ] *m* success

sucre [sykʀ] *m* sugar

Sud [syd] *m* South

suédois [sɥedwa] Swedish

suffisamment [syfizamã] enough

suffit: il suffit [il syfi] one only has to

suggérer [sygʒeʀe] to suggest

suis: je suis [ʒesɥi] *pr ind 1st sg of* **être; je suis** [ʒəsɥi] *pr ind 1st sg of* **suivre**

Suisse [sɥis] *f* Switzerland

suite [sɥit] *f* succession, continuation; **tout de suite** [tut sɥit] right away

suivant [sɥivã] following

suivre [sɥivʀ] to follow, to take (a course)

sujet [syʒɛ] *m* subject; **au sujet de** about

super-marché [sypɛʀmaʀʃe] *m* supermarket

supplémentaire [syplemãtɛʀ] supplementary

supportable [sypɔʀtabl] bearable, endurable

sur [syʀ] on, upon, about

sûr [syʀ] sure

sûrement [syʀmã] surely, certainly

surpopulation [syʀpɔpylasjõ] *f* overpopulation

surpris [syʀpʀi] surprised *p part of* **surprendre**

surprise [syʀpʀiz] *f* surprise

surtout [syʀtu] above all

symboliser [sẽbɔlize] to symbolize

symbolisme [sẽbɔlism] *m* symbolism

symétrie [simetʀi] *f* symmetry

sympathique [sẽpatik] friendly, congenial

système [sistɛm] *m* system; **système métrique** metric system

tabac [taba] *m* tobacco

table [tabl] *f* table

tableau [tablo] *m* picture, painting

tailler [taje] to trim

tailleur [tajœʀ] *m* tailor

talent [talã] *m* talent

tandis que [tãdi(s)kə] while

tant [tã] so much, so many; **tant mieux** so much the better

tante [tãt] *f* aunt

taper: taper à la machine to type

tapis [tapi] *m* rug, carpet

tapisserie [tapisʀi] *f* tapestry

tard [taʀ] late; **plus tard** later; **au plus tard** at the latest

tas [tɑ] *m* a pile; **un tas de choses** [œ̃tɑdʃoz] a lot of things

tasse [tas] *f* cup

taxi [taksi] *m* taxi

te [tə] to you, for you (*familiar*)

tel: un tel [œ̃tɛl], **une telle** [yntɛl], **de tels** [dətɛl], **de telles** [dətɛl] such a, such

télégramme [telegʀam] *m* wire

téléphone [telefɔn] *m* telephone

téléphoner [telefɔne] to telephone

télévision [televizjõ] *f* television

témoin [temwẽ] *m* witness; **être témoin de** to witness

température [tãpeʀatyʀ] *f* temperature

temple [tãpl] *m* temple

temps [tã] *m* time, weather; **emploi du temps** *m* schedule; **quel temps fait-il?** how is the weather?; **à temps** on time; **combien de temps?** how long?; **avoir le temps de** to have time to; **au temps où** at the time when; **de temps en temps, de temps à autre** from time to time

tendre [tãdʀ] to hold out, to offer

tenez! [təne] here!

tenir [təniʀ] to hold, to keep; **tenir un petit café** to run a bistro

tennis [tenis] *m* tennis; **jouer au tennis** to play tennis

terminer [tɛʀmine] to finish

terrasse [teʀas] *f* terrace

terre [tɛʀ] *f* earth, ground

tête [tɛt] *f* head

texte [tɛkst] *m* text

thé [te] *m* tea

théâtre [teɑtʀ] *m* theatre

théologie [teɔlɔʒi] *f* theology

thermes [tɛʀm] *m* baths (Roman)

tien: le tien [lətjɛ̃], la tienne [latjɛn], les tiens [letjɛ̃], les tiennes [letjɛn] yours (*familiar*)

tiens! [tjɛ̃] well! here!

tiers [tjɛʀ] *m* one-third

tient: il tient [iltjɛ̃] *pr ind 3rd sg of* tenir

timbre [tɛ̃bʀ] *m* stamp; timbre-poste postage stamp

tirer [tiʀe] to pull; se tirer d'affaires to get along

tiroir [tiʀwaʀ] *m* drawer

titre [titʀ] *m* title

toi [twa] you (*familiar*)

toit [twa] *m* roof

Tokyo [tɔkjo] Tokyo

tomate [tɔmat] *f* tomato

tombeau [tõbo] *m* monumental tomb

tomber [tõbe] to fall; la tombée de la nuit nightfall

ton [tõ], ta [ta], tes [te] your (*familiar*)

torche [tɔʀʃ] *f* torch

tort [tɔʀ] *m* wrong; avoir tort to be wrong

tôt [to] soon; plus tôt sooner; le plus tôt possible as soon as possible

toucher [tuʃe] to touch; toucher un chèque to cash a check

toujours [tuʒuʀ] always, still

tour [tuʀ] *f* tower

touriste [tuʀist] *m* tourist

tourner [tuʀne] to turn

Tours [tuʀ] city in Touraine

tousser [tuse] to cough

tout [tu], toute [tut], tous [tu], toutes [tut] *adj* all, every; toute la journée all day; tous les jours every day; tout le monde everybody; tout [tu], toute [tut], tous [tus], toutes [tut] *pron* all, everybody, everything; tout [tu] *adv* all, quite, completely; tout à fait quite; tout de suite right away; tout à l'heure a while ago, in a while; pas du tout not at all; tout de même all the same; rien du tout nothing at all; tout à coup suddenly

trace [tʀas] *f* trace

tracteur [tʀaktœʀ] *m* tractor

tradition [tʀadisjõ] *f* tradition

traditionnel [tʀadisjɔnɛl] traditional

train [tʀɛ̃] *m* train; en train de in the act of

tranquille [tʀãkil] quiet; soyez tranquille don't worry

transformer [tʀãsfɔʀme] to transform

transposer [tʀãspoze] to transpose

travail [tʀavaj] *m, pl* travaux [tʀavo] work

travailler [tʀavaje] to work

travers: à travers [atʀavɛʀ] through

traverser [tʀavɛʀse] to cross

treize [tʀɛz] thirteen

treizième [tʀɛzjɛm] thirteenth

trempé [tʀãpe] soaked; trempé jusqu'aux os soaked to the skin

trente [tʀãt] thirty

très [tʀɛ] very, very much

Trianon [tʀijanõ] *m* name of two small châteaux in the park of the Versailles palace

triste [tʀist] sad

Troglodyte [tʀɔɡlɔdit] *m* cave dweller

trois [tʀwa] three

troisième [tʀwazjɛm] third

tromper: se tromper [stʀõpe] to be mistaken, to miss (a road, etc.)

trop [tʀo] too, too much, too many

trou [tʀu] *m* hole

trouver [tʀuve] to find, think; comment la trouvez-vous? how do you like it?; vous trouvez? do you think so?; se trouver to be, be located

tu [ty] you (*familiar*)

tuer [tɥe] to kill

Tuileries: les Tuileries [letɥilʀi] park in Paris

tulipe [tylip] *f* tulip

Turquie [tyʀki] *f* Turkey

U

un [œ̃] *m* a, an; one; l'un one

une [yn] *f* a, an; one; l'une one

unique [ynik] unique

unité [ynite] *f* unity

universel [ynivɛʀsɛl] universal

université [ynivɛʀsite] *f* University

uns: les uns [lezœ̃], les unes [lezyn] some; les un(e)s . . . les autres some . . . the others: les un(e)s . . . d'autres some . . . others

usage [yzaʒ] *m* usage; faire usage to use

user [yze] to wear out

usine [yzin] *f* factory, plant

ustensile [ystãsil] *m* utensil

utile [ytil] useful; *nm* something useful

va: il va [ilva] *pr ind 3rd sg of* aller

vacances [vakɑ̃s] *f pl* vacation, holiday; en vacances on vacation

vache [vaʃ] *f* cow

vais: je vais [ʒəvɛ] *pr ind 1st sg of* aller

valeur [valœʀ] *f* value; avoir de la valeur to be valuable

vallée [vale] *f* valley

valoir [valwaʀ] to be worth; il vaut mieux it is better, it is preferable

vaste [vast] vast

Vaugirard: rue de Vaugirard [ʀydvoʒiʀaʀ] street in Paris

vaut: il vaut [ilvo] *pr ind 3rd sg of* valoir

véhémence [veemɑ̃s]: avec véhémence violently

vélo [velo] *m* bicycle; faire du vélo to go bicycling

venant [vənɑ̃] *pr part of* venir

vend: il vend [ilvɑ̃] *pr ind 3rd sg of* vendre

vendanges [vɑ̃dɑ̃ʒ] *f pl* grape gathering

vendeur [vɑ̃dœʀ], vendeuse [vɑ̃døz] salesman, salesgirl

vendre [vɑ̃dʀ] to sell

vendredi [vɑ̃dʀədi] *m* Friday

venez: vous venez [vuvne] *pr ind 2nd pl of* venir

venir [vənir] to come; faire venir to have . . . come; venir de to have just; il vient d'arriver he has just come; il venait d'arriver he had just come

vent [vɑ̃] *m* wind; il fait du vent it is windy

véritable [veʀitabl] true

vérité [veʀite] *f* truth; en vérité in truth, truthfully

véritablement [veʀitabləmɑ̃] really

verre [vɛʀ] *m* glass, lens

verrons: nous verrons [nuvɛʀõ] *fut 1st pl of* voir

vers [vɛʀ] towards, about; vers deux heures around two o'clock

Versailles [vɛʀsaj] city near Paris

version [vɛʀsjõ] *f* version, account

vert [vɛʀ] green

veston [vɛstõ] *m* coat

vêtements [vɛtmɑ̃] *m pl* clothing

veut: il veut [ilvø] *pr ind 3rd sg of* vouloir

veux: je veux [ʒəvø] *pr ind 1st sing of* vouloir

viande [vjɑ̃d] *f* meat

victime [viktim] *f* victim

victoire [viktwaʀ] *f* victory

vie [vi] *f* life

viens: je viens [ʒəvjɛ̃] *pr ind 1st sg of* venir; je viens de I have just . . .

vient: il vient [ilvjɛ̃] *pr ind 3rd sg of* venir

vieux [vjø] *m*, vieil [vjɛj] *m*, vieille [vjɛj] *f*, vieux [vjø] *m pl*, vieilles [vjɛj] *f pl* old; mon vieux pal, old man

vigne [viɲ] *f* vine, vineyard

vignoble [viɲɔbl] *m* vineyard

village [vilaʒ] *m* village

ville [vil] *f* city, town; en ville downtown

vin [vɛ̃] *m* wine

vingt [vɛ̃] twenty

violent [vjɔlɑ̃] violent

violette [vjɔlɛt] *f* violet

violon [vjɔlõ] *m* violin

visite [vizit] *f* visit

visiter [vizite] to visit

visiteur [vizitœʀ] *m* visitor

vite [vit] fast

vitesse [vitɛs] *f* speed; à toute vitesse at great speed

vitrail [vitʀaj] *m*, vitraux [vitʀo] *pl* stained-glass window

vitrine [vitʀin] *f* show window

vivait: il vivait [ilvivɛ] *imperf ind 3rd sg of* vivre

vivant: de son vivant [də sõ vivɑ̃] when alive

vivement [vivmɑ̃] keenly; regretter vivement to regret very much

vivre [vivʀ] to live

voici [vwasi] here is; le voici, la voici here it is, here he is, here she is

voile [vwal] *f* sail; bateau à voile *m* sail boat; faire de la voile to sail

voir [vwaʀ] to see; voir venir to see . . . coming

vois: je vois [ʒəvwa] *pr ind 1st sg of* voir

voisin [vwazɛ̃], voisine [vwazin] neighbor, neighboring, person next to you; voisin de near

voisinage [vwazinaʒ] *m* neighborhood

voiture [vwatyʀ] *f* car

voix [vwa] *f* voice; à voix basse in a low voice

volant [vɔlɑ̃] *m* steering wheel

volcan [vɔlkɑ̃] *m* volcano

volet [vɔlɛ] *m* shutter

volontiers [vɔlõtje] willingly, gladly

Voltaire [vɔltɛR] French philosopher and writer (1694-1778)

vos *see* **votre**

votre [vɔtR], **vos** [vo] *poss adj* your

vôtre: le vôtre [ləvotR], **la vôtre** [lavotR], **les vôtres** [levotR] *poss pron* yours

voudrais: je voudrais [ʒəvudRɛ] *cond 1st sg of* **vouloir**

voulez: vous voulez [vuvule] *pr ind 2nd pl of* vouloir

vouloir [vulwaR] to want, wish; to like; **vouloir bien** to be willing, be kind enough to; **je voudrais bien** I would like; **vouloir dire** to mean; **Que voulez-vous!** Well! What can you expect?

vous [vu] you, to you

voûte [vut] *f* arch

voyage [vwajaʒ] *m* trip

voyez: vous voyez [vuvwaje] *pr ind 2nd pl of* **voir**

voyons [vwajɔ̃] *imper 1st pl of* **voir**

vrai [vRɛ] true

vraiment [vRɛmɑ̃] truly, really

vu [vy] *p part of* **voir**

vue [vy] *f* view, sight; **point de vue** *m* point of view; **vue d'ensemble** general view

W

wagon [vagɔ̃] *m* car; **wagon-restaurant** diner

week-end [wikɛnd] *m* weekend

Y

y [i] to it, at it, to them, at them, there; **il y a** there is, there are; **y a-t-il?** is there? are there?; **il y avait** there was, there were; **il y a cinq ans** five years ago; **il y a un quart d'heure que j'attends** I have been waiting for fifteen minutes; **qu'est-ce qu'il y a?** what is the matter?

yeux [jø] *pl of* œil; **elle a les yeux bleus** she has blue eyes

Z

zéro [zeRo] zero

zoologie [zɔɔlɔʒi] *f* zoology

zoologique [zɔɔlɔʒik] zoological

zut! [zyt] confound it!

English-French

a un *m*, une *f*

able: to be able to pouvoir

about *prep* vers; *adv* à peu près, environ; *prep* au sujet de, à propos de; **about what time?** vers quelle heure?; **about one hundred** une centaine; **what about you?** et vous?; **how about going fishing?** si nous allions à la pêche?

above au-dessus de; **above all** surtout

abroad à l'étranger

absent absent

accent accent *m*

accept accepter

accident accident *m*

according to d'après

acquaintance connaissance *f;* **I made his acquaintance** j'ai fait sa connaissance

acquainted: to be acquainted with connaître

acre arpent *m* (*approx.*)

across en face de, de l'autre côté de

act: to act as servir de

active actif *m*, active *f*

actor, actress acteur, actrice

adjective adjectif *m*

admirable admirable

admire admirer

advantage avantage *m;* **to take advantage of** profiter de

advice conseil *m;* **to follow (an) advice** suivre un conseil

advise: to advise conseiller

affirmative affirmatif *m*, affirmative *f*

affirmatively affirmativement

afraid: to be afraid of avoir peur de; **I am afraid so** j'en ai peur

Africa Afrique *f;* **North Africa** l'Afrique du Nord

after après; **after having gone to Normandy, he went to Brittany** après être allé en Normandie, il est allé en Bretagne

afternoon après-midi *m;* **in the afternoon** l'après-midi

afterwards après, ensuite

again de nouveau, encore

age âge *m;* **how old are you?** quel âge avez-vous?

ago: five years ago il y a cinq ans; **a while ago** tout à l'heure; **some time ago** il y a quelque temps

agree être de l'avis de, être d'accord avec

agreeable agréable

agreed c'est entendu, entendu, d'accord (d'ac.)

ahead: straight ahead tout droit

air air *m;* **in the open air** en plein air

alarm clock réveille-matin *m*

album album *m*

all tout, toute, tous, toutes; **is that all?** est-ce tout?; **not at all** pas du tout; **all of Paris** Paris tout entier; **all right** c'est entendu; **it is all right with me** cela m'est égal

allow permettre de

all right bon, bien, pas mal

almost presque

along le long de; **to go along** accompagner, suivre, venir

Alps Alpes *f pl*

already déjà

also aussi

although bien que, quoique

always toujours

am: I am je suis

America Amérique *f;* **South America** l'Amérique du Sud

American américain *m*, américaine *f*

among entre, parmi; **among others** entre autres

amusing amusant

an du, de la, de l', de, en; **not any** ne . . . pas de; **not any more** . . . ne . . . plus (de)

and et

angry fâché

animal animal *m*

announce annoncer

another un autre *m*, une autre *f*

answer réponse *f;* **to answer** répondre

any un *m*, une *f*

anyone quelqu'un; **not . . . anyone** ne . . . personne

anything quelque chose; **not . . . anything** ne . . . rien

anyway tout de même; d'ailleurs

apologize s'excuser de

appear: to appear se présenter

appetite appétit *m*

apple pomme *f*

appointment rendez-vous *m*

April avril *m*

arch arc *m;* **Arch of Triumph** Arc de Triomphe; **round arch** arc en demi-cercle

architect architecte *m*

are: they are ils sont; **there are** il y a; **you are** vous êtes; **are you?** êtes-vous?

arm bras *m*

armchair fauteuil *m*

army armée *f*

around vers, autour de; **around five o'clock** vers cinq heures; **around Paris** autour de Paris

arrival arrivée *f*

arrive arriver

art art *m*

article article *m*

artist artiste *m*

as comme, pendant que; **as . . . as** aussi . . . que

ask demander, poser une question

asleep endormi; **to fall asleep** s'endormir

asparagus asperge *f*

aspect aspect *m*

aspirin aspirine *f*

astonish étonner

at à, chez; **at the** au, à la, à l', aux; **at Marie's** chez Marie; **at about six o'clock** vers six heures

Athens Athènes

Atlantic Atlantique

attain atteindre

attention attention *f*

attentively attentivement

attract attirer

August août *m*

aunt tante *f*

author auteur *m*

auto auto *f;* voiture *f*

autumn automne *m*

avenue avenue *f*

avoid éviter

await attendre

away: to go away partir, s'en aller; **right away** tout de suite; **to send away** renvoyer

awkward maladroit

B

back: to go back (home) rentrer; **to be back** être de retour

bad mauvais; **it is too bad** c'est dommage; **too bad** tant pis

badly mal

bag sac *m*

bakery boulangerie *f*

banana banane *f*

bank banque *f;* rive *f;* **the left bank** la rive gauche

banker banquier *m*

barber coiffeur *m;* **to the barber's** chez le coiffeur

basement sous-sol *m*

bath bain *m;* **bathroom** salle de bain *f*

battle bataille *f*

be: to be être; **how are you?** comment allez-vous?; **I am well** je vais bien; **he will be** il sera; **he would be** il serait; **there is, there are** il y a; **there was, there were** il y avait; **there will be** il y aura; **to be cold** avoir froid; **to be hungry** avoir faim; **to be right** avoir raison; **to be wrong** avoir tort; **to be (located)** se trouver; **to be (used) for** servir à; **I am to** je dois; **I was to** je devais

beach plage *f*

bean *haricot *m*

bear ours *m*

bear: to bear porter; supporter

beautiful beau, bel *m;* belle *f;* beaux *m pl;* belles *f pl*

because parce que; **because of** à cause de

become devenir

becoming: your dress is very becoming votre robe vous va très bien

bed lit; **to go to bed** se coucher; **to stay in bed** rester au lit

beef bœuf *m;* **roast beef** rosbif *m*

been été *p part of* être

beer bière *f*

beet betterave *f;* **sugar beet** betterave à sucre

before *(time)* avant, avant que; déjà; *(place)* devant

begin commencer, se mettre à

beginning commencement *m*

behind derrière

Belgium Belgique *f*

believe croire, penser

belong appartenir à, être à

beside à côté de

besides puis, d'ailleurs, en outre

best *adj* le meilleur, la meilleure, les meilleurs, les meilleures; *adv* le mieux; **the best he could** de son mieux

better *adj* meilleur, meilleure, meilleurs, meilleures; *adv* mieux; **I like spring better** j'aime mieux le printemps; **so much the better** tant mieux; **I am better** je vais mieux; **it is better to** il vaut mieux; **it would be better to** il vaudrait mieux

bicycle bicyclette *f;* vélo *m;* **to bicycle** aller à bicyclette, en vélo

big grand, gros; **that big** gros comme ça

bill addition *f;* facture *f;* **a fifty-franc bill** un billet de cinquante francs

billfold portefeuille *m*

bird oiseau *m*

birthday anniversaire *m*

bit: **a bit** un peu

bite: **to bite** mordre

black noir

blind aveugle

blond blond

blue bleu, bleue, bleus, bleues

board: **room and board** pension *f*

boat bateau *m*

bone os *m*

book livre *m;* **secondhand book dealer** bouquiniste *m;* **secondhand book** livre d'occasion

bookstore librairie *f*

bored: **to be bored** s'ennuyer

born né; **to be born** naître

botany botanique *m*

bother: **to bother** ennuyer, déranger, se déranger

bottle bouteille *f*

bottom fond *m*

boulevard boulevard *m*

bouquet bouquet *m*

box boîte *f;* carton *m*

boy garçon, petit garçon, jeune homme *m*

bread pain *m*

break: **to break** casser; **to break one's arm** se casser le bras

breakfast petit déjeuner *m*

breath souffle *m;* **to be out of breath** être essoufflé

bride (nouvelle) mariée; **bridegroom** (nouveau) marié

bridge pont *m;* (*game*) bridge *m*

bring apporter; **bring me** apportez-moi; **to bring over** apporter; **to bring back** rapporter

Brittany Bretagne *f*

bronchitis bronchite *f*

brother frère *m*

brown brun, marron; **she has brown eyes** elle a les yeux marron (*no agreement*)

brunette brune *f*

brush: **to brush** brosser

build: **to build** construire; **to have built** faire construire

building bâtiment *m*

burn: **to burn** brûler

bury enterrer

bus autobus *m;* autocar *m;* **on the bus** en autobus

busy occupé; **to be busy** être en train de (*followed by inf*)

but mais

butcher boucher *m;* **butcher shop** boucherie *f;* **pork butcher** charcutier *m;* **pork butcher's** charcuterie *f*

butter beurre *m*

buy: **to buy** acheter; **worth buying** intéressant

by par, de; *with pr part* en

C

cabbage chou *m*

Cabinet member ministre *m*

cable câble *m*

café café *m*

cake gâteau *m*

California Californie *f*

call: **to call** appeler; **to be called** s'appeler

can (pouvoir): **can you?** pouvez-vous?; **I can** je peux; **you can** vous pouvez, on peut

Canada Canada *m*

canal canal *m*

capital capitale *f*

car wagon (train) *m;* auto *f;* automobile *f;* voiture *f*

card carte *f;* **to play cards** jouer aux cartes; **ID card** carte d'identité

care soin *m;* **to take care of** s'occuper de; **to take care of oneself** se soigner

careful: to be careful faire attention; **to be careful not to** se garder de

caretaker concierge *m or f*

carnation œillet *m*

carpet tapis *m*

carry porter; **to carry away, to carry along** emmener, emporter

case cas *m;* **in any case** en tout cas; **in case of** en cas de

cash: to cash toucher (un chèque)

cashier caissier *m,* caissière *f;* **cashier's window** caisse *f*

catch: to catch attraper; **to catch up with** rejoindre, rattraper

cathedral cathédrale *f*

ceiling plafond *m*

cellar cave *f*

center centre *m*

centimeter centimètre *m*

century siècle *m;* **in the fifteenth century** au quinzième siècle

certain certain

certainly certainement, volontiers

chair chaise *f*

champagne champagne *m*

chance occasion *f,* *hasard *m;* **by chance** par hasard; **to have a chance to** avoir l'occasion de

change monnaie *f* **change purse** portemonnaie *m;* **to change** changer; **to change planes** changer d'avion

characterized caractérisé

chase: to chase, to chase out chasser

château château *m*

cheap bon marché, à bon marché; **cheaper** (à) meilleur marché

check chèque *m*

cheek joue *f*

cheese fromage *m*

chemical *adj* chimique; **chemical engineer** ingénieur-chimiste *m*

chemistry chimie *f*

chicken poulet *m*

child enfant *m or f*

Chinese chinois *m*

chocolate chocolat *m*

choose choisir

Christmas Noël *m;* **Christmas Day** le jour de Noël; **Christmas Eve midnight party** le réveillon

church église *f*

cigar cigare *m*

cigarette cigarette *f*

cinema cinéma *m*

city ville *f*

clarinet clarinette *f*

class classe *f*

classify classer

clean: to clean nettoyer

clock horloge *f,* pendule *f*

close fermer; **it closes** il ferme

clothing vêtements *m pl*

cloud nuage *m*

coat (ladies') manteau *m;* (men's) veston *m*

cobbler cordonnier *m*

coffee café *m*

coin pièce *f,* pièce de monnaie *f*

cold (*illness*) rhume *m;* (*temperature*) froid; **it is cold** il fait froid; **I am cold** j'ai froid

collect: to collect ramasser; collectionner **to make a collection** faire collection

collection collection *f;* **stamp collection** collection de timbres

college collège *m*

collide entrer en collision (avec)

colony colonie *f*

color couleur *f;* **what color?** de quelle couleur?

come venir, arriver; **he came** il est venu; **did he come?** est-il venu?; **to come back** revenir, rentrer; **to come in** entrer; **to come for, come to get** venir chercher; **to come along** venir avec, accompagner; **to have (someone) come** faire venir (quelqu'un)

comfortable confortable

common commun

compartment compartiment *m*

complain se plaindre de

complete complet *m,* complète *f*

compose composer

conditional conditionnel *m*

confidence confiance *f*

confound it! zut!

confuse confondre

connection correspondance *f*

consent: to consent consentir à

consul consul *m*

continue continuer à

contrary contraire *m;* **on the contrary** au contraire

conversation conversation *f*

cook cuisinier *m*

cool frais *m,* fraîche *f*

cooling rafraîchissant

copy copier

corn maïs *m*

corner coin *m*

cost: to cost coûter

cough: to cough tousser

could (pouvoir); **I could** je pouvais, j'ai pu, je pourrais; **I could have** j'aurais pu

count: to count compter

country campagne *f;* pays *m;* **in the country** à la campagne; **country house** maison de campagne

course cours *m;* **main course** plat de viande *m;* **of course** naturellement, mais oui, bien entendu; **in the course of** au cours de

cousin cousin *m,* cousine *f*

cover: to cover couvrir

cow vache *f*

crazy: to be crazy about adorer

cream crème *f*

creek rivière *f*

cross: to cross traverser

crowded bondé

crusade croisade *f*

cry: to cry pleurer

cubic cube

cup tasse *f*

customer client *m,* cliente *f*

D

dairy crémerie *f*

daisy marguerite *f*

damp humide

dance bal *m;* sauterie *f*

danger danger *m*

dangerous dangereux *m,* dangereuse *f*

dare: to dare oser

dark sombre; **it is dark** il fait nuit

darkness obscurité *f*

date date *f,* rendez-vous *m;* **to date from** dater de

day jour *m,* journée *f;* **per day, a day** par jour; **all day** toute la journée; **every day** tous les jours; **that day** ce jour-là; **the next day** le lendemain; **day after tomorrow** après-demain

daylight jour *m;* **it is daylight** il fait jour

dead mort

deal: a great deal, a good deal beaucoup; **a great deal of** beaucoup de; **to deal in** faire le commerce de

dealer marchand *m,* marchande *f;* **second-hand book dealer** bouquiniste *m;* **antique dealer** antiquaire *m*

December décembre *m*

decide décider, vouloir; **to decide upon** fixer

dedicate dédier

delay retard *m*

delicious délicieux, délicieuse

delighted enchanté

dentist dentiste *m*

departure départ *m*

descend: to descend descendre

desk bureau *m*

dessert dessert *m*

destroy détruire

detective story roman policier *m*

dictation dictée *f*

die: to die mourir; **he died** il est mort

difference différence *f;* **it doesn't make any difference** cela ne fait rien

different différent

difficult difficile

dine dîner; **dining room** salle à manger *f*

diner wagon-restaurant *m*

dinner dîner *m;* **to have dinner** dîner

directly directement

disappointed déçu

discuss discuter

display étalage *m*

distance distance *f*

do faire; **do you . . .?** est-ce que . . .?; **don't you? doesn't it?** n'est-ce pas?; **I did** j'ai fait; **I shall do** je ferai; **I should do** je ferais; **yes, you do** mais si; **how do you do?** comment allez-vous?; **to do again** refaire; **all you have to do . . .** vous n'avez qu'à; **don't do anything of the sort** gardez-vous en bien

doctor docteur *m,* médecin *m*

dog chien *m*

dollar dollar *m*

donkey âne *m*

door porte *f*

doubt doute *m;* **no doubt, doubtless** sans doute

doubt: to doubt douter

down en bas; **to go down** descendre; **downtown** en ville

dozen douzaine *f;* **five francs a dozen** cinq francs la douzaine

draw up dresser; préparer (une liste)

drawer tiroir *m*

dress robe *f;* **to dress** habiller; **to get dressed** s'habiller; **to be dressed** être habillé

dresser commode *f*

dressmaker couturière *f*

drink: to drink boire

drive: to drive conduire; **to drive a car** conduire

driver chauffeur *m*

drop: to drop laisser tomber

drugstore pharmacie *f*, drugstore *m*

E

each *adj* chaque; *pron* chacun, chacune; **each one** chacun, chacune; **ten francs each** dix francs (la) pièce

eager: to be eager to avoir *hâte de

early de bonne heure; en avance

easily facilement

East Est *m*

easy facile

eat manger

economics économie politique *f*

edge bord *m*

egg œuf *m*

Egyptian égyptien *m*, égyptienne *f*

eight *huit

eighteen dix-huit

eighth *huitième

eighty quatre-vingts

either: either . . . or soit . . . soit; **not . . . either** ne . . . non plus; **nor I either** (ni) moi non plus

elderly d'un certain âge

elevator ascenseur *m*

eleven onze

eleventh onzième

else: something else autre chose; **nothing else** rien d'autre

elsewhere ailleurs

emblem emblème *m*

embrace embrasser

empire empire *m*

employee employé *m;* employée *f;* **government employee** fonctionnaire *m*

end fin *f*, bout *m;* **at the end of the street** au bout de la rue; **to end** finir, terminer, achever

endurable supportable

engineer ingénieur *m;* **chemical engineer** ingénieur-chimiste *m*

England Angleterre *f*

English anglais *m*, anglaise *f*

enjoy: to enjoy aimer

enormous énorme, vaste

entire entier *m*, entière *f*

entirely tout à fait

envelope enveloppe *f*

epidemic épidémie *f*

equivalent équivalent

errand course *f;* **to do errands** faire des courses

Europe Europe *f*

European européen *m*, européenne *f*

even pair (*of numbers*)

even même

evening soir *m*, soirée *f;* **in the evening** le soir; **every evening** tous les soirs; **good evening** bonsoir

ever jamais

every chaque, tout; **every day** tous les jours; **every six months** tous les six mois

everyone chacun, tout le monde

everything tout

everywhere partout

exact exact

examination examen *m*

examine examiner

example exemple *m;* **for example** par exemple

excellent excellent

except sauf, excepté

exercise exercice *m*

exist exister

exit sortie *f*

expect attendre, s'attendre à

expensive cher *m*, chère *f*

explain expliquer

explanation explication *f*

express express *m*

extinguish éteindre

eye œil *m sg*, yeux *pl*

factory usine *f*

fall automne *m; in the fall* en automne; **to fall** tomber; **to fall asleep** s'endormir

family famille *f*

famous célèbre

far loin; **as far as** jusqu'à; **that far** jusque-là; **far from** loin de

farm ferme *f*

fast vite; **how fast?** à quelle vitesse?

fat gras *m*, grasse *f*

fate sort *m*

father père *m*

fault faute *f*

favorite favori *m*, favorite *f*

fear peur *f; for fear that* de peur que; **to fear** craindre, avoir peur de (que)

February février *m*

feel: to feel sentir, se sentir; **to feel like** avoir envie de

fertile fertile

fever fièvre *f*

few peu de, quelques; **a few** *pron* quelques-uns, quelques-unes

fiancé, fiancée fiancé *m*, fiancée *f*

field champ *m*

fifteen quinze

fifteenth quinzième

fifth cinquième

fifty cinquante; **about fifty** une cinquantaine

film film *m*

finally finalement; **he finally came** il a fini par venir

find: to find trouver, retrouver; **to find out** apprendre

fine beau; **it is fine weather** il fait beau

finger doigt *m*

finish: to finish finir, terminer

fire feu *m*

first *adj* premier *m*, première *f; adv* d'abord

fish poisson *m; a fish story* une histoire de pêcheurs

fisherman pêcheur *m*

fishing pêche *f; to go fishing* aller à la pêche

five cinq

flatterer flatteur *m*

floor étage *m; the second floor* le premier (étage); **the third floor** le second (étage)

flow: to flow couler

flower fleur *f*

fly: to fly voler; **how time flies!** comme le temps passe!

follow suivre; succéder à

following suivant

fond: to be fond of aimer

food (*cooking*) cuisine *f*

foot pied *m*

for pour; depuis; pendant; **I have been waiting for a quarter of an hour** j'attends depuis un quart d'heure

foreign étranger *m*, étrangère *f*

forget oublier de

fork fourchette *f*

form forme *f*

former ancien *m*, ancienne *f*

formerly autrefois

forty quarante

found fonder

fountain fontaine *f*

four quatre

fourteen quatorze

fourth quatrième

franc franc *m*

free libre

French français *m*, française *f*

Friday vendredi *m*

friend ami *m*, amie *f*

friendly aimable

frightful effrayant

from de, depuis, d'après; **from the** du, de la, de l', des

front: in front of devant

fruit fruit *m*

full plein, complet

fun: to make fun of se moquer de

funny drôle (de)

furnished meublé

furniture meubles *m pl; a piece of furniture* un meuble

further plus loin; **further on** plus loin

future futur *m*

G

gallery galerie *f; picture gallery* galerie de peinture

garage garage *m*

garden jardin *m*

garret mansarde *f*

gasoline essence *f*

gate porte *f*

gentleman monsieur *m*

get prendre, avoir, obtenir, recevoir, se procurer; **to get in, to get into** entrer, monter; **to get out** sortir; **to go to get** aller chercher; **to come to get** venir chercher; **to get to** arriver à; **to get up** se lever; **to get home** rentrer; **to get on** monter; **to get off** descendre; **to get used to** s'habituer à; **to get to the top** arriver en haut

gift cadeau *m*

gilded doré

girl jeune fille *f;* **little girl** petite fille; **girl friend** amie

give donner; **to give a ticket** faire un procès-verbal

glad content, heureux; **I'll be glad to** volontiers

gladly volontiers

glance: to glance at jeter un coup d'œil sur

glass verre *m;* **glasses** lunettes *f pl;* **magnifying glass** loupe *f*

glimpse: to get a glimpse apercevoir

glove gant *m*

go aller; **I go, I am going** je vais; **he goes, he is going** il va; **you go, you are going** vous allez; **I shall go** j'irai; **I should go** j'irais; **it is going to** il va; **to go in** entrer; **to go out** sortir; **to go up** monter; **to go down** descendre; **to go to bed** se coucher; **to go along** venir avec, accompagner; **to go in for** aimer; **to go away** partir, s'en aller; **to go with** accompagner; **to go through** visiter

good bon; **good-looking** beau, joli; **it's no good** cela ne vaut rien; **good** bien *m*

good-bye au revoir

goose oie *f*

Gothic gothique

graceful élégant, gracieux

gram gramme *m*

grandmother grand-mère *f*

grapes raisin *m sg*

grass herbe *f*

gray gris

greatly très, fort

Greek grec *m*, grecque *f*

green vert; **salad greens** salade *f*

grocer épicier *m*

grocery épicerie *f;* **grocery store** épicerie *f*

grow pousser

guard gardien *m*

guide guide *m*

guitar guitare *f*

H

habit habitude *f*

had eu *p part of* avoir

hair cheveu *m;* **she has blond hair** elle a les cheveux blonds; **hairdo** coiffure *f*

half demi *m*, demie *f;* **half past eleven** onze heures et demie; **a half hour** une demi-heure

hall galerie *f*

ham jambon *m*

hand main *f;* **secondhand book** livre d'occasion

handkerchief mouchoir *m*

happen arriver, se passer, avoir lieu

happiness bonheur *m*

happy heureux *m*, heureuse *f;* content

hard dur, difficile

hardly à peine, ne . . . guère

hardware store quincaillerie *f*

harmony harmonie *f*

harp harpe *f*

harvest moisson *f*

hat chapeau *m*

have avoir; **I have** j'ai; **I haven't** je n'ai pas; **have you?** avez-vous?; **to have to** devoir, il faut . . ., être obligé de, avoir besoin de; **I can have it sent to you** je peux vous le faire envoyer; **to have something to eat or drink** prendre quelque chose; **I have to** je dois; **I had to** j'ai dû; **all you have to do** vous n'avez qu'à

hay foin *m*

he il, lui, ce

head tête *f*

headache mal de tête *m;* **to have a headache** avoir mal à la tête; **a good headache** un bon mal de tête

hear entendre; **to hear of** entendre parler de; **to hear that** entendre dire que

heart cœur *m;* **in the very heart of Paris** au cœur même de Paris

heat chaleur *f*

heating chauffage *m*

helicopter hélicoptère *m*

hello bonjour

help: to help aider; **to help oneself** se servir

hen poule *f*

her *pers pron* la, lui, elle; *poss adj* son, sa, ses

here ici; **here is, here are** voici; **here it is** le (la) voici; **here they are** les voici; **here!** tenez!

hers le sien, la sienne, les siens, les siennes

him le, lui; **to him, for him** lui

hippopotamus hippopotame *m*

his *poss adj* son, sa, ses; *poss pron* le sien, la sienne, les siens, les siennes

historical historique

history histoire *f;* **French history** l'histoire de France

hold: to hold tenir; **to hold out** tendre

holiday fête *f;* **Christmas holidays** vacances de Noël

home maison *f;* **he is at home** il est chez lui; **to get home, to go home** rentrer

hope: to hope espérer; **I hope so** je l'espère

hors d'œuvres *hors-d'œuvre *m*

horse cheval *m sg,* chevaux *pl*

hospital hôpital *m*

hot chaud; **it is hot** il fait chaud

hotel hôtel *m*

hour heure *f;* **a half hour** une demi-heure

house maison *f;* **at our house** chez nous; **at their house** chez eux

housekeeping ménage *m*

how comment; **how much, how many** combien; **how much is it?** combien est-ce?; **how long** combien de temps

however pourtant, cependant

humble humble

humid humide

hundred cent; **about a hundred** une centaine

hungry: to be hungry avoir faim; **I am hungry** j'ai faim

hurry: to hurry se dépêcher; **to be in a hurry** être pressé

hurt: to hurt blesser, avoir mal à, faire mal à; **my legs are beginning to hurt** je commence à avoir mal aux jambes; **these shoes hurt my feet** ces chaussures me font mal aux pieds

husband mari *m*

I

I je, moi

idea idée *f*

identification identité *f*

if si, s'

imagine imaginer

immediately tout de suite

immense immense

important important

impressed impressionné

impression impression *f*

in dans, en, à, de; **in Paris** à Paris; **in France** en France; **in Canada** au Canada; **in South America** dans l'Amérique du Sud; **in 1715** en 1715; **in the XVth century** au quinzième siècle; **in the month of October** au mois d'octobre; **in the spring** au printemps; **in the fall** en automne; **in winter** en hiver; **in the morning** le matin; **at 7:00 in the morning** à sept heures du matin; **in a half hour** dans une demi-heure; **in a week** dans huit jours; **in time** à temps; **in the country** à la campagne; **in the course of** au cours de

incident incident *m*

included y compris

indeed en effet, bien

independence indépendance *f;* **Independence Day** le jour de la Déclaration de l'Indépendance

indicate indiquer

indignation indignation *f*

indirect indirect

inform renseigner

information renseignements *m pl*

injustice injustice *f*

inn hôtel *m,* auberge *f;* **innkeeper** hôtelier *m*

inside intérieur *m;* à l'intérieur; **to go inside** entrer

intelligent intelligent

intend to avoir l'intention de

interest: to interest intéresser

interesting intéressant

interior intérieur

interrogative interrogatif *m,* interrogative *f*

intoxication ivresse *f*

introduce présenter

invention invention *f*

invitation invitation *f*

invite inviter

Irish irlandais

ironical ironique

is est; **it is** c'est, il est, elle est; **is it?** est-ce? est-ce que c'est?; **there is** il y a; **is there?** y a-t-il?; **it is four o'clock** il est quatre heures; **it is cold** il fait froid

island île *f*

it *subj* il, elle, ce; **it is** c'est, il est, elle est; *dir obj* le, l', la; *ind obj* y; **of it** en

Italian italien *m*, italienne *f*

Italy Italie *f*

its son, sa, ses

J

January janvier *m*

jealous jaloux *m*, jalouse *f*

jeweler horloger *m*, bijoutier *m;* **at the jeweler's** chez l'horloger

judge: to judge juger

juice jus *m*

July juillet *m*

June juin *m*

just seulement, tout simplement; **to have just** venir de; **I have just finished** je viens de finir

K

keep: to keep garder, tenir, retenir; **to keep on** continuer à

keeper garde *m*, gardien *m;* **hotelkeeper** hôtelier *m*

kill: to kill tuer

kilo kilo *m;* **five francs a kilo** cinq francs le kilo

kilometer kilomètre *m*

kind espèce *f*, sorte *f*

king roi *m*

knife couteau *m*

knight chevalier *m*

know savoir, connaître; **I know** je sais, je connais; **do you know?** savez-vous? connaissez-vous?; **I shall know** je saurai; **I should know** je saurais; **to know how** savoir *(see Conversation 9)*

known connu, célèbre

L

laboratory laboratoire, labo *m*

lack: to lack manquer

lady dame *f*

lake lac *m*

land terre *f*, pays *m*

landscape paysage *m*

language langue *f*

large grand, gros, vaste; **as large as that** gros comme ça

last dernier *m*, dernière *f; **last week** la semaine dernière; **last night** hier soir; **last Saturday** samedi dernier; **to last** durer

late tard, en retard; **later** plus tard; **at the latest** au plus tard; **I shall finish late** je finirai tard; **do you think I'll be late?** croyez-vous que je sois en retard?

Latin latin

lead: to lead mener, conduire

leaf feuille *f*

learn apprendre

least: the least le moins, la moins, les moins

leave: to leave partir, s'en aller; quitter; laisser; **when are you leaving?** quand partezvous?; **I am leaving tomorrow** je m'en vais demain; **we left Melun two hours ago** il y a deux heures que nous avons quitté Melun; **as you leave the village** à la sortie du village; **it is better to leave those you are not sure of** il vaut mieux laisser ceux dont vous n'êtes pas sûr

lecture conférence *f*

left gauche; **to the left** à gauche

left: I have not one of them left il ne m'en reste aucun

leg jambe *f*

legend légende *f*

lend prêter

length longueur *f*

lens verre *m*

less moins; **less . . . than** moins . . . que; *(numbers)* moins de; **more or less** plus ou moins; **she is less tall than her brother** elle est moins grande que son frère; **there were less than a hundred pupils** il y avait moins de cent élèves

lesson leçon *f*

let permettre, laisser

letter lettre *f*

lettuce laitue *f*, salade *f*

lie: to lie down se coucher

lieutenant lieutenant *m;* **police lieutenant** commissaire de police *m*

life vie *f*

like comme; **to like** aimer, aimer bien; **I like** j'aime; **do you like?** aimez-vous?; **do you like it?** est-ce qu'il vous plaît?; **how do you**

like it? comment le (la) trouvez-vous?; **would you like to . . .?** voulez-vous bien . . .?; **I would like** je voudrais; **do you like my hat?** est-ce que mon chapeau vous plaît?

line ligne *f*

lion lion *m*

lip lèvre *f*

Lisbon Lisbonne

list liste *f*

listen: to listen écouter

literature littérature *f*

little *adj* petit; *adv* peu; **a little** un peu

live vivre; **to live at** demeurer à, habiter à

London Londres

long *adj* long *m*, longue *f*; *adv* longtemps; **no longer** ne . . . plus; **all day long** toute la journée; **how long?** combien de temps?; **for a long time** depuis longtemps, pendant longtemps

look regard *m*, coup d'œil *m;* **to take a look at** jeter un coup d'œil sur; **to look** regarder; avoir l'air; **it looks very well on you** il vous va très bien; **to look for** chercher; **good-looking** beau, joli; **to look like** ressembler à; **to look over** visiter; **to look at** regarder

lose: to lose perdre

lost perdu, égaré

lot: a lot of, lots of beaucoup de, un tas de

Louis XIV Louis Quatorze

low bas *m*, basse *f*

luck chance *f;* **to be lucky** avoir de la chance; **tough luck!** vous n'avez pas de chance!; **what luck!** quelle chance! quelle veine!

lunch déjeuner *m;* **to have lunch** déjeuner; **lunchroom** buffet *m;* **to lunch** déjeuner

M

Madam madame *f*

magazine revue *f*, magazine *m*

magnificence splendeur *f*

maid bonne *f;* **nursemaid** bonne *f*

mail: to mail mettre (une lettre) à la poste

main principal; **main course** plat de viande *m*

majestic majestueux *m*, majestueuse *f*

make faire; *followed by adj* rendre: **does that make you sad?** est-ce que cela vous rend triste?

man homme *m*

manufacturer industriel *m*

many beaucoup; **so many** tant; **too many** trop; **how many?** combien?

map carte *f*

March mars *m*

marriage mariage *m*

marry se marier; **to get married** se marier

marvelously à merveille

mass messe *f;* **midnight mass** la messe de minuit

material étoffe *f*

mathematics mathématiques *f pl*

matter: what is the matter? qu'est-ce qu'il y a?; **what is the matter with you?** qu'est-ce que vous avez?; **nothing is the matter with me** je n'ai rien

mature: to mature mûrir

May mai *m*

may (pouvoir): **I may** je peux, je pourrai; **may I?** est-ce que je peux?

mayor maire *m*

me me, moi

meal repas *m*

mean: to mean vouloir dire

measles rougeole *f sing*

meat viande *f*

medicine médicament *m*

meet: to meet rencontrer, rejoindre; faire la connaissance de; **I met him** j'ai fait sa connaissance; **to come to meet** venir attendre

memory mémoire *f*

mention: to mention parler de

menu carte *f*

merchant marchand *m*, marchande *f;* **wholesale merchant** négociant *m*

meter mètre *m;* **six francs a meter** six francs le mètre

Mexico Mexique *m*

mezzanine entresol *m*

middle milieu *m;* **in the middle of** au milieu de

midnight minuit *m*

midst milieu *m;* **in the midst of** au milieu de

might (pouvoir): **I might** je pourrais

milk lait *m*

milliner modiste *f*

million million *m*

millionaire millionnaire *m*

mind: if you don't mind si vous voulez

mine le mien, la mienne, les miens, les miennes; **it is mine** c'est à moi; **a friend of mine** un de mes amis

ministry ministère *m*

minute minute *f*

mirror glace *f*

Miss mademoiselle *f*

miss: to miss manquer; **to miss the road** se tromper de route

mistaken: to be mistaken se tromper

moment moment *m;* **a moment ago** tout à l'heure **at the moment when** au moment où; **at the moment of** au moment de

Mona Lisa la Joconde

Monday lundi *m*

money argent *m*

monkey singe *m*

month mois *m;* **per month, a month** par mois

monument monument *m*

monumental monumental

moon lune *f*

more plus, davantage; **not . . . any more** ne . . . plus; **more . . . than** plus . . . que; (*numbers*) plus de; **no more** ne . . . plus de; **more or less** plus ou moins; **more and more** de plus en plus; **some more** encore, d'autres; **he is more intelligent than his brother;** il est plus intelligent que son frère; **there were hardly more than a hundred pupils** il n'y avait guère plus de cent élèves; **you can take some more pictures** vous pourrez prendre d'autres photos; **all the more** d'autant plus

morning matin *m;* **good morning** bonjour; **every morning** tous les matins; **in the morning** le matin

most la plupart; **most of them** la plupart d'entre eux

mother mère *f*

mouth bouche *f*

movie film *m,* cinéma *m;* **movie house** cinéma *m*

Mr. Monsieur *m;* **Mr. Duval** M. Duval

much beaucoup; **very much** beaucoup; **so much** tant; **too much** trop; **how much?** combien?; **not much** pas beaucoup, pas grand-chose

mumps oreillons *m pl*

museum musée *m*

mushroom champignon *m*

music musique *f*

musketeer mousquetaire *m*

must (devoir, falloir): **must I?** faut-il?; **I must** je dois, il faut que je . . .; **I must have** j'ai dû; **there must be** il doit y avoir

my mon, ma, mes

name nom *m;* **what is your name?** comment vous appelez-vous?; **my name is** je m'appelle; **to name** nommer; **to be named** s'appeler

named nommé

nap somme *m;* **to take a nap** faire un somme

narrow étroit

national national

nationality nationalité *f*

near près de; **near here, nearby** près d'ici

nearly presque

necessary nécessaire; **it is necessary** il faut que

need: to need avoir besoin de

negative négatif *m,* négative *f*

negatively négativement

neighbor voisin *m,* voisine *f*

neighboring voisin *m,* voisine *f*

neither ni l'un ni l'autre; **neither . . . nor** ne . . . ni . . . ni . . .

never jamais, ne . . . jamais

new nouveau *m,* nouvelle *f;* neuf *m,* neuve *f;* **New Orleans** La Nouvelle-Orléans

news nouvelles *f pl*

newspaper journal *m,* journaux *pl*

next prochain; **next Saturday** samedi prochain; **next week** la semaine prochaine; **the next day** le lendemain

next *adv* ensuite, puis

nice gentil *m,* gentille *f;* aimable; **it is nice of you** c'est gentil de votre part

night nuit *f;* **last night** hier soir; **tonight** ce soir; **at night** la nuit

nightfall nuit *f*

nine neuf

nineteen dix-neuf

nineteenth dix-neuvième

ninety quatre-vingt-dix

no non, ne . . . pas de; **no one** personne, ne . . . personne

nobility noblesse *f*

nobody personne, ne . . . personne

noise bruit *m*

none aucun *m,* aucune *f;* ne . . . aucun(e)

noon midi *m;* **at noon** à midi

nor ni; **neither . . . nor** ne . . . ni . . . ni . . .

Normandy Normandie *f*

North nord *m*

Norwegian norvégien *m,* norvégienne *f*

not ne . . . pas; **not at all** pas du tout; **not much**

pas beaucoup, pas grand-chose; **not one** aucun(e), ne . . . aucun(e)

note: to note noter

nothing rien, ne . . . rien; **nothing at all** rien du tout; **nothing interesting** rien d'intéressant; **nothing else** rien d'autre

noun nom *m*

novel roman *m*

November novembre *m*

now maintenant; actuellement

nowhere nulle part

number nombre *m;* **room No. 3** la chambre numéro trois

nurse, nursemaid bonne *f*

O

oats avoine *f*

obelisk obélisque *m*

obey obéir à

object objet *m*

observatory observatoire *m*

occasionally quelquefois

occupation occupation *f*

occupy occuper

o'clock heure *f;* **it is eleven o'clock** il est onze heures

October octobre *m*

oculist oculiste *m*

odd impair (*of numbers*)

of de; **of the** du, de la, de l', des; **of it, of them** en

offer: to offer offrir, tendre

office bureau *m*

often souvent

O.K. entendu, O.K., d'accord, d'ac.

old vieux, vieil *m;* vieille *f;* vieux *m pl;* vieilles *f pl;* ancien, ancienne; **how old are you?** quel âge avez-vous? **old man** mon vieux

olive olive *f*

on sur, à, en, dans; **on the bus** dans l'autobus; **on the train** dans le train; **on time** à l'heure; **on Wednesday** mercredi; **on Christmas Day** le jour de Noël; **on arriving** en arrivant

once une fois, autrefois; **once a week** une fois par semaine

one un, une; *pers pron* on, l'on; *dem pron* **the one, the ones** celui, celle, ceux, celles; **this one** celui-ci, celle-ci; **that one** celui-là, celle-là; **not one** aucun(e), ne . . . aucun(e); **no one** personne, ne . . . personne; **I have one** j'en ai un(e); **here are some gray ones** en voici des gris

only *adj* seul; *adv* seulement, ne . . . que

open ouvert *adj and p part of* ouvrir; **to open** ouvrir; **it opens** il ouvre

opera opéra *m*

opposite opposé *m; adv* en face (de)

or ou; **either . . . or** soit . . . soit

orange orange *f*

order: in order to pour, afin de; **to order** commander

ordinarily d'habitude

organ orgues *f pl*

other autre; **some . . . others** les uns . . . d'autres; **the other one** l'autre

ought (devoir): **you ought to come** vous devriez venir; **you ought to have come** vous auriez dû venir

our notre *sg,* nos *pl*

ours le nôtre, la nôtre *sg,* les nôtres *pl*

ourselves nous-mêmes; **by ourselves** seuls

out: to go out sortir; **he is out** il est sorti

outside dehors, en dehors

over sur; **over there** là-bas

owe devoir

own propre; **they were victims of their own injustice** ils furent victimes de leurs propres injustices

ox bœuf *m*

P

package paquet *m*

pail seau *m*

pain mal *m*

paint: to paint peindre

painter peintre *m*

painting peinture *f*

pair paire *f*

pal mon vieux

palace palais *m*

pan: sauce pan casserole *f*

panorama panorama *m*

pansy pensée *f*

pants pantalon *m*

paper papier *m;* **newspaper** journal *m;* **writing paper** papier à lettres

pardon: to pardon pardonner; **pardon me** pardon

parent parent *m*

Parisian parisien, parisienne

park parc *m;* **public park** jardin public

part partie *f;* **part of town** quartier *m;* **to be a part of** faire partie de

particular particulier *m,* particulière *f;* **in particular** notamment

partly en partie

party soirée *f*

passer-by passant *m*

pasteboard (box) carton *m*

pastry pâtisserie *f,* gâteau *m*

patient malade *m or f;* client (d'un médecin) *m*

pay: to pay payer; **to pay for** payer

pea pois *m*

pear poire *f*

peony pivoine *f*

people gens *pl,* monde *m;* **too many people** trop de monde

per: 30 kilometers per hour 30 kilomètres à l'heure; **per month** par mois; **per dozen** la douzaine

perfectly parfaitement, tout à fait

performance représentation *f*

perhaps peut-être

period période *f;* époque *f*

perish mourir; **perish the thought!** ne m'en parlez pas!

permission permission *f*

person personne *f*

personal personnel *m,* personnelle *f*

pharmacist pharmacien *m*

photograph photographie *f,* photo *f*

photographer photographe *m*

piano piano *m*

pick: to pick cueillir, ramasser

picnic pique-nique *m*

picture photographie *f,* photo *f,* tableau *m;* **to take a picture** prendre une photo

picturesque pittoresque

piece pièce *f,* morceau *m;* **ten francs apiece** dix francs (la) pièce

pig porc *m,* cochon *m*

pink rose

pity: to pity plaindre

place endroit *m,* place *f;* **in your place** à votre place; **to take place** avoir lieu

plan: to plan avoir l'intention de; **to plan a garden** dessiner un jardin

plan projet *m*

plane avion *m*

plant: to plant planter

platform quai *m*

play pièce *f;* **to play** jouer; **to play tennis** jouer au tennis; **to play cards** jouer aux cartes; **to play the violin** jouer du violon

pleasant agréable; **the weather is pleasant** il fait bon

please s'il vous plaît; **to please** plaire à

plural pluriel *m*

pneumonia pneumonie *f*

pocket poche *f;* **pocketbook** portefeuille *m*

poem poème *m,* poésie *f*

point point *m;* **point of view** point de vue *m*

poison: to poison empoisonner

police police *f;* **police station** commissariat de police *m;* **police lieutenant** commissaire de police *m*

policeman agent de police *m*

pool bassin *m;* **ornamental pool** pièce d'eau *f*

poor pauvre

pork porc *m;* **pork butcher** charcutier *m;* **pork butcher's** charcuterie *f*

port port *m*

portrait portrait *m*

possible possible

post card carte postale *f*

postman facteur *m*

post office bureau de poste *m,* poste *f*

potato pomme de terre *f;* **French fried potatoes** pommes de terre frites, frites

pound livre *f;* **2 francs a pound** 2 francs la livre

pour verser; **it is pouring** il pleut à verse, il pleut à seaux

practically à peu près

practice habitude *f*

preceding précédent

prefer préférer, aimer mieux

present *adj* présent, actuel, actuelle **at present** actuellement

president président *m*

pretty *adj* joli; *adv* assez; **pretty well** assez, assez bien

price prix *m*

priest curé *m*

print estampe *f,* gravure *f*

probably sans doute; **there is probably a train** il doit y avoir un train

profession profession *f*

professor professeur *m*

progress progrès *m*

promise promettre

pronoun pronom *m*

properly bien, comme il faut

provision provision *f*

pub petit café *m*

public public *m*, publique *f*

pull: to pull tirer; **to pull it in to the bank (shore) (edge)** l'amener au bord

pupil élève *m or f*

purchase achat *m*

purse bourse *f;* **change purse** porte-monnaie *m*

put mettre; **to put out** (to bother) déranger

Q

quality qualité *f*

quarter quart *m*, quartier *m;* **a quarter past eleven** onze heures et quart; **a quarter of two** deux heures moins le quart; **the Latin Quarter** le Quartier latin

queen reine *f*

question question *f;* **it is a question of** il s'agit de; **to be a question of** s'agir de

quiet tranquille

quite tout à fait

R

radiate rayonner

railroad chemin de fer *m;* **railroad station** gare *f*

rain pluie *f;* **to rain** pleuvoir; **it is raining** il pleut; **it was raining** il pleuvait; **it had rained** il avait plu

raincoat imperméable *m*

rare rare; **rarer and rarer** de plus en plus rare

rather plutôt, assez, un peu

ravage: to ravage ravager

reach: to reach atteindre

read: to read lire; **I have read** j'ai lu

ready prêt

realize se rendre compte de (que)

really vraiment, je vous assure; **really!** tiens!

reason raison *f*

rebuild reconstruire

receive recevoir; **I received** j'ai reçu

recently récemment, dernièrement

recognize reconnaître

red rouge

refusal refus *m*

refuse refuser

region région *f*

regret: to regret regretter de

reign règne *m*

relative parent *m*, parente *f*

relatively relativement

relax: to relax s'amuser

remedy remède *m*

remember se rappeler, se souvenir de

rent loyer *m;* **to rent** louer; **for rent** à louer

repair réparation *f;* **repair job** réparation; **to repair** réparer; **to have repaired** faire réparer

repeat répéter

replace remplacer

reply: to reply répondre à

represent représenter

request demande *f*

residence résidence *f*

responsible responsable

rest reste *m*, repos *m;* **to rest** se reposer

restaurant restaurant *m*

return: to return here revenir (ici); **to return (some place else)** retourner; **to return home** rentrer (à la maison)

review révision *f*, revue *f*

rib côte *f*

rice riz *m*

rich riche

ride promenade (à bicyclette, en auto) *f;* **to ride** aller en auto, à bicyclette, en vélo

right droit (*opposite of* **left**), bon (*opposite of* **wrong**): **on, to the right** à droite; **the right road** la bonne route; **to be right** avoir raison; **that's right** justement; **all right** bon, entendu; **right to** jusqu'à; **right away** tout de suite

rise: to rise se lever

risk risque *m;* **to run the risk** risquer de

road route *f;* **the right road** la bonne route; **the wrong road** la mauvaise route; **country road** chemin *m*

roll croissant *m;* petit pain *m*

romanesque roman, romane

roof toit *m*

room chambre *f*, salle *f;* **room and board** pension *f;* **bathroom** salle de bain; **lunchroom** buffet *m;* **dining room** salle à manger; **living room** salon *m;* (*space*) place *f;* **there is room** il y a de la place

rose rose *f*

rosebush rosier *m*

rosy rose

royal royal

run: to run courir; **my watch doesn't run** ma montre ne marche pas; **to run a pub** tenir un café

rush: rush hours les heures de pointe

Russia Russie *f*

Russian russe

S

sacrifice sacrifice *m*

sad triste

sail voile *f;* **sailboat** bateau à voile *m*

saint saint; **la Sainte-Chapelle** XIIIth century Gothic church in Paris

salad salade *f;* **salad greens** salade *f*

salesgirl vendeuse *f*

salesman vendeur *m*

same même; **the same** le même, la même, les mêmes; **that's all the same to me** cela m'est égal; **all the same** tout de même

sandwich sandwich *m*, sandwichs *pl*

Santa Claus le Père Noël

Saturday samedi *m;* **on Saturdays** le samedi

say dire; **they say** on dit; **how does one say?** comment dit-on?; **that is to say** c'est-à-dire; **to say to oneself** se dire

scarcely à peine, ne . . . guère

scarf écharpe *f*

schedule horaire *m*, emploi du temps *m*

school école *f;* **secondary school** lycée *m;* collège *m;* **at school** à l'école

science science *f*

Scotland Écosse *f*

sea mer *f;* **seashore** le bord de la mer

season saison *f*

seat place *f*

second second, deuxième; **the second floor** le premier (étage); **second class** seconde *f;* deuxième (classe) *f*

secondary secondaire; **secondary school** lycée *m*, collège *m*

section section *f*

see: to see voir; **I see** je vois; **let's see** voyons; **you see** vous voyez; **I saw** j'ai vu; **I'll see** je verrai; **see you Sunday** à dimanche

seem: to seem to avoir l'air de

seen vu *p part of* voir

selection choix *m*

sell vendre; **where do they sell newspapers?** où vend-on des journaux?

send envoyer; **to send for** envoyer chercher, faire venir; **to send away, send back** renvoyer

sentence phrase *f*

September septembre *m*

series série *f*

serious sérieux *m*, sérieuse *f;* grave

serve servir à

service service *m;* **I am at your service** je suis à votre disposition; **service station** station-service *f*

set: to set mettre, poser; **to set out** partir

seven sept

seventeen dix-sept

seventeenth dix-septième

seventh septième

seventy soixante-dix

several plusieurs; **several times** plusieurs fois

shade ombre *f;* **in the shade** à l'ombre

she elle, ce c'

sheep mouton *m*

shirt chemise *f*

shoe chaussure *f*, soulier *m*

shoo: to shoo out chasser

shop magasin *m;* **tobacco shop** bureau de tabac *m;* **shop window** devanture *f;* **to shop** faire des courses

shopkeeper marchand *m*, marchande *f*

shore bord *m*, rive *f;* **seashore** le bord de la mer

short court

should (devoir): **you should** vous devriez; **you should have** vous auriez dû

shoulder épaule *f*

show: to show montrer

shrug (one's shoulders) hausser les épaules

sick malade

side côte *m*, bord *m;* **on the other side of** de l'autre côté de; **on the side of** au bord de; **the under side** le dessous

sidewalk trottoir *m;* **sidewalk café** la terrasse d'un café

significance signification *f;* **do you know the significance of . . .?** connaissez-vous?

silent silencieux *m*, silencieuse *f*

silk soie *f*

simple simple

since depuis, puisque

sing: to sing chanter

single seul; **not a single** ne . . . aucun

Sir Monsieur

sister sœur *f*

sit s'asseoir, être assis; **sit down** asseyez-vous; **to sit down at the table** se mettre à table

six six

sixteen seize

sixth sixième

sixty soixante

size étendue *f*, pointure *f*

skate: **to skate** patiner

ski: **to ski** faire du ski

skilful habile

skin peau *f*; **I am wet to the skin (to the bones)** je suis trempé(e) jusqu'aux os

sky ciel *m*

skyscraper gratte-ciel *m invar.*

sleep: **to sleep** dormir; **to fall asleep** s'endormir

slightest: **the slightest** le moindre, la moindre, les moindres

slippery glissant

small petit

smile sourire *m*

smoke: **to smoke** fumer

snake serpent *m*

snow neige *f*; **to snow** neiger

so aussi, si, ainsi; **so that** pour que; **so as to** pour

sock chaussette *f*

soil sol *m*

soldier soldat *m*

some du, de la, de l', des; *adj* quelque *sg*, quelques *pl*; *pron* en; quelques-uns, quelques-unes; les uns, les unes; **some of them** quelques-uns; **some . . . the others** les uns . . . les autres; **some . . . others** les uns . . . d'autres; **some more** encore, d'autres

someone quelqu'un

something quelque chose; **something good** quelque chose de bon; **something else** autre chose

sometimes quelquefois, parfois

somewhere quelque part

soon bientôt, tôt; **sooner** plus tôt; **as soon as possible** le plus tôt possible

sore: **to have a sore throat** avoir mal à la gorge

sorry fâché; **I am sorry** je regrette, je suis fâché

sort espèce *f*

soup soupe *f*

South sud *m*

souvenir souvenir *m*

space espace *m*

Spain Espagne *f*

Spanish espagnol

speak parler; **do you speak?** parlez-vous?; **I speak** je parle; **he speaks** il parle

speed vitesse *f*

spend passer; dépenser; **he spent three years in England** il a passé trois ans en Angleterre;

splendor splendeur *f*

spring printemps (saison) *m*; ressort (d'une montre) *m*; **in the spring** au printemps

square place *f*

squirrel écureuil *m*

stadium stade *m*

stained-glass window vitrail *m*, vitraux *pl*

stair escalier *m*

staircase escalier *m*; **spiral staircase** escalier en colimaçon

stamp timbre *m*; **postage stamp** timbre-poste *m*

standing debout

star étoile *f*

start: **to start** commencer, se mettre à; **we started to work at 1:30** nous nous sommes mis à travailler à une heure et demie

station gare *f*

stay: **to stay** rester

steak: **minute steak** bifteck *m*

steering wheel volant *m*

step pas *m*; **steps** escalier *m*; **a step from here** à deux pas d'ici

still toujours, encore

stockbroker agent de change *m*

stomach estomac *m*

stop arrêt *m*; **to stop** arrêter, s'arrêter

store magasin *m*

story histoire *f*

straight droit; **straight ahead** tout droit

strawberry fraise *f*; **wild strawberry** fraise des bois *f*

street rue *f*; **surface of a street** chaussée *f*; **street level** rez de chaussée

structure bâtiment *m*

student étudiant *m*, étudiante *f*

study: **to study** étudier

style style *m*

succeed in réussir à

such un tel, une telle, de tels, de telles; **such a**

watch une telle montre
suddenly tout à coup
suffer souffrir
sugar sucre *m*
suggest suggérer, proposer
suit complet *m;* **to suit** convenir à; **this room suits me perfectly** cette chambre me convient parfaitement
suitable convenable
summer été *m;* **in summer** en été
sun soleil *m;* **sun bath** bain de soleil *m*
Sunday dimanche *m;* **see you Sunday** à dimanche
supermarket super-marché *m*
suppose supposer; **suppose we take a few of them back home?** si nous en rapportions quelques-uns à la maison?; **I am supposed to** je dois
sure sûr
surely sûrement
surface surface *f;* **surface of a street** chaussée *f;* **the upper surface** le dessus
surprise surprise *f*
surprised surpris *p part of* surprendre
surround with entourer de
suspect: to suspect se douter de; **I suspected it** je m'en doutais
sweater pull-over *m*
Swedish suédois
sweet doux *m,* douce *f*
swim: to swim nager
Switzerland Suisse
symbolize symboliser
system système *m;* **metric system** système métrique

T

table table *f*
tailor tailleur *m*
take prendre, emporter, mener, conduire; **to take a walk** faire une promenade; **you take** vous prenez; **I took** j'ai pris; **to take place** avoir lieu; **to take along** emporter, emmener; **how long does it take?** combien de temps faut-il?; **to take an examination** passer un examen; **this road will take you to Fontainebleau** ce chemin vous mènera à Fontainebleau

taking prise *f*
talk: to talk parler; **to talk over** parler de
tall grand
tapestry tapisserie *f*
taste goût *m*
taxi taxi *m*
tea thé *m*
telegram dépêche *f,* télégramme *m*
telephone: to telephone téléphoner
television télé, télévision *f*
tell dire; **to tell about** parler de
temperature température *f*
ten dix
tennis tennis *m;* **to play tennis** jouer au tennis
tenth dixième
terrific formidable
terrifically terriblement, horriblement
text texte *m*
thank remercier; **thank you** merci
that (those) *dem adj* ce, cet *m,* cette *f,* ces *pl;* ce . . .-là, cette . . .-là, ces . . .-là; **that** *dem pron* celui *m,* celle *f,* ceux *m pl,* celles *f pl;* cela; **that's it** c'est cela; **that** *rel pron* qui, que, lequel, laquelle, lesquels, lesquelles; **all that** tout ce qui, tout ce que; **that** *conj* que
the le, la, l', les
theater théâtre *m*
their *poss adj* leur *sg,* leurs *pl*
theirs *poss pron* le leur, la leur, les leurs
them les; leur; eux, elles; **of them** en
then alors, ensuite, puis; ainsi
theology théologie *f*
there là, y; **there is, there are** il y a; **is there? are there?** y a-t-il?; **thereon** là-dessus; **under there** là-dessous; **in there** là-dedans
these *dem adj* ces, ces . . .-ci; *dem pron* ceux-ci *m,* celles-ci *f*
they ils, elles; on
thick épais, épaisse
thin mince
thing chose *f;* **many things** beaucoup de choses
think penser à, penser de, croire, trouver; **what do you think of Charles?** que pensez-vous de Charles?; **I think so** je crois que oui; **she thought it was very good** elle l'a trouvé très bon; **I thought that** je croyais que; **I rather thought so** je m'en doutais
thinker penseur *m*
third troisième

thirst soif *f;* **to be thirsty** avoir soif

thirteen treize

thirteenth treizième

thirty trente

this *dem adj* ce, cet *m,* cette *f;* ce . . .-ci, cet . . .-ci, cette . . .-ci; **this** *dem pron* celui *m,* celle *f;* celui-ci, celle-ci; ceci; **this one** celui-ci, celle-ci

those *dem adj* ces, ces . . .-là; *dem pron* ceux-là *m,* celles-là *f*

thousand mille

three trois

throat gorge *f*

Thursday jeudi *m*

ticket billet *m;* **ticket window** guichet *m;* **to give a ticket** faire un procès-verbal

tie cravate *f*

till jusqu'à; **till Sunday** à dimanche; **till then** jusque-là

time temps *m,* heure *f,* fois *f,* moment *m;* **what time is it?** quelle heure est-il?; **at what time?** à quelle heure?; **the first time** la première fois; **several times** plusieurs fois; **to have time to** avoir le temps de; **on time** à l'heure; **at that time** à ce moment-là, à cette époque; **to have a good time** s'amuser, s'amuser bien; **from time to time** de temps en temps; **in time** à temps; **at the time when** au moment où; **at the time of** au moment de; **some time soon** ces jours-ci; **some time ago** il y a quelque temps; **harvest time** le moment de la moisson

tired fatigué

to à, en, pour, chez, jusqu'à; **to the** au, à la, à l', aux; **it is ten minutes to four** il est quatre heures moins dix; **to the right** à droite; **to the top of** en haut de; **to, in the middle of** au milieu de; **I would go to Italy** j'irais en Italie; **to the United States** aux États-Unis; **to South America** dans l'Amérique du Sud; **to Versailles** à Versailles; **a round-trip ticket to Rheims** un billet aller et retour pour Reims; **to the Brown's** chez les Brown; **to our house** chez nous; **to the country** à la campagne; **I am wet to the skin (bones)** je suis trempé(e) jusqu'aux os; **they have been very nice to me** ils ont été très gentils pour moi; **how long does it take to go to Versailles?** combien de temps faut-il pour aller à Versailles?; **I'll be glad to** volontiers; **she is to arrive soon** elle doit arriver ces jours-ci

tobacco tabac *m;* **tobacco shop** bureau de tabac *m*

today aujourd'hui; **today is Friday** nous sommes aujourd'hui vendredi

together ensemble

tomato tomate *f*

tomb tombe *f,* (*monumental*) tombeau *m*

tomorrow demain; **day after tomorrow** après-demain

tonight ce soir

too trop, aussi

tooth dent *f;* **to have a toothache** avoir mal aux dents

top haut *m;* **at the top of** en *haut de; **from the top of** du *haut de

towards vers

tower tour *f;* **the Eiffel tower** la tour Eiffel

town ville *f;* **downtown** en ville

track voie *f*

train train *m;* **on the train** dans le train

travel: to travel voyager

tree arbre *m*

trim: to trim tailler

trip voyage *m;* **round trip** aller et retour; **to have a good trip** faire bon voyage: **to take a trip** faire un voyage

trouble peine *f;* **it is not worth the trouble** ce n'est pas la peine

truck camion *m*

true vrai

try: to try essayer (de); **to try on** essayer

Tuesday mardi *m*

tulip tulipe *f*

turkey dinde *f*

Turkey Turquie *f*

turn: to turn tourner; **to turn around** se retourner

twelfth douzième

twelve douze; **twelve o'clock (noon)** midi; **twelve o'clock (midnight)** minuit

twenty vingt

twenty-one vingt et un

twice deux fois

two deux

U

umbrella parapluie *m*

uncle oncle *m*

under sous, dessous; **under side** dessous *m;* **under there** là-dessous

understand comprendre; **do you understand?** comprenez-vous?; **I understand** je comprends

undo défaire

unhappy malheureux *m*, malheureuse *f*

United States États-Unis *m pl;* **in the United States** aux États-Unis

university université *f*

unless à moins que

until jusqu'à, jusqu'à ce que; **until tomorrow** à demain

up en haut; **up there** là-haut; **to go up** monter

upper: upper surface dessus *m*

use emploi *m;* **what's the use?** à quoi bon?; **there is no use trying** vous avez beau essayer; **to use** employer, se servir de; **to be used for** servir à; **used to** *expressed by imperf ind:* **I used to go** j'allais; **to be used to** avoir l'habitude de; **to get used to** s'habituer à

usual: as usual comme d'habitude

usually d'habitude, d'ordinaire

V

vacation vacances *f pl;* **on vacation** en vacances

vain: in vain avoir beau + *infin:* **you'll try in vain** vous aurez beau essayer

value valeur *f;* **to be valuable** avoir de la valeur

vegetable légume *m*

very très; **in the very heart of Paris** au cœur même de Paris

victim victime *f*

view vue *f;* **point of view** point de vue *m*

village village *m*

violet violette *f*

violent violent

violin violon *m*

visit visite *f;* **to visit** visiter (*things*), aller voir

voice voix *f;* **in a low voice** à voix basse

W

waiter garçon *m*

wake up se réveiller

waken se réveiller

walk promenade *f*, allée *f*

walk: to walk marcher, aller à pied, se promener

wall mur *m*

want: to want vouloir, avoir envie de; **I want** je veux; **he wants** il veut; **do you want?** voulez-vous?

warm chaud; **it is warm** il fait chaud; **I am warm** j'ai chaud

warn prévenir; **I warn you** je vous préviens

was: I was j'étais, j'ai été; **I was born in Philadelphia** je suis né à Philadelphie

wash: to wash laver; **to wash one's hands** se laver les mains

watch montre *f;* **to watch out** faire attention à

water eau *f;* **to water** arroser

way moyen *m*, façon *f;* **this way** par ici; **on the way** en route; **it's a way of passing half an hour** c'est une façon de passer une demi-heure; **to lose one's way** s'égarer

wear porter; **to wear out** user

weather temps *m;* **how is the weather?** quel temps fait-il?; **the weather is fine** il fait beau

wedding mariage *m*

Wednesday mercredi *m*

week semaine *f;* **in a week** dans huit jours; **in two weeks** dans quinze jours; **last week** la semaine dernière; **a week from today** d'aujourd'hui en huit; **every week** tous les huit jours

weekend week-end *m*

welcome: you are welcome de rien, il n'y a pas de quoi, à votre service

well bien, eh bien!, tiens!; **I am well** je vais bien

were: you were vous étiez, vous avez été; **where were you born?** où êtes-vous né?

wet mouillé; **I am wet to the skin (to the bones)** je suis trempé(e) jusqu'aux os

what? *interrog adj* quel? quelle? quels? quelles?; **what?** *interrog pron* que? qu'est-ce qui? qu'est-ce que? quoi?; **what is?** qu'est-ce que c'est que?; **what for?** pourquoi?; **what** *rel pron* ce qui, ce que; **what is . . .** ce que c'est que . . .

whatever: whatever you do will be in vain vous aurez beau faire

wheat blé *m*

when quand, lorsque; où

whence d'où

whenever quand, chaque fois que

where où

which? *interrog adj* quel? quelle? quels?

quelles?; **which?** *interrog pron* lequel? laquelle? lesquels? lesquelles?; **which one?** lequel? laquelle?; **which ones?** lesquels? lesquelles?; **which** *rel pron* qui, que; lequel, laquelle, lesquels, lesquelles; **of which** dont; **in which** où

while tandis que, pendant que; **a while ago, in a while** tout à l'heure

white blanc *m*, blanche *f*

who? *interrog pron* qui? qui est-ce qui?; **who** *rel pron* qui; lequel, laquelle, lesquels, lesquelles

whom? *interrog pron* qui? qui est-ce que?; **whom** *rel pron* que; lequel, laquelle, lesquels, lesquelles; **of whom** dont, duquel; **to whom** à qui

whose? *interrog pron* à qui?; **whose gloves are these?** à qui sont ces gants?; **at whose house?** chez qui?; **whose** *rel pron* dont, de qui

why pourquoi; **why not?** pourquoi pas?

wife femme *f*

wild sauvage; **wild flower** fleur sauvage *f*; **wild strawberry** fraise des bois *f*

willing: I am willing je veux bien

wind vent *m*; **it is windy** il fait du vent

window fenêtre *f*; **ticket window** guichet *m*; **cashier's window** caisse *f*; **shop window** vitrine *f*; **stained-glass window** virtrail *m*, vitraux *pl*

wine vin *m*

winter hiver *m*; **in winter** en hiver

wire dépêche *f*, télégramme *m*

wish: to wish souhaiter; **if you wish** si vous voulez

with avec

without sans

witness témoin *m*; **to witness** être témoin de

wonder: to wonder se demander

wood bois *m*

word mot *m*

work travail *m*; **to work** travailler

world monde *m*

worried préoccupé, inquiet, inquiete

worry ennuyer; **don't worry** soyez tranquille, ne vous en faites pas

worse *adj* pire; *adv* pis; **so much the worse** tant pis

worth: to be worth valoir; **it is not worth while** ce n'est pas la peine; **worth buying** intéressant

wound: to wound blesser

write écrire

wrong: the wrong road la mauvaise route; **to be wrong** avoir tort; **something is wrong** il y a (vous avez) quelque chose

Y Z

year an *m*, année *f*; **every year** tous les ans; **New Year's Day** le jour de l'an

yellow jaune

yes oui, si

yesterday hier

yet encore, déjà; **not yet** pas encore

you vous; tu, te, toi

young jeune

your votre *sg*, vos *pl*; ton, ta, tes

yours le vôtre, la vôtre, les vôtres; le tien, la tienne, les tiens, les tiennes; **is it yours?** est-ce à vous?; **a friend of yours** un(e) de vos ami(e)s

zero zéro *m*

zoology zoologie *f*

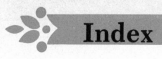

Index

PHOTO CREDITS

black and white by page number:

French Government Tourist Office: 2, 37, 89; Bernard Chelet: 4, 9, 15, 19, 31, 38, 41 (2), 63 (2), 66, 73, 82, 91, 95, 97 (bottom), 107 (2), 117, 141 (2), 163 (bottom), 170, 176, 179 (left), 184, 201, 213 (top right and bottom), 227, 229, 240, 241, 243, 255, 265, 266, 269, 270, 280, 288, 295 (top left and bottom), 305, 310, 361, 365, 366; Peter Buckley: 6; Helena Kolda: 10, 39, 129, 217, 231 (top), 343, 349; Hugh Rogers, Monkmeyer Press: 12, 77; Courtesy of the *Restaurant Le Procope:* 43; French Embassy Press and Information Division: 51, 80, 119 (top), 127, 133, 167 (bottom), 179 (right), 183, 187 (top), 209 (bottom), 263, 277; Services Culturels de l'Ambassade de France: 54, 363; HRW: 60, 163 (top), 318, 327, 331, 351; François Vikar: 97 (top), 213 (top left), 307; Monkmeyer Press: 119 (bottom); Magnum Photo Library Print: 151; Peter Feher: 187 (bottom); Yvon Editions d'Art: 195; Mimi Forsyth, Monkmeyer Press: 197; French National Railroad: 209 (top); Photo Researchers, Inc.: 252; Robert Doisneau, Rapho Guillumette: 291; Roger Viollet, Photo Viollet: 231 (bottom), 313; Ruth Block, Monkmeyer Press: 167 (top), 374; Pierre Belzeaux, Rapho Guillumette: 317; Jean Suquet, Institut Pedagogique National; 345; Albert Monier: 352; Photo Giraudon: 369; Ewing Galloway: 371.

color by page number:

Helena Kolda: 1, 2 (2), 4 (3), 6 (2), 7, 8, 10, 13, 14 (2), 15;   Dorka Raynor: 1, 2, 8, 9, 10, 11, 14, 15, 16;   Design Photographers International: 3, 9 (Photo Bannett), 10 (Elizabeth H. Burpee);   Metropolitan Museum of Art, Harris Brisbone Dick Fund, 1958: 5;   Simone Oudot: 6, 13; H. O. Havemeyer Collection, Bequest of Mrs. Havemeyer, 129: 7, 12;   Rogers Fund: 8; A. Keller: 9, 11;   The Club Mediterranean: 10; HRW, Russell Dian: 12;   French Government Tourist Office: 13, 16;   Photo Researchers, Inc., Stephanie Dinkins: 16.

Cover photograph

Dan Budnik, Woodfin Camp & Associates

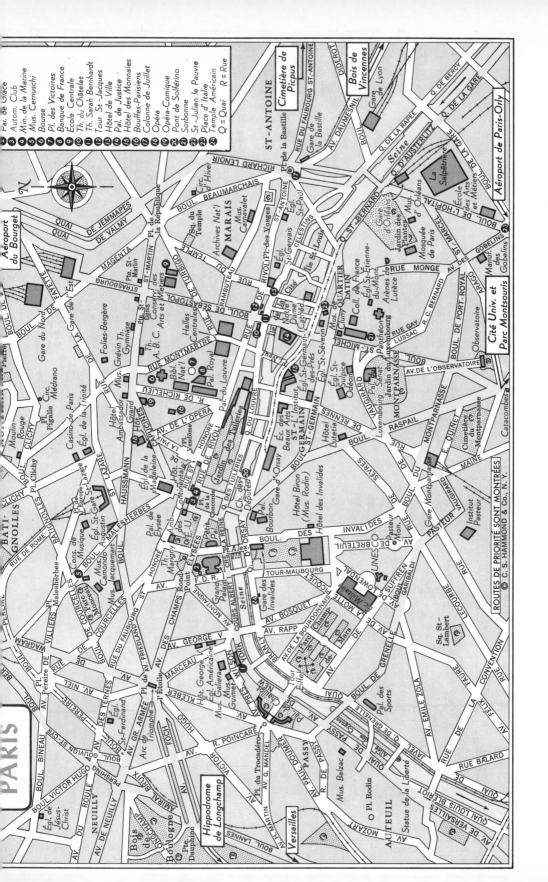

PARIS

① Pal. de Glace
② Autom. Club
③ Min. de la Marine
④ Mus. Cernuschi
⑤ Bourse
⑥ Pl. des Victoires
⑦ Banque de France
⑧ École Centrale
⑨ Th. du Châtelet
⑩ Th. Sarah Bernhardt
⑪ Tour St-Jacques
⑫ Hôtel de Ville
⑬ Pal. de Justice
⑭ Hôtel des Monnaies
⑮ Bouffes-Parisiens
⑯ Colonne de Juillet
⑰ Opéra
⑱ Opéra-Comique
⑲ Pont de Solférino
⑳ Sorbonne
㉑ St-Julien le Pauvre
㉒ Place d'Italie
㉓ Temple Américain
㉔ Q = Quai   R = Rue

ROUTES DE PRIORITÉ SONT MONTRÉES
© C. S. HAMMOND & Co., N. Y.

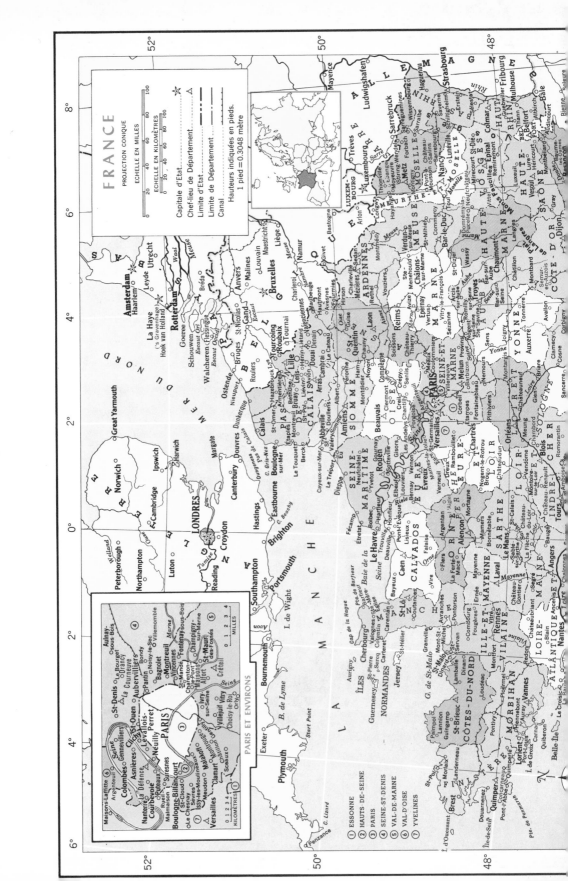

FRANCE

PROJECTION CONIQUE

ECHELLE EN MILLES
20   40   60   80   100

ECHELLE EN KILOMÈTRES
20   40   60   80   100

Capitale d'Etat .... ✴
Chef-lieu de Département .... △
Limite d'Etat .... ▲
Limite de Département ....
Canal ....

Hauteurs indiquées en pieds.
1 pied = 0,3048 mètre

PARIS ET ENVIRONS

① ESSONNE
② HAUTS-DE-SEINE
③ PARIS
④ SEINE-ST-DENIS
⑤ VAL-DE-MARNE
⑥ VAL-D'OISE
⑦ YVELINES

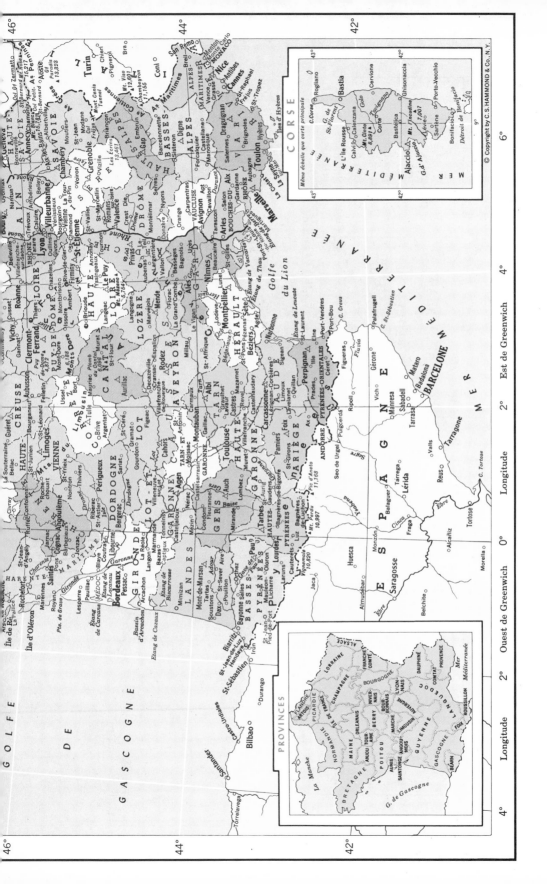

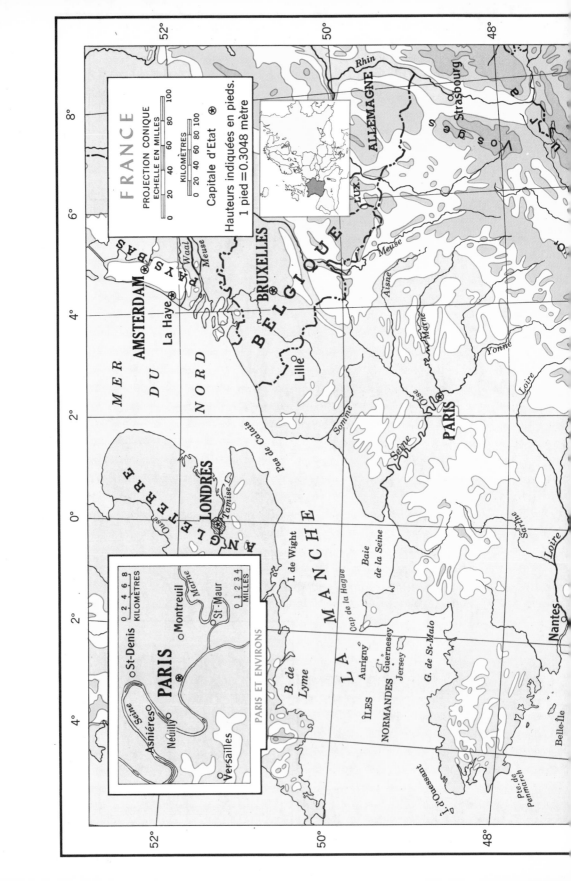

FRANCE

PROJECTION CONIQUE
ECHELLE EN MILLES

0   20   40   60   80   100

KILOMÈTRES

0 20 40 60 80 100

⊛ Capitale d'Etat

Hauteurs indiquées en pieds.
1 pied =0,3048 mètre

PARIS ET ENVIRONS

KILOMÈTRES
0 2 4 6 8

MILLES
0 1 2 3 4

St-Denis
Asnières
PARIS ⊛
Neuilly
Montreuil
St-Maur
Marne
Seine
Versailles

ALLEMAGNE

Rhin

Strasbourg

Vosges

Jura

Lux

Meuse

Aisne

Marne

Oise

Yonne

Loire

Sarthe

Loire

PARIS ⊛

Somme

Seine

PAYS-BAS

AMSTERDAM ⊛
La Haye
Waal
Meuse

BRUXELLES ⊛
BELGIQUE
Lille

MER DU NORD

Pas de Calais

ANGLETERRE

LONDRES ⊛
Tamise
Ouse

I. de Wight

B. de Lyme

LA MANCHE

Cap de la Hague
Baie de la Seine

ÎLES NORMANDES
Aurigny
Guernesey
Jersey
G. de St-Malo

Nantes

Belle-Île

Pte. de Penmarch

I. d'Ouessant

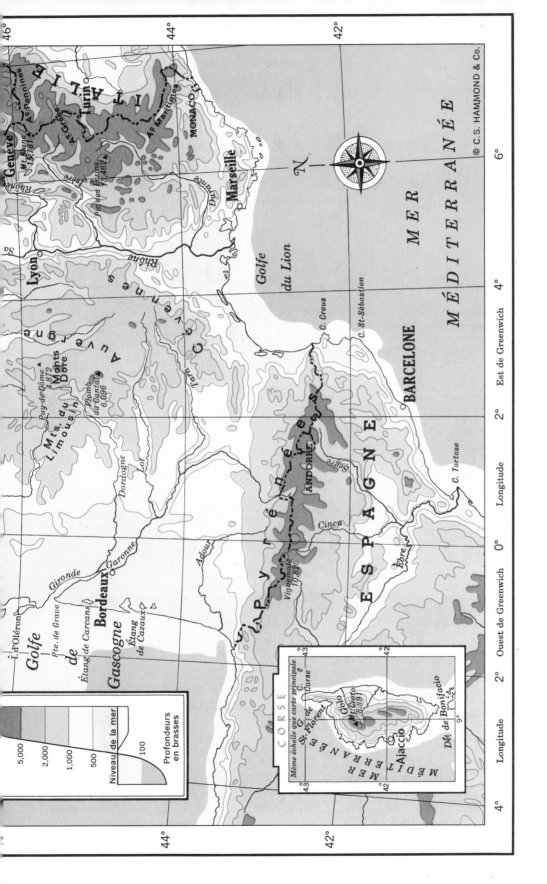

© C.S. HAMMOND & Co.

ITALIE

Genève

Mt. Blanc 15,781

A?s Pennines

A?s Grées

Turin

A?s Maritimes

MONACO

Pic des Écrins 13,462

Isère

Durance

Marseille

Rhône

Sa

Lyon

Rhône

Golfe
du Lion

Cévennes

Auvergne

MER

MÉDITERRANÉE

Puy-de-Dôme 4,872

Monts
Dore

Mts. du
Limousin

Plomb
du Cantal 6,096

Tarn

C. Creus

C. St-Sébastien

BARCELONE

Garonne

Gironde

Dordogne

Lot

Ségre

C. Tortosa

Adour

Cinca

ANDORRE

Ebre

P y r é n é e s

Vignemale 10,820

ESPAGNE

Î. d'Oléron

Golfe

de

Gascogne

Pte. de Grave

Étang de Carcans

Bordeaux

Étang
de Cazaux

Niveau de la mer

5,000

2,000

1,000

500

100

Profondeurs
en brasses

CORSE

Même échelle que carte principale

St-Florent

G. de Corse

Golo

Mt. Cinto 8,891

Ajaccio

MER

MÉDITERRANÉE

Dét. de Bonifacio

43°

42°

9°

N

Longitude   2°   Ouest de Greenwich   0°   Longitude   2°   Est de Greenwich   4°   6°

46°

44°

42°

44°

42°